別冊 金融・商事判例

新しい保険法
の理論と実務

編集

落合誠一

山下典孝

経済法令研究会

は し が き

　保険契約に関する規定が1899年に商法典において定められてから100余年振りに本格的に改正された。商法典から独立し単行法として成立した『保険法』は2008年6月6日に公布された。この新しい保険法は、従来、商法の規定の適用または準用の対象とされてこなかった共済契約についても直接適用の対象としている。このことは、新しい保険法が民事基本法の1つとして、商法の特別法ではなく、民法の特別法として成立したことを意味するものである。

　本書は、本格改正された新しい保険法に関しその内容を理論面および実務面から検討を試みるものである。

　成立した保険法の施行は、公布から2年以内とされており、その準備期間中に保険法の内容を踏まえた保険約款等の整備がなされることとなる。この準備作業を行っている際に、実務上の問題点や理論的な問題点が浮き彫りになることもある。その点を考えれば、成立間もない短期間に保険法の内容について理論面および実務面からの検討を試みることは、ある意味、大胆な企画であるといえなくもない。

　しかし、成立した新しい保険法は、これまでの理論や実務、そして外国での法制度を踏まえたうえで、本格的な改正がなされたものであることも事実であり、現時点において、その内容を検証することも有意義なものではないかと考えられる。もっとも、本書は、新しい保険法に関し解説書や体系書が出ていない間に、まとめ上げられたものであることから、理論上または実務上の問題点等について十分に検討されていない箇所があったり、新しい保険法の内容について思わぬ誤解をしていることがまったくないと断言できないのも事実であろう。そのような点はあるにしても、体系的に新しい保険法について検討することは、今後の約款等の改訂や新しい保険法の解釈において一つの道標を示すものとも考えられる。

　成立後まもない期間に本書をまとめることができたのは、第一線で活躍されている実務家・法曹・研究者の協力によるところが大きい。執筆者の皆さんには、多忙にもかかわらず、力のこもった玉稿を頂いた。この場を借りてお礼申し上げたい。特に本書においては、新しい保険法の概要に関して、立法担当官である法務省民事局民事法制管理官萩本修氏にご執筆頂くことができた。

　本書は、新しい保険法の理論と実務に関して検討を加えているが、今後、この成果を踏まえ、実務家・法曹・研究者においてさらなる発展がなされることであろう。本書が、実務家・法曹・研究者において、新しい保険法の理論と実務を検証する成果の1つとして活用されれば、幸いである。

　(株)経済法令研究会出版事業部の地切修氏には、原稿の受受その他、大変お世話になった。末尾ながらお礼申し上げる。

　　2008年9月吉日　　　　　　　　　　　　　　　　　　　　落合誠一、山下典孝

◆別冊 金融・商事判例◆

新しい保険法の理論と実務・目　次

Ⅰ　総　論

1　新しい保険法の意義と展望……………………中央大学法科大学院教授　　　　落合誠一　　4
2　保険法現代化の概要………………………法務省民事局民事法制管理官　　　　萩本　修　　14
3　保険の意義と保険契約の類型、他法との関係
　　　……………………………………立命館大学大学院法務研究科教授　　　　村田敏一　　28
4　保険法の適用範囲と除外規定……大阪大学大学院高等司法研究科准教授　　　山下典孝　　40
5　第三分野の保険………………………アフラック統括法律顧問代行・弁護士　　芦原一郎　　44
6　保険法と共済との関係…………………………（社）日本共済協会常務理事　　　吉田　均　　59

Ⅱ　保険契約の成立

7　保険者の情報提供義務……………………………静岡大学法科大学院准教授　　　小林道生　　66
8　告知義務……………………………………………神戸学院大学法学部教授　　　　岡田豊基　　76
9　他保険契約の告知・通知義務……………………福岡大学法科大学院教授　　　　佐野　誠　　89

Ⅲ　保険契約の効力

10　他人の生命の保険…………………第一生命保険相互会社調査部次長　　　　　田口　城　　102
11　保険金受取人の指定・変更……………首都大学東京法科大学院教授　　　　　潘　阿憲　　115
12　遺言による受取人変更……住友生命保険相互会社総務部文書法務室副長　　　矢野慎治郎　126
13　保険事故発生前に保険金受取人が死亡した場合……………弁護士　　　　　　和田一雄　　137
14　危険の変動………………………………………日本大学法学部教授　　　　　　福田弥夫　　142
15　一部保険、超過保険、評価済保険、利得禁止原則
　　　………………………………………………中京大学法学部専任講師　　　　　土岐孝宏　　152

Ⅳ　保険給付

16　保険事故の通知義務・損害防止義務
　　　…………………………………東北学院大学大学院法務研究科教授　　　　　梅津昭彦　　169

17	損害保険契約における保険者免責 ……………………………… 東京海上日動火災保険個人商品業務部専門次長　吉澤卓哉	178
18	生命保険契約における保険者の免責 ………………………… 日本生命保険相互会社法務室担当課長　遠山優治	188
19	保険金給付の履行期と消滅時効 …………… 上智大学法学部教授　甘利公人	196
20	保険代位・請求権代位 ……………………… 愛知学院大学法学部教授　山野嘉朗	205

V　保険契約の終了

21	重大事由による解除 ……………… 弁護士・中央大学法科大学院客員教授　勝野義孝	211
22	責任保険における被害者の特別先取特権 …………………… 弁護士　古笛恵子	223
23	保険契約者の破産と介入権 …………………………………… 弁護士　岡野谷知広	233
24	保険契約終了時の保険料積立金の支払と解約返戻金 ……………………………………… 住友生命保険相互会社主計部数理室　井上　享	240

凡　例

- **保険法**⇒平成20年6月6日公布保険法（法律56号）
- **商法**⇒「保険法の施行に伴う関係法律の整備に関する法律」（法律57号・平成20年6月6日公布）による改正前商法
- **法○○条**⇒保険法○○条
- **整備法**⇒保険法の施行に伴う関係法律の整備に関する法律（平成20年6月6日法律57号）
- **中間試案**⇒法務省民事局参事官室「保険法の見直しに関する中間試案」（平成19年8月）
- **補足説明**⇒法務省民事局参事官室「保険法の見直しに関する中間試案の補足説明」（平成19年8月）
- **要綱案**⇒法制審議会「保険法の見直しに関する要綱案」（平成20年1月）
- **要綱**⇒法制審議会「保険法の見直しに関する要綱」（平成20年2月）

- **保険法部会**⇒法制審議会保険法部会
- **保険法部会第○回議事録**⇒法制審議会保険法部会第○回会議議事録
- **保険法部会資料**⇒法制審議会保険法部会資料
- **金融審報告**⇒金融審議会金融分科会第二部会報告「保険法改正への対応について」（平成20年1月31日）
- **判時**⇒判例時報
- **判タ**⇒判例タイムズ
- **金法**⇒金融法務事情
- **商事**⇒商事法務
- **ジュリ**⇒ジュリスト
- **判評**⇒判例評論
- **法協**⇒法学協会雑誌
- **民商**⇒民商法雑誌
- **ひろば**⇒法律のひろば
- **労判**⇒労働判例

I 総論

1 新しい保険法の意義と展望

中央大学法科大学院教授　落合　誠一

I　はじめに

1　本稿の目的

2008年5月30日に保険法（平成20年法律第56号）が成立し、同年6月6日に公布され、その公布の日から2年を超えない範囲内において政令で定める日から施行される（附則1条）ことになる。振り返れば、私保険契約に関する民事法ルールを定める商法が、制定されたのは1899年（明治32年）であり（注1）、1911年（明治44年）にその一部の改正がなされて以降、実質的改正はほとんどなされないままとなっていた。もっともその間の1935年（昭和10年）には、法制審議会において商法の商行為編および海商編の改正要綱が承認され、それが内閣総理大臣に答申された結果、司法省に設けられた商法改正調査委員会が、前記改正要綱に基づき改正法律案をまとめることが予定された。しかしその後のわが国の戦時体制への突入により、結局、この商法改正は実現しなかった。それ以後、私保険契約に関する民事法ルールの改正の動きは、目立ったものはなく、その意味で久しく放置されたままになっていたのである。今回の保険法の成立は、商法の全面的な現代化の一環として、会社法に続く第2弾として位置付けられるべきものであるが、久しく待望された商法の私保険契約に関する民事法ルールの全面的な現代化を実現するものであり、まさに約100年ぶりの出来事である。それゆえ新しい保険法の誕生は、陸上保険契約法に限定されるものではあるが、わが国保険法制立法において画期的であり、また特筆すべきものといえるのである。

ところで保険法制定の趣旨は、国会において次のようなものとして説明がなされている（注2）。すなわち、「保険契約に関する法制を現代の社会経済に的確に対応したものとするため、商法第2編第10章の保険契約に関する規定を全面的に見直して、保険契約に関する新たな法典を制定し、共済契約をその適用対象とするとともに、傷害疾病保険に関する規定を新設するほか、保険契約者等を保護するための規定を整備し、表記を現代用語化するものもの」とされている。そしてその要点は、次の6点にまとめられる。

その第1点は、「商法の保険契約に関する規定は共済契約を適用の対象にしていないが、この法律案においては、保険契約と同等の内容を有する共済契約も、その適用の対象とすること」である。

第2点は、「損害保険及び生命保険のほかに、商法には規定のない傷害疾病保険に関する規定を新設すること」である。

第3点は、「保険契約者等を保護するため、次のような規定を整備すること」である。具体的には、まず、「保険契約締結時の告知についての規定を見直し、保険契約者等は保険者から質問された事項について告知をすれば足りることとするとともに、保険募集人による告知妨害等があった場合の規定を新設すること」であり、また「保険金の支払時期についての規定を新設し、保険者が適正な保険金の支払のための不可欠な調査を行うため客観的に必要な期間が経過した後は、保険者は遅滞の責任を負うこと」であり、さらに「これ

らの規定の内容よりも保険契約者等に不利な内容の合意は無効とすること」である。

第4点は、「責任保険契約について、被害者が保険金から優先的に被害の回復を受けることができるようにするため、被害者に、保険給付を請求する権利について特別の先取特権を付与すること」である。

第5点は、「生命保険契約の保険金受取人の変更についての規定を整備し、保険金受取人の変更の意思表示の相手方が保険者であることや、遺言による保険金受取人の変更が可能であることについて、明文の規定を設けること」である。

第6点は、「商法の保険契約に関する規定は、明治32年に制定されたものであり、片仮名文語体で表記されていることから、国民にわかりやすい法制とするため、これを平仮名口語体の表記に改めること」である。

本稿は、以上の趣旨で制定された保険法の若干の主要論点について、基本的な検討を行うことにより、その評価と展望を試みるものである。

2　本稿の考察の順序

本稿の考察においては、まず、保険法のなかから若干の主要論点をとりあげ、基本的な検討を加えて、その意義を明らかにする（Ⅱ）。本来とりあげるべき主要論点は、多くあるのであるが、前述の政府による保険法案提出の趣旨説明に限定する。本特集の趣旨および紙幅・時間等の制約から、その全貌の解明はもとより不可能であり、より全体的で詳細な検討は他日を期したい。

次いで、以上の考察を前提として、保険法を評価・展望して、本稿のむすびにかえる（Ⅲ）。そこでは、やや巨視的に新しい保険法を位置付け、その民事法ルールの役割を考え、また保険監督行政の役割との関係について若干の検討を行う。最後に本稿をまとめて結語とする。

Ⅱ　保険法の若干の主要論点に関する基本的な検討

1　全体的規定の構成

保険法は、第1章が総則（2か条）、第2章が、損害保険（34か条）、第3章が、生命保険（29か条）、第4章が、傷害疾病定額保険（29か条）、第5章が、雑則（2か条）の5章構成であり、条文数としては、全部で96か条であり、それに経過措置についての附則の6か条をもって構成されている。保険契約類型としては、損害保険・定額保険を基本とする組立てであり、それは、商法の第2編商行為第10章保険の構成を基本的に維持したうえで、定額保険としての障害疾病定額保険に関する規定を新たに設けるものとなっている。もちろん傷害疾病保険を独立のパートとし、損害保険の性質を有するものおよび定額保険の性質を有するものをそのパートにまとめて規定することもあり得る選択であっただろうが、商法の組立てとの連続性をより配慮した結果と思われ、それはそれで十分理解できるものである。

商法では、火災保険、運送保険が第1章損害保険のなかの独立した款としてそれぞれ規定されているが、保険法では、火災保険は独立のグループとしては規定されず、運送保険は、法36条4号に基づき片面的強行規定（法7条・12条・26条および33条）が適用除外とされる関係等からか、同様に特別な規定群は設けられていない。この点は、保険法の行き方も理解できないではないが、保険約款実務レベルに基本的に委ねるのではなく、やはり法規定のレベルにおいて典型的な保険類型ごとに一連の規定（ディフォルト規定も含めて）を置く方が、保険契約者等の利用者にとってよりわかりやすいものになったのではないかと思われる。というのは、ディフォルト規定といえども、法ルールとしての予見可能性・透明性を高める効果があるし、また消費者契約

法10条との関係においても相当な意味をもち得るからである。この関連では、責任保険についても、責任保険がわれわれの社会において占めるその役割の重要性等を考えると、独立のグループとして一連の規定を設けることがあってもよかったのではないかと思われる。さらに運送保険については、上記の利用者の便宜の観点に加えて、保険法としての消費者保護の観点から独自の手当てをする必要はまったくなかったかについては、若干疑問がないでもないようにも思われる（注3）。

さらに私保険契約に関する民事法ルールを商法典から切り離して、単行法としての保険法としたことは、立法政策としてどう評価すべきか。この点は、会社法の場合にも問題となったのであるが、まとまりのある法分野は、商法典からまずは独立させる立法方針であるようであり、保険法の場合もそれを踏襲したのであろう。そもそも商法典において何を規定するかは、イレモノの話であって、中身の話ではない。より重要なのは、現代のわれわれの社会経済にふさわしい実質を有する商事立法の全面的な現代化を早期に実現することである。その意味において新しい保険法が商法典から独立した単行法となったことそれ自体は、むしろそれほど重要なことではないというべきであろう（注4）。

2　共済契約との関係

保険法では、同法の適用範囲を画するために、法2条1号において保険契約の意義を定め、その意義に合致する共済契約は、保険契約として同法を適用することが明定された。これは、サービスを提供する主体に着目するのではなく、主体が提供する契約そのものをみた場合に、その契約が果たすところの機能が実質的に保険契約と等しいのであれば、別異の法ルールとするのではなく、保険契約法上の規律に同様に服させるのがよいとする考え方（注5）に基づくものである。そしてこのような考え方は、学説上も広く支持されていたものであり、そのことを明文で定めたも

のである（注6）から、特段異を唱える必要はないと考えられる（注7）。

むしろこの関連でより大きな問題となったのは、共済契約が保険法の適用対象になるとすると、近い将来に認可共済団体を監督する機関が、民間の保険会社の場合と同様に金融庁とされるのではないかということである。サービスを提供する主体をどの機関が監督すべきかとの問題と主体が提供する契約を規律すべき民事法ルールの問題とは、そもそも別個の問題であるから、両者は当然に連動するようなものではない。しかし事業の監督のやり方が相違すれば、同様なサービスを提供する事業者間の競争にそれが影響を与える可能性は否定できない。こうしたことなどを考えると、認可共済団体が、監督機関の変更可能性について相当にセンシティブとなったのは理解できないことではない。政府は、この問題に対して共済契約を新しい保険法の適用対象にすることは監督機関をどうするかの問題とは別であり、両者を連動させる方向の趣旨ではないと答弁している（注8）。

3　傷害疾病保険契約規定の新設

保険法は、傷害疾病保険契約について損害保険の性質を有するものと定額保険の性質を有するものとに分けて、それぞれ規定を新設している（注9）。われわれの社会において傷害疾病保険契約が広く行われていることを考えると、傷害疾病保険契約に関する規定を新設することについての異論はないであろう。

ところで問題はその規定の内容であるが、その基本的な論点について若干検討すると、まず、損害保険と定額保険とに分けて定めたことは、保険法の基本的な保険分類に沿うものであり、またそのそれぞれの定義（法2条7号・9号）を含めて問題はないと思われる。しかし保険法では、傷害疾病保険契約に関する免責規定は任意規定とされていることから、保険金請求権者が故意によらないことの立証責任を負担するか否かの問題（訴訟上、一切の証拠資料によってもその事実の存否が不明の

場合に誰がその不利益を受けるかという問題）は、結局のところ個々の約款の解釈に委ねられることになるが、この帰結が果たして保険者と保険契約者等との利害の適切な調整となっているかについては疑問なしとはしない。そもそも傷害疾病保険の利用者に対して約款解釈を求めることは無理であり、したがって、立証責任の所在を理解しないまま契約締結がなされるのが通常であろう。加えてこの問題に関しては従来から見解が対立していることもあり、保険契約者等の負担を軽減する方向での明確な法ルールをこの際はっきりと定めるべきであったのではなかろうか。

4　保険契約者等の保護

(1)　告知義務の改正

　保険法は、告知義務について、次のような改正をしている。すなわち、第1に、保険者が告知を求めた事実について応答する義務とし（注10）、第2に、保険媒介者による告知妨害等があった場合には告知義務違反があっても解除できないと定め（注11）、第3に、損害保険契約についても、保険契約者のみならず、被保険者も告知義務を負う（注12）との改正をしている。第2および第3の改正点は、おそらくその妥当性に異論がないであろうから、ここでは、第1の改正点について検討する。

　告知義務を認める根拠については、学説上、争いがあるにしても（注13）、こうした義務を認めること自体には、ほとんど異論はなく、したがって、問題は、商法の民事法ルールが保険者と保険契約者等との間の利害の適切な調整となっているかにある。もとよりこの問題については、いくつかの論点があるが、保険法は、告知のやり方について、商法の保険契約者側が自ら判断して申告すべきであるとの考え方を変更し、保険者が告知を求めたものについてその事実についての告知をしなければならないと定めた。確かに保険者の危険選択のために必要な情報は、保険契約者側に偏在する。しかし保険の専門家でもない保険契約者側においては、自己が保有するどの情報が危険選択に必要な情報かはわからないのが一般である。そこでむしろ保険者において、いかなる情報の提供を望むかを明らかにして、それを保険契約者側に質問することにより、保険契約者側から保険者にとっての必要な情報提供させることの方が、より合理的かつ公平であろう。なぜなら、保険者は、危険の引受けを事業としている以上、危険選択情報が何かについて豊富な知識・経験を有しているのみならず、誤った危険の引受けをすれば、それは直ちに自らの損失となってはねかえることになる。それゆえに保険者は、自らに必要な危険選択情報を探知して、その事項について保険契約者等に質問していくことにつき、十分なインセンティブを有しているといえる。したがって、保険法の第1の対応は、妥当なものといえる。

　保険法ではとり入られなかったが、大いに議論がなされた問題は、告知義務違反の効果をどうするかであり、いわゆるプロ・ラタ制度への変更の是非が争われた。プロ・ラタ制度においては、保険契約者側に故意による告知義務違反がなく、かつ、告知義務違反がなければ保険者が保険契約を引き受けなかった場合を除き、保険事故発生前であれば、正しく告知がなされていたであろうときの保険料に修正して保険契約を存続させ、また保険事故発生後のときには、正しく告知がなされていたであろうときの保険料と現に引き受けている保険料との割合に応じて保険金額を減額した保険給付を行うというやり方となる。この制度は、フランスが採用し、ドイツも2007年の保険契約法の全面的改正でこれをとり入れることに踏み切ったこと等もあり、わが国（現行法は、いわゆるオール・オア・ナッシング制度をとる）も保険契約法の現代化をするのであれば、このやり方に変更するのがよいのではないかが問題とされたわけである。しかし最終的には、プロ・ラタ制度への変更は断念されることになった（注14）。

(2) 保険金支払時期規定の新設

　保険法は、保険金の支払時期について、約款に支払期限の定めがある場合とそうでない場合とに分けて、次のような定めを新設した。まず、期限の定めがある場合には、当該期限が、保険事故、免責事由その他の保険給付を行うために確認をすることが保険契約上必要とされる事項の確認をするために要する相当の期間の日の後の日であるときは、当該期間を経過する日をもって保険給付の期限とすると定めている（注15）。他方、期限の定めがない場合は、保険者は、保険給付の請求があった後、当該請求に係る保険事故（損害保険契約の場合にはてん補損害額も加わる）の確認をするために必要な期間を経過するまでは、遅滞の責任を負わない旨を規定している（注16）。

　それでは、保険法の支払期限に関する定めの当否は、いかに考えるべきであろうか。そもそも保険金の支払を受けることは、保険金請求者にとっては、まさに保険契約を締結した目的の実現であるから、その支払が迅速になされなければならないのは当然である。それゆえこのことを前提として、保険金の支払時期に関する議論はなされなければならない。他方、保険金請求権は、その権利発生要件を満たす事実が現実に存在して初めて発生するものであるから、保険者においてその事実の存否を確認する必要があることも確かであり、その確認のために必要最小限度の期間は、これを認める必要がある。

　このように考えると、約款で支払期限を定めなかった場合は、原則として保険金請求権発生のための要件事実（請求原因事実）の存否を確認するために必要最小限度の期間の経過により遅延となるとするのが適切である。したがって、保険法の支払期限を定めなかった場合の定めは、妥当といえる。

　もっとも当事者が支払期限を合意した場合には、基本的にその合意を尊重すべきである。しかし問題は、その合意した期限が合理的な事実確認期間をオーバーしていることがあり得ることである。ところで保険約款作成は、全面的に保険者に委ねられているから、保険者が自己に有利な内容を盛り込もうとする誘惑は常にある。しかも保険契約は、附合契約であるから、保険契約者等は、保険カバーを得ようとするには、保険者作成の約款を全面的に受け入れるほかない状況にある。さらには、保険契約者等において、支払時期に関する約款を読んでその意味するところを理解せよといっても、それは困難である。このように考えると、約款の支払期限の定めを無条件に有効とするのは適当でない。

　そうすると、いかにして支払期限を定める約款につき合理的な制約をかけるかが問題となる。この点につき保険法では、合意した場合と支払期限の定めがない場合とで規制の仕方に違いを設けている。すなわち、支払期限を定めていない場合においては、確認事項が「保険事故（損害保険契約の場合にはてん補損害額も加わる）」とされているのに対して、支払期限がある場合においては、確認事項は免責事由をも含めて「保険給付を行うために確認をすることが保険契約上必要とされる事項の確認」となっている。また許容される確認期間も、前者が「確認をするために必要な期間」であるのに対して、後者では「確認するための相当の期間」となっている。以上、要するに、支払期限の定めがある場合の方が、定めのない場合よりも、確認事項はより広く、また確認期間はより長いものとなっているのである。

　支払期限に関する民事法ルールとしてこのような違いを設けるのが適切であるかは、議論の余地があるであろうが、支払期限の定めを約款に置いている場合とそうでない場合とにつき一定の意味を認めて、こうした相違を設けることは、法政策決定としてあながち不合理とはいえないであろう。すなわち、支払期限の定めがある場合には、保険金請求権発生の請求原因事実のみならず、その阻却ないし障害要件事実をも確認事項に含めるとともに、その確認に「必要」ではなく「相当」な期間とすることは、この定めが片面的強行規

定とされていることも考えると、保険者と保険契約者等の間の不合理な利害調整となっているとまではいえないであろう。保険契約者側にとっては、この定めが法的に許容される最大限の不利益であり、これを超えた不利益は課されないとの法的な歯止めが設けられているからである。

　もちろんいうまでもないが、「保険給付を行うために確認をすることが保険契約上必要とされる事項の確認」および「確認するための相当の期間」の解釈にあたっては、上記の趣旨を超えて保険契約者側に不利益が生じることにならないために厳格な解釈態度がとられるべきであり、これら文言が、不当に拡大されることがないよう注意すべきである。

　なお、保険法では、保険契約者等が正当な理由なく調査を妨げ、またはこれに応じなかった場合には、保険者は、それによる遅延した期間につき責任を負わない旨の定めがある（注17）。これは、保険契約者等に責任がある期間については、支払期限の猶予期間からその期間を控除する趣旨であり、妥当な定めである。もっともこの解釈にあたっても、保険契約者等に不当な不利益を与えないように配慮すべきは当然である。

(3)　片面的強行規定の新設

　保険法は、その規定の相当部分について片面的強行規定とすることを定めている。片面的強行規定とは、当該規定に反する特約で保険契約者、被保険者または保険金受取人に不利なものは無効とすることを定めるものである。保険法は、法7条・12条・26条・33条・35条・41条・49条・53条・65条・70条・78条・82条・94条等において、それぞれ特定の規定が片面的強行規定となる旨を定めている。当該規定が片面的強行規定であるとされると、保険契約者側においてその規定よりも不利な合意につきその趣旨を十分理解し、同意している場合であっても、その効力が否定されるから、契約自由の原則の例外であって、片面的強行規定と定めるには、そうすることについての十分な合理的根拠がなければならない。

この観点から保険法に問題がないか否かは、片面的強行規定とされたそれぞれの規定の趣旨・目的・運用実態等の詳細かつ慎重な検討が必要である。したがって、片面的強行規定の導入は正当としても、その具体的な個々の規定の当否については留保するのが適当であろう。

5　責任保険契約おける被害者保護

　保険法は、その22条において次のような定め（強行規定であると解される）を新設することにより、責任保険契約おける被害者保護の確保を図ろうとしている。すなわち、第1に、責任保険契約の被保険者（加害者）に対して当該責任保険契約の保険事故に係る損害賠償請求権を有する者（被害者）は、保険金請求権について先取特権を有すると定めて、被害者の保護を図ることを規定する（注18）。第2に、被保険者は、被害者に対する当該損害賠償責任債務を弁済したその金額あるいは当該損害賠償請求権を有する者の承諾があった金額の限度でのみ、保険者に対して保険金請求権を行使できるにすぎなくなる（注19）。この定めは、被保険者による保険金請求権の行使を被害者への弁済の確保等に限定してのみ認める趣旨である。第3に、責任保険契約おける保険金請求権は、損害賠償請求権を有する者に譲渡するか、または当該損害賠償請求権に関して差し押さえる場合および前記第2の被保険者が保険金請求権を行使できる場合を除いて、譲渡したり、質権の目的としたり、あるいは差し押さえしたりすることはできないものと定めた（注20）。これも、被保険者の保険金請求権行使を被害者への弁済の確保等に限定してのみ認める趣旨である。

　責任保険契約おける被害者保護をいかに実現するかは、保険法の制定過程において、2つの立場、すなわち、保険者に対する被害者の直接請求を認めるやり方と保険法のとった先取特権を認めるやり方とが問題とされた。わが国がそのいずれを採用すべきかについては、比較・検討すべき論点が少なくない（注

21)。もっとも先取特権付与のやり方が採用された以上、被害者に付与された先取特権が画餅とならないために、保険法が施行されるまでの間に、被害者がその権利を容易・迅速・適切に行使できる環境の整備が必要であり、それへ向けての関係者の一段の努力が期待される。

6　生命保険契約における保険金受取人の変更規定の整備

保険法は、次の定めを置くことによって、保険金受取人の変更に関する法律関係を整備した（注22）。すなわち、第1に、保険契約者によるその変更は保険事故（傷害疾病定額保険契約の場合は給付事由）が発生するまで自由にできることとし、第2に、遺言によっても変更ができることとし、第3に、変更の意思表示の相手方は、保険者に限定し、第4に、変更の効力発生時期については、変更の通知が保険者に到達したときは、当該通知を発した時にさかのぼってその効力が生じるとした。

このような整備は、従来規定がなく、また解釈上も争いのあった問題について明確な法ルールによる解決を図ったものであり、妥当な対応と評すべきであろう。

III　保険法の展望
　　　—むすびにかえて—

1　民事法ルールとしての保険法

(1)　保険に関する民事法ルールの基本的なあり方

私保険契約法は、経済社会生活において個人・団体が遭遇し得る危険を移転・分散するための取引に関する民事法ルールである。もちろん危険を移転・分散する方法はほかにもいろいろあるが、何といっても保険は、現代社会におけるその最も有力な方法であることに疑いはない。それゆえに保険取引については、国としてもその役割が十全に果たされることにつき大きな利害関係を有することになる。

ところで私的な取引は、取引当事者がそれぞれの望むところを交渉により実現させることがその大きな機能であり、また各当事者がそれぞれ望むところに合致があったからこそ取引は成立するものである。したがって、成立した取引は、原則としてその取引合意の内容のとおりに実現させることが望ましい。そうしないと、当事者が望んだことが実現されず、当事者の満足は得られないからである。そして特に当該取引について市場が存在している場合には、原則として国家の介入は控えて、市場の機能に基本的に委ねるのが適当である。

いうまでもなく保険取引については、市場が存在し、また機能しているのであるから、この原則的な考え方は、私保険契約についても妥当するはずである。それゆえ基本的には、保険契約法は、任意規定（ディフォルト規定）で構成されるべきものと考えられる。もっとも保険取引の当事者以外の第三者に不当な不利益面が生じる場合、あるいは、保険者と保険契約者等との間には、情報および交渉力に大きな格差等がある場合には、市場の失敗があり得るから、そのような場合には、法が強行法的に介入しなければならないことも相当にあり得よう。しかしわれわれは、法の介入にも失敗があり得ることも十分に考慮しなければならないから、強行規定の導入にあたっては、過剰規制等にならないように慎重な吟味が求められるはずである。

(2)　保険法の全体的な評価

新しい保険法をこの基本的な観点からみた場合、若干の強行規定と相当数の片面的強行規定の存在をどう評価するかが問題となる。逐一の詳細な検討は、本稿においては到底無理であるから、それは冒頭にも述べたとおり、他日を期すほかない。しかしここで強調したいことは、当該規定の当否を判断するためには、その規制によるプラスとマイナスとの詳細な比較・検討が不可欠であり、そのことな

くして軽々にその当否は論じられないことである。それゆえ立法に関与された方々は、その立案過程において具体的にいかなるプラスとマイナスの検討・評価を行ったかについての情報の開示をぜひお願いしたいところである。

他方、新しい保険法において基本的に任意規定で構成される保険分野としては、法36条によって片面的強行規定の適用除外となる海上保険契約、航空貨物保険契約、航空運送責任保険契約、傷害疾病損害保険契約を除いた法人その他の団体または事業を行う個人の事業活動に伴って生じることのある損害をてん補する損害保険契約である。この立法対応は、法の介入を正当化する根拠が、一般的にはないものと考えられる分野であるがゆえに、契約自由の原則を基本的に妥当させる点において支持できる。しかし前記Ⅱ・1で述たように、運送保険契約等の典型的な保険タイプについては、当該保険の基本的な仕組み構成が法レベルにおいて容易にわかるような一連の任意法規を用意することもあってよかったのではないだろうか。

(3) 新設が望まれた規定の若干について

まず、保険契約者等の保護の観点からは、第1に、保険者の情報提供義務を一般的な形で積極的に定めることも必要ではなかったか。保険サービスの内容は、保険者が一方的・全面的に作成する保険約款の定めによって決まるから、たとえば、スーパーなどの物品の売買契約などとは異なり、その内容が保険契約者等にとってわかりにくいのみならず、保険自体の仕組みの本来的な専門性・複雑性が加わるので、保険契約者等にとっては、保険者が勧めるものが、果たして自己にとって最適な保険、すなわち、自分の転嫁したい危険が過不足なくてん補されるものなのかどうかが、一般に理解し得ないのが通常である。それだからこそ、保険の募集時においては、他の一般の取引契約の場合とは異なる、保険者側からの情報格差を可能な限り縮小させるための積極的な情報提供が求められるのである。し かし当事者の自由にまかせておくと、情報において優越する側は、どうしてもそのことを自己の有利に用いようとするインセンティブが働きやすいことになる。

こうした保険取引の構造的な問題に対処するには、保険者に基本的な情報についての提供義務を課することが必要である。そうしないと、どうしても保険契約者等にとって満足できる最適の保険契約サービスが得られない場合が必然的に多くなり、保険に関する不満・苦情・紛争が増加することになる。確かに消費者契約法では、事業者の情報提供は努力義務であるが、これは、消費者契約と一口にいっても、その中には、情報・交渉力格差が大きいものも、小さいものも含まれることになるが、消費者契約法は、そのすべてを対象とすること等が考慮された結果である。しかし事業者からの情報提供の必要性が構造的に極めて高い状況にある保険契約においては、努力義務のレベルではない提供義務が必要とされるのであり、わが国の保険契約法の全面的な現代化を目標とする以上、新しい保険法においては、そうした義務を明定すべきだったのではあるまいか。保険法は、保険契約締結時に所定の事項を記載した書面の交付義務を定める（注23）が、もとよりこれのみではまったく不十分である。そもそも契約を締結するか否かを決定するのは、締結時より前の段階であり、十全な情報の提供義務は、その段階においてこそ求められるべきものなのである。

第2に、保険約款は明確でわかりやすいものを作成する義務およびいわゆる約款作成者不利解釈の原則のいずれもが、新しい保険法においては、ともに明定されるべきであったのではないか。保険約款は、保険者が一方的かつ全面的に作成しているから、こうした定めを置くことにより、保険者には明確でわかりやすい約款作成へのより強いインセンティブを生じさせる効果があるし、それによって保険を巡る不満・苦情・紛争を軽減させる効果も期待できるからである。

第3に、保険法は、告知義務違反による解

除の定めの中で保険媒介者をとりあげているが、この際、より包括的に保険募集の補助者の全般にわたってその民事上の位置付けを明確にする一連の民事法ルールを定めるべきではなかったか。保険契約者等は、保険募集の補助者が代理か、媒介か等に関していかなる民事上の権限を有しているかが十分にわからないのが実情であり、これに関連したトラブルも少なからずみられるからである。それゆえ保険契約者等の表見的な保護規定あるいは保険業法にある保険会社の募集人の行為に関する損害賠償責任規定（この際、現代化を図り保険法にとり込む形での）等も含めてその全体的な民事法ルールの整備・充実が図られるべきであると思うのである。この関係では、独立の商人である保険代理商あるいは保険仲立人に関する民事法ルールの現代化も保険法にとり込むことも試みられてもよかったのではなかろうか。

2　保険法と保険監督行政等との関係

　保険契約による危険の移転・分散が、保険契約者等の需要を的確に（効率的でしかも公正に）充足させるものなるためには、もちろん民事法ルールとしての保険契約法のみでは不十分であり、そのほかの様々な社会的なインフラストラクチャーを構成する制度・組織等の対応・整備・充実が不可欠である。この関係ではとりわけ保険市場を監督する行政の役割は重要である。保険契約法の民事法ルールによる対応は、最終的には個人ベースによる裁判を通じての権利実現が必要となるから、どうしても時間もコストもかかるという問題がある。これに比較すると、行政による監督は、保険利用者個人に重い負担を課すことはほとんどないし、また監督権の発動は、迅速かつ効果的でもあり得るからである。確かに保険監督をどこまで実体的に行うべきかは、様々に考慮すべき問題があるが、現状において保険監督行政が、市場において極めて重要な役割を果たしており、またそれが一般に期待されていることも疑いないと思われる。

　この関連での大きな問題は、保険契約法という民事法ルールと保険監督行政がよって立つところの保険業法の規制との適切な役割分担をどのようにすべきかである。この問題との関係では、前記1で述べた保険者の情報提供義務、保険約款明確化・平易化義務、約款作成者不利解釈の原則および保険募集従事者の定め等については、保険業法の規制に委ねることで足りるとの考え方があり得るのであり、あるいは新しい保険法もそのような考え方によっているものなのかもしれない。

　確かに情報・交渉力の大きな格差の是正等は、保険市場が効率的であるためには必須の要素であるから、保険監督行政がそうした問題に関心をもち、その対応のために必要な行政権を行使することは、その意味において当然であり、支持できることである。しかしそれはあくまでも保険事業者を監督するための行政権の発動であり、そのことは、保険契約者等が民事上の救済を民事法ルールに基づいて司法に求めることを排斥するものではないはずであり、むしろ両者の救済は、十分両立するのである。たとえば、保険契約法の民事法ルールとして保険者の情報提供義務が明定されれば、その違反があった場合に保険契約者等による損害賠償請求等の民事上の救済は、より容易になるはずだからである。効率的でしかも公正な危険の移転・分散の実現は、われわれの社会にとって極めて重要な意義を有するのであるから、それを効果的に達成するためには、あらゆる手段がとられるべきなのであり、保険契約法の民事法ルールと保険業法の行政監督法ルールとはお互いの長所を生かしつつ、ともに手を携え、協力すべきものなのである。

3　結　語

　新しい保険法は、全面的な現代化に向けての保険法部会を中心とする多くの方々の努力を結集して、比較的短期間に大きな変革を実現させたのであるから、わが国の保険法制における画期的成果である。しかし率直にいっ

て、本稿で述べたとおり、さらにより積極的な踏み込みがあってもよかったのではないかと感じられる点がまったくないというわけではない。もっともこのことは、もちろん保険法が成し遂げた成果を大きく減殺するものではない。いずれにしても今後、求められていることは、研究者も、実務家も、新しい保険法を現実によりよく生かすための工夫と努力と実践にほかならない。保険法の真価が問われるのは、まさにそれからであり、したがって、保険法を本当に総括するのはまだ早いというべきであろう。

(注1) 現行商法（新商法といわれる）に対する旧商法は、1890年（明治23年）に成立し、保険契約および保険業法的規制を有していたが、法典論争の影響により一部が短期間施行されたにとどまる。
(注2) 鳩山法務大臣の衆議院における保険法案に関する趣旨説明による（第169回国会・平成20年4月11日衆議院法務委員会の議事録参照）。
(注3) これに関連しては、商法の陸上物品運送契約に関する諸規定についても、たとえば、引越運送等につき消費者保護の観点等からもその現代化を図る必要があるという問題がある。
(注4) 商法典の現代化は、緊急の課題であり、とりわけ現代化の過程においては、単行法化は躊躇すべきでないであろう。むしろ今求められているのは、現代化作業をより一層加速させることであり、将来においてその全体的な現代化が一応完成した段階において、商法典のあり方は改めて考えられるべきである。
(注5) たとえば、竹内昭夫「保険と共済」『鴻常夫先生還暦記念・八十年代商事法の諸相』481頁以下（有斐閣・1985年）参照。
(注6) 本文に述べたような考え方においても、従来は、保険契約に関する法ルールはそのままでは適用があるのではなく、むしろ類推適用があるとの解釈であったと思われるが、新しい保険法ではストレートに適用があることとされたのである。
(注7) 共済団体を代表する今尾参考人も、この点について賛成の意見を国会において述べている（第169回国会・平成20年4月22日衆議院法務委員会の議事録参照）
(注8) たとえば、鳩山法務大臣の衆議院における保険法案に関する答弁など（第169回国会・平成20年4月15日衆議院法務委員会の議事録参照）。もっとも機能を同じくする金融サービスは同一の監督規制のもとに置くべしとの考え方あるいは競争上のイコール・フッティング論の観点からは、将来この問題が再び議論となる可能性はないとはいえないであろう。
(注9) 法2条7号・9号、34条、35条、第4章（法66条から94条）。
(注10) 法4条・37条・66条。
(注11) 法28条・55条・84条。
(注12) 法4条。
(注13) いわゆる技術説か、射倖契約説かの対立である。
(注14) 制定の過程では、プロ・ラタ制度を採用する国々の実情およびその評価を見極める必要があるとの議論があった。しかしこの種の観点をあまり強調すると、先進的な新しい制度を採用することが困難になる。法政策上の一般論としていえば、とりわけ現代化のための立法作業においては、現状を踏まえることはもちろん重要であるが、時代の進展を見据え、新しいものもいとわない思い切った決断をすることも必要ではなかろうか。
(注15) 法21条1項・52条1項・81条1項。損害保険契約、生命保険契約、傷害疾病定額保険契約ごとにそれぞれ保険契約上必要とされる事由の例示には若干相違があるが、その基本は本文で述べたものでよいであろう。
(注16) 法21条2項・52条2項・81条2項。
(注17) 法21条3項・52条3項・81条3項。
(注18) 法22条1項。
(注19) 法22条2項。
(注20) 法22条3項。
(注21) たとえば、補足説明第2・6責任保険契約に固有の事項、保険法部会第17回議事録等参照。
(注22) 法43条・44条・72条・73条。
(注23) 法6条・40条・69条。

Ⅰ 総論

2 保険法現代化の概要

法務省民事局民事法制管理官　萩本　修

Ⅰ　はじめに

　新しい保険法に関する総論的なテーマのうち、その意義と展望については別稿で論じられているので、本稿は、①保険法の制定の経緯を簡単に振り返るとともに、②保険法の施行に伴う関係法律の整備に関する法律（平成20年法律第57号）による改正前の商法（明治32年法律第48号）（以下単に「商法」という）第2編第10章の規定（629条～683条）からの主要な変更点を中心に、保険法の概要を紹介したうえで、③最後に、保険法を解釈するにあたっての若干の留意点について触れることとする。紙幅の関係から従来の学説や判例の紹介は割愛せざるを得ないので、これらについては各論の論考を参照されたい。

Ⅱ　保険法制定の経緯

1　法制審議会における審議の経緯

　2006年（平成18年）9月6日、法制審議会第150回会議において、法務大臣から、保険法の見直しについての諮問がされ（注1）、同審議会は、これを受けて保険法部会（部会長・山下友信東京大学教授）を設置した。
　同部会は、同年11月から調査・審議を開始し、2007年（平成19年）8月8日の第14回会議において「保険法の見直しに関する中間試案」を取りまとめ、これを公表するとともに、同年8月14日から9月14日までの1か月間、意見募集（パブリック・コメント）の手続に付して広く国民の意見を求めた。これに対しては、合計215件（94団体、個人121名）もの意見が寄せられた。その後、同部会は、パブリック・コメントの結果も踏まえて更に審議を進め、2008年（平成20年）1月16日の第24回会議において「保険法の見直しに関する要綱案」を取りまとめた。そして、この要綱案が同年2月13日開催の法制審議会第155回会議において「保険法の見直しに関する要綱」として採択され、同日、法務大臣に答申された。
　この要綱を踏まえて、法務省において法律案の立案作業が進められ、同年3月4日の閣議決定を経て、同月5日に保険法案が内閣提出法案（閣法第65号）として第169回国会に提出された。

2　国会における審議の経緯等

　保険法案は、まず衆議院において、同年4月7日に法務委員会に付託され、11日に法務大臣から提案理由の説明があり、審議が開始された。15日および18日の質疑に続いて、22日には参考人の意見陳述および参考人に対する質疑が行われた（注2）（注3）。そして、25日の質疑後に採決が行われ、全会一致で可決された（賛成－自民、民主、公明、社民、無所属）。次いで、30日に衆議院本会議において賛成多数（反対―共産）で可決され、同日、参議院に送付された。
　参議院では、5月19日に法務委員会に付託され、20日に法務大臣から趣旨説明があり、審議が開始された。22日の質疑に続いて、27日には、衆議院法務委員会と同様に、参考人

からの意見聴取および参考人に対する質疑も行われた（注4）。そして、29日の質疑、討論の後、採決が行われ、賛成多数（反対―共産）で可決された。次いで、30日に参議院本会議において賛成多数（反対―共産）で可決され、保険法として成立した。

なお、衆参両院の法務委員会において、それぞれ全会一致で附帯決議がされた（注5）（注6）。

以上のような経緯で制定された保険法は、同年6月6日、平成20年法律第56号として公布された（注7）。

III 商法からの主要な変更点

1 保険法の適用範囲

商法の保険契約に関する規定は、営利保険に適用されるほか、相互保険に準用されているが（同法664条・683条1項）、共済契約には適用されない。また、現在、共済契約については、中小企業等協同組合法が同法に基づく共済について商法の保険契約に関する規定の一部を準用しているものの、法律上、一般的な契約ルールは存在しない。

しかし、共済契約と保険契約は、どちらも、事故や病気といった万一の事態に備えて多数の人が資金を出し合い、不幸にもそうした事態に遭った方に補償を行うという仕組みを前提とする契約であるという共通点を有するものであり、こうした実質が同じ契約については同一の基本的な契約ルールを適用するのが相当である（それゆえ、共済契約にも保険契約に関する商法の規定が類推適用されるとする解釈が一般的である）。また、共済契約がこれだけ世の中に普及していることを踏まえると、基本的な契約ルールを定める法律を制定することにより、契約上のトラブルを解決する際の指針を明確にすべきである。

そこで、保険法は、保険契約をその実質的な内容に即して定義することにより（法2条1号）、共済契約のうち契約として実質的に保険契約と同等の内容を有するものにも保険法が適用されることを明確にしている。

なお、保険法が「保険」や「共済」の定義をしていないことから、その適用範囲が不明確であるとの指摘があるが、前述のとおり保険法はその適用対象となる「保険契約」を定義しているから、かかる指摘は当たらない。

2 保険契約の種類

商法には損害保険契約と生命保険契約の2類型しかないが、保険法は、これらに傷害疾病定額保険契約を加えた3類型に保険契約を分類している（法2条6号・8号・9号）。保険法上、人の死亡に関し一定の保険給付を行うことを約する保険契約は生命保険契約に該当するが、傷害死亡または疾病死亡に関してのみ一定の保険給付を行うことを約する保険契約は傷害疾病定額保険契約に該当する（法2条8号参照）。

一般に傷害疾病保険と呼ばれるもののうち、いわゆる損害てん補方式の傷害疾病保険については、これを損害保険契約の一種（傷害疾病損害保険契約）として整理したうえで（2条7号）、いわゆる人保険としての性質を踏まえた特則（法34条・35条）を新設している（後述8(8)参照）。

なお、損害保険契約について、商法が火災保険（同法665～668条）と運送保険（同法669～672条）に固有の規定を置いているのに対し、保険法は、傷害疾病損害保険契約のほかに、火災保険契約（法16条）と責任保険契約（法17条2項・22条）に固有の規定を置いており、運送保険に固有の規定はない。

3 片面的強行規定の導入

商法の保険契約に関する規定は、強行規定と解されている一部の規定（同法674条等）を除き、任意規定と解されており、その内容と異なる合意が約款等によってされた場合には、基本的にはその合意が優先することになる。

しかし、保険の団体性・技術性、保険契約の付合契約性、保険契約者と保険者との情報量・交渉力の格差等に照らすと、家計保険の分野における保険契約については、保険契約者・被保険者・保険金受取人（以下「保険契約者等」という）を保護する必要性が高い。

そこで、保険法は、契約自由の原則から当事者間の合意を尊重することを基調としつつも、保険契約者等の保護をより確実なものとするため、相当数の規定を、その規定に反する特約で保険契約者等に不利なものを無効とする片面的強行規定としている（法7条・12条・26条・33条・41条・49条・53条・65条・70条・78条・82条・94条）。

なお、保険法の規定は、その性質上、任意規定、片面的強行規定、強行規定の3種類に区分されるが、明文で片面的強行規定とされている規定以外の規定が任意規定か強行規定かは、各規定の趣旨に照らして判断されることになる。この点は、民法など他の法令と同様である。本稿では、強行規定についてはその旨を明示することとする。

4　保険契約の成立一般

(1)　告知義務

商法（644条・645条・678条）は、告知義務の対象を「重要ナル事実」と規定しており、何が重要な事実であるかを告知義務者（損害保険契約の保険契約者、生命保険契約の保険契約者および被保険者）が判断して告知をしなければならない（自発的申告義務）としたうえで、告知義務違反（不告知や不実告知）があった場合には、保険者は契約の解除をすることができ、免責されるとしている。

保険法は、これを改め、告知義務の対象を「重要な事項のうち保険者になる者が告知を求めたもの」として（法4条・37条・66条）、保険者が重要な告知事項（他の保険契約の存在もこれに当たり得る）を指定して告知義務者（保険契約の種類を問わず、保険契約者および被保険者）に質問をし、それに対して告知義務者が回答をしなければならない（質問応答義務）としている。

また、保険法は、商法と同様に、告知義務者による告知義務違反があった場合には、保険者は、正しい事実を知っていたか過失によって知らなかったときを除き、契約の解除をすることができ、免責される（いわゆるプロ・ラタ主義は採用せず、オール・オア・ナッシング主義を維持。因果関係不存在特則も維持）としつつ、新たに、保険者のために保険契約の締結の媒介を行うことができる者（保険媒介者）がいわゆる告知妨害や不告知教唆をしたときは、これらの行為と告知義務違反との間に関連性がなかった場合を除き、保険者は契約の解除をすることができないとしている（法28条2項2号・3号、3項、55条2項2号・3号、3項、84条2項2号・3号、3項。なお、除斥期間に関する前各条の各4項はいずれも強行規定である）。

(2)　遡及保険

商法（642条・683条1項）は、保険契約の締結時に、契約当事者の一方または被保険者が保険事故の不発生の確定または保険事故の発生を知っていた場合、その契約を無効としているが、その趣旨が必ずしも明確でなく、これが遡及保険のみに関する規定であるか、遡及保険を含め保険事故の偶然性が主観的意味において存すれば足りることを規定したものであるかについて争いがあった。また、不当な利得を防止する趣旨であるとすれば契約を無効とする範囲が広すぎるとの指摘もされていた。

そこで、保険法は、これを改め、遡及保険についての規定であることを明確にするとともに、不当な利得を防止すべき場面に限定して契約を無効としている。また、契約の締結時の契約当事者等の主観ではなく、契約の申込みまたは承諾時の契約当事者等の主観をメルクマールとしている。すなわち、① 契約締結前に発生した保険事故や給付事由について保険給付を行う旨の定めについては、保険契約者が当該契約の申込みまたはその承諾を

した時において、当該保険契約者等が既に保険事故が発生していることを知っていたときに、これを無効とし（法5条・39条・68条の各1項。これらはいずれも強行規定である）、②契約の申込時より前に発生した保険事故や給付事由について保険給付を行う旨の定めについては、保険者または保険契約者が当該保険契約の申込みをした時において、当該保険者が保険事故が発生していないことを知っていたときに、これを無効としている（前各条の各2項）。

(3) 契約締結時の書面交付

　商法（649条・668条・679条・683条1項）は、保険契約者から請求があった場合に限り保険証券を交付しなければならないとしている。

　保険法は、これを改め、保険者は、保険契約者からの請求の有無にかかわらず、保険契約を締結したときは、遅滞なく、保険契約者に対し、保険事故等を記載した書面（保険証券という名称は使用していない）を交付しなければならないとするとともに、記載事項を整理している（法6条・40条・69条）。

5　保険契約の効力一般

　危険の減少について、商法（646条・683条1項）は、特別の危険を斟酌した場合において当該特別の危険が消滅したときに限り、保険契約者に保険料の減額請求を認めている。

　保険法は、これを改め、特別の危険が消滅した場合に限定することなく、危険が著しく減少した場合に、保険契約者に保険料の減額請求を認めている（法11条・48条・77条）。減額請求権の法的性質は、商法と同様に、形成権である。

　なお、危険の増加に関する規律（後述7(3)参照）が働くのは告知事項についての危険の増加に限られるが、危険の減少についてはそのような限定はない。

6　保険給付一般

(1) 保険者の免責

　商法（640条・641条・680条1項・683条1項）は、保険契約者等の故意による事故招致、戦争その他の変乱を法定の免責事由としているほか、損害保険契約については保険契約者等の重過失による事故招致、保険の目的の性質・瑕疵や自然の消耗を、生命保険契約については決闘その他の犯罪や死刑の執行を、それぞれ法定の免責事由としている。

　保険法は、基本的にこれと同様の規律を採用しているが、損害保険契約における保険の目的物の性質・瑕疵や自然の消耗、生命保険契約におけるいわゆる犯罪免責を法定の免責事由とはせず、また、損害保険契約のうち責任保険契約については、保険契約者等の重過失による事故招致を法定の免責事由とはせず、他方、新設の傷害疾病定額保険契約については保険契約者等の重過失による事故招致を法定の免責事由としている（法17条・51条・80条）。

　なお、保険者の免責に関する規定は任意規定であるが、免責事由の定めについても片面的強行規定の影響を受けることについては、後述Ⅳ2参照。

(2) 保険給付の履行期

　商法には、保険給付の履行期についての規定がなく、したがってこれについては民法412条の一般原則が適用されている。

　これに対し、保険法は、保険者は保険事故の確認等の一定の調査を行ったうえで保険給付を行う必要があるという保険契約の性質や、保険事故が生じた場合には迅速に保険給付が行われるべきであるとの要請を考慮して、履行遅滞の時期に関する民法の特則（法21条・52条・81条）を新設している。

　具体的には、まず、保険給付を行う期限を定めた場合であっても、その期限が、保険給付を行うために確認をすることが保険契約上必要とされる事項（免責事由等の保険者におい

て証明すべき事項を含む）の確認をするための合理的な期間（これを法文では「相当の期間」といっている）を超えるものであるときは、その合理的な期間を経過する日をもって保険給付を行う期限とし、約定の期限が到来する前であっても保険者は遅滞の責任を負うとしている（前各条の各1項）。

また、保険給付を行う期限を定めなかったときは、保険者は、保険給付を請求する者が請求にあたって証明すべき事項（たとえば、損害保険契約であれば保険事故およびてん補損害額）の確認をするために「必要な期間」を経過するまでは、遅滞の責任を負わないとしている（前各条の各2項）。

そして、保険契約者等が正当な理由なく保険者が行う必要な調査を妨げ、またはこれに応じなかった場合には、保険者がそのために遅滞の責任を負うのは相当でないことから、これにより保険給付を遅延した期間について、保険者は遅滞の責任を負わないとしている（前各条の各3項）。

なお、各1項の「相当の期間」は、期限の定めがある場合の規律であるから、契約内容に照らしてその定めが合理性を有するかどうかという観点から判断されるものであるのに対し、各2項の「必要な期間」は、期限の定めがない場合の規律であるから、保険給付の請求ごとの個別具体的な事情に照らして判断されるものである。各1項の規律について、たとえば請求後30日以内に支払うという期限の定めをしたとしても実際に必要な調査が20日で終了した場合には保険者は21日目から遅滞に陥ると解する見解があるが、これは、各1項（相当の期間）と各2項（必要な期間）とで異なる表現が用いられている点等を無視するものであって、誤りである。

7　保険契約の終了一般

(1)　保険契約者による解除

商法（653条・683条1項）は、保険者の責任開始前に限り保険契約者の任意解除権を認めている。

保険法は、これを改め、保険者の責任開始の前後を問わず、保険契約者は、いつでも保険契約の解除をすることができるとしている（法27条・54条・83条）。

(2)　告知義務違反による解除

4(1)参照。

(3)　危険増加による解除

商法は、保険契約締結後に危険が著しく増加した場合、当該危険の増加について保険契約者等に帰責事由があるときは、当該契約は当然に失効するとし（同法656条）、保険契約者等に帰責事由がないときは、保険者は将来に向かって当該契約を解除することができ（同法657条1項）、また保険契約者等が当該危険の増加について保険者への通知義務を怠った場合には、保険者は当該契約が失効したとみなすことができるとしている（同条2項）（いずれの規定も683条1項により生命保険に準用されている）。

保険法は、このような規律を全面的に改め、保険契約者等の帰責事由の有無を問わず、当該危険増加（危険の減少の規律（5参照）と異なり、契約締結の段階で保険者が告知を求めた事項についての危険の増加に限る）が保険者の引受範囲内（保険料の増額によって対応できる場合）である場合には、保険者は原則として契約を解除することができず、あらかじめ保険者が保険契約者等に対して当該危険増加に係る告知事項の内容に変更が生じたときは遅滞なく通知することを求めており、かつ、保険契約者等が故意または重過失によって遅滞なく当該通知をしなかったときに限り、保険者は当該契約を解除することができるとし、この解除について、告知義務違反による解除と同様に、解除権の除斥期間を定めている（法29条・56条・85条。除斥期間に関するこれらの各2項はいずれも強行規定である）。

また、危険増加による解除をした場合には、告知義務違反による解除と同様に、原則として当該危険増加が生じた時から当該解除時ま

でに発生した保険事故や傷害疾病について保険者の免責を認めつつ、例外として当該危険増加をもたらした事由と保険事故や傷害疾病の発生との間に因果関係がない場合には保険者は免責されないとしている（法31条2項2号・59条2項2号・88条2項2号）。

なお、危険増加に見合う保険料の増額請求について、保険法は規定を置いていないが、約款等に定めがあれば、保険者はそれに基づいて増額請求をすることができるし、保険料の不払があれば、債務不履行を理由に契約を解除することもできる（保険者による解除権を制限する保険法の片面的強行規定も、保険者が保険契約者の債務不履行を理由に契約を解除すること（民法541条等）を制限するものではない。借地法の片面的強行規定に関する最二判昭和40・7・2民集19巻5号1153頁参照）。

また、危険増加が保険者の引受範囲外である場合には、保険法は保険者による契約の解除を制限していないので、約款等に定めがあれば、保険者はそれに基づいて契約を解除することができる。

(4) 重大事由による解除

商法には、重大事由による解除に関する規定がない。

これに対し、保険法は、保険契約が当事者間の信頼関係を基礎とするものであること等を踏まえ、重大事由による解除についての規定を新設して、① 保険契約者等が保険者に保険給付を行わせることを目的として故意に損害（保険事故、給付事由）を発生させ、または発生させようとした場合、② 保険給付の請求について詐欺を行い、または行おうとした場合、③ 保険者の信頼を損ない、保険契約の存続を困難とする重大な事由があった場合に、保険者は保険契約を解除することができるとし（法30条・57条・86条）、解除した場合（著しく重複した保険契約の締結もこれに当たり得る）には、当該重大事由が生じた後に発生した保険事故（給付事由）について保険者は保険給付の責任を負わないとしている（法31条2項3号・59条2項3号・88条2項3号）。

この解除権については、告知義務違反による解除や危険増加による解除と異なり、除斥期間の定めがない。

なお、重大事由による解除の片面的強行規定性については、後述Ⅳ2参照。

(5) 保険契約の無効・取消しによる保険料の返還の制限

商法（643条・683条1項）は、保険契約が無効である場合、保険契約者および被保険者が無効原因について善意・無重過失のときに限り保険料の返還請求ができるとし（保険契約が取り消された場合も同様と解されている）、民法の不当利得一般の規律（同法703条〜708条）に比べて、保険者が保険料を返還しなくてよい場合を非常に広く認めている。

保険法は、これを改め、保険契約者に対する制裁として保険料を返還しないことが相当と認められる場合、すなわち、① 保険契約者等の詐欺または強迫を理由として保険者が保険契約に係る意思表示を取り消した場合、② 遡及保険の約定が4(2)①により無効とされる場合に限定して、保険者は保険料を返還する義務を負わないとしている（法32条・64条・93条）。

なお、これらの規定は、民法705条（債務の不存在を知ってした弁済）や同法708条（不法原因給付）と同様に、民法703条や704条の特則に当たるものであるから、同法705条や708条の保険契約に対する適用を排斥するものではない（保険法と民法との関係については、後述Ⅳ1参照）。

8 損害保険契約に固有の事項

(1) 超過保険・保険価額の減少

商法（631条）は、超過保険、すなわち保険契約の締結時に保険金額が保険価額を超えていた場合について、超過部分の契約を一律に無効としている。

保険法は、これを改め、超過部分の契約も有効としたうえで、善意・無重過失の保険契

約者には超過部分の契約の取消権を認めている（法9条）。この取消権を行使すれば契約は初めから無効となるから（民法121条）、保険契約者は、契約締結時にさかのぼって保険料の返還を受けることができる。

他方、保険契約の締結後に保険価額が著しく減少した場合については、商法（637条）と同様に、保険契約者に保険金額および保険料の減額請求を認めるとともに、新たに、約定保険価額（法9条ただし書参照）があるときには、保険金額だけでなく約定保険価額の減額請求も認めている（法10条）。

(2) 損害の発生および拡大の防止

損害の発生および拡大の防止については、商法（660条）の規律を基本的に維持しつつ、保険事故発生後の規律であることを明確にするとともに、被保険者だけでなく保険契約者も義務の主体としている（法13条）。

(3) 損害額の算定

損害額の算定については、商法（638条・639条）の規律を基本的に維持しつつ、いわゆる評価済保険に関する規律の実質的な内容を明確にしている（法18条。同条2項ただし書は強行規定である）。

(4) 重複保険

商法（632条〜635条）は、重複保険、すなわち複数の損害保険契約の保険金額の合計額が保険価額を超える場合について、超過保険（(1)参照）と同様に超過部分の契約を無効とし、どの契約のどの部分が無効となるかを、複数の損害保険契約が同時に締結されたか異なる時期に締結されたかで区別している。

保険法は、このような規律を全面的に改め、複数の損害保険契約の締結が同時か異時かにかかわらず、超過部分の契約も有効とし、各保険者は、各契約に基づくてん補損害額の全額について保険給付を行う義務を負うとするとともに（独立主義。法20条1項）、保険者間の公平を図るために保険者間の求償のルールを定め、保険者の1人が自己の負担部分を超えて保険給付を行ったときは、自己の負担部分を超える部分に限り、他の保険者に対し、各自の負担部分について求償することができるとしている（法20条2項）。法20条は任意規定であるが、約款は保険者と保険契約者との間の合意にすぎないから、求償に関して約款で同条2項と異なる内容を定めたとしても、それを他の保険者に対して主張することはできない。

なお、法20条1項の重複保険の規律は独立主義と呼ぶべきものであり、これを独立責任額連帯主義と呼ぶことが不適切であることについては、後述Ⅳ1参照。

(5) 責任保険契約についての先取特権

商法には、責任保険契約（たとえば、ＰＬ保険等）についての特別の規定がないため、責任保険契約の被保険者が倒産した場合には、保険給付請求権は被保険者の一般財産に取り込まれることになり、被害者（被保険者に対して損害賠償請求権を有する者）は、他の一般債権者と同様に、債権額に応じた按分弁済しか受けられない。

しかし、責任保険契約に基づく保険給付は、本来被保険者の被害者に対する損害賠償に充てられるべきものであり、被害者が損害賠償を受ける前に他の一般債権者が保険給付から弁済を受けることは不合理であるなどとして、被害者が保険給付から優先的に被害の回復を受けることができるようにするための立法的な手当ての必要性が従来から指摘されていた。

そこで、保険法は、責任保険契約に基づく保険給付請求権について、被害者に特別の先取特権を認めることにより、法律上の優先権を付与している（法22条1項）。また、被害者の先取特権の実効性を確保するため、被保険者自身が保険者に対して保険給付請求権を行使することができる場面を制限するとともに、保険給付請求権の譲渡・質入れや差押えも原則として禁止している（法22条2項・3項。同条は強行規定である）。

(6) 残存物代位

商法（661条）は、保険の目的物の全部が滅失した場合において保険者が保険給付の全部を行ったときに残存物に関する権利を代位取得する（一部保険の場合には付保割合に応じて取得する）としている。

保険法は、商法の趣旨を敷衍して、保険給付の全部を行った場合に限らず、保険者が実際に行った保険給付の保険価額に対する割合に応じて残存物に関する権利を代位取得するとしている（法24条）。

(7) 請求権代位

商法（662条）では、一部保険の場合であって被保険者の有する権利の額が被保険者の損害額に満たないときにおける請求権代位の範囲（保険者が代位取得する権利の割合）が必ずしも明らかでなく、この点について、判例（最二判昭和62・5・29民集41巻4号723頁）は、いわゆる比例説（一部保険の比例分担の原則に従い、てん補した金額の損害額に対する割合に応じて権利を代位取得するとの考え方）に立っていると解されている。

保険法は、これと異なり、いわゆる差額説の考え方を採用し、保険者は、被保険者の有する権利の額から被保険者がてん補を受けていない損害の額を控除した額を限度として、被保険者の有する権利を代位取得するとしている（法25条1項）。

また、商法と異なり、保険契約者の有する権利について代位するとはしていない。

(8) 傷害疾病損害保険の特則

傷害疾病損害保険契約について、いわゆる人保険としての性質を踏まえ（2参照）、生命保険契約や傷害疾病定額保険契約と同様に、被保険者による解除請求を認めている（法34条。これは強行規定である）。被保険者による解除請求については、後述9(5)参照。

(9) 片面的強行規定の適用除外

いわゆる企業保険については、事業に関する特殊なリスクを担保する場合に、片面的強行規定（3参照）が適用されると保険の引受け自体が困難になり、あるいは保険料が非常に高額になりかねないことから、保険法は、片面的強行規定を導入する一方で、海上保険契約、航空保険契約、原子力保険契約、法人等の事業活動に伴う損害をてん補する損害保険契約を片面的強行規定の適用の対象から除外している（法36条。これは強行規定である）。

9　生命保険契約および傷害疾病定額保険契約に固有の事項

(1) 被保険者の同意

商法（674条1項）は、他人を被保険者とする死亡保険契約について、原則として被保険者の同意を要するとしながら（同項本文）、被保険者が保険金受取人である場合にはその同意は不要としている（同項ただし書）。

保険法は、モラルリスクや賭博保険の防止等という被保険者の同意を要求する趣旨に照らして、これを改め、同項ただし書に相当する例外を設けていない（法38条。これは強行規定である）。

また、傷害疾病定額保険契約については、死亡保険契約と同様に被保険者の同意を効力要件とすることを原則としながら、被保険者（被保険者の死亡に関する保険給付にあっては、被保険者またはその相続人）が保険金受取人である場合にはその同意を不要としている（法67条1項）。もっとも、給付事由が傷害死亡または疾病死亡のみである傷害疾病定額保険契約については、例外なく被保険者の同意を効力要件としている（法67条2項。同条は強行規定である）。

(2) 保険金受取人の変更

商法（675条・676条）は、保険契約者が契約締結時に指定・変更権を留保した場合に限り保険金受取人の指定・変更を認めつつ、保険契約者が死亡した場合には保険金受取人が確定するとしている。また、商法（677条1項）は、保険者への通知を保険金受取人の指

定・変更の対抗要件とするのみで、保険金受取人の指定・変更の意思表示のあり方を明らかにしていない。

保険法は、これらを全面的に改め、契約締結時から常に保険金受取人はいて（法40条1項4号・69条1項4号参照）、契約締結後はすべて保険金受取人の「変更」になる（保険金受取人の「指定」という概念は使用しない）と整理したうえで、保険契約者は保険金受取人の変更権を有するとしている（法43条1項・72条1項）。もっとも、法43条1項や72条1項は任意規定であるから、保険契約者の一方的意思表示による保険金受取人の変更を認めるかどうかについては、消費者契約法等による制約はあるものの、当事者間でこれと異なる内容の合意をすることも基本的には許容される（ただし、後述のとおり、保険者に対する意思表示によること等を定める前各条の各2項・3項は強行規定であるから、注意を要する）。

そして、生前の意思表示によって保険金受取人を変更する場合には、当該意思表示の相手方を保険者とし、当該意思表示の通知が保険者に到達した場合には、当該通知の発信時にさかのぼって効力が生ずるとしている（法43条2項・3項、72条2項・3項。これらはいずれも強行規定である）。

また、遺言による保険金受取人の変更を明文で認め、遺言による場合には保険者への通知を対抗要件としている（法44条・73条。これらの各2項はいずれも強行規定である）。保険契約者の相続人が複数いる場合でも、保険者への通知は、相続人の1人がすることができる（なお、遺言執行者も、対抗要件としての通知をすることができる）。

さらに、保険法は、商法（675条2項・676条2項）のように保険契約者が死亡した場合に保険金受取人が確定するとの規定を設けていないから、保険契約者が死亡した場合には、別段の合意がない限り、その地位を承継した相続人が保険金受取人の変更権を有することになる。

(3) 保険金受取人の死亡

商法（676条1項）は、被保険者でない保険金受取人が先に死亡したときは、保険契約者は更に保険金受取人を指定することができるとしているが、その指定前に保険事故が発生した場合に誰が保険金受取人となるかについては定めていない。

そこで、保険法は、保険金受取人が保険事故や給付事由の発生前に死亡した場合には、当該保険金受取人の相続人全員が保険金受取人となるしている（法46条・75条）。死亡した保険金受取人の相続人が2人以上いるときは、別段の合意がない限り、各相続人は平等の割合で保険給付請求権を取得することになる（民法427条。最三判平成5・9・7民集47巻7号4740頁参照）。

なお、保険法は、保険契約者は原則として保険金受取人の変更権を有するとしており、商法676条1項のような規定は不要であるから、これに相当する規定は設けていない。

(4) 保険給付請求権の譲渡等についての被保険者の同意

商法（674条2項・3項）の規律を基本的に維持しつつ、保険給付請求権の譲渡の場合だけでなくその質入れの場合にも被保険者の同意を効力要件としている（法47条・76条。これらはいずれも強行規定である）。

(5) 被保険者による解除請求

商法では、被保険者が同意をした後に自らの意思で将来に向かって契約関係から離脱する手段は認められていない。

これに対し、保険法は、法的安定性も考慮しつつ、一定の要件のもとで、被保険者は保険契約者に対して保険契約の解除を請求することができるとし、将来に向かっての契約関係からの離脱を認めている（法58条・87条。これらはいずれも強行規定である）。

具体的には、死亡保険契約については、重大事由解除が認められる場合や、保険契約者と被保険者との間の親族関係の終了その他の

同意の基礎とした事情が著しく変更した場合に被保険者による解除請求を認め、傷害疾病定額保険契約については、死亡保険契約と同様の場合に加えて、契約の効力要件として被保険者の同意が不要とされる場合にも、被保険者の意思を反映する機会を設ける趣旨から、被保険者による解除請求を認めている。

保険契約者は、被保険者から法定の要件を具備した解除請求を受けた場合には、当該保険契約を解除する義務を負うことになる。そこで、前各条の各2項は、保険契約者の任意解除権（法27条・54条・83条）が制限されている場合でも保険契約者が契約を解除することができるように、保険契約者に法定の解除権を付与している（「解除することができる」という文言になっているが、解除するかしないかを保険契約者の自由な意思に委ねる趣旨ではない）。

(6) 介入権（契約当事者以外の者による解除の効力等）

保険契約者が経済的に破綻して、解約返戻金請求権が差し押えられ、または保険契約者について破産手続開始の決定があった場合、差押債権者または破産管財人が解約返戻金を確保するために保険契約を解除することがあり（最一判平成11・9・9民集53巻7号1173頁参照）、保険給付請求権が近く具体化する見込みのようなときには、保険金受取人の期待に反する結果となるが、商法では、保険金受取人がこのような契約の解除を阻止する手段は認められていない。

そこで、保険法は、このような場合に契約が解除されることによって保険金受取人が保険給付を受けることができなくなる事態を防ぐための制度（いわゆる介入権）を新設している（法60条～62条・89条～91条。これらはいずれも強行規定である）。

具体的には、差押債権者等の契約当事者以外の者がする保険契約の解除は、その通知がされてから1か月が経過したときに効力を生ずるとし、介入権者（保険契約者以外の保険金受取人であって、保険契約者もしくは被保険者の親族または被保険者である者）が、この1か月の期間内に、保険契約者の同意を得たうえで、解除の通知がされた日における解約返戻金相当額を解除権者に支払うとともに、保険者に対してその支払の通知をすれば、当該解除の効力は発生しないとすることによって、介入権者が当該保険契約を存続させることができるようにしている。

10 その他

(1) 保険給付請求権等の消滅時効

保険給付請求権、保険料返還請求権および保険料積立金の払戻請求権の消滅時効期間について、商法（663条・682条・683条1項）はこれを2年としているが、保険法はこれを3年に改めている（法95条1項。同条は強行規定である）。

(2) 保険者の破産

保険者の破産に関する商法（651条・683条1項）の規律については、これを維持する一方（法96条。これは強行規定である）、保険契約者の破産に関する商法（652条・683条1項）の規律については、保険契約者が破産した場合に保険者による被保険者に対する保険料の請求を認める必要はないこと等から、これを削除している。

(3) 施行日

保険法は、公布の日（平成20年6月6日）から起算して2年を超えない範囲内で政令で定める日から施行される（附則1条）。

(4) 経過措置

保険法の規定は、保険法の施行日以後に締結された保険契約に適用されるのが原則であるが（附則2条）、一部の規定については例外的に施行日よりも前に締結された保険契約にも適用される（附則3条～6条）。

Ⅳ 保険法を解釈するにあたっての留意点

保険法を正確に理解し、解釈するためには、留意すべき点がいくつかある。そのうちの2点を最後に指摘しておきたい。

1 民法との関係

第1は、保険法は民法の特別法であり、保険法の条文は民法の規律を前提に書かれているという点である。

保険法の立案にあたっては、その内容を現代化することに加えて、民法の規律との関係を整理することにも力点が置かれた。

たとえば、第三者のためにする保険契約についていえば、商法647条の規律（第三者のためにする契約を締結することができること、その場合でも契約当事者が契約に基づく義務を負うこと）は、第三者のためにする契約一般の規律（民法537条）と変わらないことから、保険法は、商法647条に相当する規定は設けずに、民法537条2項の特則に当たる規定（法8条・42条・71条）だけを設けている。保険金受取人の変更に関する法43条・44条や72条・73条の規定は、第三者のためにする保険契約の場合には民法538条の特則に当たることになる。

また、実務の約款等の中には詐欺による契約を無効と定めているものがあるが、詐欺による意思表示も無効ではなく有効であって、取り消し得るにすぎない（民法96条）から、保険法の規定（法32条1号・64条1号・93条1号）もこれを前提としている。

このような例はいくつも挙げることができる（保険料の返還の制限の規定と民法の不当利得の規律との関係については、Ⅲ7（5）参照）。

したがって、保険法を正しく理解し、解釈するためには、その前提としての民法を正しく理解する必要がある。保険法で新設された責任保険契約についての先取特権（法22条）、被保険者による解除請求（法34条・58条・87条）、介入権（法60〜62条・89〜91条）等を正しく理解し、解釈するためには、民法だけでなく、民事執行法、破産法等の正しい理解も不可欠である。

このような観点から付言すると、重複保険に関する保険法の規律（法20条1項）については、独立責任額連帯主義を採用したという説明がされることがあるが、この呼称は誤解を招くものであって、適切でない。①連帯といっても、複数の損害保険契約の各保険者の責任がどのように関連しあうかが明らかでなく、②現に、損保業界において、各保険者は被保険者との関係では自らの契約に基づく損害てん補責任を超えて最も保険金額の高い契約に基づく損害てん補責任を負うことになるとの誤解を招いたうえに、③法20条1項の規律は、連帯という言葉から一般に連想される法的効果（債務者である保険者の1人が弁済すればその限度で他の保険者の債務も同時に消滅するという効果）を伴うものではないからである。法20条1項の規律は、重複保険の場合にも各契約が有効であることを前提として、各保険者はそれぞれ自らの契約に基づく損害てん補責任を負うという、いわば当然のことを定めたものであり（それゆえ、法文の立案過程においては、法20条1項のような規定を設ける必要があるかどうかが検討課題となった）、誤解を避けるためにも、前述（Ⅲ8（4））のとおり「独立主義」と呼ぶのが適当である。

2 片面的強行規定の考え方

第2は、約款等の定めが片面的強行規定により無効となるかどうか（片面的強行規定に反する特約で保険契約者等に不利なものかどうか）については、保険法の規律全体の趣旨を踏まえて考える必要があるという点である。

たとえば、保険者の免責の規定（法17条・51条・80条）は任意規定であるから、約款等で法定の免責事由以外の免責事由を定めることも許容される。しかし、危険増加による解除およびその効力の規定（法29条1項、31条

1項・2項2号、56条1項、59条1項・2項2号、85条1項、88条1項・2項2号）は片面的強行規定であり、危険増加を理由とする解除および保険者の免責を制限しているのであるから、その趣旨に反する免責事由（たとえば、危険増加後に発生した保険事故のすべてについて保険者を免責とするもの）を定めたとしても、それは危険増加に関する片面的強行規定により無効と解することになる（他方で、保険者による解除権を制限する保険法の片面的強行規定が、民法による債務不履行解除まで制限するものではないことについては、Ⅲ7⑶参照）。

また、損害（保険事故、給付事由）の発生の通知義務（法14条・50条・79条）については、義務違反の効果は法定されていない。しかし、重大事由による解除の効力の規定（法31条1項・2項3号、59条1項・2項3号、88条1項・2項3号）が片面的強行規定とされ、保険者が重大事由（たとえば、被保険者が保険事故発生後に保険給付の請求について詐欺を行おうとしたこと）による解除をした場合であっても、保険者が免責となるのは当該重大事由が生じた時以降に発生した保険事故についてだけ（前述の例でいえば、詐欺を行おうとした当該保険給付については免責を主張することができない）とされているのであるから、損害（保険事故、給付事由）の発生後にその通知義務を怠っただけで当該損害（保険事故、給付事由）について保険者が免責となるような免責事由を約款等で定めたとしても、それは重大事由による解除に関する片面的強行規定により無効と解することになる。損害（保険事故、給付事由）の発生後の過大請求を理由とする免責事由の定めについても、同様である。

3 おわりに

解釈上の留意点はほかにもあるが、いずれにしても、保険法の内容がその立法趣旨を踏まえて正しく理解され、施行後の実務運用に反映されることを切に期待したい。

（注1）諮問第78号であり、その内容は次のとおりである。

　広く社会に定着している保険契約について、保険者、保険契約者等の関係者間におけるルールを現代社会に合った適切なものとする必要があると思われるので、別紙「見直しのポイント」に記載するところに即して検討のうえ、その要綱を示されたい。

　別紙　見直しのポイント
第一　規律の内容の現代化について
一　商法が定める保険の類型を見直すとともに、損害保険契約及び生命保険契約に属さない傷害又は疾病により保険金が支払われる保険契約について、典型契約としての位置付けを与え、その適切な規律を法定するものとする。
二　損害保険契約に関し、物を保険の対象とする物保険についてその機能に応じて規律を見直すとともに、現代社会で重要な役割を果たしている責任保険についてそのルールを整備するものとする。
三　生命保険契約に関し、今後の高齢化社会における役割の重要性等にかんがみ、多様なニーズにこたえることができるように規律を見直すものとする。
四　その他、保険契約の成立、変動及び終了に関する規律について、保険契約者の保護、保険の健全性の維持、高度情報化社会への対応等に配慮し、その内容を見直すものとする。
第二　現代語化その他の改正について
　片仮名・文語体の法文を平仮名・口語体の法文に改めるとともに、所要の規定の整備を行うものとする。

（注2）衆議院法務委員会には、山下友信・東京大学教授、筒井義信・社団法人生命保険協会一般委員長・日本生命保険相互会社取締役常務執行役員、柄澤康喜・三井住友海上火災保険株式会社取締役専務執行役員・社団法人日本損害保険協会一般委員会委員長、今尾和実・社団法人日本共済協会基本問題委員会委員長、坂勇一郎・日本弁護士連合会消費者問題対策委員会副委員長が参考人として出席した。

（注3）法制審議会保険法部会の部会長を務めた山下友信教授は、衆議院法務委員会における参考人としての意見陳述において、保険契約に関する民事基本法としての保険法の意義として、①現代的な保険取引に適合した規律の整備（たとえば、傷害疾病保険に関する規定、超過保険や重複保険に関する規定）、②保険契約者保護の強化（たとえば、告知義務に関

する規定）、③片面的強行規定性の導入、④保険契約当事者以外の第三者との法律関係の規定の整備（たとえば、責任保険の被害者の地位）、⑤保険契約と共済契約の一元的な規律、以上の５点を挙げている。
（注４）参議院法務委員会には、福田弥夫・日本大学法学部教授、小野岡正・社団法人日本共済協会基本問題委員会副委員長、原早苗・金融オンブズネット代表・埼玉大学経済学部非常勤講師・金融審議会金融分科会第二部会委員が参考人として出席した。
（注５）衆議院法務委員会における附帯決議は、次のとおりである。

　　政府及び関係者は、本法の施行に当たり、次の事項について格段の配慮をすべきである。
　　一　保険契約が国民にとって公共性の高い重要な仕組みであることに鑑み、本法の立法趣旨や本法で新設された制度の内容について、保険契約者等の保護の視点から国民への周知徹底を図ること。
　　二　本法が、保険契約、共済契約等の契約に関する規律を定める法であって、組織法や監督法の一元化を図るものではないことを確認すること。
　　三　告知義務の質問応答義務への転換や告知妨害に関する規定の新設により、告知義務違反を理由とする不当な保険金の不払いの防止が期待されていることを踏まえ、改正の趣旨に反しないよう、保険契約者等に分かりやすく、必要事項を明確にした告知書の作成など、告知制度の一層の充実を図ること。
　　四　保険給付の履行期については、保険給付を行うために必要な調査事項を例示するなどして確認を要する事項に関して調査が遅滞なく行われ、保険契約者等の保護に遺漏のないよう、約款の作成、認可等に当たり十分に留意すること。
　　五　重大事由による解除については、保険者が解除権を濫用することのないよう、解除事由を明確にするなど約款の作成、認可等に当たり本法の趣旨に沿い十分に留意すること。
　　六　未成年者を被保険者とする死亡保険契約については、未成年者の保護を図る観点から適切な保険契約の引受けがされるよう、特に配慮すること。
　　七　雇用者が保険金受取人となる団体生命保険契約については、被保険者となる被用者からの同意の取得に際しては当該被用者が、また保険給付の履行を行うに際してはその家族が、保険金受取人や保険金の額等の契約の内容を認識できるよう努めること。

（注６）参議院法務委員会における附帯決議は、次のとおりである。

　　政府及び関係者は、これらの法律の施行に当たり、次の事項について格段の配慮をすべきである。
　　一　保険給付の履行期に関して、保険者による支払拒絶事由等の調査及び支払いの可否に関する回答が迅速かつ適正に行われるべき体制を確保すること。
　　二　保険法第二十一条第一項、第五十二条第一項及び第八十一条第一項における「相当の期間」に関しては、これらの規定の趣旨を踏まえ、契約類型ごとに確認を要する事項を具体的に示すなどした約款を作成するよう指導監督するものとし、その際、現行約款が規定する損害保険契約にあっては三十日、生命保険契約にあっては五日、傷害疾病定額保険にあっては三十日の各期限が「相当の期間」の一つの目安となることを前提に、その期限を不当に遅滞させるような約款を認可しないこと。
　　三　重大事由による解除（保険法第三十条第三号、第五十七条第三号及び第八十六条第三号）に関しては、保険金不払いの口実として濫用された実態があることを踏まえ、その適用に当たっては、第三十条第一号若しくは第二号等に匹敵する趣旨のものであることを確認すること。また、保険者が重大事由を知り、又は知り得た後は、解除が合理的期間内になされるよう、政府は、保険者を適切に指導・監督すること。
　　四　約款は保険者により一方的に作成されるものであり、複雑・難解であること並びに多様化した商品の内容及び保険事故に関する一般的・専門的情報等が保険者側に偏在している事実にかんがみ、保険契約者等の保護に欠ける条項、不明確な条項、保険契約者等の合理的期待に反する条項等が生じないよう、約款の作成又は認可に当たり充分に留意すること。また、約款の認可、監督に当たっては、恣意的に運用されることがないよう、指針をより明確にすること。
　　五　雇用者が保険金受取人となる団体生命保険契約については、被保険者となる被用者からの同意の取得に際しては当該被用者が、保険給付の履行を行うに際してはその家族が、保険金受取人や保険金の額等の契約の内容を認識できるよう努めること。また、他人の生

命の保険契約については、被保険者の保護にもとる事態が生ずることのないよう十分に留意すること。

　六　告知に関する規定を含め多くの片面的強行規定を設けるなどして保険契約者等を保護するために保険法が制定されたという立法趣旨が保険者に遵守されるようにするため、必要に応じこのような立法趣旨を踏まえて監督基準の見直しを行い、また、当該立法趣旨や遺言による保険金受取人の変更などの新たに設けられた制度の内容が消費者に十分認識されるよう、周知を徹底すること。

　七　保険法が、保険契約、共済契約等の契約に関する規律を定める法律であって、組織法や監督法の一元化を図るものではないことを確認すること。

（注７）保険法案と同時に国会に提出された「保険法の施行に伴う関係法律の整備に関する法律案」（閣法第66号）も、保険法案と一括して審議され、５月30日に法律として成立し、６月６日に公布された（平成20年法律第57号）。保険法の施行に伴う関係法律の整備に関する法律は、13の関係法律（商法、森林国営保険法、農業災害補償法、中小企業等協同組合法、貿易保険法、船主相互保険組合法、漁船損害等補償法、漁船乗組員給与保険法、自動車損害賠償保障法、原子力損害賠償補償契約に関する法律、漁業災害補償法、貸金業法、保険業法）について保険法の施行に伴う所要の整備をするとともに、所要の経過措置を定めるものであり、保険法と同時に施行される。

Ⅰ 総　論

3 保険の意義と保険契約の類型、他法との関係

立命館大学大学院法務研究科教授　村田　敏一

Ⅰ　はじめに

　本稿に与えられた課題は、標題にあるとおり、1．保険契約の定義、すなわち保険法が規律する契約の射程範囲の問題、2．保険契約の類型、すなわち保険法がその章・節の構成や特則の規定を通じて、保険契約の類型をいかに把握し規律しているのかの問題、3．保険法と商法、保険業法等他の法律との関係につき、いかなる改正がなされたかの問題の3テーマにつき、「保険法」および「整備法」の規定振りに即しながら、それらを概観するとともに、当該3テーマにつき、今後の保険法理論および実務に与える影響を検討、概括することにある。いい換えれば、本稿の課題は、新しい保険法の内包的あるいは外延的な構造を明らかにすることにあるものといえよう。

　これらの3テーマは、相互に密接に関連するものではあるが、便宜上、改正点（新たな規律内容）、理論・実務に与える影響の章ごとに、3テーマに分けて分説することとする。

　なお、他法との関係に関しては、商法、保険業法および消費者契約法との関係に重点を置き、その余の法律については、必要に応じて言及するにとどめることとする。これは、本特集において保険法と共済との関係については別稿が用意されているため、保険法と各制度共済根拠法との関係については、基本的に当該稿に委ねる趣旨である。また、今回、保険業法については最小限の整備事項を除き改正は図られていないものの、金融審議会においては、法律レベル未満の課題についても審議・報告が行われているため、当該論点については論及することとする。

Ⅱ　保険法等による新たな規律の概要

1　保険契約の定義について

(1) 保険法の定義規定

　保険法は定義規定中の1項目として、保険契約に関する定義規定を置く（法2条1号）。ここでは、保険契約は、「保険契約、共済契約その他いかなる名称であるかを問わず、当事者の一方が一定の事由が生じたことを条件として財産上の給付（生命保険契約及び傷害疾病定額保険にあっては、金銭の支払に限る。以下「保険給付」という。）を行うことを約し、相手方がこれに対して当該一定の事由の発生の可能性に応じたものとして保険料（共済掛金を含む。以下同じ。）を支払うことを約する契約をいう。」と定義される。なお、海上保険契約（商法815条1項）については、保険法2条の定める定義規定は適用されておらず（改正商法815条2項）、保険法の損害保険に関する規律（傷害疾病損害保険の特則を除く）が適用されるのみである（改正商法815条2項）。

　まず、「保険契約、共済契約その他いかなる名称であるかを問わず」という文言からは、現行の営利保険契約、相互保険契約、共済契約といった種別に共通して、およそ「当事者の一方が」以下の要件に該当する契約については本法の規律の適用化に置かれることが明らかにされる。なお、類似する先行の規

定振りとしては、金融商品の販売等に関する法律2条1項4号の規定（「保険契約又は保険若しくは共済に係る契約で保険契約に類するものとして政令で定めるもの」）が存するところであり、実質的に保険契約であるにもかかわらず、その名称等を細工することにより、規律の適用逃れを図ろうとする動きを抑止する機能を有するものと考えられる。この点については、保険法が、一定類型（後述）の保険契約に相当数の片面的強行規定を導入したことから特にこうした定義振りの意義・実益が見い出されるものと理解されよう。要するに保険法は、営利保険、相互保険、共済について、その保険者の組織法的性格を捨象し、保険契約関係については一律に同一の規律（保険法）の適用下に置いたものと理解される。

ただし、1条は、「他の法令に定めるもののほかこの法律の定めるところによる」ものとしており、他の法律が保険契約法上の規律につき別途の定めを置くことは許容されているものの、今回の保険法の立法趣旨に鑑みれば、およそ本法の保険契約に該当するものと性質決定された以上は、民商事基本法である本法の（片面的）強行規定に明らかに抵触し、保険契約者等をより不利に取り扱う規律を他の法律で定めることは適当ではなく、また仮にそのような規律を他の法律で定めたとしても、当該規律に関しては、保険法の規律が優先適用されるものと解すべきであろう。

なお、この点に関連しては、商法664条や同じく683条1項（664条を準用）が、損害保険契約や生命保険契約に関し、営業的商行為たる保険（商法502条9号）に関する商法（第2編第10章）の規律が「其性質カ之ヲ許ササルトキ」を例外として相互保険に準用される旨、定めていたところ、改正商法では、当該準用規定は一括して削除された。したがって、その性質上の例外なく、保険法の規律がもれなく営利保険、相互保険、そして共済に適用されることとなる。

ただし、海上保険契約（商法815条に定義あり）に関しては改正商法841条ノ2（新設）により、「本章ノ規定ハ相互保険ニ之ヲ準用ス但其性質ガ之ヲ許ササルトキハ此限ニ在ラズ」とされており、相互保険概念が残存している。これは、商法第3編（海商）中に規定される海上保険（第6章）につき、保険法第1章（総則）の規定が適用・準用されていない（改正商法815条2項）ために、整備が図られたものである。要するに、今回の保険法の単行法化（商法典からの独立）に際し、「海商」の編に位置付けられている海上保険契約については、形式的に保険法の射程外と整理されたことに起因する措置と理解され、裏を返せば保険契約一般に関しても、なお、保険法上においても相互保険概念自体は残存しているものと理解される。

(2) 保険契約の要件

では、次に本法の適用される保険契約とされる要件とは何か。法2条1号が規定する保険契約の要件を分解すると、ⅰ．当事者の一方（保険者）が財産上の給付を行うことを約すること、ⅱ．ⅰの給付は一定の事由が生じたことを条件とすること、ⅲ．相手方（保険契約者）がⅰに対して保険料（共済掛金を含む）を払うことを約すること、を主要構成要件とし、かつⅳ．ⅰに関連し、生命保険契約および傷害疾病定額保険契約については、財産上の給付は金銭の支払に限られること、ⅴ．ⅲに関連し、保険契約者が支払を約する保険料については、当該一定の事由の発生の可能性（ラフにいえば、保険の対象となるリスクの顕在化の確率）に応じたものであること、が付随的な要件とされていることとなる。従来、保険契約の定義に関しては、講学上、①一方当事者の金銭の拠出（保険料）、②他方当事者の偶然の事実の発生による経済的損失を補てんする給付（保険給付）、③①と②が対立関係に立つこと、④収支相等原則、⑤給付反対給付均等原則の5つの要素を備えることが、一般的には要求されるものとの考え方が有力に主張されてきた（注1）。この①から⑤の要素につき、保険法の定義規定との対応関係をみると、細かな点は捨象するものとすると、要素①②③については、2

条の定義規定中に要件化され、要素⑤については「当該一定の事由の発生の可能性に応じたものとして」との文言から緩やかではあるが要件化され、一方で、要素④についてはまったく要件化されていないものとの理解が一応は成り立とう。要素④が成立するためには、統計学上の大数の法則を利用する必要があるものと一般的には考えられ、とすれば保険契約者、被保険者が多数存在する必要性が要請されるが、保険契約法があくまで契約の一類型として当事者（保険者・保険契約者）間の私法関係を適切に規律することを目的とする以上、要素④を要件化することはその性格上、不適当と判断されることとなる。したがって、要素④については、専ら、保険者の財務の健全性等を監督することにより破綻を防止する（大数の法則が妥当せず、要素④が顧慮されていない経営がなされれば、保険者には破綻のおそれが生じ、結局、②の給付は目的を達せられない）ことを任務とする保険業法等の各監督法の守備範囲に整理されることとなる。要素④が保険契約の必要要件とされないことからは、論理必然的に、その保険者が何ら各監督法上に根拠を有しない者であっても、法２条の定義に基づき保険契約と性質決定されれば、訴訟規範としての保険法の規律の適用化に入るものと解される（ただし、仮に法２条の要件に実質的にすべて合致しても、他の典型契約として規律される余地は否定されない）。

　今少し、定義規定（法２条１号）の要件をつぶさにみてみよう。まず、当事者の一方（保険者）が行う財産上の給付については、一定の事由が生じたことを条件とする条件付きの給付であることが要件とされるが、当該一定の事由については必ずしも「偶然の事実」であることまでは要求されていない。これは、損害保険契約については「一定の偶然の事故によって生ずることのある損害」との規定振りのもと、偶然性の概念が要件化されているものの（法２条６号）、他の類型の保険契約（生命保険契約、傷害疾病定額保険契約）については給付の条件につき「偶然性」を絶対的な構成要因とはしていないことによる（法２条８号・９号）。

　次に、保険者の行う財産上の給付につき、生命保険契約および傷害疾病定額保険契約については、金銭の支払に限るものとされており、これは裏を返せば、損害保険契約については金銭の支払以外の保険給付すなわち現物給付や役務の給付が可能である一方で、生命保険契約等の定額保険についてはこれが可能でないものとする法意と解される（正確には、定額保険で金銭の支払以外の給付を約定すれば、保険法の規律対象外の無名契約となる）こととなろうが、当該規律の立法論的な不適切性については後述する。

　第三点としては、定義規定が、保険契約者が支払義務を有する（法２条３号）保険料（共済掛金を含む）につき、一定の事由の発生の可能性に応じたものとする限定を付している点に関してであるが、これを反対解釈すると、たとえば生命保険契約の場合、年齢・性別・病歴等の一切を捨象し、一律の料率を適用する契約が仮にあるとすれば、保険法の規律の対象外に位置付けられるとの主張も成り立ち得る余地が生じることとなる。具体的な解釈問題については後述することとして、今回の保険の定義規定が、「保険」の意義についてすべての要件を過不足なく規定したものではないとの理解が立法担当官をはじめ一般に存する以上（注２）、あえてこのような除外規定を置く必要があったかどうかについては、立法論的には疑問が残るところであろう。ただし、いずれにせよ、この点に関する解釈姿勢としては、ごく僅かでも事由発生の可能性に応じた保険料率設定の取扱いがなされていれば普く、保険法の規律下に置かれるものと解すべきである。

　商法は、保険契約につき何ら包括的定義規定を置かず、単に有名保険契約としての損害保険契約と生命保険契約につき、各々一応の定義規定を置く（商法629条・673条）にとどまる。この点、保険法は、一応の保険契約に関する一般的定義規定を新設したわけであるが、その意義につき、過不足ないという意味

Ⅰ　総論

での実質的定義を設けたことを意味しないことは前述したとおりである。保険法がとったこうした立法姿勢の妥当性については－筆者はこれを妥当と考えるが－後程、検証を加えることとする。

2　保険契約の類型について

　保険法は、保険契約の類型につき、損害保険契約、生命保険契約、傷害疾病定額保険契約という3分法を採用する（各々の定義につき法2条6号・8号・9号）。商法のとる2分法（損害保険契約、生命保険契約）を改め、新たに傷害疾病保険契約を典型保険契約化するとともに（正確には、その中で、損害てん補方式のものは損害保険契約の一種として商法でも典型契約化していたものと理解される）、その中で定額型のものについてのみ独立の保険契約類型と位置付け、一方で実損てん補型のものは損害保険契約類型の中に吸収させたものである。

　こうした保険法がとる3分法の妥当性については後程、検証することとして、さらに3大類型内での保険契約類型をみると、まず、損害保険契約（第2章）については、火災保険契約（法16条）、責任保険契約（定義につき法17条2項、特則として法17条2項・22条）、傷害疾病損害保険契約（定義につき法2条7号、特則として法34条、読替え規定につき法35条）が特則を有するという意味で類型化されている。この中で特に先取特権についての特則を設ける責任保険契約と、被保険者による解除請求につき特則を設ける傷害疾病損害保険契約が規律の特別性という意味での類型としては重要なものと考えられる。なお、傷害疾病損害保険契約に関しては定義規定（法2条7号）上、損害の範囲につき当該傷害疾病が生じた者が受けるものに限定されているが、その意味（解釈問題）については後述する。また、海上保険契約も、保険法の直接的な射程内には置かれないものの、その定義（商法815条1項）から実質的に、損害保険契約の一類型と位置付けられるが、当該保険契約については商法中に多くの保険法における損害保険契約とは異なる規律が設けられている（商法816条以下、一部につき整備法で改正）。さらに、第三者のためにする損害保険契約（法8条）についても、ある種の契約類型と捉えられる。なお、商法は、損害保険の中で、火災保険、運送保険につき各々款を立て、多くの特則を設けているが、保険法では火災保険契約につき若干の特則を設けるのみであり（法16条）、火災保険・運送保険の法的な意味での契約類型としての位置付けは大きく後退している。

　次に、生命保険契約についてみると、まず、死亡保険契約（定義につき法38条）につき生命保険契約一般とは異なる多くの規律が定められている（被保険者の同意につき法38条、保険金受取人の変更についての被保険者の同意につき法45条、保険者の免責につき法51条、被保険者による解除請求につき法58条、契約当事者以外の者による解除の効力等につき法60条乃至62条、その他法39・47条・50条・57条1号・64条2号）ことが注目される。逆に、人の生存に関し保険給付を行う「生存保険契約」（特段の定義規定はない）については死亡保険契約のような特則はなく、生命保険契約一般に関する規律が適用されるのみである。すなわち生命保険契約は、死亡保険契約か、その者の生存に関し保険給付がなされる「生存保険契約」かのいずれかに分類されるわけであるが（もちろん、実際の商品設計としては生死混合保険がある）、保険法は生存保険契約については特則を設けず（すべて生命保険契約共通の規律で賄われる）、死亡保険契約についてのみ特則を置く構成を採用したものと理解される。さらに、死亡保険契約の中では、保険料積立金（定義につき法63条）のあるものに限り、法60条乃至62条（いわゆる介入権）の規律が及ぶ。また、第三者のためにする生命保険契約（法42条）につき特則が置かれる点は損害保険契約と同様であるが、生命保険契約では当事者以外の者を被保険者とする死亡保険契約（他人の生命の死亡保険契約）につき被保険者同意に関する特則が置か

れる（法38条）。第三の大契約類型である傷害疾病定額保険契約に関しては、第三者のためにする契約に関する特則（法71条）および当事者以外の者を被保険者とする契約についての被保険者の同意に関する特則（法67条）が設けられるとともに、生命保険契約同様、いわゆる介入権に関する規律は保険料積立金のあるものに限り及ぶものとされている（法89条1項）。なお、傷害疾病定額保険契約（法2条9号）の中には、その要件が同時に生命保険契約の定義（法2条8号）の要件に該当するもの（具体的には傷害疾病によって生ずることのある死亡のみを保険給付事由とし、老衰・自殺等による死亡を給付事由に含まないもの）もあるが、その場合は生命保険契約としてではなく、専ら傷害疾病定額保険契約の規律の適用を受けることとなる（法2条8号の除外規定）。

以上に述べた保険契約類型を縦糸とすれば、実は、保険法は横糸とも呼べる保険契約類型を導入しているものと観念される。すなわち横糸とは、今回、保険法が明文で定めるところとなった相当数の片面的強行規定の適用の有無による保険契約の類別である。保険法は、生命保険契約、傷害疾病定額保険契約、傷害疾病損害保険契約の3契約類型、すなわち広い意味での人に関する保険契約（そうした上位概念についての定義は保険法では規定されない）については、たとえ法人が契約者であったり事業目的の契約であったりしても、片面的強行規定の適用の除外を認めない（注3）。その一方で、損害保険契約（ただし、傷害疾病損害保険契約を除く）については、海上保険契約（法36条1号）、航空機に関連する保険契約（同条2号）、原子力施設に関連する保険契約（同条3号）のほか、法人その他の団体または事業を行う個人の事業活動に伴って生ずることのある損害をてん補する損害保険契約（同条4号）につき片面的強行規定の適用除外とされている（法36条柱書。ただし、その場合でも、任意規定としては当該適用除外となる規律は機能する。また、その性質上、絶対的強行規定と解される規律について

いては、こうした適用除外はなされない）。ここで、解釈論としては、とりわけ、「事業を行う個人の事業活動に伴って生ずることのある損害」の範囲が重要論点となり、たとえば具体的な事例としては、個人商店が住居兼事業所として（両者が混然一体となり分別できない）販売等事業を行っている場合の火災保険契約の扱いが検討俎上に上ることとなるが、保険契約者等保護の観点からは、片面的強行規定を適用除外とする範囲は、それにつき疑義ある場合、当事者間に明確な合意が存在するときは格別として、可能な限り狭く解釈すべきである。

3　保険法と他法との関係について

(1)　商法との関係

保険法と他法との関係としては、今回、整備法により、商法や保険業法の他、合計13の法律につき何らかの整備が図られることとなったわけであるが、本稿では基本的に、商法、保険業法、消費者契約法との関係につき概観するにとどめる。

まず、商法に関しては、今回、保険法が単行法とされ商法典から独立するに際し、第2編（商行為）第10章（保険）の全条文（現行商法629条乃至683条）が削除されるとともに、第3編（海商）第6章（保険）の海上保険契約につき、別段の定めある場合を除き、適用される規律を商法中の（海上保険でない）保険に関するものから、保険法の定める規律に改正する等の形式的手当や、あるいは海上保険契約につき営利保険の規定を相互保険に原則として準用する旨の規定を新設する（その意義につき前述）といった整備がなされた（整備法1条）。なお、商法502条9号（営業的商行為としての保険）については、特段の整備はなされていないため、営利保険、相互保険、共済という商行為かどうかといった観点からの保険契約の類別は、なお引き続き残存しているものと解され（したがって海上保険につき改正商法841条の2が新設されてい

I 総論

る)、この点につき、保険法の規律が営利保険、相互保険、共済に等しく及んでいることは格別、相互保険、共済につき、(保険法の規律しない)商法中の商行為総則(商法第2編第1章)の規律(たとえば、商事法定利率：商法514条)が及ぶのかといった解釈問題が残ることとなった(注4)。

(2) 保険業法との関係

次に、保険業法との関係であるが、「人の生死」を「人の生存又は死亡」に改めるといった保険法のワーディングに合わせた修正(改正保険業法2条)や、時効に関する改正(改正保険業法36条：2年間から3年間へ)、あるいは準用条文の入れ替え(改正保険業法63条)のみが整備事項となっており(整備法23条)、要はまったくの技術的修正にとどまるものであって、実質的な改正は何らなされていない。したがって、保険法といくつかの私法上の規律も含む保険業法の役割分担関係は、現行どおりそのまま維持されていることとなる。

もっとも、金融審議会での議論状況を、「金融審報告」から窺うと、相当広範な検討はなされたようであり、またその中には、法律レベルの改正は伴わずとも、実務の見直しに結びつかざるを得ないような論点(未成年者の死亡保険について)や、あるいは逆に保険法での規律のあり方に影響を与えるような事項(生命保険契約における現物給付)も含まれることから、そうした論点の妥当性については後程、検証することとしたい。なお、「金融審報告」は、保険の定義に関しては、保険の定義を一義的に定めることは困難との認識を示し保険業法においてもこれを定めないことを適当とするとともに、保険種類の分類に関しても、保険法と保険業法の立法目的の差異を踏まえ、第三分野に関する分類における両法間の差異の発生(不一致)が起こっても特段の問題は生じないものとの考え方を示した。こうした「金融審報告」の採用する方向性は妥当と考えられるものの、にもかかわらず、生命保険契約における保険給付の内容としての現物給付の問題については、監督・規制等の観点を踏まえ、両法の緊密な調整が図られるべきとの認識に基づく検討がなされており、このような事項ごとの検討姿勢の齟齬は、まったくもって、理論的な首尾一貫性を欠くものと評価されよう。

(3) 消費者契約法との関係

最後に、消費者契約法との関係につき一瞥しておきたい。保険法と消費者契約法との関係に関する論点は、①無・低解約返戻金型保険商品と、消費者契約法上の過大な違約金や損害賠償額の予定の合意を無効とする規律(消費者契約法9条1号)との関係、②消費者契約法10条のいわゆる一般・包括条項と保険法の規律の関係、③保険法の単行法化と、消費者契約法と他の法律の適用関係を定める同法11条の規律との関係に類別される。

①に関しては、今回、保険法において解約返戻金に関する明文規定の新設がなされなかったことから、解釈問題に委ねられることとなるが、当該設計の保険商品も予定解約率と保険料率の合理的な関係に依拠し消費者ニーズに基づいて販売されている以上、給付記述条項の1つとして、一般的には消費者契約法9条1項との抵触は発生しないものと解される。

②に関しては、元来、適切な約款の認可・届出手続を履践したうえで、販売されている保険商品が(わが国の消費者契約法が任意規定の指導形象機能を採用していない以上)、信義則に反する条項であるとは到底考えられないものの、たとえば、重大事由による解除に関する規律の明文化(法30条・57条・86条)は、従来、約款上導入されていた同様の規律の法的安定性を一層、強固なものとしたものと評価されよう。③に関しては、消費者契約法11条2項が、民法および商法以外の特別法の別段の定めが消費者契約法に優先適用される旨、規定するところ、今回の保険法の商法典からの独立に伴い、保険法の当該規律の消費者契約法の定める規律に対する優先適用関係が明確となったものとの理解も当然に成り立

とうが、この点に関しては、そもそも商法の保険契約に関する規律についても、個別の合理的解釈を通じ、消費者契約法に優先適用される場合があるものとする理解が正当といえよう（注5）。

III　理論および実務に与える影響

1　保険契約の定義について

保険法は、その規律するところの保険契約につき、適用対象契約の要件につき過不足なく書き下すという意味での「実質的定義」を—商法同様—設けなかったものと理解されている。この点に関し、中間試案や補足説明では、過不足ないという意味での保険契約の定義化の困難性は指摘しつつも、実質的定義の規定振りに関する試案も示しながら、法文上規定することの当否も含め、なお検討するものとされていたところ、「要綱」においては、すべての要件を過不足なく規定することは困難であるとの認識のもと、こうした規定化への努力は断念され、そうした基本スタンスを踏襲した立法化が実現したこととなる。いうまでもなく、過不足ない定義規定を設けることの実益は、今回、保険法において相当数の（片面的）強行規定が導入される中、定義に該当しないという主張を許すことによる規律の適用逃れを防止する点に見い出される。もちろん、保険法も前述のとおり一定の定義規定は置いているが、それは過不足ないものではなく、訴訟規範として、ある程度の裁判官による実質的な適用対象かどうかに関する判断余地を残したものであると理解されている。その意味で、保険法は決して実質的定義をまったく放擲したものとまではいえず、いわば中間的な態度をとったものともいえるが、このような立法姿勢が果たして妥当なものであったかにつき検証する必要がある。

さて、保険契約を実質的に定義するという意味・背景については、次の4つの要素に分解可能と考えられる。すなわち、①営利保険、相互保険のみでなく共済契約も適用範囲に含まれることを明示する規定振りとする必要性、②傷害疾病保険契約について典型契約となる規定振りとする必要性、③損害保険契約、生命保険契約、傷害疾病定額保険契約の3契約類型につき各々過不足ない定義を設けること、④③に掲げた3契約類型につき単純に列挙するのではなく、すべてを包括する過不足ない定義規定を設けること、の4要素である。保険法の規定振りをこの4要素に照らしてみると①については法2条1号の規定振りにより充足されているし、②についても過不足ないかについては一まず置くとして法2条7号・9号により充足されていることとなる。一方で、③に関しては、少なくとも損害保険契約につき充足はされていないものと考えられるし（損害のてん補を超える保険給付も一定程度容認されている）、④についても包括的定義自体は設けられているものの、過不足ないという意味での充足はされていない（③を充足しないことからも演繹される）。また、中間試案で例示された定義に関する試案と実際の規定振りを対比すると、中間試案にみられた「多数の者がその危険に応じて保険料を拠出し」という要するに多数性の要件や「危険への備えを実現することを内容とする」との要件が法文化されなかったことが目に止まる。多数性の要件を規定してしまうと、衛星保険やモデルの足の保険（いずれも損害保険契約）が典型保険契約の範囲から除外されてしまい、それもいかにもおかしいし（補足説明参照）、またデリバティブとの弁別が意図された「危険への備え」という要件も経済学的な定義としてはともかく、法的な要件としては主観性が過ぎて馴染まないものと考えられる。かねてより、学説では、保険とデリバティブの関係につき、両者はリスク移転を目的とする点では共通するものの、偶然な事由の発生による損害をてん補するか損害発生の有無を問わず約定された金銭の支払を行うかで区別されるとともに、モラル・ハザードの

ないリスクに関する保険については利得禁止原則による制約を課す必要はないとの整理が有力に唱えられてきた（注6）。こうした学説も踏まえ、保険契約の要件を過不足なく詳細に定義しようとすると、かえって本来保険法の規律に服するべきものが除外されたり、逆にその必要のない契約が取り込まれたりする不都合が生じる蓋然性が高いものと考えられ、要するに技術的に過不足なき定義を規定化することは困難なものと立法者は判断したわけであり、こうした結論は妥当なものとして支持されよう。なお、このようなデリバティブや、代替的なリスク移転の制度との競合問題（定義の重なり）は生命保険や傷害疾病定額保険契約においては観念できないとすれば、当該契約についてのみ、より実質的な定義を置くという解決の仕方も、一応、理論的にはあり得たものと考えられるが、やはり一類型のみに限定して実質的定義を置くことの偏頗性や、多数性の要件については契約法ではなく監督法で規律することが適切であるとの判断から、こうした解決法も諦められたものといえよう。

　前述のように、保険法の定義規定（法2条1号）では、他の要件は充足したとしても、保険料（共済掛金を含む）が一定の事由の発生の可能性に応じたものとして設定されていない場合は、保険法の規律対象から除外されるものと解される文言が挿入されている。この点、「可能性に応じて」がどの程度の厳密性を求められるかが解釈問題となるが、当該除外規定の法意は、町内会や企業内でたとえば構成員が死亡した時に給付される「見舞金」程度の一律少額の給付に保険法の規律を及ぼす必要性は乏しいとの意図にあるものと解され、その除外範囲を広く捉えると「保険契約」の範囲が徒らに狭くなり契約者等保護上の問題が生じかねない点は立法担当官の手になる補足説明（6・7頁）が指摘するとおりである。契約締結時に告知を求めたり、あるいは生命保険契約において年齢制限を設けたりしている場合は、たとえ他の加入条件（保険料率等）が均一であったとしても、当然

Ⅰ　総　論

に、保険法の規律下に置かれるものと解すべきである。

　また、前述のように定義規定では、生命保険契約および傷害疾病定額保険契約（以下、生命保険契約等と略する）については、その保険給付の内容が金銭の支払に限定されており、この点、広く財産上の給付として金銭の支払以外の保険給付（現物や役務の給付）が含まれている損害保険契約と規定振りが異にされている（もっとも損害保険契約についても、法3条により、契約の目的は金銭に見積もることができる利益に限定されている）。保険法の私法上の訴訟規範としての性格上、たとえ定義規定から生命保険契約等に関する現物等保険給付が除外されていても、当該除外対象を保険給付内容とする保険契約は、単に無名保険契約となるだけであり、裁判官も当該保険契約については保険法の規律を類推適用するはずであるから、民商事基本法の定義規定のあり方からしても、このような除外規定が置かれた趣旨は理解し難いものといえよう。こうした除外規定が、生命保険契約等に置かれた法意は、もとより、保険契約の特質の差異等に起因するものではなく、立法担当官解説にあるように専ら監督制度の整備がなされていないなどの理由すなわち監督法上の理由に求められている（注7）。当該論点に関する、保険業法等監督法との関係での問題点については後述する。

2　保険契約の類型について

　保険法が採用する保険契約類型については、まずはその章構成における3分法の妥当性が検証されるべきこととなる。今回の立法過程では、中間試案、要綱を通じて、損害保険契約（傷害疾病損害保険契約を含む）・生命保険契約・傷害疾病定額保険契約の3分法の採用が示唆され、実際の立法もこれを踏襲したものとなった。一方で学説にあっては、外国法（フランス・ドイツ・スイス）も参考にする中で、同じ3分法をとるとしても損害保険（傷害疾病損害保険を除く）・生命保険・傷害

疾病保険（実損てん補方式と定額給付方式の両者を包含する）の3分法が妥当であるとの主張が有力になされてきたし（注8）、また筆者も、損害保険・定額人保険（生命保険および傷害疾病定額保険）の2分法を採用し各々の中に傷害疾病保険に関する特則を設けることが妥当であるとの主張を行ったことがある（注9）。そもそも、保険法上の保険種類の適切な類型化とは、規律の適用範囲の共通性（すなわち裏を返せば保険契約としての典型性）を踏まえた立法経済学的観点（条文数をいかに抑えるか）と、規範のユーザーの利便性（ユーザーにとっては、ある種類の保険類型に適用される規律が準用等によらず書き下されていた方が一般的には利便性が高い）の調和点をどこに見い出すべきかの問題ともいえる。こうした観点からは、今回の保険契約の類型化は、傷害疾病損害保険契約については損害保険契約の特則方式を採用し（もっとも特則は読替え規定を除けば被保険者による解除請求に関する法34条の1項目のみである）、一方で傷害疾病定額保険契約については（やはり生命保険契約に対する特則は僅かなものの）独立の章を設けて規律を書き下しており（注10）、一見は、やや一貫性を欠いた態度をとっているようにもみえる。しかし、今回の立法が採用するこのような類型化の背景には、①現実に販売されている傷害疾病保険は概ね定額構成のものであり、定額のものにつき規律を書き下すことは利用者の利便性に適うという実際上の要請、②実損てん補概念を中心に据える損害保険契約は、強力な保険契約類型であり、当該概念のもとに多くの下位の保険契約類型を統括可能であるのに対し、同じ定額保険契約といっても、人の生死に関してのみ一定の保険給付を行う生命保険契約と人の傷害疾病に基づき一定ではあるが多様な保険給付（入院、手術、通院、死亡）を行う傷害疾病定額保険契約では保険給付の態様が相当程度異なっており共通の概念で括ることに躊躇が覚えられるという理論上の要請があるものと推測される。とすれば、一見は中途半端とも思われる今回の保険契約類型の整理は相当の合

理性を有するものとも評価されよう。なお、定額型と実損てん補型の両者を括り傷害疾病保険契約という独立の類型とする整理は、その内部で実損てん補性の有無に起因する多くの規律（超過保険、重複保険等）の書き分けを行う必要が生じることから、立法技術的に採用しがたかったものと考えられる。

さて、こうした保険法における3分法を前提に、困難な理論・実務上の問題が生じるのは、死亡に関する保険給付の取扱いである。傷害疾病定額保険契約につき、傷害疾病に基づく死亡が給付事由に含まれる点は法67条2項の規定振りから明らかである。一方、傷害疾病損害保険契約につき、人の傷害疾病によって生ずることのある損害に死亡による損害が含まれるかについては、法35条の傷害疾病損害保険に関する読替え規定が、被保険者の死亡によって生ずる損害をてん補する場合に関し、被保険者を被保険者またはその相続人と読み替える規定を置いていることから、これまた肯定的に解されることとなる。一方で、法2条7号（定義）では、傷害疾病損害保険契約の範疇から損害につき当該傷害疾病が生じた者以外が受けるものが除外されており、この点、死亡に関する損害に基づく給付は当該傷害疾病が生じた者自身が受け取ることはできないため、およそ死亡に関する保険給付を含む契約は傷害疾病損害保険契約としては設計することが不可能であり、そのような保険契約は非典型保険契約化するとの解釈が成り立つ余地もあるようにみえるものの、法35条の読替え規定を併せ読むと、結局そのような解釈はとり得ず、傷害疾病損害保険契約においても死亡による損害による給付は設計可能なものと解さざるを得ない。ただし、この点に関連しては、そもそも、受取人概念を具備せず被保険者概念のみを有する損害保険契約においては、損害が生じた客体は死亡した当該者であると解されることから、その場合、保険金請求権は、死亡した被保険者の相続人が—定額保険の保険金受取人のように固有権としてではなく—承継的に取得するものと解されることとなる（注11）。この場

合、法2条7号の傷害疾病損害保険契約についての、損害を受けるものに関する限定の趣旨は、損害保険契約の場合、被保険者とは、損害保険契約によりてん補することとされる損害を受ける者と定義されることから（法2条4号イ）、結局のところ、当該傷害疾病発生の客体である者以外の者を被保険者とする契約（たとえば、ある者の傷害疾病による休業により、その者の勤務する会社が被保険者として被る損害をてん補することを目的とする契約）を除外する趣旨と解される。なお、生命保険契約における死亡に関する保険給付は、その死亡原因が傷害疾病によるものに限定されず、あらゆる原因をカバーし得る（老衰、自殺等を含む）点で、傷害疾病保険契約における死亡に関する保険給付範囲と契約類型上の弁別が可能となる（たとえば、傷害疾病保険契約としては自殺を死亡給付事由に含む保険商品設計はできない）。

いずれにせよ、損害保険契約の一類型である傷害疾病により生じた損害に関する損害保険契約につき、－典型契約か非典型契約かの問題は残るにせよ－死亡に関する保険給付を認めることは、結局のところ、およそ損害保険が実損てん補を目的とすることから、人の死亡に関して損害を算定することを正面から容認することに帰結し、従来、生命保険が基本的に定額保険たるべきとされてきた最大の事由（＝人の生死に関する損害は算定不可能である）が溶解するものとの理解も一応は成り立とう。しかし、この点に関しては、人の生死に関する損害の算定が極めて困難であることは疑いようがないものの、ただし、技術的には算定がまったく不可能とまではいいきれないとの理解に立つことで足りるものと思われる（現に交通事故による死亡等の場合、損害賠償額が算定されている）。もっとも、傷害疾病損害保険契約一般の問題として、果たして、損害保険契約を特徴づける規律ともいえる利得禁止原則に由来する超過保険、重複保険に関する規律がそのまま妥当するかといえば、やはり疑問といわざるを得ない。もとより、保険法は、ある保険契約類型に関し、実際には空振りとなる規律についても逐一の適用除外規定は設けていない（たとえば、責任保険契約に関し、特段、請求権代位に関する適用除外規定は置かれていない）わけであり、傷害疾病損害保険契約に関しても、損害保険契約に通有の規律の中で、超過保険、重複保険に関する規律は単に空振りとなっているにすぎないと割り切ることで足りるものとも考えられるものの、一方で当該規律が損害保険契約を性質決定する中核的規律であることも踏まえると、やはり、人に関する保険については基本的に定額給付として構成することが素直であるものと考えられよう。

さて、保険法が契約類型ごとに異なる規律（特に強行規定）を設けることに関連しては、異なる契約類型を混合して設計された保険契約（あるいは主契約と特約）に関し、困難な実務取扱上の問題が生じる可能性がある。一例を挙げると、（絶対的）強行規定の1つである契約当事者以外の者による解除の効力等（いわゆる介入権）に関する規律が、保険料積立金がある、死亡保険契約と傷害疾病定額保険契約に限定して適用されるという問題がある（注12）。当該規律は、差押え権者等との関係で、約款での任意の導入は不可能なものと解されるが、主契約が生存保険契約で特約が死亡保険契約というケースでは、差押え権者等により解除請求がなされた場合、主契約については直ちに解除の効果が生じるため、特約の取扱いについて、実務上問題となり得ることとなる。

3　保険法と他法との関係について

ここでは、紙幅の関係上、保険法と保険業法等各監督法との関係に絞って考察することとする。広い意味での保険募集領域を中心に現行保険業法は相当数の私法的規律を有している（クーリングオフに関する規律が代表的である）し、また保険者の情報提供義務や説明義務に関しても保険業法には詳細な規制が設けられている。こうした規律・規制につき、保険業法から保険法に「引っ越しさせる」こ

とが適当とする主張が法制審議会や金融審議会でも一部メンバーによりなされたようであるが、結局は採用されるには至らなかった。このような「引っ越し」のメリットとしては保険法の体系性を高めるという意味での魅力が指摘される一方で、日々進展する保険商品や保険募集技法を踏まえ、その特性・実態に即した詳細な立法対応を行うには保険業法による規制にもそれなりの合理性があるものとの指摘がなされてきた（注13）。要するに、保険法への「引っ越し」の最大のメリットは各監督法（保険業法や各制度共済根拠法）で対処すれば規律のレベルに精粗厳寛が生じる可能性が大きいのに対し、共済も含めて規律する保険法を根拠法とすれば、こうした凹凸を解消し契約者等保護の前進が図られる点に見い出される。反面、こうした「引っ越し」のデメリットとしては、保険商品等の進化に伴うきめ細かな立法対応が困難となること（一般的に民商事基本法の改正はそう頻繁に行えないし、また省令委任も行いがたい）に加え、監督法中に位置付けた方が行政処分等を通じ、実際には、より強力なエンフォースメントが可能となる点が指摘されよう。したがって、今回の「引っ越し」を行わないという立法態度は基本的に支持されることとなるが、今後、保険業法と各制度共済根拠法間で更なる規制の整合化が図られるべきという宿題が残されたものといえよう。

　次に、「定義」の箇所でも検討した生命保険契約、傷害疾病定額保険契約の定義に関し、その財産上の給付が金銭の支払に限定されているという措置の問題性を保険監督法上の側面から検討する（こうした今回の保険法による定義のあり方が、私法体系上の理由からではなく、専ら金融審議会での検討結果に由来することは立法担当官の解説等から明らかである）。金融審報告が生命保険契約等につき現物給付を認めることが少なくとも現時点では適当でないとの提言を行った理由は、主として、①当該商品（給付）は保険者・保険契約者双方にとり価格変動リスクが顕著であり、その監督手法になお検討を要する、②現時点では当該商品は（民間生命保険会社により）販売されていないという2点に求められよう。ひとまず、このような「金融審報告」の認識が妥当であると仮定しても、大きく2点の矛盾（不整合性）が指摘されることとなろう。第1点は、現物給付商品の価格変動リスク管理が困難であるとして、それは定額給付商品（生命保険、傷害疾病定額保険）が有する特性ではなく、（実損てん補型商品を含む）長期保険商品に通有の特性であるという点である。同じく長期商品であるとして、たとえば、傷害疾病損害保険契約にこうした価格変動リスクが相対的に少ないとは到底考えられず、だとすれば、仮に現物給付商品を容認しないのであれば、すべての長期保険にそのような規制を及ぼすべきであろう。第2点は、金融審報告すなわち保険業法の射程が（保険法と異なり）制度共済には及ばない点である。今回の措置を受け、保険会社は当面、現物給付商品を開発する途が閉ざされたわけであるが（注14）、一方の制度共済には、無名保険契約としての現物給付商品を開発・販売する途が閉ざされたものとは必ずしも理解し得ない。とすれば、厳格な監督のもとに、一般的には、相対的に高いリスク管理力を有する生命保険会社が当該商品を開発できず、共済がこれを販売可能となるという何とも珍妙な現象が出現してしまうこととなろう。このように、生命保険等に関する現物給付についての今回の金融審報告は根本的な矛盾（不整合性）を内包しているものと評価されよう。

　最後に、金融審議会で議論された、未成年者の死亡保険に関する論点に触れておく。当該論点は、法制審議会においては、主として、制限行為能力者たる未成年者による被保険者同意のあり方の問題として議論されたが、結果的に、特段の規律は保険法に設けられないものとされた。被保険者同意は親権者等による代理に親しむ行為と解され、またモラルリスク面の懸念に関して親権者による未成年者の故殺行為は、一般的に免責となることから、こうした保険法の立法姿勢は妥当なものと評価される。一方、金融審報告では、

内閣府令等や自主ガイドライン策定を通じて、引受限度額を引き下げていく方向性が示唆された。特段の弊害（苦情やモラルリスクの顕在化）が生じていないにもかかわらず、このような過剰規制の導入を適切とする提言がなされたことは理解に苦しむが、その規制手法の適切性に関する検証の必要性とも相俟って、金融審議会の審議のあり方にも疑問が投げかけられ得るものといえよう。

（注1）山下友信『保険法』6・7頁（有斐閣・2005年）。
（注2）坂本三郎、富田寛、嶋寺基、仁科秀隆「「保険法の見直しに関する要綱」の概要」金法1830号15頁（2008年3月）。
（注3）正確には、36条1号・2号・3号により、海上保険契約あるいは航空機の事故や原子力施設の事故により生じた損害を賠償する責任に係る責任保険契約に含まれる人に関する保険契約につき適用除外となる場合があるものと解される余地がある。
（注4）たとえば、共済契約につき商事法定利率（年6分）が適用されないとすると、保険給付の履行遅滞といった場面では、消費者に不利が生ずる余地があり得る。
（注5）山下友信「消費者契約法と保険約款―不当条項規制の適用と保険約款のあり方」生命保険論集139号10・11頁（2002年6月）。
（注6）山下友信「保険・保険デリバティブ・賭博―リスク移転取引のボーダー」『融ける境 超える法③市場と組織』244～246頁（東京大学出版会・2005年）。
（注7）坂本他・前掲（注2）16頁。なお、補足説明では、生命保険契約等の定額保険契約に現物給付を容認した場合、損害保険契約との区別が不明確になるとの指摘に関し、これを根拠のないものとして退けられている（69頁）。
（注8）洲崎博史「新保険法の射程と構造」商事1808号6～12頁（2007年8月）。
（注9）村田敏一「新保険法の意義と課題」保険学雑誌600号114・115頁（2008年3月）。傷害疾病定額保険契約、傷害疾病損害保険契約の両者につき、ともに生命保険契約、傷害保険契約の規律に関する特則を設ける必要があり、かつ、その特則が僅かであることから、このような主張を行ったものである。
（注10）傷害疾病定額保険契約につき、生命保険契約と異なる規律が採用されている点は、基本的に、保険者の免責に関し故意のみでなく重過失による事故招致も免責とする点（法80条）と、被保険者同意に関し被保険者が保険金受取人である場合の特則を定める点（法67条）の2点に止まる。
（注11）したがって、傷害疾病損害保険契約においては、生命保険契約や傷害疾病定額保険契約の場合とは異なり、被保険者の死亡による給付は、相続に際し、相続財産に組み入れられることとなり、被相続人たる被保険者の債権者の引当財産の一部を構成するものと解される。また、傷害疾病損害保険契約においては、受取人概念がないことから、遺言による保険金受取人の指定変更もなすことができないものと解される。
（注12）ちなみに、傷害疾病損害保険契約には、当該介入権に関する規律は導入されていない。この点、立法論的には疑問が残るものといえよう。
（注13）洲崎・前掲（注8）5・6頁。
（注14）「金融審報告」は、今後、保険的な現物給付商品が数多く販売されるなどの状況変化が生じた場合の再検討を示唆する（4頁）が、民間生命保険会社本体に当面、当該商品開発の途を閉ざしておいて、どのようにして、「数多く販売される」状況が生じるのだろうか。

I 総論

4 保険法の適用範囲と除外規定

大阪大学大学院高等司法研究科准教授　山下　典孝

I　はじめに

　約100年ぶりに改正される保険法における基本コンセプトとして「保険契約者等の利益保護」という観点から、従来、商法の適用または準用の対象とされなかった共済契約についても、その契約の性質から、保険法の直接適用の対象となることが明確化された。

　さらに、保険法においては、「保険契約者等の利益保護」という観点から、特定の規定については、当該規定に反する特約で、保険契約者または被保険者に不利なものは、無効とする旨、すなわち、片面的強行規定が設けられた。

　本稿では、保険法の適用範囲の拡大、片面的強行規定の除外規定に関し、その制度趣旨および今後、実務上および理論上問題となる点を中心に検討を加えることとする。

II　制度の解説

1　保険法の適用範囲の拡大

　商法における保険契約に関する規定の適用を受けるのは営利保険契約と、商法の規定の準用を受ける相互保険契約のみである。

　営利保険契約にも相互保険契約にも属さない共済契約については、解釈によって商法の規定を類推適用するといったことで対応がなされてきた。

　保険法では、従来、商法の適用（準用）対象となっていた営利保険契約および相互保険契約だけを対象とするだけでなく、法2条1号で、保険契約の定義として、「保険契約、共済契約その他いかなる名称であるかを問わず、当事者の一方が一定の事由が生じたことを条件として財産法上の給付（生命保険契約及び傷害疾病定額保険契約にあっては、金銭の支払に限る。以下「保険給付」という。）を行うことを約し、相手方がこれに対して当該一定の事由の発生の可能性に応じたものとして保険料（共済掛金を含む。以下同じ。）を支払うことを約する契約という。」と規定し、保険契約の定義に該当するものは、その名称を問わず、保険法の適用対象となることを明らかにする（注1）。

　同じ特色を有する契約については、民事基本法である保険契約法の適用の対象として、契約加入者等の利益を図る趣旨である。

　すでに、平成18年4月1日より、保険契約者等の保護の施策から少額短期保険事業制度が導入され、制度共済を除く共済契約の引受けをする一定の団体等に対しては、少額短期保険事業者として保険業法の適用対象とされ、保険事業以外の一定の共済引受団体についても組織法・監督法が保険業法に一元化されることとなった。

　保険法においては、共済契約も保険契約に含め直接適用されることになるが、すべての共済契約を引き受ける組織体に対し組織法および監督法を保険業法により一本化する意図ではない（注2）。このことは、国会での両院法務委員会で確認がされ、さらに、両院の附帯決議においても明確に確認がなされている（注3）。

2　片面的強行規定の適用除外

(1)　片面的強行規定の明定化

　商法の保険契約に関する規定は、ほとんどが任意規定とされており、約款・特約等で商法と異なる定めを設けることが許されている。

　これに対して、保険法においては、「保険契約者等の利益保護」の観点から、告知義務（法4条・37条・66条）、遡及保険（法5条2項・39条2項・68条2項）、超過保険（法9条本文）、保険価額の減少（法10条）、危険の減少（法11条）、保険給付の履行期（法21条・52条・81条）、残存物代位（法24条）、請求権代位（法25条）、告知義務違反による契約解除（法28条1項〜3項・55条1項〜3項・84条1項〜3項）、危険の増加による解除（法29条・56条・85条）、重大事由解除（法30条・57条・86条）等の多くの規定において、保険契約者または被保険者に不利な約款・特約・規約等を無効とする片面的強行規定が設けられた（法7条・12条・26条・33条・41条・49条・53条・65条・70条・78条・82条および94条参照）（注4）。

(2)　片面的強行規定の適用除外

　法36条は損害保険契約のうち、次に掲げるものについては、片面的強行規定の対象から除くこととして、任意規定と取り扱われることとなる。すなわち、①商法815条1項に適する海上保険契約（法36条1号）、②航空機もしくは航空機により運送される貨物を保険の目的物とする損害保険契約または航空機の事故により生じた損害を賠償する責任に係る責任保険契約（同条2号）、③原子力施設を保険の目的物とする損害保険契約または原子力施設の事故により生じた損害を賠償する責任に係る責任保険契約（同条3号）、④①〜③以外に、法人その他の団体または事業を行う個人の事業活動に伴って生ずることのある損害をてん補する損害保険契約（傷害疾病損害保険契約に該当するものを除く）（同条4号）、である。

　海上保険、航空機体・航空機運用による貨物・航空機事故による責任保険、原子力に関連する保険は保険契約者の属性等にかかわらず、その引受リスクが大きい等の理由から保険種類として適用除外とされている（注5）。

　人の生死を保険事故とする生命保険契約ならびに人の疾病傷害を保険事故とする傷害疾病定額保険および疾病傷害損害保険契約は適用除外の対象とはされていない。保険契約者が企業その他の団体で、保険者と対等な交渉をできるものであっても、保険事故の対象となる被保険者が自然人であり、その人の身体に関わる事項に関し、任意規定として対処することが不適切と考えたものと思われる（注6）。

　法36条4号の趣旨は、事業リスクについては、一般に保険契約者側に情報が偏在しており、リスクに応じた柔軟な約定を許容しなければ、保険引受け自体が困難になる場合もあること、片面的強行規定の対象に含まれるか否かは個々の約定の効力に関わることから明確な基準が求められるが、あいまいな基準で分けると、保険の引受けについて萎縮的な効果につながり、そのことは事業者の事業活動に支障を来たす懸念もあることから、一般的な消費者を対象とする保険契約や傷害保険等人の身体に関わる保険契約を除き片面的強行規定の適用除外とするものである（注7）。

　典型的な例としては、再保険契約、信用保険契約、保証保険契約、PL保険契約等が挙げられており、店舗を保険の目的物とする火災保険契約等も通常は事業活動に伴って生じることのある損害をてん補する損害保険契約に含まれることになる（注8）。

　保険法部会での審議においても指摘されているが、適用除外の対象となるのは、消費者契約法の適用除外対象となる事業者を基準とするのではなく、事業リスクという点を考慮して、片面的強行規定の適用除外か否かが判断されることになる（注9）。

Ⅲ　今後の学説または実務の展開

1　保険法の適用対象

保険法においては、保険自体の定義規定を設けずに、対象となる契約の特色から、保険法の適用範囲を解釈によって適用対象となるか否かが判断されることになる。

保険デリバティブ、保証業務、見舞金的な相互扶助的な活動にすぎない会社の共済会や、労働組合が行っている少額の共済については、保険法の適用に対象とはならないものと考えられる（注10）。保険契約（法2条1号）を前提しながら、損害保険契約（法2条6号）、傷害疾病損害保険契約（法2条7号）、生命保険契約（法2条8号）、傷害疾病定額保険契約（法2条9号）の個々の規定を考慮して、保険法の適用対象となる契約か否かを検討することになる。

2　片面的強行規定の解釈を巡る問題

保険法においては、先述のとおり、片面的強行規定を置き、保険契約者または被保険者に不利な約款・特約・規約等を無効とする。この場合、保険法の規定と異なる約款等の個別条項それ自体のみを基準として「不利」と判断するのか、それとも、他の約款等の条項全体を総合的に判断して「不利」と判断するか、ということが問題となる。片面的強行規定とされる個々の規定の制定趣旨にも関わる問題であるが、機械的に個々の約款等の条項のみをもって「不利」とする解釈では、かえって保険契約者等にとって保険料の高額化や、そもそも特定種類の保険商品の販売ができなくなるといったことも考えられなくはない。他の約款等の条項全体をみて、「不利」となるか否かを判断することは、他の法律における片面的強行規定をめぐる解釈においても用いられていることから、約款等の条項全体を通して「不利」となるか否かを検討すべきと考える（注11）。

3　片面的強行規定の除外対象

保険法においては、保険契約者等の利益保護の観点から、片面的強行規定が設けられている。また任意規定であったとしても今回の改正法の趣旨を踏まえたうえで、現行の約款条項の妥当性を検討することが必要となる。

片面的強行規定の適用除外とされている事業リスクをてん補する損害保険契約については、一律に片面的強行規定の適用が排除されることから、小規模な事業者にとって不利益となるのではないかという懸念が示されている（注12）。この点を配慮して、当該事業リスクとは関係のないようなリスクを担保する保険については片面的強行規定の対象とすべきであるとの意見があったことにもある程度配慮すべきではないかとする意見もみられる（注13）。

この問題については、約款認可の際に、対象となる企業や事業リスクの内容を精査したうえで、柔軟に対応すべきことが求められることになる。また損害保険会社においても企業のニーズに合う損害保険商品開発に際して、対象とされる事業リスク、対象とされる企業の規模などを検討したうえで、約款規定の整備を行うことが必要とされることとなる。

さらに、事業者の火災保険契約に傷害保険契約が付帯されているケースでは、火災保険契約に係る普通保険約款では片面的強行規定に反する条項を設けている場合、傷害保険契約に係る特約条項では、普通保険約款を修正する条項を設けることや、または契約を分けて規定する等の対応が必要となる点が指摘されている（注14）。

Ⅳ　おわりに

本稿においては、保険法の適用範囲の拡大および片面的強行規定の適用除外について、

制度の概要、実務運営上および理論的な問題点について検討を加えてきた。

保険法の適用範囲については、保険契約の定義に該当する契約については、その名称に関係なく、保険法の適用を受けることとなる。もっとも、保険法において、「保険」の定義規定が設けられていないことから、保険契約の定義に該当するか否かを解釈によって決定し、保険法の適用の可否を決定することが必要となる。保険法の適用が狭められることによる弊害を回避する方法としては、肯定的に解することができると考える。

保険法が、保険契約、共済契約等の契約に関する規律を定める法であって、組織法や監督法の一元化を図るものではないということは、既述のとおり、国会の附帯決議でも確認されているところである。しかし、当該国会での審議過程において、消費者庁設置の問題との関係で、監督権限を消費者庁にもたせるという意見も述べられており（注15）、この流れは共済契約にも及ぶことが考えられる。商品開発に伴う保険数理、約款の適合性、善良な契約者の保護、保険契約の健全性等、単純には権限を分離することは容易ではなく、共済制度も含めてより慎重な議論が求められると考える。

（注1）保険法部会の審議過程においては「保険」の定義規定を設け、保険法の適用対象を明らかにするという意見も見受けられたが、保険の定義規定を設けることによって、その適用範囲が限定され、かえって消費者保護に反する結果になるといった理由等から定義規定は設けられなかった。詳細については、本書「3　保険の意義と保険契約の類型、他法との関係」参照。
（注2）特に、共済において共済加入者の資格制限、共済加入者の相互扶助的な側面等、各事業の特色などから、保険業法での画一的な規制を設けることは困難であることが、これまでも指摘されてきた。
（注3）第169回国会・衆議院本会議「保険法案及び保険法の施行に伴う関係法律の整備に関する法律案に対する附帯決議」2008年4月30日、参議院「保険法案及び保険法の施行に伴う関係法律の整備に関する法律案に対する附帯決議」2008年5月30日。
（注4）個別規定の問題となるが、現行の詐欺無効による約款条項と片面的強行規定とされる告知義務による契約解除との関係が問題となるが、それぞれの規定の趣旨等を考え、一概に保険契約者または被保険者に不利な条項として無効と考えるべきではない。
（注5）浅湫聖志「保険契約法の改正について—実務面への影響を中心に—」損保研究70巻1号67頁（2008年）。
（注6）村田敏一「絶対的強行規定・片面的強行規定・任意規定—新保険法の構造分析の視点—」日本保険学会関西支部報告レジュメ6・7頁（平成20年6月21日）。なお、当該報告は、保険学雑誌602号（2008年9月刊行）掲載予定。
（注7）浅湫・前掲論文67頁、保険法部会第21回議事録51・53頁。
（注8）浅湫・前掲論文67頁。
（注9）保険法部会第21回議事録52頁以下参照。なお、洲崎博史「新保険法の射程と構造」商事1808号12頁（2007年）参照。
（注10）保険デリバティブの保険法適用に関しては、村田敏一「新保険法立法の意義と課題」保険学雑誌600号112・113頁参照（2008年）。
（注11）村田・前掲（注6）9頁。
（注12）保険法部会第19回議事録7頁以下参照。
（注13）浅湫・前掲論文68頁。
（注14）浅湫・前掲論文68頁。
（注15）第169回国会2008年5月22日参議院法務委員会第11号参照。

I　総論

5　第三分野の保険

アフラック統括法律顧問代行・弁護士　芦原　一郎

I　はじめに

これまでいわゆる「第三分野」と称されていた保険につき、保険法は新たにルールを定めることとなった（注1）。

そこでは、保障の対象として「傷害」に基づくものと「疾病」に基づくものが含まれ、保障の方法として「損害保険」と「定額保険」が含まれる。すなわち保険法は、傷害損害保険契約、疾病損害保険契約、傷害定額保険契約、疾病定額保険契約の4種類についてルールを定めていることになる。もっとも、保険法は、「傷害」に基づくものと「疾病」に基づくものを分けて規定することをせず、「傷害疾病損害保険契約」と「傷害疾病定額保険契約」の2種類に分けてルールを定めている（注2）。

ここで、傷害疾病損害保険契約とは、損害保険契約のうち、保険者が人の傷害疾病によって生ずることのある損害（当該傷害疾病が生じた者が受けるものに限る）をてん補することを約するものをいい（法2条1項7号）、傷害疾病定額保険契約とは、保険契約のうち、保険者が人の傷害疾病に基づき一定の保険給付を行うことを約するものをいう（同条項9号）。

本稿では、傷害疾病損害保険契約と傷害疾病定額保険契約のそれぞれの特色を概観したうえで、今回の改正対象外となった問題点のうち傷害概念と、契約前発病について、それぞれ検討する。

なお、本稿に記載した内容はあくまで私見であり、著者の所属する組織の見解を示すものではないことを、ご了承いただきたい。

II　傷害疾病損害保険契約および傷害疾病定額保険契約の特色

1　傷害疾病損害保険契約の特色

傷害疾病損害保険契約は、損害保険の一部であり、当然に損害保険契約のルールがそのまま適用される。そこで、傷害疾病損害保険については、傷害疾病定額保険と異なり独立した章を構成しておらず、損害保険契約の章の中に傷害疾病損害保険契約固有の規定が置かれているにすぎない（もっとも、必要な読み替えはなされる。法35条）。

傷害疾病損害保険契約固有のルールとして規定されているのは1つだけであり、被保険者による保険契約の解除請求がいつでもできる（注3）、というルールがそれである（法34条）。

2　傷害疾病定額保険契約の特色

傷害疾病定額保険契約に関しては、独立した章が設けられ（第4章）、損害保険（第2章）や生命保険（第3章）と同様、成立（第1節）、効力（第2節）、保険給付（第3節）、終了（第4節）に関するルールをそれぞれ規定している。

特色ある主な点としては、以下の点が挙げられよう（注4）。

第1に、被保険者同意のルールである。
生命保険契約の場合（注5）、契約締結時や保険金受取人の変更時には例外なく被保険

者の同意が必要となるが、傷害疾病定額保険契約については、被保険者が保険金受取人の場合、また死亡給付については被保険者の相続人が受取人である場合には被保険者同意が不要とされている（法67条1項ただし書・74条1項ただし書）（注6）。なお、生命保険の場合、保険金請求権の譲渡・質権設定時にも例外なく被保険者の同意が必要であるが、この点については、傷害疾病定額保険契約の場合も同様に例外なく被保険者の同意が必要である（法76条）。

第2に、被保険者による解除請求のルールである。

これは、一定の場合、被保険者から契約者に対して保険契約の解除を請求でき、契約者はこれを受けて保険会社に解約申入れをすることができる、とするものである（注7）。

ここでは、解除請求できるための要件が、生命保険契約の場合と異なる。生命保険契約については、被保険者同意の基礎とした事情が著しく変更した場合や、重大事由解除の要件を満たす場合に解除請求できるが、傷害疾病定額保険契約については、これらの場合に加え、被保険者同意が不要であったために被保険者の同意を取得していない場合も含まれるとしている（法87条）（注8）。

Ⅲ 「傷害」について

保険法に「傷害」の定義が置かれなかったことから、「傷害」の概念をめぐる問題、とりわけ保険事故の偶然性・外来性などの意義や立証責任についての問題は、立法的な解決がなされなかった。従前の判例・裁判例や解釈論をそのまま引き継ぐ方法が選択されたのである（注9）。

このうち偶然性については、損害保険契約と傷害保険契約に共通する問題であるが、外来性については、主に傷害保険契約（ここでは傷害保障特約なども含む）に関して問題とされている。そして、保険事故に関する問題のうち、偶然性については平成18年と19年に、外来性については19年に、それぞれ重要な最高裁判例が相次いで出された（注10）。

第三分野保険のうちの傷害保険に関する重要な問題であるため、傷害保険に即したルールが確立されることが期待されるが、他方で保険制度全般に関わる広い問題でもあるため、傷害保険だけを検討対象とすることも適切ではない。

したがって本稿では、保険制度全般に関わる部分ではあるが、偶然性・外来性などに関連する最近の重要判例などを簡単に紹介し、その後、「傷害」に関するルールについてだけその概観を検討する（注11）。

1 偶然性に関する判例

偶然性につき、「損害保険」に関する判例として以下の判例がある。

最判平成18・6・1判タ1218号187頁は、自家用自動車総合保険（「……その他偶然な事故」による損害を保険事故とする）につき、車両水没に関する事案で、保険事故を「保険契約成立時に発生するかどうかが不確定な事故（を）すべて」と解釈したうえで、車両の水没が保険契約者側の意思に基づかないこと（偶然性）の保険契約者側による立証を必要として請求を否定した原審を破棄し、免責事由（故意免責？）の審理のために差し戻した。

最判平成18・6・6判タ1218号187頁は、自動車保険契約（「……その他偶然な事故」による損害を保険事故とする）につき、車両表面の傷に関する事案で、保険事故を「保険契約成立時に発生するかどうかが不確定な事故（を）すべて」と解釈したうえで、車両表面の傷が保険契約者側の意思に基づかないこと（偶然性）の保険契約者側による立証を必要として請求を否定した原審を破棄し、免責事由（故意免責？）の審理のために差し戻した。なお、傷害保険に関する後掲最判平成13・4・20との関係について、「この判決（筆者注：最判平成13・4・20）は、傷害保険についてのものであり、本件とは事案を異にする。」と判示する。

最判平成18・9・14判タ1220号160頁は、テナント総合保険（「すべての偶然な事故」を保険事故とする）につき、火災による什器等の焼失・休業に関する事案で、保険事故を「保険契約成立時に発生するかどうかが不確定な事故（を）すべて」と解釈したうえで、火災が偶然的なものであることの立証を必要として請求を否定した原審を破棄し、保険契約者側の請求を肯定した（保険金額などの審理のために差し戻した）。

最判平成19・4・17判時1970号32頁は、家庭用自動車総合保険（「盗難」による損害を保険事故とする）につき、車両盗難に関する事案（盗難の様子が防犯ビデオに写っていた）で、保険契約者側が「被保険者以外の者が被保険者の占有に係る被保険自動車をその所在場所から持ち去ったこと」という外形的な事実を立証すれば、被保険自動車の持ち去りが被保険者の意思に基づかないものであることの立証責任は保険会社側にあるとしたうえで、保険事故の発生が被保険者の意思に基づかないこと（偶然性）の立証責任が保険契約者側にあるとした原審を破棄し、免責事由（故意免責）の審理のために差し戻した。

最判平成19・4・23判時1970号106頁は、一般自動車総合保険契約（「盗難」による損害を保険事故とする）につき、車両盗難に関する事案（被保険者の被害届以外に盗難を証する証拠があるか不明）で、上記最判平成19・4・17と同様の枠組みを示しつつ、盗難の事実の証明に関し、「外形的・客観的にみて第三者による持ち去りとみて矛盾のない状況」が立証されるだけで盗難事故であることの事実上の推定を認めた原審を破棄し、盗難の事実についての審理のために差し戻した。

また、「傷害」の偶然性についての判例として、少し以前の判例がある。

最判平成13・4・20民集55巻3号682頁・判時1751号163頁、同法廷同日付判決裁判集民事202号161頁・判時1751号171頁がある。これらは、不慮の事故による傷害について保険金を支払う旨、被保険者の故意を免責事由とする旨の各規定を有する災害割増特約の約款（生命保険の特約）と、普通傷害保険契約につき、保険金請求権者が「偶然の事故であること」の証明責任を負う旨の判示をしている。

2　外来性に関する判例

外来性につき、いずれも「傷害」に関する判例として、以下のような判例がある。

最判平成19・7・6判時1984号108頁は、中小企業災害補償共済における災害補償（≒傷害保険）につき、パーキンソン病患者が餅をのどに詰まらせて窒息し、後遺障害が残った事案で、疾病が原因ではないこと（外来性）の証明責任は保険契約者側になく、外部からの作用による事故と被共済者の傷害との相当因果関係の立証があれば足りるとして、保険契約者側の請求を肯定した（請求を肯定した原審を維持し、上告を棄却した）。

最判平成19・7・19平成18年（受）第961号は、傷害保険につき、知的障害者が厚生施設での入浴中に持病のてんかんの発作によって意識を喪失し溺死した事案で、施設職員の安全配慮義務違反があれば、それが不作為によるものであっても外来の事故（外来性）が認められる余地があるとした。

最判平成19・10・19判時1990号144頁は、人身傷害補償特約（自動車総合保険の特約で、被保険者の疾病による傷害を免責事由とする規定がない）につき、疾病を原因とする可能性の高い運転ミス（狭心症の既往歴のある被保険者が車両を運転中、三叉路をどちらにも曲がらずに直進し、ブレーキも踏まずにため池に転落した）でため池に転落し溺死した事案で、疾病による運行事故も含まれるとしたうえで、事故と傷害との間の相当因果関係の立証だけで保険契約者側の請求を肯定した（請求を否定した原審を破棄し、保険金額などの審理のために差し戻した）。

3　今後の「傷害」に関するルールについて

「傷害」に関する論点のうち、疾病が原因ではないこと（外来性）（注12）については、

上記いずれの判例も保険契約者側が立証責任を負わないかのように判示していることから（注13）、保険契約者側に立証責任がないというルールが確立したという評価もあり得よう。

しかし、これらの判例が判断の対象とする各保険契約（共済）の約款の文言や特色が多様であること（注14）や、ルールの対象となる事例が多様であること（注15）などを考慮すれば、未だ「傷害」に関する一般的なルールは確立していないという評価もあり得よう（注16）。

これに対し、偶然性については、損害保険に関する前記最判平成18・6・6が、傷害保険に関する上記最判平成13・4・20判例との関係について、「この判決（筆者注：最判平成13・4・20）は、傷害保険についてのものであり、本件とは事案を異にする。」と判示していることからも明らかなとおり、保険契約者側に立証責任があるというルールに変更はないと解される（注17）。具体的には、故意免責のルールが設けられたため（法80条）、約款に特段の規定がなければ故意の立証責任は保険者側が負担するが、約款の中で「傷害」に関し偶然性を必要と定めれば、「故意によらない傷害」の立証責任を保険契約者側が負担することになろう。

Ⅳ　契約前発病（責任開始前発病）について

今回の保険法改正の検討過程で、とりわけ疾病定額保険に関し、契約前発病を保障しないというルールは告知制度の脱法であって許されない、これを禁止・制限するルールを導入すべきである、という趣旨の主張がなされた（注18）。結果的にかかるルールの導入は見送られたが、契約前発病については整理すべき問題点が多くあることから、この機会にいくつかの問題点の整理を試みる（注19）。

1　契約前発病の意義と法的性格

傷害疾病定額保険契約では、たとえば「責任開始期以降に発病した疾病を直接の原因とする入院」を入院給付金の支払事由と定めていることなどから、責任開始期以前に発病した場合には保障の対象外とされる。これを契約前発病不担保といい、このルールが定められている約款の条項を契約前発病不担保条項という。

契約前発病が保障対象外とされる法律構成は、介護保険において契約前の事由を原因とする介護を免責とするように、契約前発病を免責事由とする場合もあるが、多くの場合、契約前発病を担保しないという規定が特に設けられるのではなく、保障対象となる保険事故の始期が定められた結果、その当然の反射的帰結として契約前発病が保障の対象外となってしまうにすぎない。これはいわば、保険構造上の問題であり、保障範囲の客観的な画定の問題である。

2　契約前発病不担保条項の有効性

契約前発病を保障しないというルールは告知制度の潜脱であり許されないという議論が、保険法の立法過程で行われた。また、後記「4　不担保の主張可能期間」の事例（網膜色素変性症）や「5　身体異常の自覚」の事例（結核）は、見方を変えると、告知書で質問されていない事項であるにもかかわらず、契約前発病の主張をすることになる。このことから、契約前発病不担保条項それ自体、またはそれに基づく不担保の主張は、保険者からの質問に対する応答義務を告知義務と定める法66条の趣旨に違反するという主張がなされる可能性もあろう。

この点、保険法改正の際、契約前発病不担保条項の効力を制限する規定が設けられなかった点が重要であろう。たとえば、契約前発病に関する立法論として、主観的要件によって担保範囲を左右する制度に変更することは「異例のこととして批判される余地がある」としつつ、「引受危険の種類に応じて、できるだけ約款等においてその取扱いを明記する形の処理が望ましいと思われる」という

指摘がなされていた（注20）ことからも、新しい保険法が契約前発病不担保条項を否定・制限する明確な規定を設けなかったにもかかわらず、契約前発病不担保のルールそれ自体を否定することは無理であろう。実際、商法下でも、契約前発病の主張を有効とする裁判例が数多く存在する（注21）。

また、契約前発病が不担保となるのは、保障対象に始期があるという保険契約の構造に由来するものであるし、そもそも既発生の事故であって偶然性を欠いているという評価も可能であろう（注22）。

しかも、告知制度だけで危険選択を完全に行えるものではない。告知制度の限界を示す事例として、たとえば、後に「3　待ち期間」で指摘する乳がんの事例のように、告知義務違反の立証が困難な事例、後に「4　不担保の主張可能期間」で指摘する網膜色素変性症の事例のように症状進行のスピードが極めて遅いために、告知義務違反制度では適切な危険選択ができなくなってしまう事例、後に「5　身体異常の自覚」で指摘する結核の事例のように、自分の健康状態を正確に把握すること自体が難しく、あるいは告知制度の間隙を縫うような逆選択が可能な事例、などが挙げられるからである。これらの事例からも明らかなとおり、とりわけ医療保険のように対象となる危険が人間の心身の健康という、非常に複雑多様なものの場合には、危険が発現する態様も極めて複雑多様であって、シンプルな構造の告知制度で危険選択できる範囲を超えているといわざるを得ないのである（注23）。にもかかわらず、契約前発病の主張が許されないこととなれば、本来引き受けるべきでない危険も引き受ける結果となり、当該保険制度を崩壊させてしまったり、引き受けられる範囲が大幅に縮小されたり、保険料が高騰したりするなどして、ひいては保険契約者に不利益が及ぶ可能性すらあるのである。このように、特に原因や症状が多様な人間の健康を対象とする医療保険において制度の公平性を確保するためには、保障対象の範囲を主観的事情ではなく客観的事情によって画すべきである（注24）。

したがって、契約前発病不担保条項、およびそれに基づく不担保の主張は有効と解される。

3　待ち期間

傷害疾病定額保険契約によっては、たとえば、がん保険や一部の三大疾病保険などのように責任開始期を遅らせることがある。これをここでは待ち期間と称することとする。待ち期間の長さは商品によって異なるものの、たとえば、がん保険では90日とされることが多いようである。

待ち期間が設けられる目的は、逆選択を防止する点にある。実際、待ち期間を設けずに三大疾病保険を販売したところ乳がんによる給付件数が異常に高い数値を示した（触診でしこりを発見した後に保険に加入し、その後組織病理学的な検査を受けてがんの診断が確定した事例が多いと思われる）ために、約款を改定して乳がんについて待ち期間を設けることになった歴史などもあり（注25）、告知義務違反だけでは排除できない逆選択を排除するためにこの待ち期間が有効な場面がある。すなわち、体の一部にしこりがあってがんかもしれないという認識がありつつ、専門医の診断を受ける前にがん保険に加入した場合であっても、そのすべてを告知義務違反で排除することはできない（事前にしこりを発見していたという事実の立証がほぼ不可能である、など）からである。ところが、責任開始までにたとえば90日間の待ち期間を設けていれば、相当程度症状が進行して自分自身ががんであるという疑いを抱いている場合、事前に医師の診断を受けないだけでなく、がん保険に加入し、さらに90日間が経過するまで医師の診断を受けずに我慢するような事態でなければ保障されないことになる（契約前発病となる）（注26）が、がんを疑いつつこのように長期間我慢する事態は多くないだろうから、逆選択が結果的に回避されるのである。

したがって、待ち期間を設けることは健全

な保険制度の運営のために有用であり、保険法上も有効と解される。商法下でも、待ち期間を有効とする裁判例が数多く存在する（注27）。

4 不担保の主張可能期間

契約前発病不担保を保険者がいつまで主張できるか、という問題については、約款上明文で2年間に制限している場合（医療保険など）と、そのような制限がない場合（死亡保険の高度障害保険など）がある。

後者の場合、前者同様2年間に制限されるとする説、5年間に制限されるとする説（商法522条参照）、無制限とする説があり得る。

この点、契約前発病不担保の主張は保障対象外であるという主張にすぎず、訴訟法的には保険契約者側による主要事実の主張（注28）に対する保険者からの否認にすぎないのだから、原則として構造的に時間の経過によって主張が制限されないこと、高度障害保険の場合、支給される保険金額が通常極めて高額である（死亡保険金と同額の場合が多い）こと、仮に制限を設けてしまえば、たとえば網膜色素変性症のように徐々に視力が落ちていき場合によっては数十年かけて失明してしまう可能性が極めて高い病気（注29）や、長期間かけて高度障害状態になることが確実な病気の患者が、高度障害状態になる前に生命保険に加入することによって高度障害保険金を受け取れることとなってしまう（告知義務違反を問える期間をはるかに超えてしまうし、場合によっては告知の対象とならない（注30）から、いずれにしろ告知義務違反を問えない）が、そのような逆選択を認めるべきではないこと、などに鑑みれば、保険契約の性質、たとえば、当該保険はどのような危険を引き受ける保険なのか、高度障害のように極めて限定された危険だけなのか、一般の医療保険のように極めて広い範囲の危険なのか、などという個別保険契約類型ごとの事情も含めて総合的に評価し、それが著しく不合理である場合を除き、無制限に行使できると解されよう。

5 身体異常の自覚（いわゆる「自覚症状」）

実務上、契約前発病の主張は、原則として、被保険者に生じた身体異常の自覚または認識が責任開始期以前に存在した場合に限って行っている（注31・注32）。

この身体異常の自覚があった場合にだけ契約前発病を主張するという運用は、本来客観的に保障対象が画定されるべき場面において、それとは無関係な保険契約者側の主観的な事情によって判断するというものだから、保険者側が本来主張できるはずの契約前不担保の主張を、保険契約者側の期待を裏切らず、公平感を確保するために自主的に控えているにすぎないと解される。

ここで「身体異常の自覚」と告知義務違反による解除権が発生するための悪意・重過失の要件とどこが違うのか、「身体異常の自覚」がなくて告知義務違反を問えない場合であっても契約前発病による不担保の主張をできる場合があるのか、が問題となり得る。

ところで、実際は告知書で症状や健康状態などの告知も要求している場合には生じた身体異常の自覚の有無と告知義務違反の成否を判断するための事実が重なるので、両者の判断が異なる事態は現実には生じにくい。

けれども、たとえば、結核患者であることの明確な認識はないものの、何か肺に慢性の病気があることの自覚を有する場合がある。この場合、咳や痰などの症状その他の告知があり、契約が引き受けられたとしても、逆選択を防止するために契約前発病の主張を認めるべき場合があることは否定できないであろう。たとえば、咳や痰があって医師の診断を受け、医師から風邪であると診断されたものの、一向に症状が改善せず、どうやら風邪ではないらしい、本格的な診察・治療が必要そうだがそれにはお金がかかる、と思った者が医療保険に加入し、保険加入が認められてから受診するような場合であっても、咳や痰の告知や風邪という医師の診断の告知がされてしまえば告知内容に虚偽は存在しないことと

なってしまうので、不告知の事実や悪意・重過失を争うことが極めて困難になってしまうからである（注33）。自分の健康状態を正確に把握すること自体が難しい病気や、この結核事例のように告知義務制度の間隙を縫うような逆選択を排除できなくなることは、健康状態を正確に把握して正直に告知した者が排斥され、逆にあえてこれを把握しなかった者や、巧妙に告知制度による選択をすり抜けた者が保障の対象になるなど、不適切だからである。

これらの検討から明らかなように、身体異常の自覚は告知義務違反の要件である故意・重過失と必ずしも重なるものではないし、身体異常の自覚がない場合であっても契約前発病による不担保の主張が認められると解される。

6 発病の意義

契約前発病につき、この「発病」という要件の意義について、①「罹患」と解する場合、②身体の異常での医療機関の「受療」と解する場合、③医師によるがんなどの「診断確定」と解する場合（注34）、などがある。①とすれば、責任開始期前にがんに罹患さえしていれば、すなわち、たとえば、後にがんと診断されることになるしこりが存在していた場合には、医療機関での受療やがんの診断確定がその時点でなくとも保険金が支払われないことになる。他方②③とすれば、しこりがあっただけで医療機関での受療やがんの診断確定がない場合には、保険金が支払われることになる。

これらのいずれの趣旨かが明確でない約款の規定の解釈が争われた裁判例が複数あり、いずれに解するか、裁判所の判断が分かれていると指摘される（注35）。そこで約款によっては、「罹患」や「診断確定」という文言を明記してその趣旨を明確にするなど、かかるトラブルを防止する工夫をしている場合がある。

7 疾病の同一性

契約前発病の主張は、契約締結前に存在した疾病と契約締結後に治療手術入院の対象となった疾病が同一の場合に可能である。疾病が同一でなければ契約前「発病」はなかったことになるからである（注36）。

告知義務違反を主張する場合も、不告知事項と保険事故との間の因果関係が必要だが、契約前発病における疾病の同一性がこれと同じかどうかが問題となり得る。

いずれも適切な危険選択を共通の目的とし、保険契約によって担保される範囲を画するために用いられる概念であるから、両者を統一的に解する立場と、契約前発病における疾病の同一性の判断は告知義務違反における因果関係の判断より厳密になされるべきであるという立場があり得る。

後者の立場は、告知義務違反の場合には保険契約者側に義務違反という帰責性があり、かつ事前に比較的幅広い危険選択が可能であった（引き受けるかどうかの判断は承諾の可否の問題であり、契約自由の原則が適用されるから、解除するかどうかの判断よりも広く行える）のにその機会を失ってしまったという事情があるのに対し、契約前発病の場合には、とりわけ保険契約者側に身体異常の自覚がない場合には保険契約者側に帰責性がない場合がある点、事前の危険選択の機会がそもそもなかった点、保険の保障対象範囲は保険契約者側の主観的事情によって左右されるべきものではない点、などに事情の違いがあることを理由とする。

次に、とりわけ契約前発病の場合の同一性をより厳密に行う立場であれば、同一性をどのように判断するかが問題となる。告知義務違反を主張する場合には、事前選択の可能性がどこまで奪われたのか、すなわち当該不告知事実によって危険選択できたかどうかという観点も含めて考えるべきであるが、契約前発病の主張の場合には保障対象の範囲内か外かという事後的・客観的な評価の問題となり、

医学的な正当性がより重要になるからである（注37）。

この立場に立てば、実務上、たとえば以下のような場合に同一性の認定が問題となる。

① **診断名が確定できず、または変更される場合**

たとえば、血痰や血便が出ても、具体的な疾病が特定できず、さらに精密検査を重ねざるを得ない場合があり、疾病特定の過程でそれが変更される場合もあるのである。また、精神疾患のように採用する学問的立場によって病名や分類自体が異なる場合もある。

② **疾病単位を広くも狭くもとれる場合**

たとえば、狭心症という疾病は、これを含む虚血性疾患という疾病に分類することも、さらに広く心臓病という疾病に分類することもできる。

③ **疾病が長期間で変移したり、診断名が出世魚のように変わったりする場合**

たとえば、原発性肝がんのほとんどがB／C型の慢性肝硬変から発症し、さらに慢性肝炎がこの前駆病変とされている。

④ **症候が断続的に出現したり、消長したりする場合**

たとえば、胃潰瘍が再発したがその部位が異なる場合、ピロリ菌などが原因であれば同一性が認められる場合が多いが、個別の胃潰瘍ごとに原因が異なる場合もある。

⑤ **異常は認められるが、通常の症状や徴候に至っていない場合**

この場合、通常の症状や兆候がないのだから、責任開始前の疾病と責任開始後の疾病の同一性を認めることが難しい場合が多いと思われる。しかし、通常の疾病や兆候がなくても異常の存在が把握されている場合、たとえば遺伝病（注38）の存在自体が予め判明している場合もある。遺伝病が発症した場合で遺伝病の存在自体が予め判明していた場合には、遺伝病の原因それ自体を排除する治療が可能であれば同一性の認定もされ得るが、対症治療しかできないのであれば同一性の認定が難しいと思われる（注39）。

⑥ **当該疾病以外の原因で症候が現れている場合**

たとえば、痔を原因とする血便が出ていたが、大腸ポリープも併発していた（しかしポリープからの出血はなかった、あるいはなかった可能性がある）場合である。

これらいずれの場合も、同一性を広く評価すれば契約前発病不担保とされる範囲が広くなり、保険契約者の期待が裏切られる範囲が大きくなるが、他方これを狭く解しすぎれば、保険契約者間の公平が害されることになる。画一的に広狭どちらかに決定できる問題ではないから、医学的にみて標準的な解釈・評価は何か、疾病名だけでなく具体的な症候がどこまで重なるか（症候の重なりが多いほど同一性を認定する方向に働く）、告知前に受けた治療の目的や内容が契約後のそれとどこまで重なるか（治療目的や内容が重なるほど同一性を認定する方向に働く）、などの諸事情を医学的・客観的・総合的に評価することが重要である。診療の過程で診断名が付けられる場合であっても、患者の現状を端的に把握するために便宜的に付けられるにすぎず、それが疾病の内容や原因、治療行為のすべてを包括的・正確に示すものではないから、特に同一性の判断をより慎重に行う立場では、診断名が必ずしも決定的ではない場合があることに留意が必要であろう。

8　がん保険固有の規定

傷害疾病定期保険の中でもがん保険は、がんだけを保険の対象とすることから、契約前発病と共通した機能を有する特別な規定が設けられることが多い（注40）。

① 90日間の待ち期間を設けている場合がある（注41）。これは、逆選択を一定の範囲で防ぐことを目的とする。

② 通常の契約前発病の場合、契約自体は無効とならない（支払対象外・免責となるにすぎない）が、がん保険の場合、契約が無効とされている場合がある。これは、がん保険はがんだけを対象とすることから、そのがんが

保障の対象外になれば保険契約の目的すべてが失われることになる（したがって契約を継続する価値がなくなってしまう）という特殊性があり、また保険契約者側にがんの自覚がない場合に保険料全額を返還できるようにする（注42）ためである。法律構成としては、法律行為の目的達成が不能だからである、あるいは錯誤無効（民法95条、がんの既往歴がないことは通常のがん保険契約にとって重要な要素である）に類型的に該当するからである、などと評価できよう。

③　無効の主張には「発病」ではなく「診断確定」を要件とする旨を明記している場合がある（注43）。これは「がん」がいつ発病したのかを特定することが困難であり、その認定でのトラブルを少しでも減らすことを目的とする。もっとも、「診断確定」と明記していない場合もある点に留意されたい。

④　責任開始前のがんと責任開始後のがんとの間の因果関係や同一性を要件としていない場合がある。これは、がんの既往歴を有する者の方ががん発生率が高いという事実（注44）を根拠に保障範囲を画定しているものであって、契約前発病とは保障対象を画する理由が異なること（注45）、を理由とする。すなわち、がんの既往歴を有する者のがん発生可能性の方が高いという被保険者の属性によって保障範囲が画定された結果であり、その再発したがんが前のがんとどのような関係にあるかは問題ではないからである。したがって、再発したがんが、結果的に見れば以前に診断確定を受けたがんと無関係に発生し、同一性がなかったとしても（もっとも同一性のないことの証明は医学的・技術的に容易ではないが）、保険金・給付金は支払われないことになる。

⑤　がんの認識（身体異常の自覚）がない場合でも、保険による保障がされないことが明記されている場合がある（注46）。これは、がんの罹患から発症、治療までに、相当の期間が経過する場合が多いこと、相当の進行がんであっても自覚症状がない場合があること、医師が患者に病名を明かさない場合も多いこと、などのがんの特殊性に配慮し、そのような状況であっても適切な危険選択がなされる機会を確保することを目的とする。

⑥　無効の主張期間に制限がない場合がある。これは、がんの罹患や再発から発症、認識、治療までに、相当の期間が経過する場合が多いこと、10年以上経過しても既往歴のある者のがん発生率が相対的に高いこと、がん保険はがんという特定疾病だけを保障対象としていること、がん保険は逆選択を誘引しやすいこと（注47）、類似する契約前発病の場合も特則のない限り主張期間に制限がないと解されること（注48）、などを理由にする。

⑦　身体異常の自覚のある場合とない場合とで異なる清算方法を定める場合がある。すなわち、身体異常の自覚のある場合は保険料を返還しないが、これがない場合には保険料を返還することとしている。これは、がん保険はがんだけを保障対象とし、また経済的にも逆選択を誘引しやすいことから、がんの自覚があるのにそれを秘して加入することはそれだけで重大な詐欺行為に該当すると類型的に評価できる（法93条1号参照）（注49）のに対し、自覚がない場合には、解約払戻金額ではなく保険料すべてを返還し（民法703条参照）、保険加入できなかった当初の状態に戻すことで、保険契約者の公平感の確保を図っているのである。

以上のようながん保険固有の規定の特殊性はがん保険の特殊性に基づくものであって、それぞれに合理性があるだけでなく、これらの各ルールが相互に関連しあってがん保険制度の適切な運用が可能となっていることから、その一部だけをとり出して有効性を論じることは適切でなく、これらのルールは総体として有効と解されよう（注50）。

9　契約前発病を保険者が認識していた場合

契約前発病の主張を、「保険者側が認識していたか容易に認識し得るにもかかわらず保険契約者に対して契約前発病不担保となることの留保をしないで保険契約を締結したよう

な場合」にまで認めるべきではないという見解がある（注51）。

しかし、信義則違反を理由とする不担保の主張の制限が認められる場合があるとしても、保険募集人・保険者が知っていたか（容易に知り得たか）どうか、などの事情だけで判断することについては、問題があろう。

たとえば、網膜色素変性症に罹患している者（注52）が、そのままでは保障対象外であることを十分認識しながら、契約前発病の主張を封じ込める目的であえて保険募集人にその症状の一部だけを告げて医療保険に加入した場合のように、保険加入時点の限られた情報だけで保険者が正確な医的評価・判断を下すことは極めて困難である。また、安全を重くみた保険者が、少しでもかかる危険がある場合すべてについて保険加入を拒絶する事態すら想定される。さらに、たとえばこの網膜色素変性症の事案では、「だんだんと目が悪くなる病気」「だんだんと目が見えなくなる病気」「いつかは目が見えなくなる病気」「網膜の病気」など、様々な告知の態様があり得るところ、どのような告知があれば保険者側が「知っていた」ことになるかを判断・評価することが困難である。また、判断可能な状況とするために必要な情報は、たとえば医師の診断内容など、告知によって得られる情報のほかにもあり得る。これらの事情を考慮すれば、保険者が保険加入を信義則に照らして拒むべきだったと評価されるには、単に保険募集人・保険者が病気の事実を知っていた（容易に知り得た）などの事情だけではなく、その他の事情も含めた総合的な判断が必要と解されよう（注53）。

10　契約前発病が主張される場合の整理

これまでの検討を整理するため、どのような場合に実際に契約前発病が主張されるか、という観点からまとめると以下のとおりになろう。

①　申込時点から責任開始までの間に発病した場合

この場合、告知義務違反を問えず、契約前発病の主張しかできない。たとえば、待ち期間中の発病（注54）や、保険料領収（契約成立）前の発病の場合である。

②　その他の理由で、契約前発病に該当するが、告知義務違反を問えない場合

この場合も、告知義務違反を問えず、契約前発病の主張しかできない。たとえば、告知の質問の期間を超えて病状が進行する網膜色素変性症の場合（注55）や、医師から病名を伝えられていない（特にがん）などの理由で身体異常の自覚がなかった場合（注56）である。

③　契約前発病に該当するが、告知義務違反を問えるかどうか明確でない場合

たとえば結核の場合のように、医師からは風邪と診断されたが、その後、単なる風邪ではないという、身体異常の自覚がある場合である（注57）。

④　告知義務違反を問える場合

この場合、契約前発病にも該当することになるが、通常は告知義務違反だけを問う。しかし、場合によっては契約前発病の主張もあわせて行う場合（訴訟における予備的な主張など）や、契約前発病の主張だけを行う場合（注58）がある。

V　おわりに

保険法の成立を機に、今後は傷害保険・疾病保険それぞれの性質に応じたより好ましいルールを模索すべく、議論が活発になっていくことであろう。

特に医療保険は、人の心身の健康状態という極めて複雑で多種多様なものを対象にするものであり、因果関係や原因はおろか、保険事故の有無それ自体の認定も容易ではない。本稿では検討していないが、保険事故（高度障害状態、治療、手術、入院、通院など）それぞれについても、多様で困難な問題が含まれている（注59）。

この機会に改めて医療保険の法的な問題点

を整理検討してみると、保険事故の発生や因果関係、原因などの認定が比較的シンプルな伝統的な生命保険・損害保険のもとで構築された制度やルールでは、必ずしも十分対応できない問題が多いことに気づく。たとえば、これまでの保険法が用意していた危険選択のための制度（とりわけ告知制度）に構造的な限界があることは、本稿での契約前発病に関する検討をお読みいただければ、おわかりいただけたのではないだろうか。

　今後は、保険制度の健全な運営と保険契約者の保護の調和という基本的な視点を確認しつつ、伝統的な保険に関する制度やルール、運用上のノウハウと、「第三分野」の実務を通して改良されながら蓄積されてきた（注60）「第三分野」固有の制度やルール、運用上のノウハウなどをどのように組み合わせ、あるいは作り出していくのか、という問題意識が重要である。その際には、十分な医学的な知識や経験、配慮が必要な医療保険の実務を離れた制度論や運用論がなされないような注意が必要であろう。医学的な知識や経験、配慮が十分生かされるような仕組みでなければ、いずれ医療保険制度自体の信頼を失うからである。

　本稿が、医療保険に関する今後の議論に少しでも参考になれば幸いである。

（注1）商法中に第三分野保険に関する規定はなかったが、保険業法中には規定が設けられている（たとえば、免許対象となる保険事業の定義に関する同法3条4項2号、同5項2号）。もっとも、保険業法は本稿での検討対象としない。

（注2）ただし、これら2種類以外の「第三分野」保険契約も当然には排除されないとされる。たとえば「現物給付」について、損害保険契約や傷害疾病損害保険契約の場合には、給付の一態様として現物給付があり得るが、生命保険契約や傷害疾病定額保険契約の場合には、金銭給付しか規定されなかった。保険法の立法過程で、介護サービスなど、損害てん補といいがたい現物給付を目的とする保険契約を認めるかどうかが議論された。結局、傷害疾病定額保険契約は金銭給付だけとなり、保険法でのルール化は見送られた（保険法部会第23回議事録29頁以下など）が、保険法は現物給付を排除しない趣旨と説明されている。そうすると、傷害疾病定額保険契約的な現物給付は保険法の想定しない契約ということになり、それ自体は否定されないとしても、保険業法による規制対象になり得る（保険業法の適用範囲の問題である）し、それぞれの契約の特性に応じた契約法的なルールも検討される必要があろう。

（注3）解除請求制度については、この後の「2　傷害疾病定額保険契約の特色」参照。

（注4）その他の、遡及保険原則禁止（法68条）、告知義務（法66条・84条）、危険増加（法85条）、危険減少（法77条）、保険金受取人変更（法72条・73条）、介入権（法89条・90条・91条）、保険給付の履行期（法81条）、保険料返還の制限（法93条）、重大事由解除（法86条）、保険料積立金払戻し（法92条）、保険証券（法69条）、第三者のためにする保険契約（法71条）、保険金受取人の死亡（法75条）、給付事由発生の通知（法79条）、免責（法80条）、保険契約者による解除（法83条）、などに関するルールは生命保険と概ね同様であり、本稿での検討対象としない。

（注5）傷害疾病損害保険の場合には、被保険者の同意は不要である。

（注6）ただし、給付事由が傷害疾病による死亡だけの場合は、生命保険と同様、同意が必要となる（法67条2項・74条2項）。

（注7）契約者が応じない場合には、被保険者は契約者を相手方として解除の意思表示を求める訴訟を提起でき、その勝訴判決を自ら保険会社に提示することで、契約を解除できる（民法414条2項ただし書、民事執行法174条）とされる（生命保険法制研究会（第二次）『生命保険契約法改正試案（2005年確定版）理由書』59頁（2005年）参照）。

（注8）傷害疾病損害保険については、（前掲「1　傷害疾病損害保険契約の特色」参照）。

（注9）保険法部会第23回議事録44頁発言7項参照。

（注10）「傷害」について、偶然性や外来性以外の問題点として、自動車保険の搭乗者傷害条項における「傷害」の意義に関する判例がある。

　最判平成19・5・29判タ1255号183頁は、夜間高速道路で自損事故を起こし車外に避難した運転手が後続車にれき過されて死亡したことが自家用自動車保険契約普通保険約款の搭乗者傷害条項における死亡保険金の支払事由に該当するとして、「傷害」の範囲を被保険自

動車内での傷害に限定した原審を破棄し、保険契約者側の請求を肯定した（自判した）。
(注11) 保険事故に関する問題点を整理した最近の論文として、たとえば、山野嘉朗「災害補償共済における外来の事故の要件と立証責任」（後掲最判平成19・7・6に対する判批）平成19年度重要判例解説119頁（2008年）、中村心「判批（同判例に対するもの）」ジュリ1351号109頁（2008年）、永石一郎「判批（同判例に対するもの）」本誌1285号10頁（2008年）、山下典孝「判批（同最判平成19・10・19に対するもの）」速報判例解説 Vol.2 2008年前期143頁（2008年）、山本哲生「保険事故の偶然性について」生命保険論集160号1頁（2007年）、およびこれらに引用される文献参照。
(注12) 厳密には、保険契約者側が立証すべき事実を「外部からの作用によること」だけとするか、これに加えて「疾病によらないこと」も含むか、が問題である。しかしここでは、「疾病によらないこと」に焦点を当てて検討する。
(注13) ただし、前掲（注11）山下論文は、最判平成19・7・19について、「てんかんの発症を傷害の原因と捉えるのではく、傷害の発生が、施設職員の安全配慮義務違反を原因として生じたものであれば、外来性を認めるとする趣旨のものと考えることができる。」とし、疾病が原因ではないという事実につき、保険契約者側が立証責任を負っていることを前提にしていると評価しているようである。
(注14) 前掲（注11）山野論文および永石論文は、多様な傷害保険を紹介している。
(注15) 前掲（注11）中村論文は、外来性が問題となる局面が少なくとも2つあるとして、対象となる事例の多様性について言及している。
(注16) なお、外来性に関し、「災害補償共済や損害保険会社は年齢別・疾病別の損害率の統計を採り、今後、加入制限を設けるか、あるいは、損害保険会社は最二判平成19・10・19（前掲）を踏まえて、外来性については疾病免責規定を設けるか等の検討に入ることになろう。」と指摘されることがある（前掲（注11）永石論文15頁）。しかし、個別対応を超えて制度を構築・導入することになるのだから、かかる対応をすることが果たして保険契約者保護になるのかどうか、特に免責条項を新たに設ける場合にはそれによって給付を受けられない事例が発生・増加し、かえって不当な事態が生じないか、実務的な影響を具体的・慎重に見極めたうえで対応されるべきである。
(注17) さらに、前掲（注11）中村論文110頁は、最判平成13・4・20と最判平成19・7・6判決の関係につき、「一貫していないようにも見える。」が「整合的に理解することができよう。」とする。
(注18) たとえば、保険法部会第22回議事録43頁発言7項以下、および同会議資料25の13頁後注参照。
(注19) 契約前発病に関する文献として、竹濱修「契約前発病不担保条項の解釈とその規制」立命館法学316号99頁（2007年）、潘阿憲「疾病保険に関する近時の裁判例の動向」生命保険論集162号69頁（生命保険文化センター・2008年3月）、およびこれらに引用される文献参照。
(注20) 前掲（注19）竹濱論文参照。
(注21) 前傾（注19）竹濱論文、潘論文、およびこれらに引用される各裁判例参照。
(注22) 改正前だが、山下友信『保険法』459頁（有斐閣・2005年）は、「保険事故の限定と告知義務とは異なる制度であり、契約前発病不担保を告知義務の脱法であると断言することも飛躍がある。」という。
(注23) 契約前発病の判断を客観的に行う立場から疾病の同一性を判断するとしても、後掲「7　疾病の同一性」のように、医的判断が困難な問題が非常に多くある。契約者側の主観的要素も含めて保障範囲を画することになると、その範囲はより一層複雑かつ不明確となってしまう。
(注24) さらに、保険契約者側の主観的事情を配慮することの限界もあろう。すべての契約者らが自分自身の医学的な状態を正確に把握でき、説明できることは期待できないからである。それにもかかわらず契約者側の主観的事情を考慮するのであれば、真面目に自分自身の健康状態を把握してこれを申告した契約者らが保障されず、そのような把握をしなかったり、あえて虚偽の申告をしたりした契約者ら（発見され、かつ告知義務違反を保険会社が証明できる場合だけしか排除できない）が保障されるという不公平が生じてしまう。
(注25) 乳がんについて待ち期間を設けた効果を検証した資料として、西野猛「特定疾病保障保険における乳がん90日待ち期間の逆選択防止効果について」日本保険医学会誌99巻131頁（2001年）。ここでは、待ち期間を設けたことによって「乳がんに対する支払指数が著しく低下した。」（同131・132頁）と認定し、待ち期間の設定は「逆選択による加入に対して有用であったと考えられた。」（同131・133頁）と結論付けている。

また、特定疾病保障保険について検証した資料として、泉泰治・本間春城「特定疾病保障保険診断書からみた悪性新生物の支払請求例の検討－不払規定の現状に関して－」日本保険医学会誌98巻76頁（2000年）。ここでは、「悪性新生物における支払請求例の30％は責任開始後1年以内の早期に集中し、その中には逆選択を疑わせる事例が多いことが判明した。」と認定したうえで、「責任開始期前発病規定のみでは逆選択の排除は困難である。」「すべての悪性新生物についての不担保期間導入などの新制度が必要であることが示唆された。」（同78頁）と評価し、契約後に不担保期間を設けることが「必要と思われる」（同82頁）と結論付けている。

(注26) なお、がん保険の場合、保険によっては、後に「8　がん保険固有の規定」で指摘するとおり、契約自体が無効となる。

(注27) 前掲（注11）各論文、およびそこで引用される裁判例参照。

(注28) 前掲（注22）山下『保険法』457頁参照。

(注29) 津地四日市支判平成11・10・14生命保険判例集11巻574頁参照。

(注30) たとえば、医療保険やがん保険の加入時に定期的に医師の診察を受けている事実の告知を求めることが多いが、網膜色素変性症でありながら医師の診察を受けないようなことがあれば、たとえ医師の診察を受けるべき状態であっても、告知対象でなくなってしまう。

(注31) 生命保険協会「保険金等の支払いを適切に行うための対応に関するガイドライン」II6(2)（平成20年3月24日）参照。

(注32) なお、便宜上これを「自覚症状」と表現することもあるが、厳密には「身体異常の自覚」と表現すべきである。自覚症状がなくとも健康診断で身体異常の指摘を受けること、たとえば心電図の異常、血液検査の異常の指摘を受け認識していることは実際によくあることで、このような認識も「身体異常の自覚」に含まれることになる。

(注33) もっとも、契約前発病不担保の主張を控えるべき場合があることは、前述のとおりである。

(注34) この場合でも、病理診断するまでもなくがんであることが明白な場合など、運用上、例外的に診断確定を不要とする場合がある。

(注35) 前掲（注19）潘論文参照。

(注36) 大阪地堺支判平成16・8・30判時1888号142頁は、疾病の同一性ではなく、「保険期間開始前に、傷害、疾病その他の要介護状態の原因となった事由が生じた場合」という介護保険の免責条項の解釈・適用が問題となった事例であるが、10年以上前の脳出血を理由とする免責の主張を否定し、保険金の支払を命じた。疾病保険の保険事故である疾病そのものの同一性が問題となった事案ではないが、介護の原因事由と契約前の事由との同一性が問題となった点で共通の問題があり、参考になろう。

(注37) 千葉地松戸支判平成17・9・22（判タ1219号287頁）参照。

　　これは、先天性異常を免責事由とする介護保険に関し、遺伝病である筋強直性ジストロフィー症により要介護状態になった事案である。判例は、「先天性異常条項に定める先天性異常の意義を遺伝性の疾病について実質的に検討すると、遺伝子が異常であることに起因して疾病が発症することが保険契約を締結する時点において医学上明らかになっており、このことが保険金支払義務に対する免責事由とされても保険加入の期待を裏切られるものとはいえない程度に当該の保険に関心を持ちこれを締結するか否かを検討しようとする一般人にも広く知られていることをいうものと解すべきである。」とし、筋強直性ジストロフィー症について①（遺伝病であることが）医学上明らかになっていた、②（介護保険に関心をもつ一般人に）これが免責とされても期待を裏切られない程度に広く知られていた、として免責の主張を認め、保険金の支払請求を棄却した。

　　医療保険の場合には治療・入院・手術の対象が遺伝病であるのに対し、介護保険の場合には要介護状態の原因が遺伝病であるため、同一性の判断構造は異ならざるを得ない（前者の判断構造の一例として本文⑤参照）が、この裁判例は客観的な危険選択のための基準（すなわち保険契約者側の主観的事情によって左右されるのではない判断基準）を医学的な視点も踏まえて構築する必要性を示しているとも評価でき、参考に値するであろう。

(注38) なお、保険会社における遺伝子検査結果の利用の是非については別に議論されているが、本稿での検討対象としない。たとえば、小林三世治＝武部啓＝村田富生＝佐々木光信＝岡田豊基「遺伝子診断と保険業（日本保険学会平成12年度大会シンポジウム）」保険学雑誌574号1頁（2001年）参照。

(注39) 医療保険の場合とその判断構造は異なるが、遺伝病に関する事例として、前掲（注37）の千葉地松戸支判平成17・9・22参照。

(注40) ただし、法的な性格付けという観点から見

た場合には、契約前発病の特則として位置付けるのではなく、がん保険固有の独自の規定と整理することも可能であろう。なぜなら、がんやがん保険の特殊性に鑑み、がん保険の保障範囲を明確に確定するため、契約前発病の場合と明らかに異なる要件（本文④）と異なる効果（本文②、⑥、⑦）が定められているからである。本稿では、法的な整理にかかわらず、がん保険固有の規定の理解を容易にする便宜上、契約前発病の中で説明する。

また、保険医学の観点からがん保険の特殊性を検討した文献として、宇都出公也「がん保険とは何か」日本保険医学会誌106巻2号114頁（2008年6月）参照。

(注41) 前掲「3　待ち期間」参照。
(注42) 清算のルールについては本文⑦参照。契約が最初から無効であれば、不当利得のルールに基づく清算がなされることになる。
(注43) 前掲「6　発病の意義」参照。
(注44) その理由として、既往歴のない者と同様、新たながんが発生する可能性があるうえに、既往歴のある者固有の問題としてがんが再発する可能性が高く、その分だけ既往歴のない者よりがん発生率が高くなるからであるとも考えられよう。
(注45) 契約前発病とがん保険固有の規定は、いずれも客観的に保障範囲を画することによって契約者間の公平性を維持することを目的とする点では共通する。しかし、通常の医療保険の場合には、契約開始後の疾病が保障対象となることの反射的な結果として、契約開始前からの疾病が保障対象外になるのであって、あくまでも当該疾病ごとに、その疾病が保障対象の内外いずれかを判断するのに対し、がん保険の場合には、既往歴を有する者はがん発生可能性が高いという被保険者の状態を理由に、その被保険者全体を保障対象外とするものである。すなわち、契約前発病の場合は個別の疾病ごとに保障対象の内外の判断が必要なため、同一性の判断が必要となるが、がん保険の場合は被保険者に属人的に備わっているがん発生の可能性の高低を評価するために、がん既往歴の有無がその判断基準として採用されているのであって、被保険者の属性だけ（個別の疾病ではなく）が問題となる。
(注46) 前掲「5　身体異常の自覚」参照。
(注47) がん保険には、下記のとおり逆選択を誘発する可能性や危険因子の高い人が保険の母集団に含まれてしまうリスクが特に高いという特色がある。①「がん」のリスクが特に高いことを自覚したうえで加入した場合、割安な保険料で大きな保障が得られてしまう（逆選択のリスク、例：しこりに気付いている場合等）。②逆に、「がん」であることを医者から知らされないケースがあり、保険会社が告知義務を課しても、保険契約者又は被保険者が病名を知らないため、正確な告知を取得できず、引き受けてしまうケースがある。③保険契約者または被保険者が「がん」であることを知らずに告知をしなかったか、「がん」であることを知っていて告知をしなかったのかの事実確認（判別）が困難である。④「再発」「転移」により、がんに罹患した人が再度がんに罹患する可能性が相当程度ある。また、治癒から再発までの期間が長期にわたることが多い。⑤「がん」は循環器を経由して他の部位に容易に転移することから、因果関係や同一性は容易に推定されるが、実際にその有無を厳密に証明することは技術的に極めて難しく、これを立証対象とすれば紛争が複雑化・長期化してしまう。⑥がんの治療には多額の医療費がかかるのが通常であり、罹患可能性を知った後にがん保険に加入したいと思う経済的誘惑が高い。
(注48) 前掲「4　不担保の主張可能期間」参照。
(注49) 実質的にも、保険料が一部でも戻ってくるのであれば、本来がん保険に入れない者が「駄目もと」で加入する事例が増えてしまい（しかもそのすべてを排除することは不可能）、健全な保険契約者を害してしまうから、それを減らすために、保険料を返還しない必要がある。がん保険の場合に、逆選択の危険が特に顕著であることの統計的な根拠の例として、前掲（注25）参照。
(注50) がん保険固有の規定の有効性を認めた判例として、東京高判平成15・2・25保険事例研究会レポート193号13頁、同194号1頁（特に90日間不担保部分）、名古屋地判平成2・1・27（事件番号平成6年（ワ）第1816号、判例集未登載）があり、有効性を認める見解として、遠山聡「判批」同194号3頁がある。

数十年にわたって用いられてきたがん保険固有のルールについて裁判例がほとんど存在しないこと自体が、危険選択のルールとして適切に機能してきたことの何よりの証左である。また、がん対策基本法が成立するなど、がんに対する国家的・社会的な取組みが本格化する中で、ここで検討したがん保険固有の規定の効力の全部・一部を否定することは、がん保険制度を崩壊・弱体化（たとえば

保障内容や保険料の劣化）させることにつながり、その観点からも不適当である。
(注51) 山下・前掲（注22）459頁など。
(注52) 前掲「4　不担保の主張可能期間」参照。
(注53) これも、人間の心身の健康という複雑多様なものを対象とする保険の特殊性といえよう。
(注54) 前掲「3　待ち期間」参照。
(注55) 前掲「4　不担保の主張可能期間」参照。
(注56) 前掲「5　身体異常の自覚」参照。たとえば、本当は胃がんなのに医師から胃潰瘍としか伝えられていない者が、がんの告知をせずに胃潰瘍の告知しかせずに医療保険に加入した場合（胃潰瘍の告知の内容によっては保険加入できない場合もあるが、ここでは加入できたと仮定する）、がんの不告知について告知義務者の悪意重過失を認定することは困難であろう。なお、がん保険の場合には、がんの認識の有無にかかわらず契約の無効を主張することになる。前掲「8　がん保険固有の規定」参照。
(注57) 前掲「5　身体異常の自覚」での結核事案のとおり、医師による風邪という診断がそのとおり告知されれば、悪意重過失を問うことは容易でない。しかし、単なる風邪ではないと思う程度の異常な状態を自覚しているのだから、告知書の質問の方法と実際の回答内容によっては告知義務違反を問える可能性もあろう。
(注58) たとえば運用上、告知義務違反があるがその違反の程度が軽く、保険契約を解除するまでもないが、契約前発病の主張だけを行うことで一部不担保と同様に取り扱う場合にも、契約前発病不担保条項が活用される場合がある。これは、たとえば子宮筋腫やポリープがあるにもかかわらずその告知がなかった場合であって、当該部位だけを不担保とすれば足りる場合に、告知義務違反を理由とする契約の一部解除という取扱いが法律的にも制度技術的にも難しい（保険料の設定、一部解除後の法律関係、事務対応など）ことから、この場合、子宮に関する病気を原因とする給付請求に対してだけ応じない（契約前発病）とすること（この取扱いについて予め保険契約者の同意を得たり、事後的に再査定を行ったうえで部位不担保として扱うことを明確にしたりしておく場合がある）で契約全体の解除を免れさせ、部位不担保と同様の取扱いをするというものである。法的には、契約の一部無効の法理が適用される場合と同様に評価できよう。
(注59) たとえば、前掲（注19）潘論文参照。
(注60) たとえばアフラックが日本で初めてがん単体の保険を販売したのは、1974年である。

I　総論

6　保険法と共済との関係

(社)日本共済協会常務理事　吉田　均

I　はじめに

　第169回国会で可決・成立した保険法において、「保険契約」とは、「保険契約、共済契約その他いかなる名称であるかを問わず、当事者の一方が一定の事由が生じたことを条件として財産上の給付を行うことを約し、相手方がこれに対して当該一定の事由の発生の可能性に応じたものとして保険料（共済掛金を含む。以下同じ。）を支払うことを約する契約をいう。」（法2条、要旨）と定義された。つまり、保険会社の取り扱う保険契約であるか共済団体等の扱う共済契約であるかを問わず、「この定義に該当するもの」には、同じ契約ルールを適用するということが明確に定められたということになる。

　もちろん保険と共済とは、制度の理念や歴史的な沿革はもちろんのこと、監督法や組織法も異なっていることから、保険法は、その事業運営を規定するものではなく、あくまでも保険（共済）契約に関する基本的なルールを定めた法律であると認識をしている。

II　共済事業の沿革

　協同組合の共済事業（以下「協同組合共済」という）を実施するための根拠法は、農業協同組合法、水産業協同組合法、消費生活協同組合法、中小企業等協同組合法など、幅広い法律が存在し、それぞれの法律に従って農林水産省、厚生労働省、中小企業庁等から指導・監督を受けているところである。

　ちなみに、協同組合共済や他の法律に基づく共済団体を含めた事業概況は、(社)日本共済協会の統計資料では、2006年度において、会員数6,817団体、組合員数が6,958万人、契約件数が1億5,319万件、受入共済掛金が6兆8,389億円、支払共済金が4兆3,450億円、総資産が50兆934億円となっている。

　さて、協同組合共済の根拠法（組織法、監督法）は、産業組合法（1900年制定）を母体として生まれたといわれている。

　先に触れたように、日本の協同組合法は1947年以降、農業協同組合法（1947年11月）、消費生活協同組合法（1948年7月）、水産業協同組合法（1948年12月）、そして中小企業等協同組合法（1949年6月）と順次、制定された。

　その法律の対象となる協同組織は、農村および農業従事者、消費者・勤労者、漁村および漁業従事者、そして中小企業および従事者と各法律の立法目的（趣旨）に従って分野が分かれるとともに、所管官庁も異なっている。

　このような法体系は諸外国の立法例との比較では、やや特異な形態かもしれないが、諸外国においても協同組合法や関連する法律が、当該国家の資本主義経済の発展段階や社会・経済構造に対応して制定されてきたことを考えれば、法律が1本なのか複数以上存在するかは協同組合について論じる場合、本質的な問題ではないと考える。

　日本の協同組合法制定時の政治、社会状況—太平洋戦争後の経済復興、国民生活の安定—の中で、様々な産業基盤の再編成、確立、生活基盤の安定化のため、「占領政策」もあったかもしれないが、分野別に順次、整備を図っていくことが、実効性があるとの政治的・政策的判断によるものではないかと考え

られる。

　各協同組合法が制定される以前の取組みとして、先人達は「協同組合保険（共済）」を法律的にも認知させるため「保険業法」への参入も含めて、大変な努力をされたわけであるが、そのことは実現しなかった。

　その後、各協同組合法の制定によって、協同組合が実現する事業の１つとして共済事業も位置付けられ、今日、協同組合共済も保障事業の分野において、相当程度の社会的位置を確保するに至っている。

　歴史の後知恵かも知れないが、先人達の努力、苦労によることは当然のこととして、協同組合法の体系（国情に見合った分野別、またそれに沿った立法目的）、民主化政策の中での協同組合の理念と運動の深化、日本国民がもっている「地域性」、「集団性」（相互扶助）との調和、組合員の保障に対するニーズとその実現のための取組み等があいまって、保険事業とは異なる形で今日の協同組合共済の発展があるのではないかと考えられる。

Ⅲ　保険法に対する協同組合共済としての視点（保険法と共済の関係）

　協同組合共済は、当該協同組合法の立法目的・趣旨を遵守することを、法令上、強く求められている。したがって、協同組合共済として、以下の視点で「要綱」および「保険法案」に対して見解を述べさせていただいた。

① 　保険法は保険契約（共済契約）に関する契約法上の規律を定めるものであって、協同組合における組織法・監督法のあり方との連動性はないこと。

② 　商法502条（営業的商行為）9号の適用を前提とした「保険」と、「組合員への最大奉仕」とその事業の「非営利性」を条件とした協同組合共済を、組織・運営上の特質（組合員の権能等）を抜きにして、無条件にその保障という機能、契約行為という側面のみから同一の規律のもとにおくことは、協同組合共済の「相互扶助」としての社会的役割や組合の自治を軽視したり、共済に対する理解を曖昧にするおそれがないか。

③ 　協同組合共済は、民間保険とともに社会保障の補完的な役割を果たしており、その制度内容についても広く国民に受け入れられている。したがって、「保険法の見直し」にあたっては、協同組合共済が、「相互扶助」の機能を発揮し、そのことによってより社会的責任を果たし得るよう、保険法の個々の規律の性質の問題に加え、協同組合共済の組織・運営上の特質や制度理念を踏まえた「契約に関する法律名」を設定することや、保険と共済に関する「定義規定」を設定すること等の検討が必要ではないか。

④ 　保険法の適用範囲の検討にあたっては、公的保障制度の見直し等の中で高まっている「共済等」の社会的役割、および社会が求めている「相互扶助」活動促進の視点からも、その組織・活動が規制されることがないか。

Ⅳ　保険法に関する日本共済協会としての評価

　さて、共済契約にも適用されることとなった保険法について、日本共済協会として、法案、国会での審議結果を踏まえて、どのように受け止めたか申し上げたいと思う。

　日本共済協会は、保険法について、以下の4点の理由から、基本的に必要な法律改正であると考えている。

　まず、1点目として、保険法の見直しのポイントである「規律の内容の現代化」は、広く社会に定着している保険契約に関し、契約ルールを現代社会に見合った適切なものとするものであり、その内容である契約者等の保護、保険契約上のトラブルの防止、経営の健全性の維持、高齢化社会や高度情報化社会への対応等の視点で規律内容を見直しすることは、基本的に必要な措置と考えられることである。

　2点目は、保険法は共済契約も適用対象と

しているが、共済契約に関し、従前は基本的な契約ルールを定めた法律はなく、広く社会に普及・定着している共済契約に関する基本的な契約ルールが定められたことは、組合員・契約者からの安心感、信頼感向上や国民の共済契約に対する理解促進等にも資するものと考えられることである。

3点目は、保険法において、見舞金的な制度を除き、保険契約と同等の内容を有する共済契約について、法2条の定義において「保険契約、共済契約その他いかなる名称であるかを問わず、当事者の一方が一定の事由が生じたことを条件として財産上の給付を行うことを約し、相手方がこれに対して当該一定の事由の発生の可能性に応じたものとして保険料（共済掛金を含む。以下同じ。）を支払うことを約する契約をいう。」と規定されており、共済契約が保険契約とは別個の独立した契約類型として位置付けられている点について、意義のあるものとなっていることである。

最後に4点目として、保険法の趣旨について「保険に係る契約の成立、効力、履行および終了については、他の法令に定めるもののほか、この法律の定めるところによる」とされているところから（法1条）、あくまでも契約ルールを規律する法律であり、共済団体の監督のあり方を規定するものではなく、また組織法や監督法の一元化を図るものではないという点について、国会審議において確認され、さらに同内容が附帯決議として示されたことである。

V 個別条項に関する共済実務への影響と検討方向

最後に、個別条項の中で、特に慎重な検討を要する事項を中心に共済実務への影響と検討の方向について述べたいと思う。

なお、以下については、現段階での検討方向であり、当然、検討の過程で異なった整理がされることもあり得ることを含みおき願いたいと考える。

1 告知義務（法4条・37条・66条）について

告知義務について、これまでの商法では、契約者が重要な事実を告げる、いわゆる自発的な申告義務となっていたが、保険法では、保険者が告知を求めたものについて答える、質問応答形式に改められた。従来から、共済契約においては質問応答形式を採用しているのが一般的なので、契約引受けの実務について大きな影響はないものと考えられる。

なお、約款等の規定では、質問応答形式に関して「共済者が告知を求める危険に関する重要な事実として共済申込書に記載している事項」とするなど、明確な規定が求められる。また、具体的な告知（質問）事項を約款等から委任された内部規準に規定している場合には、約款等の対応と同時に内部基準に規定している「質問事項」を精査し、わかりやすさ、回答のしやすさなど契約者等の視点で見直す必要がある。また、複数共済契約を組み合わせた、いわゆるセット型の共済契約では、契約類型ごとの質問事項の統一なども課題となる。

さらに、これまでは質問事項に含めていたもののうち、たとえば「他保険の有無」のように、「直接的に危険選択にかかわる質問ではないが、契約引受けには必要な情報」の質問方法や事実でない回答がされた場合の契約上の効果をどう規定化するのかなども検討課題となる。

2 契約の締結時の書面交付（法6条・40条・69条）について

共済契約においては、全員加入型の慶弔金見舞制度など一部の団体契約などを除けばほとんどの共済契約で共済証書を発行しているので、主な対応としては記載項目を保険法に沿って見直すということになる。具体的な記載事項が保険法に規定されていることから、概ねこれに沿ったものになると考えられる。この記載事項の見直しに伴って、帳票の変更とシステム対応が必要になる場合もある。

なお、契約締結時の書面交付の条項は任意規定であるが、共済証書等を発行しない場合は、その旨、約款等に記載して、契約者等に明示しておく必要があるものと考える。

3 超過保険（法9条）について

保険金額が保険価額を超えていたときでも、契約者等がそれについて善意かつ重大な過失がない場合に契約を取り消すことができるという規定になった。約款等では超過部分を無効と規定している場合が多く、このような超過部分を当然に無効とする約款等は条文との整合性を図っていく必要がある。

なお、火災共済契約等は、契約の申込みから引受けに至る手続はすべて申込者の記入した申込書の記入内容をもとに行われることから、超過契約とならないためには、建物構造の種別や共済価額の計算方法など、申込者が申込時に的確に判断できる申込ツールの作成や受け取った申込書の確認の徹底などが大変重要になる。

4 一部保険（法19条）について

保険金額が保険価額に満たない契約である一部保険の場合には、支払保険金の額は比例てん補方式で算出することが規定された。

火災共済契約等では、実務上、実損てん補方式を採用している場合が多くある。この条項は任意規定であるため、約款等で実損てん補方式を採用することも可能であることから、実務的な影響はないものと考えられる。

前に述べたように、火災共済契約等は、申込書の記入内容をもとに契約引受けを行うことが多いため、申込者が掛金額を抑えるために、意図的に共済価額に対して共済金額を低くして一部保険にしてしまうことが起こりやすくなる。このような場合、実損てん補方式であっても、万一の際に十分な保障が受けられないことがある。これではせっかく共済に加入していても損害の回復ができないことになる。共済者は、契約更新などのタイミングで契約者に共済価額相当の共済金額での契約の案内を行い、万一の際の生活再建に充分な保障が得られるように勧めていく責任がある。

5 重複保険（法20条）について

これまでの商法では、重複保険で超過契約となった場合、時間的な前後により、後の契約より超過部分を無効としていた。保険法では、超過保険の超過部分は有効とする前提となったため、重複保険で超過契約となった場合でも、契約の前後にかかわらず、各保険者はそれぞれの独立責任額の範囲で、てん補責任を負う（独立責任額連帯主義）こととなった。さらに独立責任額のうち按分額を超えて支払った場合には、その超える部分を他の保険者に求償できることになった。

従来、重複保険の場合は、各保険者（共済者）は総独立責任額に対する各者の独立責任額の割合に応じた按分額を契約者等に支払う（独立責任額按分主義）ことで、各者の支払責任の負担をしていた。

この条項は任意規定であることから、法施行後に独立責任額連帯主義あるいは独立責任額按分主義のどちらの方法を採用するかを各保険者（共済者）が判断することになる。

共済団体は、独立責任額連帯主義を採用するのか、これまでどおり独立責任額按分主義を採用するのか、あるいは各共済団体がそれぞれ選択するのか、ということになるが、これは実務上も大きな違いがある。日本共済協会では、契約者等のメリットや共済者の実務対応などを総合的に勘案し、共済団体は、今後も独立責任額按分主義を採用する方向で調整したいと考えている。したがって、共済団体もしくは独立責任額按分方式を採用する保険会社との間で、重複保険となった場合でも、実務上、従来と変わることなく共済者の按分額を支払することになる。

実際の重複保険の支払場面において、独立責任額按分主義を採用する共済団体と独立責任額連帯主義を採用する保険会社がある場合に、保険会社が共済団体に予告なく、自らの

独立責任額を支払ってしまい、後に共済団体に求償のみ行うということは実務上ないと考えられる。なぜなら保険会社が共済団体に行う求償の額を知るためには、自らの按分額を算出する必要があり、そのためには共済団体の契約内容を把握していなければならない。保険会社としても、いくら自らの独立責任額とはいえ、どのくらいの額が求償により回収できるか不明なままで支払ってしまうということはないだろうと考えられるからである。つまり、重複保険となっていることが判明した段階で、各保険者は他者とそれぞれの契約内容その他について確認しておく必要性がある。

なお、共済団体としては、独立責任額連帯主義を採用する保険会社との間の求償に関する法律上の整理が必要となることから、保険会社等と協議を行っていきたいと考えている。

6 保険給付の履行期（法21条・52条・81条）について

一般に、共済団体の約款等では共済金の支払期限は30日以内、ただし、特に調査が必要な場合は調査終了後に支払う旨の規定をしている。この支払期限の設定は、共済団体は生命系共済、損害系共済の両者を実施しており、組合員・契約者に対しても統一した取扱いが望ましいとの考え方によるものである。

保険法では、「保険給付を行うために確認することが必要な事項を確認するための相当の期間」を支払期限とし、それ以降の保険金支払には遅延の責任を負うこととなっている。

この条項は、今回の保険法に関する共済実務への影響として最も大きなところになろうかと思う。具体的なところは検討中であるが、共済団体としては、まず、保険法の規律の趣旨を踏まえたとき、現状の支払期限に関する規定が妥当なのかという評価を行う必要がある。つまり、生命系共済と損害系共済は同じ日数でよいのか、30日という支払期限は「相当の期間」として妥当なのか。そのうえで30日以内に支払可能な共済種類や共済事故はそれごとにもっと短い支払期限が「相当の期間」になるとすれば、それを約款等に規定しなければならないのではないか、などである。

また、調査が必要な場合で共済金の支払までに30日を超える場合として、共済種類や共済事故の種類ごとに必要な調査の内容を列挙し、それぞれに支払期限を設定するのかについても検討しなければならない事項である。

どこまで個別・具体的に設定するかということになるが、設定する支払期限の日数はすべて約款等に規定する必要がある。そして規定の日数を超えた場合には、遅延の責任として共済金に遅延利息を加えて支払うことになる。遅延利息の取扱いが複雑になれば、事務的な錯誤の可能性も高くなり、支払ミスや支払漏れ事案となってしまう可能性も否定できない。特に、一度に多数の損害が発生する自然災害などの場合、事故調査にもかなりの期間が必要になり、その規模によっては、請求案件も莫大になり、支払期限を超過してしまう件数が多くなることが想定される。このような懸念があるとすれば何らかのシステム対応は不可避となる。しかし、共済種類や共済事故の種類ごとに支払期限を設定し、約款等の支払期限を超過した場合に遅延利息を支払うシステムを構築するためには、大幅なシステム改定が必要で、その開発コストや開発期間については、法律の施行日をめざして計画的に実行していかなければならない。

なお、国会での保険法審議の過程で、「相当の期間」については質疑が集中した部分の１つであり、附帯決議として、「相当の期間」に関して、「契約類型ごとに確認する事項を具体的に示した約款を作成し、現行約款が規定する損害保険契約は30日、生命保険契約は５日、傷害疾病定額保険契約は30日を１つの目安となることを前提に、その期限を不当に遅延させる約款は認可しないこと」の旨、附帯決議された。共済団体としても充分にその趣旨を踏まえ、組合員・契約者に理解が得られる対応が必要になると考えている。

7　告知義務違反による解除（法28条・55条・84条）について

法4条（告知義務）と同様、対象者が保険契約者または被保険者とされたので、告示義務に関する約款等の対応が必要になる。

あわせて、各条文では「告知事項について、故意又は重大な過失により事実の告知をせず、又は不実の告知をしたとき」は解除することができるという規定になっているが、保険法部会での審議経過では、「重大な過失」とは「故意」に近似するものとの解釈がされており、その適用にあたっては慎重な判断が必要と考えられる。

8　重大事由による解除（法30条・57条・86条）について

各条文の1号「保険給付を行わせることを目的として損害を発生させ」および2号「保険給付の請求について詐欺を行い」については、既存の約款等でも規定しているところであり、実務上の影響はない。問題となるのは3号「保険者の保険契約者又は被保険者に対する信頼を損ない」という、包括条項の取扱いについてである。ここも国会での保険法審議の過程で質疑が集中した部分の1つである。3号に当たる場合とはどんな場合かということについて、国会の質疑の中では「第1号、第2号に比肩するような場合」で、たとえば、「ごく短期間の間に多くの保険契約を重複して締結するなど、保険金詐欺や故意による事故招致の直接的な証拠はないが、いかにも疑わしい」事情などとしている。つまり、この3号を根拠に契約を解除するためには、約款等において、具体的に規定しなければ適用できないと考えられる。共済団体の中でも、すでに上記のような具体的な規定を置いている約款等をもっているところもあるが、適用にあたっては慎重な判断が必要になる。

9　保険料の返還の制限（法32条・64条・93条）について

これまでの商法では、契約者または被保険者が保険者に対して保険料の返還請求ができる場合を規定していたが、保険法各条文では、保険料を返還しなくてよい場合が限定的に規定された。共済団体の約款等では、掛金返戻の条件を、契約者等が善意かつ重大な過失がない場合と規定している場合が多く、約款等の見直しが必要になる。

10　被保険者の同意（法38条・67条）について

生命保険および傷害疾病定額保険においては強行規定として、被保険者の同意がなければ契約の効力は生じないこととなった。これまでの商法と同様に被保険者の同意の方法は限定されていない。いずれにしても、法施行までには、それぞれの共済種類の特性に応じた被共済者から同意を得る方法をとり決めておき、必要に応じて申込書の書式変更やシステム対応なども準備することになる。

11　遺言による保険金受取人の変更（法44条・73条）について

多くの共済団体の約款等でも共済金受取人の変更は可能となっているが、遺言による共済金受取人の変更について具体的に定めているものはないのではないかと思われる。任意規定であることを踏まえると、特に約款等に明記しないことも可能と考えている。

なお、一般に、生活協同組合の運営する共済は家計主義のもと、共済金受取人は家族を前提としており、あえて遺言による保険金受取人の変更の規定を設けた場合、共済金支払事務が煩雑になる可能性もあり、慎重な検討が必要になるところである。

12　消滅時効（法95条）について

多くの共済団体の約款等では消滅時効を2年あるいは3年としている。消滅時効の条項は強行規定であるので、2年としている共済団体は約款等を3年に見直すこととなる。

13　施行期日（附則1条）について

　保険法の施行期日は、公布の日から起算して2年を超えない範囲内において政令で定めることが規定され、その後、平成20年6月6日に公布された。これまで述べてきたように、共済団体の約款等は、組合員討議、総（代）会での議決、所管行政庁への認可申請なども含め、法施行に向けて様々な対応が必要になる。場合によってはシステム構築が必要になることも想定され、計画的に、かつ、着実な準備を進めていくため、それ相当の期間が確保される必要がある。

Ⅱ 保険契約の成立

7 保険者の情報提供義務

静岡大学法科大学院准教授 　小林　道生

Ⅰ　はじめに

　保険法部会は今回の保険法の立法化に向けた作業のなかで、保険契約の募集時における保険者・保険募集人の情報提供義務に関わる規定の新設を検討してきたが、そこでは、保険法における規定の新設を了解事項としその内容の具体化が議論されたわけではなく、保険者側の情報提供義務を保険法の枠組みのなかで規律していくべきか、あるいは、引き続き保険業法における情報提供規制または私法理論に委ねるべきか、が問題とされた（注１）。
　保険法部会における検討作業の経過としては、平成19年８月の中間試案を経て、平成20年１月には要綱案がとりまとめられ、それが同年２月13日、要綱案どおりの内容で、要綱として採択、法務大臣に答申されている。しかし、この要綱およびそれに基づく保険法案（平成20年３月４日閣議決定、平成20年５月30日に原案どおり参議院で可決され保険法が成立、平成20年６月６日公布）では、今回の保険法の立法化にあたり保険金の支払時を含めて情報提供義務に関する規律を設けないという結論が示されており、このことは、情報提供義務に関し今後も保険業法における規制および私法理論を通じて保険契約者保護を図るという選択がなされたことを意味している。
　本稿では、まず、保険法において情報提供義務に関する規律を設けることの意義について保険法部会等の議論状況を踏まえた検討を行い、さらに、要綱、保険法案に示された保険法部会での結論および保険法の成立を受けて、保険業法上の情報提供規制の現状に関し、その問題点や私法理論との交錯関係のもとでそれが保険契約者保護に果たすべき役割について考えてみることにしたい（注２・注３）。

Ⅱ　保険法の立法と情報提供義務

1　情報提供義務の新設をめぐる議論

　保険法部会では保険法に情報提供義務に関する規律を設けるべきとする見解が少なからず主張されたが、その前提には、まず、確かに保険業法上には情報提供規制があるが、それらは国家による保険業に対する監督を通じて保険契約者保護を図るという観点からの規制であるため、私法ルール、すなわち、情報提供規制に違反した場合の民事法的効果の付与により保険契約者保護を図るものではないということがある。
　そこで、現在、保険業法に規定の置かれている使用者責任（所属保険会社等の損害賠償責任）（283条）やクーリング・オフ（309条）など、私益保護を目的とした規定の保険法への移行と合わせて保険法に情報提供義務に関する規律を設けることを検討すべきではないか、との考え方が生じることになる（注４）。
　また、告知義務の履行に際し保険募集人が保険契約者側に対して告知事項の不告知・不実告知の勧奨や告知妨害を行うことを禁ずる保険業法上の規制（300条１項２号・３号）に関しては、そのような規制に抵触する場合の民事法的効果（この場合は保険契約解除権の阻却事由）について新たに規定を置くことが保険法部会で提案され（中間試案では第２の１

(3)イ②、第3の1(3)、第4の1(3)、要綱では第2の1(3)③(イ)・(ウ)、第3の1(3)③(イ)・(ウ)、第4の1(3)③(イ)・(ウ))、最終的に法制化が実現していること（法28条2項2号・3号、55条2項2号・3号、84条2項2号・3号）も保険法に情報提供義務に関する規律を設けるべきとする議論を後押しすることになる。

もちろん、保険法に情報提供義務に関する規定を設けることについては、金融商品の販売等に関する法律（以下「金融商品販売法」という）あるいは消費者契約法における情報提供に関わる規律（これらは、いずれも私法上の規定である）が十分に機能するのであれば、確かに、その必要性は否定されることになる。

しかし、金融商品販売法のもとで顧客が保護されるのは、保険の場合、実質的には、投資的要素をも併せもった商品のみに限られることになる。また、消費者契約法においては、契約を取り消すことができるのは事業者による重要事項についての不実の告知、断定的判断の提供、不利益事実の故意の不告知がある場合（消費者契約法4条1項1号・2号、2項）であるため、その要件に該当しない限りは契約の取消しはできない。また、情報提供義務は努力義務とされている（同法3条1項）ことから、保険金等の支払事由や免責条項など、保険の保障（補償）内容に関し情報の提供がなかった場合、重要事項に関する情報の不提供として契約取消権が端的に認められていない現状からすれば、契約を解消し原状回復を求める局面における実効性は限られたものとなっている（注5）。

そのほかにも、金融商品販売法あるいは消費者契約法では対応できず、現状では私法上の一般法理を通じた解決が図られているのは、情報提供義務の対象が保険金等の支払事由や免責条項、付加し得る特約の存在などの保険の保障（補償）内容である場合に関して、保険契約者により保険契約上、保障（補償）が存在するものと誤認されていた事故が現実に発生してしまったケースである。このときには、保険者側による適切な説明がなされていれば当該保障（補償）が受けられていたはず

であったとして、本来締結されるべきであった契約のもとで得られたはずの保険金等相当額を保険者は賠償すべきであるとの主張が保険契約者側よりなされることになる（ただ、その際、現行の不法行為法制度のもとでは、情報提供義務違反と本来締結されるべきであった契約のもとで得られたはずの保険金等相当額が得られなかったこととの間に因果関係があることを保険契約者側が立証しなくてはならないが、困難を伴うことが多い）（注6）。

そこで、現行法における情報提供に関する私法的規律の及ばないこれらの空白部分について、立法上手当てを施す必要があり、保険者側が情報提供義務に違反した場合の保険者の損害賠償責任や契約取消権について新たに規定を設けるべきではないのかということが議論されたのである。

しかしながら、既述のように、保険法部会では、この論点に関して事務当局からの条文案の提示およびそれを受けた要綱案とりまとめに向けた具体的検討という段階にまでには至らず、保険法において情報提供義務に関する規定を設けることは見送られることとなった。このような帰結に至った理由としては、情報提供義務に関する規定について、その内容（義務違反が成立するための要件、効果）を具体的に詰めていくことの難しさがあるほか、すでにわが国では保険業法のもとで詳細な情報提供規制に関する規定が整備され、それにより保険取引をとりまく状況に機敏に対応できるとの理解があり、私法上の一般法理としても、判例、学説上、保険募集の際の情報提供義務が定着してきたということが挙げられる（注7）。

2　努力義務としての情報提供義務をめぐる議論

保険法部会の審議過程では一方で、募集時の情報提供義務を具体的な法的義務として規定しないこととする代わりに、保険契約の特性を踏まえた契約関係当事者間の信義則上の協力義務を保険法の総則に努力義務として規定し、保険者の情報提供義務もその協力義務

の1つに位置付けることが事務当局から提案され、その結果、「保険者、保険契約者、被保険者及び保険金受取人は、保険契約が相互の信頼関係に基づいて成り立つものであることを踏まえ、保険契約の締結又は存続に当たっては信義に従って誠実に行動するとともに、適正かつ迅速な保険給付の実施その他の保険契約上の権利の行使又は義務の履行に必要な情報を提供するよう努めなければならないものとする。」という趣旨の規定を要綱案に掲載するとのとりまとめが一旦はなされた（注8）。もっとも、この提案にはこのような趣旨の規定を民法における信義則と別に設けることが法制的に可能かどうか、規定の文言のあり様も含めて事務当局においてさらに検討するとの留保がついていたため（注9）、最終的に要綱案をとりまとめる際には、法制的な問題が残されている項目を要綱案に掲げるのは適当ではないとされ（注10）、その結果、要綱およびそれを受けた法律案の段階ではこの努力義務規定の条文化は現実のものとはならなかった。

このような努力義務規定が設けられるべきとする議論は、募集時の情報提供義務のみならず、保険金の請求・支払に関する保険者の責務のほか、契約成立（責任開始）前発病不担保条項についても保険法上の規律が設けられないという事情を踏まえたものである。また、消費者契約法のほか、金融商品販売法にも努力義務規定が置かれていることも事実である（消費者契約法3条、金融商品販売法8条）。しかし、上記の努力義務規定を設けるという場合には、まず、一般的に、事務当局の提案の趣旨説明にもあったように民法上の信義則に加えさらに保険法上にも独自に信義則規定を置く必要性、換言すれば、この規定の基礎にある保険契約の特性とは何かが明らかにされる必要があり、また、努力義務違反の効果を私法上どのように考えるかが議論されなければならない。

さらに、具体的に、努力義務規定が前記鍵括弧の文言であるとすると、保険者側の情報提供義務の内容は、保険金の請求・支払に関する場面での保険者の対応に限られている（ないしは、それのみが具体的に強調されている）ように解釈される余地があるが、本来、私法法理上その存在が判例・学説において承認されているといってよいのは募集時の情報提供義務であろう。また、保険金の請求・支払に関する義務に関して、保険金の請求漏れがないよう保険者の方から請求者に案内する等、積極的に働きかけるべきだとする議論があるが、これについても、請求漏れが起きるのはどのような内容の保険契約が成立しているのか保険契約者側の認識が曖昧であったところに起因していることからすると、基本的には、募集時における情報提供義務の問題と考えるべきである。確かに、保険金の請求・支払をめぐる保険者の対応の不適切さが個別的に問われるケースのあることは否定しない（注11）が、この文言の規定によると、保険金の請求・支払に関する情報提供義務が私法法理上、法的義務として一般的に承認されてはいるものの、立法技術の点でそれが規定できないために、それが努力義務のなかに具体的に盛り込まれたとの印象を与えかねず、適切であるとは思えない。仮に情報提供義務を具体的に努力義務の一環として明示して規定するという選択がなされる場合であっても、それは募集時における義務を前提にすべきであるように思われる。

III 保険業法における情報提供規制

1 最近の規制の進展状況

(1) 概　要

保険法に情報提供義務に関する規律を設けるという選択肢がとられなかったことを受けて、次に、保険業法における情報提供規制は保険契約者保護に今後どのような役割を果たすことになるのか検討していくことが課題になる。

保険業法の情報提供規制のもとでは、かつての「保険募集の取締に関する法律」（以下「旧募取法」という）の規定を引き継いだ平成7年改正保険業法300条1項1号（注12）のほか、平成10年に新設された保険業法100条の2、さらに平成18年新設の金融商品取引法の準用規定である保険業法300条の2などの規定を中心にして、これらの細則である保険業法施行規則の関連規定および「保険会社向けの総合的な監督指針」（以下「監督指針」という）などと合わせ、保険取引の現代化（保険商品の多様化・複雑化および銀行の窓口販売等、保険募集の担い手の多様化）を踏まえた政策的判断が機動的に反映、実施される仕組みが機能している。

保険法上、情報提供義務についての規律が整備されないことになると、このような保険業法上の情報提供規制が私法においても役割を果たすべきとの期待は必然的に大きくなってくる。もともと沿革的には、情報提供規制を含む募集規制は募集秩序の維持を目的として募集に従事する者の不正競争を防止することにその主眼があったとされるし、今日においてもなお、そのような面が規制の趣旨に含まれているということはできる。しかし、平成7年改正保険業法以降にみられる情報提供規制の進展を踏まえると、保険契約者の利益保護の目的のもと、その実質化が図られていることは明らかであろう。

特に最近の動向として、実際の募集実態を考慮した具体的な情報提供規制のあり方が金融庁の「保険商品の販売勧誘のあり方に関する検討チーム」において検討されており、まず、平成17年7月には「中間論点整理 保険商品の販売・勧誘時における情報提供規制のあり方」、次いで平成18年3月には「中間論点整理 適合性原則を踏まえた保険商品の販売・勧誘のあり方」、そして平成18年6月には「最終報告 ニーズに合致した商品選択に資する比較情報のあり方」の各報告書が公表されるに至り、その後、これらの報告書の内容を受け、監督指針上、募集にあたってどのような情報が顧客に提供されるべきかに関する「契約概要」・「注意喚起情報」、さらに「意向確認書面」の制度が新たに採用されることとなった（注13）。

もっとも、保険業法における規制もまた保険取引の現代化に応じて多様化・複雑化し、規制相互の関係が非常にわかりにくいものとなっていることも事実である。そのため、上記の課題の検討にあたっては、それらの相互関係（上記の法律・内閣府令・監督指針間の重層的関係、法律・内閣府令・監督指針間の相互関係）を理論的に整理できるかどうかということにも留意しておく必要がある。以下、保険業法における主要な情報提供規制について、保険業法300条1項1号と保険業法100条の2のもとでの規制を基軸にその進展の現状と問題点をみていくことにする。

(2)「契約概要」・「注意喚起情報」

まず、保険業法300条1項1号では、保険募集にあたって、不実告知の禁止と並んで、「保険契約の契約条項のうち重要な事項を告げない行為」が禁じられており、そこから、保険募集人等に保険契約者等に対して保険契約の契約条項のうち重要な事項を説明すべき作為義務が課されているものと理解されている。従来、どのような事柄を「重要な事項」として情報提供の対象とすべきかは解釈に委ねられていたが、監督指針（Ⅱ－3－3－2(2)②、Ⅱ－3－3－6(2)②)はこれを明らかにすべく、「重要な事項」を告げるにあたっては、顧客が保険商品の内容を理解するのに必要な情報（「契約概要」）と顧客に対して注意喚起すべき情報（「注意喚起情報」）について分類のうえ説明する必要があるとし、「重要な事項」のなかに「契約概要」と「注意喚起情報」の2つのカテゴリーを設け整理している。前者には、商品の仕組み、保障（補償）の基本的な内容、付加できる主な特約とその概要、引受条件（保険金額等）などが挙げられている。後者には、告知義務の内容、保険料の払込猶予期間、契約の失効・復活などが挙げられる。

これまでの学説および判例における解釈に

よれば、この「重要な事項」とは、保険契約者が保険契約の締結の際に合理的な判断をなすのに必要とするという観点からの重要性を意味するとされ、これは換言すれば、保険契約者が自らのニーズに即した契約を締結するうえで認識しておくことを必要とする事項、具体的には、上に挙げるような「契約概要」に属する諸事項がこれに該当するものと考えられてきた。これに対して「注意喚起情報」に専属する事項の多くについては、保険契約者が保険契約の締結の際に合理的な判断をなすのに必要とする事項とは無関係であり、従来の理解を基準としてみれば、「重要な事項」の意義付けを拡張し、新たに「注意喚起情報」に該当する事項を重要事項と位置付けたということになる。ただ、私法法理のもとでは保険契約締結の判断にとって必要とされる事項について情報提供義務が観念されているから、そこでは、原則的に「契約概要」に記載される情報が意味をもつことになる。

次に、保険業法100条の2では、業務運営に関する措置として、保険会社は内閣府令で定めるところにより、その業務に係る重要な事項の顧客への説明その他の健全かつ適切な運営を確保するための措置を講じなければならない、としており、保険業法施行規則53条1項10号では、保険募集に際して、保険募集人が保険契約者等に対し、保険契約の内容のうち重要な事項を記載した書面（以下「重要事項説明書」という）の交付その他の適切な方法により、説明を行うことを確保するための措置を講じなければならないとする。また、保険業法施行規則53条の7では、業務の内容および方法に応じ、顧客の知識、経験、財産の状況および取引を行う目的を踏まえた重要な事項の顧客への説明その他の健全かつ適切な業務の運営を確保するための措置に関する社内規則等を定めるとともに、当該社内規則等に基づいて業務が運営されるための十分な体制を整備しなければならない、としている。

このように保険業法100条の2のもとでの情報提供規制は保険会社にその運営管理体制の構築・整備を義務付けているが、保険業法300条1項1号の情報提供義務を保険会社の体制整備義務という観点からみた場合、保険募集人側としては募集にあたって保険業法施行規則53条1項10号に基づく「重要事項説明書」のほか、さらに、監督指針によれば保険業法施行規則53条の7に基づく書面として、上記の「契約概要」・「注意喚起情報」を交付する必要がある（Ⅱ-3-5-1-2(16)）。したがって、法令上、「重要事項説明書」、「契約概要」・「注意喚起情報」それぞれが交付されなければならないことが明らかになった。しかし、「契約概要」・「注意喚起情報」の法令上の位置付けについては疑義が残るほか、「契約概要」・「注意喚起情報」の導入以後、情報提供に関してこれまでの「重要事項説明書」との間でどのように役割分担すべきかも不透明である。

まず、「契約概要」・「注意喚起情報」の法令上の位置付けについては、保険業法施行規則の文言からは「重要事項説明書」と並び保険業法施行規則53条1項10号に基づく書面とした方が適切であったように考えられる。このことはまた、保険業法施行規則53条の7が運営管理体制を広義の適合性原則にも配慮して構築・整備すべきであるとする一方で、保険業法300条1項1号の情報提供規制は単に情報の不提供を禁止するにとどまっており、保険業法施行規則53条の7と保険業法300条1項1号との間に対応関係を説明しがたいことにもよる。

次に、「重要事項説明書」との役割分担については、監督指針上、「契約概要」と「注意喚起情報」との間で交付をなすべき時期に差異を設ける取扱いが許容される（すなわち、「契約概要」は契約締結を検討している段階において交付される必要があるが、後者は時期を遅らせて契約申込時までに交付してもよい。Ⅱ-3-5-1-2(16)④）ことを考えれば、「注意喚起情報」については必ずしも独立した制度上の書面として採用する必要はなく、「重要事項説明書」の体裁や記載方法を工夫することを通じそのなかで同様の事項を注意喚起することでも、その目指す趣旨は達せられたの

ではなかったかと思われる。

(3) 意向確認書面

そのほか保険業法施行規則53条の7に基づく募集文書としては、その後、新たに平成19年4月から監督指針において「意向確認書面」(監督指針において「契約の申込みを行おうとする保険商品が顧客のニーズに合致しているものかどうかを、顧客が契約締結前に最終的に確認する機会を確保するために、顧客のニーズに関して情報を収集し、保険商品が顧客のニーズに合致することを確認する書面」と定義されている)が導入されることとなった(Ⅱ-3-5-1-2⒄)。この意向確認書面の作成・交付も体制整備義務の一環として位置付けられているが、保険業法上、それに対応した顧客に対する行為規制を欠いている。行為規制を前提にした体制整備義務が存在する以上は、広義の適合性原則、意向確認書面の作成・交付に関する行為規制が保険業法300条1項との関係も考慮して別途、整備されなくてはならない。そこで、解釈上、この意向確認書面の作成・交付について定める監督指針を基礎にしてその行為規制を導いてみた場合(注14)、それは募集人が顧客の商品に対する意向(ニーズ)に関する情報を収集したうえで、当該商品と顧客の意向が合致していることを確認し、顧客に対しても契約締結前にその確認の機会を付与しなければならないこととするものであり、その際、顧客が保険契約の内容について理解していない、または、誤解していることが明らかである場合には、よりわかりやすく説明するとか、誤解を解消しなくてはならないことを含んでいる。

なお、意向確認書面の適用範囲について監督指針は損害保険商品を除いている(注15)。しかし、保険契約者が自らのニーズに合致しない損害保険商品を購入したことによって被る不利益は生命保険等の他分野のそれに比して軽視されるものではない。また、意向確認書面の作成にあたっては、顧客の保険商品に対するニーズに関する情報のほか、特記事項として、当該保険商品では顧客のニーズを完全には満たさないことがあるときにはその旨も記載することが求められており(Ⅱ-3-5-1-2⒄②)、事後、訴訟において情報提供義務違反が問われる場合であっても、契約締結時に保険契約者がどのような契約内容を望んでいたかどうか検証が可能となるため、特に履行利益的損害賠償が請求される際の因果関係の立証をめぐる問題の解決に果たす役割は(制度本来の趣旨に沿うような実務運用がなされる限り)小さくないといえよう。やはり、今後は、家計分野である限りは損害保険もその適用範囲とされるよう、監督指針の改正を考慮すべきであろう。

この意向確認書面の作成・交付から導かれる行為規制と保険業法300条1項1号の重要事項説明義務とはどのような関係に立つのであろうか。これについては、意向確認書面の制度趣旨が、あくまでも顧客がその意向に合った保険商品を選択しているかを自ら確認するための実質的な機会を付与することにあるというのであれば、重要事項の説明さえなされれば商品選択にかかる判断についての責任は顧客が負うという、従来の基本的な枠組みに変化は生じていないだろう。しかし、保険募集人にも確認義務があるという以上は、さらに保険募集人の方でも顧客の商品選択の判断が適切であることを請け合う必要があり、重要事項の説明だけでは足りず、時には顧客の商品選択に係る判断に介入し、一定の後見的役割を果たさなくてはならず、このことは自己責任に関するこれまでの業法上の考え方を修正するものである(注16)。

(4) 比較表示規制

平成19年7月には、保険業法300条1項6号(比較表示規制)関係の監督指針が改正された。この改正では、特に、保険業法300条1項6号に抵触すると考えられる場合として監督指針に挙げられている「保険契約の契約内容について、正確な判断を行うに必要な事項を包括的に示さず一部のみを表示すること」について、「契約概要」を用いた比較表示を行う場合には、保険契約の契約内容につ

いて、正確な判断を行うに必要な事項を包括的に示したものと考えられる（Ⅱ－3－3－2(6)②イ、Ⅱ－3－3－6(6)②イ）として、規制上、許容される場合を明確化したところに意味がある。さらに、監督指針では、保険料に関する比較表示を行う場合には特に規制を明確にしており、保険料に関して顧客が過度に注目するように誘導したり、保障（補償）内容等の他の重要な要素を看過させるような表示を行うことがないよう配慮されているか、とし、契約条件や保障（補償）内容の概要等、保険料に影響を与えるような前提条件を併せて記載することが適切な表示として最低限必要と考えられるとする（Ⅱ－3－3－2(6)④、Ⅱ－3－3－6(6)③）。

このように、顧客の商品選択の正確な判断にとって必要な情報のみを包括的に提供するには、ここでも「契約概要」が有用な手段となっており、本来は保険業法300条1項1号の重要事項説明のために導入された「契約概要」ではあるが、商品間における比較情報の提供という場面においても役割を期待されている。また、比較情報は顧客の意向に応じて提供される必要がある（注17）から、募集人は顧客ニーズに関する情報を取得したうえでそれに見合う商品を紹介し比較情報を提供することになる。実際には、比較情報の提供を通じて顧客の意向が徐々に具体化されていくこともあろう。顧客の意向が専ら募集人側の利益になる方向へと誘導され不当に歪められることがあってはならないという観点からも比較表示規制は一定の役割を果たさなくてはならないだろう。

実務上、比較情報の提供主体となることが期待されているのは、とりわけ乗合代理店であり、また、乗合代理店にとっても、顧客のニーズに合致した商品を推奨するサービスを提供することは自らのサービスの優位性を示す強みでもある（注18）。そのため、乗合代理店などの募集人の属性、募集人が提供するサービス、意向確認書面を用いた実際のやりとりなど、募集の際の個別的状況を踏まえたときに、保険業法300条1項6号に基づき単に誤解を招きかねない比較情報の提供行為が禁止されるにとどまらず、民事法上ではさらに、自らが取り扱う商品という限定はあるが、そのなかで顧客の意向に適したいくつかの商品を候補として選定し提示する義務を観念することはできるように思われる。

2　保険業法上の情報提供規制違反の民事法的効果

以上のように、保険業法上の情報提供規制においては様々の態様の行為義務が規定されているが、これらに違反があった場合、刑事罰あるいは行政処分という制裁は予定されているものの、民事法上の効果については明らかにされていない。保険業法上の規制違反が民事法上どのように評価されるのかという問題、とりわけ不法行為責任の成否の判断に与える影響については、他の経済法令と同様、これまで議論の対象とされてきた。この点、判例においては、依然として、保険業法をも含めた各種の経済法令は公法的規制であることから、その違反を不法行為責任の成否にあたって判断要素とするものの、責任の成立に直結させないとするものが一般的である（注19）。

確かに、保険業法上の情報提供規制違反の効果として、原則的に不法行為責任の成立を認める解釈をとることができれば、たとえ保険業法の枠組みのなかであるにせよ、情報提供義務について民事法上の規律が実質的に確保されることになる。しかし、業法上の行為規範を根拠に私法上の行為義務の存在が導かれるものではなく、私益保護を目的とする保険業法上の行為規制の整備によって直ちに対応する私法上の行為義務が生じるものではない（注20）。また、私法上の行為義務は個別的事案から離れて一様ではなく、具体的事情に照らしていかなる義務がどのような状況のもとで存在していたかが問われることになる。ただ、その際、既存の保険業法上の情報提供規制との対応関係を考慮した場合、特に両者の間に一致がみられるときには、業法上の行為規範は私法上の行為義務の存在を前提にし

てそれを具体化、明確化する役割を果たし、私法上の行為義務違反の有無の判断基準として機能することがあることも一方で指摘できるように思われる（注21）。

Ⅳ　今後の課題

　保険法に情報提供義務に関わる規律を設けず、この問題にかかる保険契約者保護は保険業法の規制に委ねるべきとする今回の立法作業における判断には、その方が実際の保険取引をとりまく状況に機敏に対応できるとの理解があり、現に保険業法施行規則や監督指針を中心に規制の詳細化が進んでいる。一方で、規制が複雑になるのにしたがって業法上の規制を体系的にあらためて整理、見直す必要性が高まりつつある。

　その際の視点としては、保険法に情報提供義務の規律を設けることが見送られたことを踏まえ、まず、顧客に対する行為規制としての情報提供規制について、これを保険業法300条1項から独立させることが検討されるべきである。その理由としては、保険業法300条1項は旧募取法16条1項の規制の枠組みを継承し保険募集に対する禁止行為一般を掲げ、そのなかに情報提供規制も含ましめているが、情報提供規制の重要性は旧募取法の時代に比して格段に増していることや、さらに、情報の不提供を禁じるのではなく（消極的規制ではなく）、私益保護の目的が明確となるよう、情報提供義務を積極的に課すかたちで規制する必要があるからである。この場合、行為規制の主要な態様として重要事項の説明義務、意向確認書面に関するルール、広義の適合性原則などが想定されるが、そのほかにも、保険業法300条1項各号、および9号を受けた保険業法施行規則234条1項各号、保険業法100条の2を受けた保険業法施行規則53条1項各号のなかで情報提供規制としての趣旨をもつ規定を参照し、それぞれの規制について法律で規律すべきもの、施行規則で規律すべきもの、さらに監督指針に委ねるもの

の区分が考慮されなくてはならない。なお、契約締結後の情報提供規制を重視する立場に立てば、さらに、募集規制の枠組みからも独立して、包括的に（募集時とそれ以外の）情報提供規制を設けることも検討対象となろう。

　次に、現行法のもとでは情報提供規制について、顧客に対する行為規制と組織の体制整備義務の2つの側面があるが、それぞれの一般的規制を対比すると、後者（保険業法100条の2、保険業法施行規則53条の7）の方が前者（保険業法300条1項1号）に比して先進的であるが、組織の体制整備義務に対応する顧客に対する行為規制の欠如がみられる。この点につき、上で述べたように顧客に対する行為規制という側面での情報提供規制を充実させた場合には、顧客に対する行為規制が存在する限り、それに応じた体制整備義務が組織の中で存在することは当然であるので、今後は、組織の体制整備義務の側面については、顧客に対する行為規制との機能分担を意識しつつ純粋に組織内部の問題に対象を絞ることも検討すべき課題となるように思われる。

（注1）保険法部会における保険募集時の情報提供義務に関する議論状況については、中間試案第2の1の（損害保険契約の成立関係後注）、第3の1の（生命保険契約の成立関係後注）、第4の1の（傷害・疾病保険契約の成立関係後注）、補足説明24・25頁のほか、保険法部会第8回議事録55頁以下、保険法部会資料20「保険法の見直しに関する個別論点の検討(4)」7頁以下、保険法部会第19回議事録45頁以下を参照。

（注2）本稿にいう情報提供義務の概念についてその一般化された文脈では、保険契約上の一定の重要事項の開示義務、説明義務、適合性原則に基づく説明義務、助言義務等を包摂する意味において使用する。
　　また、情報提供義務が問題とされる局面に関しては、保険募集・保険契約締結時における情報提供義務を取り扱うこととする。情報提供義務については、その他にも、保険会社の保険金の不払が社会問題化したことを受け、保険契約者側が保険金を請求した際、保険会社側に具体的な対応をとる（請求手続について説明するほか、殊に、特約等の付随的給付

を含めて請求漏れがないかどうかの調査・確認、案内を行う）べき義務が法的にも存在するかにつき議論が生じており、保険法部会においても規律を設けるべきかが審議されたが、本稿では、保険募集・保険契約締結時における情報提供義務との関連等、必要な範囲で言及するにとどめる。

なお、筆者は本表題に関して、中間試案公表段階までの保険法部会等における議論をもとに、特に、保険法に保険募集時の情報提供義務に関する規律を設けることの是非について検討している。拙稿「保険契約法の現代化と保険募集における情報提供規制」保険学雑誌599号97頁（2007年）。

（注３）保険募集における情報提供義務という論点は保険法と保険業法との交錯領域にあるため、金融庁（金融審議会金融分科会第二部会 保険の基本問題に関するワーキング・グループ）においても、保険法部会における論議が保険業法に基づく募集規制、情報提供規制に対してどのような影響を与えるのかが他の保険業法上の論点と合わせ検討された。そのとりまとめの報告書として、平成20年1月に金融審議会金融分科会第二部会「保険法改正への対応について」が公表されている。

（注４）保険法部会第8回議事録61頁、保険法部会第19回議事録49頁。なお、保険法上、情報提供義務を新設するに際し、なお、現行の保険業法上の情報提供規制を維持することになれば、情報提供規制が私法上と監督法上とに併存することになる。この場合、私益保護は専ら保険法における情報提供義務の果たす機能とされることとなり、その一方で、保険業法のもとでの情報提供規制は、規制違反の際の行政処分や刑事罰といった制裁を伴う国家による保険会社に対する監督の根拠や基準に純化されていく可能性がある。

（注５）なお、情報提供義務違反による保険契約の取消権を立法論上認めるべきという場合、とるべき選択肢として消費者契約法を見直していくことも考えられる。この点に関しては、国民生活審議会消費者政策部会消費者契約法評価検討委員会「消費者契約法の評価及び論点の検討等について」24・25頁（2007年）を参照。

（注６）裁判例としては大阪高判平成13・10・31判時1782号124頁等を参照。なお、学説上、このような内容の損害賠償責任は「履行利益的損害賠償」として類型化されている。山下友信『保険法』191頁以下（有斐閣・2005年）参照。

（注７）保険法部会第19回議事録に掲載された事務当局による説明（45・46、55・56頁）を参照。

（注８）保険法部会第22回議事録58頁以下、保険法部会資料26「保険法の見直しに関する要綱案（第2次案）」1頁、保険法部会第23回議事録1頁以下。なお、このような総則的な規定を設けるかどうかに関しては中間試案ですでに検討課題とされていた（中間試案第1の（注2））。

（注９）保険法部会第23回議事録1・9頁。

（注10）保険法部会第24回議事録1頁。

（注11）たとえば、裁判例には、高度障害保険金の支払可否について保険契約者側から生命保険会社の営業職員に対し問合わせがあったが、営業職員が被保険者の障害が約款に規定する高度障害状態に該当しないと誤って回答したため、保険金の支払が遅延したという事例がある。名古屋地判平成14・9・20交民35巻5号1237頁参照。

（注12）保険業法300条1項には1号において一般的な情報提供義務が規定されているほか、それに続く各号のなかにも情報提供規制としての性格をもつ規制が存在する。

（注13）これらの監督指針の改正について解説するものとして、坂本一郎「保険商品の販売勧誘のあり方について―検討チームの検討状況―」生命保険経営75巻2号3頁（2007年）。

（注14）保険業法100条の2に規定される情報提供規制など、組織の体制整備義務から、解釈上、間接的に行為規制の存在を導くことが許容されるとする見解として、木下孝治「保険募集における重要事項説明ルールの考え方について」生命保険論集152号106頁（2005年）。

（注15）意向確認書面の適用範囲について監督指針は、ア．特に顧客のニーズを確認する必要性が高いと考えられる保険商品であって、かつイ．募集人等が保険商品の販売・勧誘を行うに際し、募集人等と顧客が共同のうえ相互に顧客のニーズに関する情報の交換をする募集形態、に該当する場合について適用される、とし、ア．に関し損害保険商品を除外している（Ⅱ-3-5-1-2(17)⑪)。ただし、監督指針では、意向確認書面の適用範囲外の保険商品についても、顧客が契約締結前に確認する機会を確保するための体制整備を義務付けているほか（Ⅱ-3-5-1-2(17)⑫))、保険商品全般を対象に、契約の申込みを受けるにあたって顧客に対して契約内容の確認を求めるとともに、申込書の写しや申込内容を記載した書面等を顧客に交付する等の体制整備も義務付けてい

る（Ⅱ−3−5−1−2⒅）。
(注16) 拙稿・前掲（注2）109頁。保険募集人は意向確認書面の作成にあたり、顧客のニーズに関する情報を収集のうえ、「当該保険商品が顧客のニーズに合致すると考えた主な理由」を記載しなければならないが、当該保険商品では顧客ニーズを完全には満たしきれていない場合であっても、なお、その顧客にとって当該保険商品を購入する有意性が高いと判断すれば、保険募集人は当該保険商品を顧客のニーズに合致すると結論付けることも少なくないであろう。このような判断を保険募集人がなさなくてはならないということは、当該保険商品の顧客ニーズの適合度に関する他商品との比較、満たされない顧客ニーズの重要性、当該商品では顧客ニーズを満たしきれていないことについての顧客の了解などを考慮にいれた、保険募集人による客観的で公平な助言の必要性（逆に、顧客にとって当該保険商品を購入する有意性が低いと判断される場合には、購入を控えるよう助言する必要も生じる）のあることを示しているように思われる。
(注17) 比較情報の提供は顧客がその意向に合った商品を絞り込むうえで必要不可欠であり、顧客の契約締結の判断へと向けた具体的なプロセスの初期段階に位置付けられる。消費者の行う保険商品購入のプロセスについては、保険商品の販売勧誘のあり方に関する検討チーム「最終報告 ニーズに合致した商品選択に資する比較情報のあり方」5頁以下（2006年）を参照。
(注18) 保険商品の販売勧誘のあり方に関する検討チーム・前掲（注17）8頁。
(注19) 証券取引法、大蔵省証券局長通達等が定める適合性原則に違反した場合の民事法上の効果に関し、最一判平成17・7・14民集59巻6号1323頁参照。
(注20) もっとも、意向確認書面の導入と同時に比較情報提供の環境整備が進展し、保険募集人が顧客の契約締結判断に専門家として積極的に関与することが多くなれば、その知見や経験に対する信頼が形成され、また、保険募集人としても顧客の商品選択の評価および判断が自己の助言に依存していることを認識しているところに基づいて、具体的な事案のもとで、私法上、顧客のニーズにより適合した保険商品の推奨等、助言義務の存在が認められやすくなる傾向が出てくることは考えられる。潮見佳男『契約法理の現代化』131〜133頁（有斐閣・2004年）、同「適合性原則違反の投資勧誘と損害賠償」『継続的契約と商事法務』186・187頁（商事法務・2006年）では、事業者の「信頼供与責任」や当事者間の信認関係の観点から投資取引における助言義務の根拠を説明しており、保険募集の局面においても参考になる。また、山下・前掲（注6）184頁では、助言義務は、契約締結段階においても一方当事者の助言に他方当事者が高度に依存する状況により委任類似の関係が生じていることに基づいて認められるものであるとし、保険契約者が保険募集人に保険の選択について一任状態にあるような場合に募集人の助言義務を認め得るとする。
(注21) 拙稿・前掲（注2）115・116頁。

Ⅱ 保険契約の成立

8 告知義務

神戸学院大学法学部教授 岡田 豊基

Ⅰ はじめに

保険法では、告知義務に関する規定は第2章以下の各章（損害保険：4条・28条・31条・33条、生命保険：37条・55条・59条・65条、傷害疾病定額保険：66条・84条・88条・94条。以下、同じ）に定められている。

告知義務は、商法上、保険契約者または被保険者（告知義務者、以下「保険契約者等」とすることがある）の自発的申告義務であると解されているのに対して（商法644条〔損害保険では保険契約者のみを規定〕・678条）、保険法では、保険契約者等になる者は保険者になる者が告知を求めたものについて告知しなければならないとの定めから、質問応答義務であると解されるほか（法4条・37条・66条）、告知義務違反による解除の効力が広く定められており（法28条・31条、55条・59条・84条・88条）、商法上の課題の多くが解決されたのではないかといえる。また、商法では、告知義務違反の効果が明示されているにすぎないことから（商法644条・678条）、告知義務の意義ないし内容については解釈に委ねられているのに対して、保険法では、告知義務の意義ないし内容が明示されるとともに、これらと告知義務違反の効果とが別々に定められている。さらに、保険法で新たに定められたいわゆる片面的強行規定に、告知義務に関する規定が含まれる（法33条・65条・94条）。

保険法においてかかる規定が定められたことに伴い、保険申込書や質問表（告知書）における告知事項や約款の明確化等、保険会社の実務上、留意すべき点があるのではないか

と考える。また、保険法の規定によっても告知義務について完全に対応し得るとはいえない事柄もあると考えられるゆえに、商法の規定の場合と同じように、これらの規定の解釈が必要とされよう。

以下、告知義務について、保険法の規定と商法の規定とを比較しながら検討していく。

Ⅱ 告知義務制度

1 保険法の概観

保険法では、告知内容（法4条・37条・66条）、告知義務違反による契約の解除（法28条・55条・84条）、契約解除の効力（法31条・59条・88条）が3つの保険契約ごと各章にそれぞれ定められている。これらの規定をみると、対象とする保険契約の違いによって告知内容に違いがみられるにすぎず、告知義務違反による契約の解除およびその効力については、各保険契約に固有の事柄を除き、ほぼ共通している（法28条・31条・55条・59条・84条・88条）。

2 告知義務の内容（注1）

(1) 告知義務者・告知時期・告知受領者

① はじめに

保険法では、「保険契約者又は被保険者になる者」が「保険契約の締結に際し」「保険者になる者」が告知を求めた事項について、告知をしなければならない旨が定められてい

② **告知義務者**

イ　保険法にみる告知義務者

商法上、告知義務者は、生命保険については保険契約者または被保険者であるのに対して（商法678条1項）、損害保険については保険契約者のみが定められているが（商法644条1項）、被保険者も告知義務者に含まれると解するのが一般的である（注2）。これに対して、保険法では、「保険契約者又は被保険者になる者」が告知をしなければならないと定められており（法4条・37条・66条）、告知義務者は、保険契約が締結されると保険契約者または被保険者になる者であるということになる。告知義務は、事故発生の客体につき、最も詳しい者に負担させるのが妥当であることから、保険契約者と被保険者とが異なる損害保険では、被保険者に告知を求めることが望ましいこともあるので、損害保険について、被保険者となる者を告知義務者とするとすることが明確にされている。

この場合、保険契約者または被保険者のどちらかが告知をすれば足りると解される（注3）。それゆえに、人保険では、告知事項についてより身近な被保険者自身が告知をすることが望ましいが、親権者が保険契約者として未成年者を被保険者とする他人の生命または傷害・疾病の保険契約を締結する場合には、事実上、親権者が告知をすることになるであろうから、保険法の規定はかかるケースであっても対応することができよう。

ロ　保険契約者または被保険者が複数いる場合

保険契約者または被保険者が複数いる場合の告知義務者については、保険法上、明示されていないので、解釈に委ねられる。

まず、保険契約者が複数いる場合で被保険者が告知をしない場合については、保険契約者各人が義務を負担し、同一事項については、代理人も含めてそのうちの1人が告知すれば足りると解される（注4）。

次に、被保険者が複数いる場合で保険契約者が告知をしない場合については、いくつかに分けて考える必要がある。すなわち、損害保険（人保険を除く）では、原則として、各人が義務を負担し、同一事項については、代理人も含めてそのうちの1人が告知すれば足りると解される。たとえば共同所有の住宅等のように1つの目的物に複数の被保険者がいる場合については、代理人も含めてそのうちの1人が告知すれば十分であろう。これに対して、告知を必要とする人保険では被保険者の属性が重要であるから、被保険者ごとに告知をする必要があると解される。

③ **告知時期**

告知時期につき、商法上、「保険契約ノ当時」と定められていることから（商法644条1項・678条1項）、保険契約成立の時というと解され、具体的には、保険者が承諾の意思表示をした時までが告知時期となり（注5）、告知義務違反の有無はこの時点で判断される。これに対して、保険法では、「保険契約の締結に際し」と定められており（法4条・37条・66条）、告知時期は、保険契約の締結の過程、すなわち、保険契約等（になる者）が保険者（になる者）に対して申込みを行った時から、保険者が承諾する時までであると解することができることから、承諾の時までに生じた事実を告知することとなり、商法の規定と同じ解釈となる。もっとも、保険法では、保険者になる者が告知を求めた事項について告知をしなければならないと定められていることから（法4条・37条・66条）、保険契約者等は、保険者から質問を受けたとき、その時までに存在する事実を告知すればよいと解される（注6）。それゆえに、告知時期も、契約締結時よりも遡るところの保険者の質問に答える時までとする解釈も可能であるが、その時点では判明しなかったが、契約締結時までに判明した事実を修正告知する場合には、それが正確な告知である限りは告知義務を果たしたことになると解されることから、保険者が承諾の意思表示をする時までが告知時期であると解するべきであろう。

生命保険の約款では、保険者が、第1回保険料相当額を受領し、かつ、告知を受けた後

に保険契約の申込みを承諾した場合には、第1回保険料相当額を受領した日または告知を受けた日のいずれか遅い時にさかのぼって責任を負うものとし、この責任開始の日を契約日とするものとしているので（責任遡及条項）、これが基準日となると解されている（注7）。もっとも、商法上、一般的に告知義務が保険者の質問に対して応答する義務である場合は、告知の基準日は告知をする時であり、責任開始前に存在する事実をその時点までに告知することで足りるとする見解がある（注8）。保険法では、前述のように、告知義務は質問応答義務であることが明示されていることからすれば、この解釈が保険法にも妥当しよう。

また、損害保険の約款では、保険契約者等が保険金が支払われる事故の発生前に、申込書の記載事項につき書面で申し出た更正を保険会社が承認したときは、告知義務違反による契約解除の規定を適用しないと定めることがある（注9）。この場合、保険会社は、契約締結当時、更正すべき事項が告知されていても契約を締結したと認められるときに限り承諾をするとされており（注10）、保険契約の締結後であっても告知義務の履行を認めると解されるこの約款規定は、保険法の規定の延長上にあると解することができる。

以上のことからして、保険法上、契約締結時までに契約申込時の告知に内容の訂正・補充がなされると、告知義務は履行されたことになり（注11）、契約締結後に、保険契約者等が告知内容を訂正・補充した場合に、保険者が解除権を行使しなかったときは、保険者は解除権を放棄したものと解される（法28条4項・55条4項・84条4項）（注12）。契約の更新の場合は、その時を基準として告知義務違反の有無が判断されることとなる（注13）。

④ **告知受領者**
イ　告知受領者

告知受領者につき、商法では明示されておらず（商法644条・678条）、解釈に委ねられている（注14）。これに対して、保険法では、告知義務者は、「保険者になる者」が告知を求めた事項について告知すべきであるとされていることから（法4条・37条・66条）、告知受領者は「保険者になる者」であると解される。

ロ　「保険者になる者」の範囲

保険者の範囲につき、保険法では、「保険契約の当事者のうち、保険給付を行う義務を負う者」（法2条2号）と定義されていることから、「保険者になる者」とは、保険契約の締結後、保険者になる者をいうといえるゆえに、保険会社および共済者（以下、保険会社には共済者を含むことがある）をいうと解される（法2条1号）。

告知受領者としての保険者の範囲については、商法上の解釈が妥当しよう。すなわち、告知は保険者または保険者に代わって告知を受領する権限を有する者に対してなされることを要するゆえに、保険者以外の告知受領者については、保険契約の締結代理権を有する者がこれに含まれる他、診査医、生命保険面接士、生命保険募集人等に関する商法上の解釈が保険法にも妥当すると解される（注15）。

これに対して、保険法上、新たな検討を必要とする点があると考える。すなわち、たとえば、損害保険に関する告知義務違反による解除について定める法28条の規定には、保険者のために保険契約の締結の媒介を行うことができる者（保険媒介者）が、保険契約者等が告知事項について事実の告知をすることを妨げたとき（法28条2項2号）、保険契約者等に対し、告知事項について事実の告知をせず、または不実の告知をすることを勧めたとき（法28条2項3号）は、保険者は損害保険契約を解除することができないと定められており（同旨、法55条2項2号・3号、84条2項2号・3号）、この2つの行為は、保険業法に定める告知妨害に類似する（保険業法300条2号・3号）（注16）。保険法上、かかる規定があるゆえに、保険媒介者が告知受領者に含まれるか否かを検討する必要があるのではなかろうか。というのは、この者は、規定の文言上、保険契約の締結権限を有する者ではなく、それゆえに、商法上の解釈と同様に、告知受領者に含まれるものではないと解されるが、こ

の者の前述の諸行為は告知義務違反を理由とする保険契約の解除権阻却事由に当たるということに重きを置くと、この者を告知受領者とみなし得る可能性があるのではないかと考えるからである。

保険媒介者とは、定義内容からして、保険契約の媒介代理権のみを有するにすぎない媒介代理人であり（法28条2項2号・55条2項2号・84条2項2号）、商法および会社法上の会社の使用人あるいは代理商がこれに当たると解される（商法28条、会社法10条以下・16条以下）。保険媒介者の範囲を検討するにあたり、保険業法の規定を参考にすると、保険法上、保険者のために保険契約の締結の媒介を行うことができる者を保険媒介者というと定義されていることから（法28条2項2号・55条2項2号・84条2項2号）、所属保険会社のために保険契約の締結の媒介を行う保険募集人が保険媒介者に含まれるが（保険業法2条19号～23号）、保険仲立人は保険媒介者に当たらないと解される。というのは、保険仲立人の定義内容（保険業法2条25号）あるいはその法的性質からすれば、保険仲立人は、保険契約の締結の媒介を「保険者のために」行うとされる保険媒介者の範疇には含まれないと解されるからである。

以上の理解のもとに、保険者から保険契約の締結代理権が付与されていない保険媒介者を告知受領者とみなし得る可能性があるか否かを考えると、この場合、商法上、生命保険募集人に関する議論が妥当しよう。すなわち、この者にも告知受領権があるとする解釈をとろうとする理論があるが（注17）、有力な理論として、告知受領権の有無と保険者の悪意・過失の問題を切り離して考え、業務上の補助者の過失による不利益を本人がいかなる程度まで負担すべきかという問題として捉えることにより、告知受領権がないとしても、告知妨害がある場合においては、民法715条を参照し、生命保険募集人の選任・監督について保険者自身の過失による不知として扱われるべきであるとする理論がある（注18）。保険業法上、保険募集人は、募集にあたり、顧客に対して保険契約につき締結代理権を有するか、媒介代理権を有するにすぎないのかを明示する義務を負担しており（保険業法294条2号）、募集時には、この義務が履行されるはずである。それゆえに、保険募集人については、保険契約の締結代理権が付与されている場合には告知受領権もあるが、それが付与されていない場合には、一律に告知受領権はないとする方が、実務上の取扱いのみならず、解釈上も明確ではないかと解する。そうであれば、保険媒介者の告知妨害があるとされる場合には、この者について告知受領権の有無を問うことなく、前述の法理に基づいて保険契約の解除の可否を論ずるべきではないかと考える。

(2) 告知事項

① 商法の規定と保険法の規定

告知事項について、商法では、「重要ナル事実」または「重要ナル事項」と定められており（商法648条1項・678条1項）、解釈上、保険者の危険測定に関する重要事実をいうとされている（注19）。これに対して、保険法では、告知事項は、「危険」に関する重要な事項のうち、保険者になる者が告知を求めたものをいうとされている（法4条・37条・66条）（注20）。

② 「危険」の意義

「危険」については、各保険契約で引き受けられる危険の違いによって規定の表現が異なっている。すなわち、損害保険については、損害保険契約でてん補される損害の発生の可能性（法4条）、生命保険については、保険事故の発生の可能性（法37条）、傷害疾病定額保険については、給付事由の発生の可能性（法66条）をいう。これらのことから、危険とは、保険者が被保険者（損害保険契約）または保険金受取人（生命保険契約・傷害疾病定額保険契約）に対して給付する原因となる事柄の発生の可能性をいうと解される。

そうであるとすると、商法と同じく、保険事故の発生率に影響を及ぼす事実とする保険危険事実を意味することでは解釈が一致しよ

う（注21）。これに対して、いわゆる道徳的危険事実もこの危険に含まれるか否かが問題となる。道徳的危険事実とは、保険契約者側の関係者が故意の事故招致等により不正な保険給付を受ける意図を有している事実をいい、損害保険会社の損害保険や傷害保険では、道徳的危険事実の典型である他保険契約の存在について告知義務を課しており、損害保険会社が他保険契約の告知義務違反を主張する場合に関する下級審の裁判例があるのに対して、生命保険の実務では、かかる事実の告知は求められていない（注22）。

他保険契約の告知につき、学説では、商法上、生命保険契約に関する判例と同様に、おおむね適法であると解されていることからして（注23）、保険法においても、この告知を求めることができるのではないかと解される（注24）。ただし、約款の規定には、質問した事項について応答すべきことが定められているにすぎず（注25）、「重要な事項」という文言はないことから、危険選択に利用されない重要事実でなくとも告知義務違反が成立するという規定になっている。しかし、約款上の告知義務であったとしても、保険法上の告知義務の延長上の義務で捉えるべきであり、他保険契約の存在を含む道徳的危険事実が、保険法上、保険者が被保険者または保険金受取人に対して給付する原因となる事柄の発生の可能性とされる危険の選択において意味をもたせるものである限りにおいて、重要事実として告知事項とすべきであると考える（注26）。

③「重要な事項」の意義

「重要な事項」とは、商法上、保険者がその事実を知っていたならば当該契約を締結しなかったか、または締結したとしてもより高額の保険料を求めたと認められる事実をいう（注27）。この理解は保険法にも妥当しよう。重要性の判断基準は、判断の主体と判断基準の内容となるが、それらの内容もまた商法上の理解と同じになると考えられ、各保険者の危険選択基準により決まると解される。

約款の規定には、告知事項につき、「重要な事項」という文言はない。とはいうものの、他保険契約の告知に関する前述②の解釈および後述の④と関連して、質問表等に記載されている質問事項はすべて重要事項とみなすという解釈は（注28）、保険法においても維持されるべきであると考える。

④「告知を求めた」事実の意義

保険法上、告知義務者は「保険者になる者が告知を求めたもの」を告知すべきであると定められていることから（法4条・37条・66条）、告知義務が質問応答義務であるといえる（注29）。これは、商法上、保険に関する知識の乏しい保険契約者等が危険測定に関する事実を十分に認識しているとはいえないとされてきたことに起因するものであり（注30）、質問表（告知書）や保険契約申込書等を介して行われている告知制度を成文化したものである。

しかし、告知を求められたが重要な事項でないと判断されるものは告知事項になり得ないと考えられることから、保険法の制定により、保険会社は質問内容を精査する必要性が高まっているといえる。

⑤ 知っている事実

保険契約者等は知らない事実を告知することができないから、これらの者が知っている事実に限定されると解すべきである（注31）。それゆえに、保険契約者等は、保険者が告知を求めてきた時点において知っている事実を告知すれば、それで足りると解される（注32）。

（3）告知方法

告知の方法について、商法に規定はなく、約款において書面による告知を求める規定を定めることがあり、この場合にはその文言に従うことになる（注33）。保険法上、告知義務は質問応答義務であるとされているとしても（法4条・37条・66条）、実務上の取扱いは変わらないのではないかと予想されるので、保険者が書面により告知を求めてきた事項について、保険契約者等は告知を求められた時点で知っている事実を告知することになる。

3　告知義務違反による契約の解除

(1)　告知義務違反の要件

①　商法の規定と保険法の規定

商法上、告知義務者が「悪意又ハ重大ナル過失」により重要事実について不告知または不実告知をした場合、保険者は当該保険契約を解除することができる（商法644条1項・678条1項）。これに対して、保険法では、保険契約者または被保険者が、告知事項について、故意または重大な過失により事実の告知をせず、または不実の告知をしたときは、保険者は当該保険契約を解除することができると定められている（法28条1項・55条1項・84条1項）。商法上の「悪意」は故意であると解されることから、保険法の規定は商法のそれとほぼ同旨である。

②　告知義務違反の要件

商法上、告知義務違反の要件は主観的要件と客観的要件で構成され、主観的要件として、保険契約者等の故意または重過失があり、客観的要件として、事実の不告知または不実告知がある（商法644条1項・678条1項）。前述のように、保険法の規定は商法のそれとほぼ同旨であるゆえに、かかる要件については、商法上の解釈が保険法にも妥当すると解される（注34）。

(2)　告知義務違反による契約解除の効力

①　解除権の発生

告知義務者に告知義務違反があったとき、商法上、保険者は契約を解除することができると定められており（商法644条1項・678条1項）、保険法も同様である（法28条1項・55条1項・84条1項）。それゆえに、解除の方法は、保険契約の当事者である保険契約者またはその代理人に対する一方的意思表示によるべきであり、その到達によって解除の効果が生ずると解される（民法97条1項）（注35）。

②　解除権の阻却事由

イ　商法の規定と保険法の規定

商法上、保険者が告知義務違反の事実を知りまたは過失によって知らなかった場合には、保険者は契約を解除することができない（商法644条1項但書・678条1項但書。解除権の阻却事由）。これに対して、保険法では、保険者は、(ア)保険契約の締結の時において、保険者が告知事項に関する事実を知り、または過失によって知らなかったとき、(イ)保険媒介者が、保険契約者等が告知事項について事実の告知をすることを妨げたとき、(ウ)保険媒介者が、保険契約者等に対し、告知事項について事実の告知をせず、または不実の告知をすることを勧めたとき、保険契約を解除できないと定めている（法28条2項・55条2項・84条2項）。後二者を新たに定めたのは、保険契約の締結代理権を有しない者の告知妨害から保険契約者等を保護する目的によるものであると考えられる（注36）。

ロ　保険者の知・過失による不知

前述の(ア)の規定は、保険者の知・過失による不知を明示しているが、商法上の解釈と異なるものではあるまい。保険者には、告知受領権を有する保険募集人等が含まれると解すべきであり、これら告知受領権を有する者が告知妨害をした場合には、保険者の知・過失による不知に該当することから、保険者は、告知義務違反を理由に保険契約を解除することはできないことになる。

商法の規定（商法644条1項但書・678条1項但書）の趣旨は、保険技術にたけている保険者に積極的に重要事実の調査を求めるとともに、調査に際して相当な注意を尽くさせるというものであり（注37）、保険法上も同じ解釈が可能であろう。

ハ　保険媒介者による告知妨害の効果

保険媒介者による告知妨害の効果について、商法は明示の規定をもたないが、有力な見解がある。すなわち、保険業法の規定と関連させ、保険契約の締結の媒介の権限を有するにすぎず、告知受領権を有さない保険募集人や保険仲立人が告知妨害をした場合、所属保険会社のある保険募集人については、保険会社は保険契約を解除することができ、保険金を

支払う責任を負わないという解釈は難しいのに対して、保険仲立人の場合には、媒介した保険契約の保険会社は、保険仲立人の誠実義務（保険業法299条）を根拠として保険契約を解除することが可能であり、保険金支払の責任を負わず、保険仲立人には罰則（保険業法317条の2第7号）の適用があるとする（注38）。これを保険法についてみると、告知受領権を有さない保険募集人の告知妨害については、保険媒介者の告知妨害に該当するとして、保険者（所属保険会社）は保険契約を解除できないと解され（法28条2項2号・3号、55条2項2号・3号、84条2項2号・3号）、保険者の給付義務は存続し、告知妨害によって保険契約者側に損害が生じた場合には、所属保険会社（保険者）の賠償責任（保険業法283条）が生ずる可能性がある。この場合、保険会社は、当該保険媒介者に対し償還請求することができよう。これに対して、保険媒介者に関する保険法の前述の規定からして、保険仲立人は、保険業法上、顧客のために誠実に保険契約の締結の媒介を行う義務を負担するものであり（保険業法299条）、保険者のために媒介を行うものでないことからして、また、所属保険会社をもつものではないことからして、保険仲立人の告知妨害は保険媒介者のそれに該当せず、保険者は告知義務違反を理由として保険契約を解除することができると解する。この場合、保険契約者等は、保険仲立人の告知妨害により損害が発生したことを理由に、その者に対して賠償責任を求めることができると解される（保険業法292条）（注39）。

なお、前述の(イ)(ウ)の規定は、保険媒介者の告知妨害の行為がなかったとしても保険契約者等が告知事項に関する事実の告知をせず、または不実の告知をしたと認められる場合には、適用しないと定められている（法28条3項・55条3項・84条3項）。この場合、保険契約者等の行為については、保険者側に立証責任があると解される（注40）。

③　解除権の除斥期間
イ　商法の規定と保険法の規定
告知義務違反による保険契約の解除権は、商法上、保険者が解除の原因を知った時から1か月間これを行使しなかったとき、または、契約の時より5年を経過したときは消滅する（商法644条2項・678条2項）。これは解除権の存続期間を定める規定であることから、除斥期間を定めたものである。保険法の規定は、表現方法が多少異なるものの、同じ内容である。すなわち、保険法上、解除権は、保険者が解除の原因があることを知った時から1か月間行使しないとき、または、保険契約の締結の時から5年を経過したときは、消滅すると定められている（法28条4項・55条4項・84条4項）（注41）。

ロ　約款における除斥期間の解釈
保険者が解除の原因を知った時とは、保険者が解除権行使に必要な諸条件を確認した時をいう（注42）。生命保険契約の約款では、通常、保険契約が責任開始日（契約日）から2年以上有効に継続したときは、解除権が消滅する旨を定める（注43）。被保険者が責任開始日から2年経過後に死亡した場合にはこれに該当し、解除権が消滅するので除籍期間が短縮されるが、その日から2年以内に死亡した場合には、契約が2年以上継続しなかったことになり、解除権は消滅せず、除籍期間は短縮しないと解される（注44）。

④　解除の効力
イ　商法の規定と保険法の規定
告知義務違反を理由として保険契約が解除されると、商法上、解除は将来に向かってのみ効力を発し（商法645条1項・678条1項）、保険者は、危険発生後に解除をした場合であっても損害をてん補する責任はなく、既払いの保険金は返還請求できる（商法645条2項・678条2項）。保険法では、商法とほぼ同じ趣旨が定められている。すなわち、損害保険契約の解除は、将来に向かってのみその効力を生じ（法31条1項〔59条1項・88条1項〕）、保険者は、解除がされた時までに発生した保険事故による損害をてん補する責任を負わない（法31条2項1号〔59条2項1号・88条2項1号〕）（注45）。

ロ　保険金の支払

商法上、保険契約が解除されると、保険者は保険金の支払を免れることができ、解除の時までに受領した保険料について返還義務を負うことはなく、保険期間終了までの未経過期間に関する保険料を収受できると解されている。これは、告知義務違反を行った者に対する制裁の趣旨であるとともに、義務違反により保険者に不利益が生じないように配慮したものであると解されている（注46）。保険法においても、この解釈が妥当しよう（注47）。

保険法の制定過程において、告知義務違反を理由とした保険契約の解除の効果については重点的に検討が重ねられた。すなわち、保険給付と関連して、商法の定める全額免除主義（オール・オア・ナッシング主義）と比例減額主義（プロ・ラタ主義）のどちらを採用することが法政策上望ましいのかという検討がなされた結果、保険法は前者の立場をとるに至っている（注48）。

4　告知義務違反と錯誤・詐欺との関係

商法上、告知義務違反に該当する事実が錯誤（民法95条）または詐欺（民法96条）に該当するか否か、該当するとした場合、商法645条2項・678条2項の規定と民法の規定は重複適用されるのかという問題がある。一般的に、両方に該当すると解されており、これを認める学説では、錯誤を定める民法95条の適用を否定する見解が有力である（注49）。これによれば、除籍期間経過後であっても、詐欺に基づく取消しによって、保険者は保険金の支払いを拒むことができると解される。保険法においても、この解釈が妥当し、保険契約者等の詐欺を理由として保険契約が解除された場合には、保険者は保険料を返還する義務を負わないと解される（法32条1号・64条1号・93条1号）。

5　因果関係不存在の証明

(1)　商法の規定と保険法の規定

商法上、告知義務違反があったとしても、保険契約者において、危険の発生が保険者に告知した、または告知しなかった事実に基づかないことを証明した場合には、保険者は保険給付責任を負うと定められ（商法645条2項但書・678条2項）、告知内容と保険事故の発生との因果関係の存在を求めている。保険法では、28条1項の事実に基づかずに発生した保険事故による損害については、保険者は損害をてん補する責任を負う旨が定められ（法31条2項1号ただし書〔59条2項1号ただし書・88条2項1号ただし書〕）、商法と同様に、因果関係の存在が求められている。

(2)　因果関係の不存在

保険契約者等が告知事項を正直に告知していたならば、保険者は契約を締結していなかったか、あるいは、より高額の保険料で締結したのであろうと考えられる。それゆえに、商法645条2項但書・678条2項の規定は、告知義務制度が保険者に対し事前に不良危険を排除する機会を与えようとする趣旨であるのに、事後的に事故発生の原因を問題にするという矛盾を含む（注50）。そのことから、正当に告知をしたために契約締結を拒絶された、正直な申込者とのバランスを失することにもなるゆえに、立法論としては削除すべきであるとの意見もある（注51）。しかし、告知義務違反をいかなる要件で認めるかは立法政策上の問題であり、重要事実と無関係な原因で保険事故が発生した場合には厳格な効果を発動させないことも合理的であるして、維持すべきであるという意見が有力であり（注52）、また、解釈論として、一般的に、同但書の適用をできる限り制限すべきであると解されている（注53）。

それゆえに、法31条2項1号ただし書等の規定が商法645条2項但書等のそれと同旨で

あるとすると、前述の解釈と同じような解釈が必要とされよう。

因果関係の不存在をめぐる問題は、因果関係の有無の判断基準である（注54）。大審院の判例によれば、事故と不告知の事実との間にまったく因果関係がないことを必要とし、幾分でも因果関係を窺知し得べき余地がある場合には、因果関係が不存在とすべきであるとされる（注55）。また、高血圧に罹患していた事実を告げなかった加入者が心筋梗塞で死亡した場合、高血圧であれば心筋梗塞に繋がる可能性が高いという統計に基づいて因果関係を認めるべきであるとする見解がある（注56）。しかしながら、保険法においても、因果関係の不存在に関する規定を定めている限り、商法の規定に関する通説のように、これらの規定を厳格に解し、因果関係を緩やかに解することの理由に合理性があるかは疑問である（注57）。それゆえに、これまでの事案における判断は妥当であると解されることから、その範囲において因果関係の存否を判断すべきであると解する。

なお、保険法上、因果関係の存在を求める規定によれば、保険事故による損害等が告知義務違反による解除の規定（法28条1項・55条1項・84条）の事実に基づかないものであることの立証責任は、保険者に保険給付を請求する保険契約者側が負担すべきであると解される。それゆえに、この旨を明記している約款の規定は妥当であろう（注58）。

6　強行規定

保険法上、所定の規定に反する特約で、保険契約者等または保険金受取人に不利なものは無効とすると定められた規定の中に告知義務に関する規定が含まれる（法7条・33条1項・41条・65条1項・70条・94条1項）。すなわち、告知義務に関する規定のうち、告知義務の意義等を定めた規定（法4条・37条・66条）、解除の可能性を定めた規定（法28条1項・55条1項・84条1項）、解除権阻却事由を定めた規定（法28条2項・3項、55条2項・3項、84条2項・3項）、解除の効力を定めた規定（法31条1項・2項1号、59条1項・2項1号、88条1項・2項1号）がこれに該当し、片面的強行規定であると解される。

III　今後の学説または実務の展開

保険法の制定により、告知義務に関する学説や実務において変化が求められることが考えられる。学説については、今後の展開も含めた保険法の解釈については前述しているとおりである。そこで、以下、実務の展開について、約款規定の明確化等を中心として主要な点を検討することとする。

まず、告知受領者について、保険媒介者を新たに規定していることからして（法28条2項・55条2項・84条2項）、保険契約者になる者に対して告知受領権の有無を明確に伝える方策を検討するべきであろう。保険法の制定過程をみると、保険契約法である保険法と保険監督法である保険業法とを関連させながら検討されていると思われるゆえに、保険業法上、保険募集人は代理権の内容について明示する義務を負担していることからしても（保険業法294条2号）、告知受領権の有無を明確に伝えることは必要であると考える。

告知事項については、「危険に関する重要な事項」のうち「保険者になる者が告知を求めた事項」とされており（法4条・37条・66条）、これを定める規定は片面的強行規定である（法7条・41条・70条）。約款では、告知事項について、一般的に、保険会社が求めた事項とされ、「重要」という文言がないことから、解釈上、重要でない事項も告知義務違反の対象となる。それゆえに、契約者保護の観点から、約款規定に「重要」という文言を挿入する必要性があるのではないかとも考える。次に、「重要な事項」のうち「保険者になる者が告知を求めた事項」とされていることから、保険会社が告知を求めた事項は重要であるとみなされるゆえに、質問表または申込書の告知事項について、質問方法や表示方

法を明確にする必要があろう。

他保険契約の告知についても可能であると解されることから、生命保険会社の実務上、告知書に他保険契約の告知を告知事項として明記することができると解する。その場合、告知すべき他の保険契約を明らかにする必要がある。保険契約の包括移転のように、責任準備金を同じくする保険契約もその対象となるであろうし、損害保険契約に関する超過保険の解釈も参考となろう。

また、保険契約の更新の場合、自動更新の約定のある契約について、告知時期、告知内容の精査が求められよう。

さらに、告知義務違反を理由とする保険契約の解除と関連して、保険法においても、因果関係不存在に関する規定が定められている（法31条2項1号ただし書・59条2項1号ただし書・88条2項1号ただし書）。ただし、商法とは異なり、これらの規定は片面的強行規定であることから（法33条1項・65条1項・94条1項）、因果関係の有無を問わず保険者免責としている約款規定は修正する必要がある。これに対して、因果関係不存在の約款規定を定める場合、告知義務者に事実の告知を求める方策を検討する必要があると考える。

Ⅳ　おわりに

保険法では、告知義務に関する規定は各章に定められている。告知義務は質問応答義務であると解されるほか、告知義務違反による解除の効力が広く定められている。また、告知義務の意義ないし内容が明示されるとともに、これらと告知義務違反の効果が別々に定められており、片面的強行規定に告知義務に関する規定が含まれることなど、商法の規定よりも明確になっている。

ただ、保険申込書や質問表（告知書）における告知事項や約款の明確化等、実務上、留意すべき点があるとともに、保険法の規定に基づく告知義務に関する新たな問題が派生することが予測されるが、後者の点は今後の判例の積み重ねを待つことになろう。

（注1）損害保険の約款では、たとえば、契約締結の当時、保険契約者等が、故意または重大な過失によって、申込書の記載事項について、保険会社に知っている事実を告げず、または不実のことを告げたときは、保険会社は書面による通知をもって契約を解除することができること、不告知の事実または告知した不実のことがなくなったとき、保険会社が、契約締結の当時、不告知の事実もしくは告知した不実のことを知り、または過失により知らなかったとき、保険契約者等が保険金が支払われる事故の発生前に、申込書の記載事項につき書面で申し出た更正を保険会社が承認したとき、保険会社が不告知の事実または告知した不実のことを知った日から契約を解除しないで30日を経過したときは、告知義務違反による契約解除に関する規定を適用しないこと、申込書の記載事項中、不告知の事実または告知された不実のことが保険会社の危険測定に無関係であったときは、告知義務違反による契約解除に関する規定を適用しないこと、損害等の発生後に解除がなされても、保険金は支払われず、既払の保険金は返還請求されること、損害が不告知の事実または告知した不実のことに基づかないことを保険契約者等が証明したときは、保険金等が支払われることなど（7条）、保険契約の解除は将来に向かってのみ効力を発すること（12条）などが定められている（住宅火災保険普通保険約款（1990年4月1日改定））。

生命保険の約款では、たとえば、保険契約の締結、復活等の際、保険契約者等は、保険会社が書面で質問した事項について書面により告知すべきこと（25条）、保険契約者等が告知の際、故意または重大な過失によって事実を告げなかったか、または不実のことを告げた場合には、保険会社は、将来に向かって契約を解除することができること、この場合、保険会社は、保険金等の支払を免れ、既払の保険金等の返還を請求できること、保険契約者等が保険金等の支払事由の発生が解除の原因となった事実によらないことを証明したときは、保険金等の支払を行うこと、契約の解除は保険契約者に対する通知で行うこと、契約等が解除された場合には、解約返戻金等を支払うことなど（26条）、保険会社が、契約の締結等の際、解除の原因となる事実を知っていたとき、または過失により知らなかったと

き、解除の原因を知った日からその日を含めて1か月が経過したとき、契約が責任開始の日からその日を含めて2年を超えて有効に継続したときは、告知義務違反による解除ができないこと（27条）などが定められている（日本生命保険相互会社・有配当定期保険（1999年）普通保険約款（2008年3月25日改定））。

(注2) 大森忠夫『保険法（補訂版）』121・122頁・282頁（有斐閣・1991年）、坂口光男『保険法』67・314頁（文眞堂・1991年）、田辺康平『新版　現代保険法』47頁（文眞堂・1995年）、石田満『商法Ⅳ（保険法）（改訂版）』75・294頁（青林書院・1997年）、西嶋梅治『保険法（第3版）』44・339頁（悠々社・1998年）、山下友信『保険法』286・287頁（有斐閣・2005年）。

(注3) 不特定人のためにする損害保険では、被保険者は将来において特定されるのであることから、契約締結時に被保険者の告知義務が問題となる余地はない（山下・前掲（注1）287頁（注13））。

(注4) 西嶋・前掲（注2）44頁、山下友信＝竹濱修＝洲崎博史＝山本哲生『保険法（第2版）』227・228頁（有斐閣・2004年）、中西正明『生命保険法入門』110頁（有斐閣・2006年）。

(注5) 大森・前掲（注2）122頁、坂口・前掲（注2）69頁・319頁、田辺・前掲（注2）49頁、石田・前掲（注2）76・300頁、西嶋・前掲（注2）45・353頁、山下・前掲（注2）290頁、中西・前掲（注3）111頁。

(注6) 中西・前掲（注3）111頁。

(注7) 山下・前掲（注2）290頁。

(注8) 中西正明「生命保険契約の告知義務―告知義務違反の成立要件―」『保険契約の告知義務』4頁（有斐閣・2003年）、同・前掲（注3）111・112頁。

(注9) 前掲（注1）を参照。

(注10) 田辺康平＝坂口光男編『注釈　住宅火災保険普通保険約款』140頁（中央経済社・1995年）（田辺康平筆）。

(注11) 坂口・前掲（注2）68・69頁、石田・前掲（注2）76・300頁。

(注12) 大森・前掲（注2）123・124頁、坂口・前掲（注2）69頁、石田・前掲（注2）76頁。同旨、西嶋・前掲（注2）353頁。

(注13) 大森・前掲（注2）122頁、田辺・前掲（注2）49頁。約款上、生命保険契約の復活、復旧についても告知義務を課していることに関して検討の余地があるとする見解があるが（石田・前掲（注2）300頁）、かかる約款の定めは基本的に有効であると解するべきであろう（中西・前掲（注3）5頁）。東京地判昭和60・5・24文研判例集4巻180頁を参照。

(注14) 大森・前掲（注2）122頁・283〜285頁、坂口・前掲（注2）68頁・314〜316頁、田辺・前掲（注2）49頁、石田・前掲（注2）76・295〜297頁、西嶋・前掲（注2）44・45・340〜346頁、山下・前掲（注2）287〜290頁、中西・前掲（注3）110・111頁。

(注15) 拙稿「告知義務」本誌1135号60・61頁（2002年）。

(注16) 山下・前掲（注2）171・172頁。石田満『保険業法　2007』627頁以下（文眞堂・2007年）を参照。

(注17) 拙稿・前掲（注15）60・61頁を参照。

(注18) 山下・前掲（注2）314頁。

(注19) 西嶋・前掲（注2）45頁、中西・前掲（注3）579頁、大判明治40・10・4民録13輯939頁、大判昭和2・11・2民集6巻593頁。

(注20) 告知義務違反による解除の要件について、法制審議会保険法部会第8回の議論を参照。

(注21) 坂口・前掲（注2）69・316・317頁、西嶋・前掲（注2）45・46・346頁、山下・前掲（注2）291・292頁、中西・前掲（注3）112〜114頁。

(注22) 山下・前掲（注2）322・323頁、田辺＝坂口編・前掲（注10）138頁（田辺筆）。

(注23) 西嶋・前掲（注2）47・48頁、山下・前掲（注2）324頁。他保険契約の告知義務に関する主要な論文として、山下・前掲（注2）321頁（注114）を参照。

(注24) 保険法上、他保険契約の告知は定められていないが、その制定過程において、告知義務に関する規定に基づき、契約の解除が認められるのではないかと解されている（保険法部会第17回の議論を参照）。また、生命保険会社の実務では契約内容登録制度でチェックされているが、これは保存期間が限定されているゆえに、期間経過後は、契約内容を確認することができないので、道徳的危険事実として他保険契約について告知を求めることが望ましいと考える。保険法部会第1回・第17回の議論を参照。

(注25) 前掲（注1）を参照。

(注26) 立法論として考えたとき、告知義務に関して因果関係不存在の場合の特則を片面的（半面的）強行規定とする場合には（法31条2項1号ただし書・59条2項1号ただし書・88条2項1号ただし書）、ことがらの性質上、他保

険契約の告知に限り、因果関係不存在の場合の特則の適用を除外する特別規定を設ける必要があるとする見解があるが（山下・前掲（注2）325頁（注130））、保険法にはこれに該当する規定は定められていない。それは、つまり、保険法においても、他保険契約の告知を求める規定が設けられていないことから、この告知は、本文に示したごとく、解釈によることになるので、立法上の措置は不要であると考えたゆえなのかもしれない。

(注27) 拙稿・前掲（注15）61頁、山下・前掲（注2）293・294頁。
(注28) 西嶋・前掲（注2）352頁、中西・前掲（注3）117頁。
(注29) 質問応答義務について、保険法部会第14回の議論を参照。
(注30) 西嶋・前掲（注2）352頁、中西・前掲（注3）116頁を参照。
(注31) 中西・前掲（注3）114頁を参照。
(注32) 告知義務制度と契約前発病不担保条項との関連について、保険法部会第7回・第12回・第20回の議論を参照。知っている事実の告知について、同部会第21回の議論を参照。竹濱修「契約前発病不担保条項の解釈とその規制」立命館法学316号99頁（2008年）を参照。
(注33) 前掲（注1）を参照。
(注34) 告知義務違反の効果としていわゆる比例減額主義（プロ・ラタ主義）が導入されていないが、保険法部会では、その前提として、ここでいう重過失は故意と同視し得る程度のものをいうと解するとする意見が多いのではないかと思われる。たとえば、保険法部会第1回の議論を参照。
(注35) 中西正明「生命保険契約の告知義務──義務違反の効果──」前掲（注8）100頁以下。最三判平成5・7・30損保企画536号8頁を参照。
(注36) 解除権の阻却事由について、保険法部会第8回・第16回の議論を参照。
(注37) 西嶋・前掲（注2）55頁。
(注38) 石田・前掲（注16）628頁。
(注39) いわゆる銀行の窓販の全面解禁等により、保険募集人の数が増えているといえることから、たとえば銀行の行員が告知妨害をしたケースについて検討しておく必要があろう。すなわち、行員が保険募集人である場合、この者を被用者等とする銀行を保険媒介者とみるのか、保険会社とは銀行を仲介した形で関係するにすぎない行員を保険媒介者とみるのか、告知妨害の結果、保険契約を解除できないゆえに（法28条2項・55条2項・84条2項）、保険会社に損害が発生した場合、保険会社は誰に損害賠償を請求することができるのかということ等が検討の対象となろう。前者については、行員も保険募集人としての資格を取得することが求められることから、保険媒介者の範囲を広く捉え、実際の保険募集に従事した行員を保険媒介者と解すべきであろう。また、保険会社による損害賠償請求の相手方は、行員を被用者等とする銀行になると解されよう。
(注40) 告知妨害に関する効果について、保険法部会第1回・第19回の議論を参照。
(注41) この規定は片面的強行規定ではないので（法33条1項・65条1項・94条1項）、約款でこれよりも長い期間を定めることは可能であろうが、著しく長い期間を定めた規定は不利益条項になる可能性があると考えられる。
(注42) 中西・前掲（注31）89頁以下。最二判平成9・6・17民集51巻5号2154頁を参照。
(注43) 前掲（注1）約款27条3号。
(注44) 中西・前掲（注31）91頁。
(注45) 契約の解除の効果について、保険法部会第11回の議論を参照。
(注46) 西嶋・前掲（注2）53頁。
(注47) 告知義務違反により契約が解除された場合、解約返戻金を保険者に支払う旨の約款規定（生命保険26条5項・前掲注(1)を参照）は、保険法においても妥当しよう。
(注48) 告知義務違反による契約の解除の効果について、保険法部会第1回・第2回・第10回・第13回・第17回の議論を参照。
(注49) 山下・前掲（注2）318〜320頁。中西正明「告知義務違反と錯誤及び詐欺」前掲注（3）137頁以下、損害保険契約に関するものであるが、吉田直「告知義務と錯誤・詐欺との関係」金判933号38頁以下（1994年）を参照。
(注50) 大森・前掲（注2）129頁。
(注51) 田辺・前掲（注2）51頁。
(注52) 山下・前掲（注2）317頁。
(注53) 西嶋・前掲（注2）57頁、町野五彦「告知義務違反と因果関係について」生保経営56巻1号19頁（1988年）、大判昭和4・12・11新聞3090号14頁。同但書の趣旨について、告知義務違反はあるが、保険料を払っているので、保険事故も不告知の事実とは無関係に生じたものであるから、告知義務違反をとりあげて、保険金支払を拒絶するまでのこともなかろうとして、保険者に譲歩を要求しているものと解すべきであるとする見解もある（田辺康平「判批」生保判例百選（増補版）121頁（1988

年))。
　　　告知義務違反と保険事故との因果関係の不存在について、保険法部会第13回・第17回・第21回（とりわけ、第17回27～31頁）の議論を参照。
(注54) 因果関係がないとされた事例について、山下・前掲（注2）317頁を参照。
(注55) 大判昭和4・12・11新聞3090号14頁。
(注56) 町野・前掲（注53）26頁。
(注57) 山下・前掲（注2）318頁。
(注58) 損害等の発生が不告知・不実告知の事実に基づかないことを保険契約者等が証明したときは、保険者は免責されない旨を定めている約款規定（住宅総合保険7条5項、生命保険26条3項。前掲（注1）を参照）は、保険法においても妥当しよう。

Ⅱ 保険契約の成立

⑨ 他保険契約の告知・通知義務

福岡大学法科大学院教授 佐野 誠

Ⅰ はじめに

　他保険契約の告知・通知義務制度とは、保険契約者または被保険者に対し、保険契約の締結時に当該保険契約が対象とする危険を対象とする他の保険契約の存在を保険者に告知させ（告知義務）、また、保険契約締結後に当該保険契約が対象とする危険を対象とする他の保険契約を締結する場合にはこれを保険者に通知させる（通知義務）という制度である。そして保険契約者または被保険者がこの義務を故意または重過失により懈怠した場合には、保険者は当該保険契約を解除でき、かつ、解除までに生じた事故についても保険金を支払わないとされている（注1）。

　本制度の主たる目的は、保険者が不正保険金請求などのいわゆるモラルハザードに対抗するための手段であるとされているが、わが国で本制度を採用しているのは損害保険契約および損害保険会社が引き受けている傷害保険契約、疾病保険契約のみであり、生命保険契約や生命保険会社が引き受けている傷害保険契約、疾病保険契約においては本制度は存在しない。

　本制度は従来、主として保険約款による規定と判例理論により展開されてきたが（注2）、保険法においては本制度について従来の制度内容を大幅に変えている。そこで本稿では従来の制度や判例・学説の動向を確認したうえで、新法の施行により従来の約款規定や判例理論がどのような影響を受けるのかという点を中心に、保険実務の今後の展開を展望する。

Ⅱ 従来の制度の概要

1 損害保険契約および損害保険会社が引き受ける傷害保険契約・疾病保険契約

(1) 他保険契約の告知義務

　告知義務については商法に規定（644条・645条）があるが、これとは別に保険約款において以下のような規定を設け、この約款規定を受けて、保険契約申込書には他保険契約の有無について記入する欄を設けている。
〔傷害保険普通保険約款〕（注3）
（告知義務）
第11条 ① 保険契約締結の際、保険契約者または被保険者（中略）が故意または重大な過失によって、保険契約申込書の記載事項について、当会社に知っている事実を告げなかったときまたは不実のことを告げたときは、当会社は、書面により保険証券記載の保険契約者の住所（中略）にあてた通知をもって、この保険契約を解除することができます。

②〜③　省略

④　保険契約申込書の記載事項中、第1項の告げなかった事実または告げた不実のことが、当会社が行う危険測定に関係のないものであった場合には、同項の規定は適用しません。ただし、身体の傷害に対して保険金を支払うべき他の保険契約または特約（以下「重複保険契約」といいます。）に関する事項については、この限りではありませ

ん。
⑤ 第1項の規定による解除が傷害の生じた後になされた場合でも、第21条（保険契約解除の効力）の規定にかかわらず、当会社は、保険金を支払いません。この場合において、すでに保険金を支払っていたときは、当会社は、その返還を請求することができます。

この約款規定は、商法の規定を背景にしたものと思われるが、商法規定とは以下の点で異なっている。
① 商法上は「重要なる事実、事項」を告知対象としているが、本約款では保険契約申込書の記載事項を対象としている。約款11条4項では保険契約申込書の記載事項であっても危険測定に関係のないものは告知対象から除外しているが、他保険契約の有無についてはこの制限をはずしている。これによって、他保険契約の有無という事実が商法に規定されている「重要なる事実、事項」に該当しないと判断されたとしても、告知の対象からははずれないことになる。
② 商法上は、保険金請求者側において告知対象事実と保険事故との間に因果関係がないことを立証した場合には解除の遡及効は及ばないという因果関係不存在特則が規定されているが（商法645条2項但書）、本約款ではこの規定はない。他保険契約の有無という事実と発生した保険事故との因果関係は、通常は認められないからである。

(2) 他保険契約の通知義務

他保険契約の通知義務については、商法上は規定がない。保険約款では以下のような規定を置いている。

〔傷害保険普通保険約款〕（注4）
（重複保険契約に関する通知義務）
第13条 保険契約締結の後、保険契約者または被保険者（中略）は、重複契約を締結するときはあらかじめ、重複契約があることを知ったときは、遅滞なく、書面をもってその旨を当会社に申し出て、承認を請求しなければなりません。

（保険契約の解除）
第20条 ① 当会社は、第13条（重複保険契約に関する通知義務）に規定する重複保険契約の事実があることを知ったときは、その事実について承認請求書を受領したと否とを問わず、書面により保険証券記載の保険契約者の住所（中略）にあてた通知をもって、この保険契約を解除することができます。
②～④ 省略
⑤ 第1項の規定による解除をした場合には、第13条（重複保険契約に関する通知義務）に規定する重複保険契約の事実が発生した時以降に生じた事故による傷害に対しては、当会社は、保険金を支払いません。この場合において、すでに保険金を支払っていたときは、次条の規定にかかわらず、当会社は、その返還を請求することができます。
⑥ 第1項の規定に基づく当会社の解除権は、当会社がその事実のあることを知った日からその日を含めて30日以内に行使しなければ消滅します。

この約款規定によれば、告知義務制度とは異なり、保険契約者の「故意または重過失」による通知義務違反が契約解除の要件とはなっていないどころか、保険契約者が通知義務を履行したとしても保険者は契約解除ができるとされている。このように、他保険契約の通知義務制度は保険契約者側に極めて厳しい内容となっている。もっとも、損害保険会社の実務ではこの規定をそのまま適用するのではなく、告知義務制度と同様、保険契約者側の故意または重過失による通知義務違反があった場合にはじめて契約解除を主張しているようである。

2 生命保険契約および生命保険会社が引き受ける傷害保険契約・疾病保険契約

生命保険契約においては、保険約款上、損害保険のような他保険契約の告知義務・通知義務の規定を置いていない（注5）。これは、他保険契約の存在は商法678条にいう「重要

なる事実」に該当しないとする大審院の古い判例（大判昭和2・11・2民集6巻593頁）の影響であるとされている（注6）。また、生命保険会社が引き受けている疾病保険契約、傷害保険契約においても同様の扱いである（注7）。

生命保険会社においては、ご契約内容登録制度および契約内容照会制度（注8）により契約時に重複契約の有無を確認しており、これにより事前に重複保険の防止を図っている。なお、生命保険業界では2005年より支払査定時照会制度（注9）を発足させたが、これは保険事故発生後に重複契約の有無を調査するものであり、事前対応策ではない。

一方、生命保険約款にはいわゆる「重大事由解除条項」があり、「他の保険契約との重複によって、被保険者にかかる給付金額等の合計額が著しく過大であって、保険制度の目的に反する状態がもたらされるおそれがある場合」には将来に向かって保険契約を解除することができるとされている。そしてこの解除権は給付金等の支払事由が生じた後でも行使可能であり、この場合には給付金等の支払は行われないとされている（注10）。これにより、事前対応策をすり抜けた過大な重複保険についても事後的に対応することが可能となっている。保険事故発生後における解除が認められているところから、本制度は事実上他保険契約の告知義務・通知義務制度と同じような機能をもつものとみることができる。

III 本制度の目的・機能

本制度の目的は、前述のように保険者に保険金不正請求などのモラルハザードに対する対抗策を与えることである。すなわち、同一の保険の目的に対して複数の保険契約が存在していることは、保険金不正請求の意図による保険契約締結の可能性を表していると考えられ、また、保険契約締結時には不正請求の意図がなかったとしても、複数契約の存在によって不正請求の誘引が働くと考えられるところから、このような複数契約を排除することにより保険金の不正支払を防止しようとするものである。

一方で、この制度の具体的な機能は保険事故発生の前後により異なる。

1 将来に向けての解除

(1) 潜在的モラルハザードの除去

保険事故が発生する前に他保険契約の告知義務・通知義務違反により保険契約が解除された場合には、その解除は将来効のみをもつ。この場合の機能としては、不正請求を誘引するような重複契約の状況から保険者を離脱させることにより、将来的なモラルハザードを防止することにある。

(2) 重複保険手続の適正化

損害保険においては、重複保険における保険金の按分支払（注11）が必要となるところから、保険者において予め重複保険の存在を認識しておく意味があり、そのために保険契約者に他保険契約の告知・通知義務を課す必要があるとも考えられる。しかし、このような手続の適正化のためだけであれば、保険金請求時に他保険契約の申告をさせることで十分であろうから、このことのみで告知・通知義務違反による契約解除という厳しい制裁の根拠を説明することは困難であろう。

2 遡及効による保険事故の免責

保険事故が発生した後に他保険契約の告知義務・通知義務違反で保険契約が解除された場合には、当該保険事故は免責となる。商法上の告知義務制度では、保険金請求者が保険事故と不告知事項との間の因果関係の不存在を立証した場合には保険者は免責されないが（商法645条2項但書）、保険約款ではこの因果関係不存在特則を削除している。これにより、被保険者による事故招致などの不正請求の事実を立証することができない場合にも、本制

度により保険者免責を得ることが可能となる。損害保険契約や損害保険会社が引き受ける傷害保険は1年契約がほとんどであるので、事故後解除の遡及効による保険者免責というこの機能が保険実務上は最も重要であると考えられる。

IV 本制度をめぐる論点と判例・学説の動向

1 本制度をめぐる論点

(1) 他保険契約の告知義務

他保険契約の告知義務が商法上の告知義務制度を基礎としたものであるとすると、まずは告知対象事項である他保険契約の存在が重要事項に当たるのかどうかが問題となる。もし重要事項に当たらないとされた場合には、このような事実について告知を求める制度を保険約款で規定することの是非、すなわち約款の有効性が問題となろう（注12）。さらに、約款に規定する解除要件（保険契約者・被保険者の故意・重過失）のみで解除を認めるのか、それともそれ以外の要件を加えるか、そしてその要件の立証責任を保険者、保険金請求者のいずれに負わせるかが論点となる。

(2) 他保険契約の通知義務

他保険契約の通知義務制度は商法上の規定を基礎としていないので、商法との関係は問題にはならない。そこでここでの論点は、このような制度を規定する約款の有効性、および解除要件（約款規定では通知義務違反の解除要件は告知義務よりもはるかに緩和されている）ということになる。さらに、告知義務と比較すると通知義務の履行は保険契約者側の負担が大きいが、これをどのように評価するのかという問題もある。

2 判例の動向

他保険契約の告知義務・通知義務違反による解除が論点となった判例は、以前は損害保険契約に関するものもあったが、最近では傷害保険契約に関するものがほとんどである。以下の表は、筆者が把握できた判例の一覧である（なお、以下本稿では判例を番号で引用する）。

これらの判例においてはいずれも保険約款の規定を前提としており、商法規定と約款規定との関係（約款の規定が商法違反ではないか）を問題としたものはない（注23）。

損害保険契約に関する判例

番号	裁判所・判決日	判例集	保険種目
1	高松高裁昭和58年6月10日	判タ509号152頁	火災保険
2	東京地裁昭和61年1月30日（注13）	判タ588号97頁	自動車保険
3	仙台高裁秋田支部平成4年8月31日	判時1449号142頁	火災共済
4	東京高裁平成4年12月25日	金判918号14頁	火災保険

傷害保険契約に関する判例

番号	裁判所・判決日	判例集	事故態様
5	東京地裁昭和63年2月18日（注14）	判時1295号132頁	台湾のホテルで指を切断
6	神戸地裁平成元年9月27日（注15）	判時1342号137頁	自動車に追突されて負傷
7	東京地裁平成2年3月19日	判タ744号198頁	モルジブの海で溺死
8	東京高裁平成3年11月27日（注16）	判タ783号235頁	同　上
9	東京地裁平成3年7月25日（注17）	判タ779号262頁	大阪のホテルで殺人事件
10	東京高裁平成5年9月28日（注18）	判タ848号290頁	同　上
11	広島地裁平成8年12月25日	判タ954号241頁	転倒により負傷
12	水戸地裁平成10年5月14日	判タ991号221頁	自宅での殺人事件
13	東京地裁平成12年5月10日（注19）	金判1099号42頁	バイク転倒により負傷
14	東京地裁平成13年5月16日（注20）	金判1119号16頁	カンボジアのホテルの浴槽で溺死

15	東京高裁平成13年10月24日	判例集未登載	同　　上
16	神戸地裁平成13年10月12日	下級審主要判決サイト	自動車自損事故により死亡
17	大阪高裁平成14年12月18日（注21）	判時1826号143頁	同　　上
18	神戸地裁平成13年11月21日	交民34巻6号1538頁	バイク事故により負傷
19	大阪高裁平成14年4月23日	週刊自動車保険新聞平成14年6月5日	同　　上
20	名古屋地裁平成15年4月16日	判タ1148号265頁	暴行により負傷
21	東京地裁平成15年5月12日（注22）	判タ1126号240頁	自動車が崖下に転落して死亡
22	名古屋地裁平成15年6月4日	交民36巻3号823頁	自動車自損事故により負傷
23	青森地裁八戸支部平成18年6月26日	判タ1258号295頁	自動車が海に転落して溺死
24	大阪地裁平成18年9月29日	交民39巻5号1369頁	自動車自損事故により後遺障害が残る

　一方、他保険契約の告知・通知義務違反による解除の要件については判示内容が分かれている。まず、約款規定どおり故意・重過失による義務違反という要件のみで解除を認める判例（5、6、12（注24）、13判例）もあるが、多くの判例では、約款規定の要件以外に加重要件を必要とするとしている。この場合の加重要件としては、「保険契約者等が保険事故の発生に関与した……ものとは認められないまでも、保険契約者等に保険制度を悪用する意図がある」場合に限定するもの（7判例）、「不法に保険金を得る目的で重複保険をしたなど、当該保険契約を解除し、あるいは保険金の支払いを拒絶するにつき正当な事由があること」とするもの（21判例）など、保険契約者側の主観的事情に注目した基準をとるものがほとんどである一方、「保険者が重複保険の存在を知っていたならば、当該保険の加入を拒否したであろうと考えられる場合」（19判例）というように、商法の告知義務規定における重要事項性を基準とするものもある。そしてその加重要件の立証責任については、これを保険金請求者側に負わせたもの（8、14、15、20判例）もあるが、これを保険者側に負わせたもののほうが多い。

　通知義務については、告知義務との比較で保険契約者側の義務履行にかかる負担が大きいことを考慮して、通知義務違反による解除要件を告知義務違反よりも厳格に解した判例がある（14、15、17判例）。すなわち、14および15判例においては、告知義務違反については故意・重過失による義務違反があれば「保険契約者側において、重複契約を締結するに至った経緯、目的等を立証するなどして、当該契約の締結が、上記告知義務が設けられている趣旨に抵触するものでないことを立証し」ない限り保険者の解除を認めるとして、加重要件の立証責任を保険契約者側に課しているのに対して、通知義務については、「不正な目的をもって保険契約を締結したとの疑いが存在するなど、上記通知義務が設けられている趣旨に照らし、その解除権の行使が権利の濫用にわたるものでないことを、保険者において主張立証した場合に限り」解除が許されるとして、加重要件の立証責任を保険者に負わせている。一方、17判例においては、告知義務違反については加重要件として「保険者が重複保険の存在を知っていたならば、当該保険の加入を拒否したであろうと考えられる場合」という重要事項該当性を挙げているが、通知義務違反についてはこの重要事項該当性に加えて保険契約者側に不正請求の疑いがあるような場合や通知をしなかったことに著しく信義に反する状況があることをも要するとしている。

3　学説の動向

　学説の中には、他保険契約の存在は商法上の重要なる事実には該当しないとし、かつ、商法の本規定は片面的強行規定であるとして他保険契約の告知義務を定めた約款の有効性を疑問視する説があるが（注25）、近時の多くの説は、他保険契約の存在が商法上の重要事実に該当するかどうかの判断は分かれるものの、他保険契約の存在を告知事項とした約

款の有効性を認める点では一致している（注26）。

次に、この約款が有効であることを前提として、故意・重過失要件の認定基準について、厳格にすべきであるとする説（注27）と弾力的に認定してよいとする説（注28）の対立がある。

故意・重過失以外に解除要件（加重要件）を加えるかどうかについては、否定的な見解もあるが（注29）、肯定的な見解が多数説といえる。後者の肯定説の中には、加重要件の立証責任を保険金請求者側に負わせる（故意・重過失があれば一応保険者の解除権が発生するが、保険金請求者側で不法目的がないことを立証した場合には解除を認めない）とする説（注30）と、これを保険者側に負わせる説がある。加重要件の立証責任を保険者に負わせるとする説としては、解除を正当化するだけの保険契約者側の著しく信義に反する事情の立証を要するとする説（注31）、保険金受取人の請求が不正請求である疑いの立証を要するとする説（注32）、解除を主張するについて公正妥当な事由があることを要するが、具体的事案に即した解決を図るとする説（注33）などがある。また、客観的な加重要件として、他保険契約の告知があった場合には保険者が当該契約を締結しなかったであろう場合（すなわち、他保険契約の存在が重要事項に該当する場合）という要件を付加する説がある（注34）。

通知義務違反の解除要件については、保険約款の規定どおりに解釈すべきとするものは見当たらず、告知義務と同様、不通知についての故意・重過失を必要とするものがほとんどである（注35）。一方、故意・重過失要件に加えて更なる解除要件を必要とするかどうかについては、それぞれの告知義務における所説に準じているケースが多いが、通知義務については告知義務よりも保険契約者側の負担が大きいことを考慮して、解除要件について告知義務違反よりも厳しく解する説もある（注36）。

V　保険法における本制度の位置付け

1　他保険契約の告知義務

保険法では、損害保険、生命保険に加えて傷害疾病定額保険の規定を新設したが、いずれの項目においても告知義務の規定（法4条・37条・66条）および義務違反による解除についての規定（法28条・31条・55条・59条・84条・88条）を置いている。従来の商法の規定（644条・645条・678条）との主な違いは、①告知義務の対象となる事項が商法では「重要なる事実」とされていたものを「危険（注37）に関する重要な事項のうち保険者になる者が告知を求めたもの」として、告知義務を質問応答義務に変えたこと、②告知義務に関する規定が片面的強行規定とされたこと（法7条・33条・41条・65条・70条・94条）である。法制審議会の議論の中では他保険契約の告知義務について独自の規定を置くという選択肢も示されていたが（注38）、最終的には独自の規定は置かれなかった。

このような保険法の規定を前提とすると、今後、他保険契約の告知義務制度は以下のような取扱いになると思われる。

（1）告知対象となる他保険契約は、「危険に関する重要な事項」に該当するものに限られることになる。そこで問題は、どのような他保険契約の状況が「危険に関する重要な事項」となるのかということである。まず、ここでいう「危険」を客観的危険に限定するならば、他保険契約の存在はおよそ危険に関する重要な事項とはいえない。一方、この「危険」には主観的危険も含むと解すれば、そのような主観的危険を誘引するような高額な重複契約を構成するような他保険契約の存在は「重要な事項」に該当するといえよう。なお、法制審議会等の議論をみる限り、「危険」には主観的危険も含むと解するのが立法者意思であったと思われる。

(2) 因果関係不存在特則（法31条2項1号ただし書・59条2項1号ただし書・88条2項1号ただし書）が片面的強行規定となったことにより、保険約款でこの特則を削除することができなくなるので、保険事故発生後の他保険契約の告知義務違反による解除の効力の遡及（いわゆる遡及免責）はかなり困難になるものと思われる。なぜなら、他保険契約の存在と個別の保険事故の発生との間に因果関係を認めることは、一般的には困難だからである（注39）。この場合、他保険契約の存在が後述の重大事由解除規定に該当するようであれば、保険者としてはそれにより遡及免責を主張することになろう。

(3) 告知義務違反制度から遡及免責が事実上なくなり解除が将来解除に限定されるとすると、解除の要件として、従来のように加重要件が必要とされるかが検討されなければならない。従来のように遡及免責を目的とするならば、保険金請求者にとって過酷な制裁であるという観点から解除要件についても厳格にするという方向性は是認されよう。しかし、将来解除については遡及免責ほど解除要件を厳格にする必要性はないとも考えられる。他保険以外の告知事項との平仄から、加重要件を課さないことが適切ではないかと考える。

2 他保険契約の通知義務

保険法では、危険増加による解除の規定が設けられた（法29条・56条・85条）。これは従来の商法の危険の変更・増加の規定（商法656条・657条）に代わるものであるが、危険の変更・増加が保険契約者・被保険者の責めに帰す場合とそれ以外の場合を区別せずに統一の規律としている。新制度では、告知事項の内容が変更になった場合の通知義務が約款で規定されていることを前提として、故意または重過失による通知義務違反があれば保険者から契約解除ができるとされた。そして、事故後解除については遡及免責が認められるが、因果関係不存在特則も規定されており（法31条2項2号・59条2項2号・88条2項2号）、告知義務違反解除規定と平仄を合わせている。そして、他保険契約の通知義務の規定が設けられなかったことも告知義務と同様である（注40）。

このように、法律上、通知義務が告知義務と同様の規定となったことにより、他保険契約の通知義務制度の扱いも他保険契約の告知義務と同様と考えてよいと思われる。すなわち、従来、保険約款において独自に規定していた本制度も、今後は保険法の危険増加による解除の規定に則して約款を整備することが必要とされる（注41）。そのうえで、「重要な事項」の該当性や因果関係不存在特則の問題、重大事由解除との関係などが検討されなければならない。

3 重大事由による解除

保険法では、新たに重大事由による解除の制度が導入された（法30条・57条・86条）。これは従来、生命保険の約款において規定されていたものを法制化したものであり、損害保険会社にとっては新規の実務となる（注42）。

重大事由による解除には遡及効があり、かつ、告知義務違反による解除と異なり因果関係不存在特則が置かれていない（法31条2項3号・59条2項3号・88条2項3号）。これにより、従来、他保険契約の告知義務違反解除による遡及免責の対象となっていた事例について、今後はそのような重複保険の存在が重大事由に該当すれば解除による遡及免責が適用できることとなる。損害保険会社としては、保険法における告知義務規定によって事実上機能停止となった他保険契約告知義務制度について、重大事由解除制度によりある程度代替できる可能性が生じてきたといえる。もっとも、他保険契約告知義務制度における解除要件と重大事由解除制度における解除要件が異なることから、従来の制度により遡及免責とされていたものがすべて重大事由解除の対象となるわけではなく、どの範囲のものが対象となるかについては重大事由解除制度の規定や制度趣旨に基づいて検証してゆく必要が

ある。

保険法における重大解除事由としては、①保険金取得目的の故意の事故招致およびその未遂、②保険金請求における詐欺行為およびその未遂、という具体的項目のほか、③その他保険者の信頼を損ない保険契約の存続を困難とする重大な事由、という抽象的な一般規定が置かれている。このうち、他保険契約告知義務制度の代替となり得るのは③の項目と思われる。すなわち、故意または重過失により他保険契約の告知・通知義務を怠ったもののうち、保険者との信頼関係を破壊し保険契約の存続を困難とするほどの重大なものについて重大事由解除の対象となり、遡及免責を主張できることになる。

VI 保険法のもとにおける保険実務と課題

1 他保険契約の告知義務・通知義務違反による解除

保険法のもとでも、他保険契約の告知・通知義務制度による保険者の解除は認められる。特に、将来に向けての解除については依然として本制度の果たす役割は大きいといえよう。ただし、保険法により他保険契約告知・通知義務制度の規定が片面的強行規定化されたことにより、保険約款を保険法に適合すべく改訂する必要がある。ことに、通知義務規定については、従来から約款規定と実務との乖離が問題視されており、この機会に全面的に見直されなければならない。

また、片面的強行規定化により他保険契約の存在という事実の重要事項該当性が解除要件となった。このため、保険者が解除を主張する場合には、「当該他保険の存在を知っていたならば保険者として保険契約を締結しなかった」という事実を立証しなければならなくなる。これに対応するには、保険会社における具体的な重複保険金額の引受限度額を明示する必要がある。このような限度額は従来から社内規定としては存在していたであろうが、対外的に公表するとなると、その内容について見直すことも必要となろう。

2 重大事由による解除

(1) 約款規定

保険法において重大事由による解除が認められたことにより、従来この制度を有していなかった損害保険会社の保険約款においても重大事由解除条項を挿入することになると思われるが、この場合、どのような約款規定とするかが検討課題となる。

1つの方法としては、保険法の条文どおりの約款規定にすることが考えられる。この場合、他保険契約の告知・通知義務違反については、前述のように「保険者の保険契約者又は被保険者に対する信頼を損ない、当該保険契約の存続を困難とする重大な事由」という一般条項で判断することになる。

しかし、このような一般条項については解釈の幅が広く、消費者保護の観点からも、また、保険実務の観点からも、もう少し具体的な記述が求められよう。特に、重大事由解除制度によって他保険契約の告知・通知義務制度を代替することを意図するのであれば、重大事由解除条項に他保険契約について特別の規定を挿入することが望ましい。この点で、現行の生命保険約款においては、重大事由解除の対象として以下のような規定が置かれており（注43）、これと同じ規定を置くことが考えられる。

「他の保険契約との重複によって、被保険者にかかる給付金額等の合計額が著しく過大であって、保険制度の目的に反する状態がもたらされるおそれがある場合」

他保険契約について保険法よりも詳細な約款規定を設けることは、解除事由の明確化を求めている国会の付帯決議（注44）の趣旨にも沿うことになろう。また、生命保険約款と同じ規定にすれば、当該約款に関する判例や学説を参考にすることができ（注45）、損害保険会社の実務上、重大事由解除条項の適用

について予測可能性が高まるというメリットがある。

(2) 解除事由該当性の判断

上記のとおり、保険法のもとでは、他保険契約の告知・通知義務違反の制裁としての遡及免責については基本的に重大事由解除条項によることになる。そこで、従来の他保険契約告知・通知義務制度において遡及免責が認められていた事例と、重大事由解除条項において認められる事例との間にどの程度の乖離が生じるかが問題となる。この点については、今後の判例の集積を待たなければならないが、両制度の制度目的や従来の判例動向からすると、以下のような点が指摘できるものと思われる。

生命保険契約における重大事由解除条項の他保険契約規定については、「保険金額が著しく累積するのは、契約内容登録制度によるチェックなどの網の目をくぐって、保険契約者側が他保険の存在や申込みの事実を保険者にことさらに秘匿していることによるのが通例であり、その点を捉えて信頼関係の破壊があるとみて解除事由とされている（注46）」と解されている。すなわち、単純な重複保険状態そのものではなく、そのような状態の「ことさらの秘匿」に保険者と保険契約者側との信頼関係の破壊を認めている。そうであれば、「ことさらの秘匿」により重複保険金額が過大となったこと自体が解除事由となり、それ以外に保険契約者側の当事者の著しく高い道徳的危険を推認させる行為の存在は基本的には要求されていないと解される（注47）。そしてここでは、重複保険金額が「著しく過大」であるかどうかが解除権発生についての重要な判断基準となっている。

これに対して、従来の他保険契約告知・通知義務制度においては、故意・重過失により他保険契約の告知・通知義務に違反した場合に保険者への「ことさらの秘匿」が認められ、そのことが保険者の解除権を根拠付けることになる。その意味では、重大事由解除条項の他保険契約規定と他保険契約告知・通知義務制度とは同趣旨のものと理解できる。しかし、従来の判例・学説においては、解除権発生のためには故意・重過失による義務違反という事実に加え、保険契約者側のモラルハザードを推認させるようなさらに別の事実の存在（注48）が必要であるとされてきた。一方、重複保険金額については、保険契約者側のモラルハザードを推認させる事実の1つとして扱われるにとどまり、その金額の水準そのものは必ずしも解除権発生の必須要件とは考えられていなかった傾向にある（注49）。

このような両制度の相違を考慮すると、従来、他保険契約告知・通知義務制度において契約解除が認められた事例でも、重複保険金額が過大とまではいえないものについては重大事由解除制度においては解除が認められない可能性がある。その一方で、重複保険金額の過大性要件が充足されている場合には、故意・重過失による告知義務違反という事実以外のモラルハザードを推認させるような事実の立証についてはそれほど厳格には求められないのではないかとも思われる。

(3) 解除権の除斥期間

保険法上、告知・通知義務違反による解除については、保険者が解除の原因があることを知った時から1か月、保険契約締結時から5年の除斥期間が規定されている（法28条4項・29条2項・55条4項・56条2項・84条4項・85条2項）。これに対して、重大事由による解除権についてはこのような期間の定めはない。これは、モラルリスク排除の観点から、重大事由による解除権に期間制限を設けるのは適切ではないためとされている（注50）。

このことにより、保険者としては、告知・通知義務規定（注51）による従来の制度よりも解除権行使における自由度が増すとはいえよう。しかし、本制度はモラルハザードに対するための極めて例外的な解除規定であることを考えると、不必要に遅れた解除権行使が権利濫用と認定される可能性は高いものと思われる。

Ⅶ おわりに

　最後に今回の法改正の意義について若干コメントしたい。

　従来の他保険契約告知・通知義務制度は、形の上では商法上の告知義務制度をベースとして設計されていたが、損害保険会社の実務においては本来の告知義務制度の趣旨からはやや変質していたと考えられる。

　すなわち、被保険者や保険金受取人の故意の事故招致などのモラルハザード事案においては、保険者はその不正行為自体を立証することで免責を主張するのが本筋であるが、実際には不正行為の立証が困難なため、他保険契約の告知・通知義務制度がその代用として利用されてきたといっても過言ではない。現に、保険者が本制度による解除を主張するほとんどの事案で、問題となっているのは将来解除ではなく遡及免責である（注52）。

　むろん、このような事例で本制度を利用すること自体は咎められることではなく、保険者としてはモラルハザードに対してはあらゆる手段を講じて対処すべきである。しかし、このような事実上の制度目的から、保険約款における本制度の規定は商法の告知義務規定（たとえば、因果関係不存在特則や重要事項該当性）から乖離してきたことは事実である。

　これに対して、保険法においては告知義務・通知義務の条項を片面的強行規定化し、他保険契約問題、特に遡及免責の処理を重大事由解除条項に委ねることになった。重大事由解除条項は保険者と保険契約者との間の信頼破壊を問題としており、この制度目的は保険者に対してモラルリスクに対抗する手段を与えようとするものである。すなわち、本来的に危険評価資料の収集や危険選別の手段である告知義務制度と比較すると、重大事由解除制度はモラルリスク事案に対する保険者の事後対抗策としてはより適切な制度である。その意味で、保険法においては理論的に整合的な制度となったと評価できよう。

（注1）商法（644条・678条）も約款規定も「解除」という用語を使用するが、これが遡及効を有するいわゆる「解除」であるのか、将来に向けての「解約」であるのかについては議論があり得る。

（注2）告知義務については商法644条および678条に規定があるが、後述のように商法の本規定と本制度との関係については議論があり、保険実務や裁判実務においては商法規定ではなく約款規定をもとに議論が展開されている。また、通知義務についてはそもそも商法に規定がなく、約款の規定により運用されている。

（注3）これは三井住友海上社の傷害保険の約款（1996年9月1日改定）である（損害保険事業総合研究所『新種保険約款集』（2002年）所収）。他の損害保険会社の傷害保険普通保険約款もほぼ同様の規定と思われる。なお、傷害保険以外の保険商品についても（文言は若干異なるが）同様の趣旨の規定が置かれている。

（注4）これも三井住友海上社の傷害保険の約款（1996年9月1日改定）である（損害保険事業総合研究所・前掲（注3）所収）。ただし、他保険契約の告知義務規定と比較すると、各保険種目間の約款規定にばらつきがある。たとえば同じ火災保険でも、火災保険普通保険約款（一般物件用）では第8条に傷害保険と同様の規定があるが、住宅総合保険普通保険約款では他保険契約の通知義務について規定が置かれていない（損害保険料率算出機構編『火災保険論』（損害保険事業総合研究所・2003年）の127頁と185頁を対照されたい）。

（注5）なお、立法論としては生命保険契約にも他保険契約の告知義務を導入すべきとするものがある（生命保険契約法改正試案（2005年度確定版）678条の2。その理由については生命保険法制研究会『生命保険契約法改正試案（2005年確定版）理由書、疾病保険契約法試案（2005年確定版）理由書』92頁以下（2005年）参照）。

（注6）山下友信『保険法』321頁（有斐閣・2005年）。

（注7）唯一の例外として、生命保険会社が引受けている「就業不能保障保険」では他の就業不能保障保険の有無について告知させているが、約款には告知義務の規定はないとのことである（洲崎博史「人保険における累積原則とその制限に関する一考察」法学論叢140巻5・6号234頁（1997年））。

（注8）「ご契約内容登録制度」は1980年に発足した制度で、契約時に保険契約者・被保険者の氏名、生年月日、死亡保険金額、入院給付金額

Ⅱ　保険契約の成立

等を協会に登録し、各社が契約引受け等の判断の参考とする制度であり、登録期間は、契約（復活）日から5年間である。また、「契約内容照会制度」は2002年に発足した制度であり、生命保険協会の「ご契約内容登録制度」に登録されている契約情報と全国共済農業協同組合連合会の契約情報を相互に照会する制度である（生命保険協会ウェブサイト：http://www.seiho.or.jp/data/news/h16/160618b3.html）。

（注9）「支払査定時照会制度」は、保険金・給付金等の支払査定時等においてモラルリスク対策上必要と判断する場合、支払の判断の参考とすること等を目的として、生命保険協会が運営するネットワークセンターを経由して、他の生命保険会社に対し、同一被保険者の契約内容、保険金・給付金等の支払に関する情報を照会し、回答を得るものである（生命保険協会ウェブサイト：http://www.seiho.or.jp/data/news/h16/160618b2.html）。

（注10）たとえば、利益配当付終身保険普通保険約款34条（北川善太郎他編『解説実務書式大系6 保険・信託契約』275頁（三省堂・1997年））。

（注11）商法では、同時重複保険についての保険金額按分方式（商法632条）と異時重複保険についての先順位契約優先方式（商法633条）の規定があるが、損害保険実務においては保険約款において独立責任額按分方式を採用している。なお、保険法では按分支払方式を廃止したが（法20条1項）、保険金支払い後の他保険契約の保険者に対する求償のためには他保険契約の情報が不可欠である（法20条2項）。

（注12）これに加えて、約款において因果関係不存在特則を削除することの可否も問題となろう。

（注13）判批として、田辺康平・判時1198号232頁（1986年）、藤田友敬・ジュリ939号192頁（1989年）。

（注14）判批として、坂本昭雄・本誌830号43頁（1989年）、岩崎稜・私法判例リマークス（1990年）11頁〔1990年〕、竹濱修・商事1261号27頁（1991年）、出口正義・ジュリ1001号130頁（1992年）。

（注15）判批として、西嶋梅治・判タ734号49頁（1990年）、吉村信明・西南学院大学法学論集23巻4号125頁（1991年）、中西正明『傷害保険契約の法理』240頁（有斐閣・1992年）。

（注16）判批として、西嶋梅治・ほうむ34号53頁（1993年）、生田治朗・判タ821号174頁（1993年）、鈴木辰紀・損保総研創立60周年記念『損害保険論集』805頁（損保総研・1994年）。

（注17）判批として、中西正明『商法（保険・海商）判例百選（第2版）』128頁（1993年）、竹濱修・ほうむ38号41頁（1994年）、山本哲生・ジュリ1045号128頁（1994年）、宮島司・法学研究70巻7号125頁（1997年）。

（注18）判批として、竹濱修・ほうむ38号41頁（1994年）、中西正明・判時1509号244頁（1995年）、中西正明・損害保険判例百選（第2版）188頁（1996年）、高田晴仁・法学研究71巻7号83頁（1998年）。

（注19）判批として、出口正義・損保研究64巻2号217頁（2002年）。

（注20）判批として、佐野誠・損保研究64巻1号279頁（2002年）。

（注21）判批として、栗田和彦・私法判例リマークス29号102頁（2004年）、出口正義・損保研究66巻2号245頁（2004年）、甘利公人・ジュリ1300号153頁（2005年）、野口夕子・商事法務1766号98頁（2006年）。

（注22）判批として、石原全・金判1190号60頁（2004年）、伊藤雄司・ジュリ1307号179頁（2006年）。

（注23）これは、商法の告知義務規定を任意規定であるとした大判大正5・11・21民録22輯2105頁の存在の影響ではないかと思われる。

（注24）なお、この判例では不告知の事実のみをもって契約解除を認めているが、約款に故意・重過失の要件が明記されている以上、この要件を不要とするとまで判示したものとは思えない。

（注25）大原栄一・保険判例百選150頁（1966年）、棚田良平「他保険契約通告の沿革と立法趣旨」保険学雑誌466号117頁（1974年）、西嶋梅治『保険法』83・203頁（筑摩書房・1975年）（西嶋教授はその後他保険契約の告知義務を定める約款は有効であると改説されている—同・前掲（注15）52頁）、倉澤康一郎『保険契約法の現代的課題』38頁（成文堂・1978年）、吉田明「生命保険契約における他契約開示をめぐる問題点—モラルリスク対策と関連して—」生命保険経営1979年5月号89頁、宮島・前掲（注17）133頁、高田・前掲（注18）92頁。

（注26）田辺・前掲（注13）232頁、藤田・前掲（注13）192頁、岩崎稜・私法判例リマークス1990・198頁（1990年）、竹濱・前掲（注14）30頁、山本忠弘「他保険契約の告知（通知）と商法644、678条の告知義務について」名城大学40周年記念論文集・法学篇445・451頁（1991年）、中西・前掲（注15）91頁以下、出口正義「重複保険の告知・通知義務違反—傷

害保険を中心として―」損保研究54巻2号58頁（1992年）、鈴木・前掲（注16）809頁、山本哲生・前掲（注17）129頁、石田満『保険契約法の論理と現実』77頁以下（有斐閣・1995年）、山下友信『現代の生命・傷害保険法』229頁（弘文堂・1999年）等。

(注27) 田辺・前掲（注13）234頁、藤田・前掲（注13）193頁、出口・前掲（注26）58頁、石田・前掲（注26）79頁、佐野誠「傷害保険における他保険契約の告知・通知義務」損保研究66巻1号21頁（2004年）、江頭憲治郎『商取引法（第4版）』410頁（2005年）等。

(注28) 西嶋・前掲（注15）53頁、田中啓二「人保険の重複契約規整」損保研究55巻4号7頁。

(注29) 出口・前掲（注26）57頁、佐野・前掲（注27）22頁。私見では、故意・重過失要件の認定を厳格にするとともに（ただし不正請求の疑いの事実があるような場合には弾力的に認定する）、かつ、権利濫用の一般法理（民法1条3項）の適用の可能性を認めているので、具体的事案における判断においては加重要件肯定説との乖離は大きくないものと考えている。

(注30) 藤田・前掲（注13）193頁、西嶋・前掲（注25）87頁、洲崎博史「他保険契約の告知義務・通知義務」民商法雑誌114巻4・5号659頁（1996年）、江頭・前掲（注27）410頁。なお、今井薫「傷害保険とモラルハザード」『傷害保険の法理』203頁以下（損保総研・2000）は、損害保険では立証責任を保険者に負わせるが、傷害保険ではこれを保険金請求者側に負わせるべきであるとする。

(注31) 山下・前掲（注26）239頁。

(注32) 鈴木・前掲（注16）816頁、山本哲生・前掲（注17）130頁、中西正明『保険契約の告知義務』260頁（有斐閣・2003年）。

(注33) 金澤理『保険法（上巻）』136頁（成文堂・1999年）。

(注34) 山下・前掲（注26）239頁、西嶋・前掲（注16）60頁、竹濱修「他保険契約の告知・通知義務」本誌933号24頁、中西・前掲（注32）248頁。なお、傷害保険契約法試案15条が他保険契約の告知義務違反による解除の条件として「保険者が保険契約締結の当時その事実を知っていたとすればその契約を締結しなかったと認められるとき」と規定しているのも同様の趣旨であろう（傷害保険契約法研究会『傷害保険契約法試案（2003年版）理由書』7・71頁（生保協会＝損保協会・2003年））。

(注35) たとえば、石田・前掲（注26）98頁他。なお、傷害保険契約法試案16条では、他保険契約の通知義務違反による解除の要件としては「故意または過失」と規定しており、告知義務のように重過失に限定していないが、この理由については明確な説明はない（傷害保険契約法研究会・前掲（注34）75頁）。

(注36) 洲崎・前掲（注30）660頁、竹濱・前掲（注34）47頁、今井・前掲（注30）206頁。

(注37) 「危険」とは、損害保険契約では「損害保険契約によりてん補することとされる損害の発生の可能性」、生命保険契約では「保険事故の発生の可能性」、傷害疾病定額保険契約では「給付事由の発生の可能性」と、それぞれ定義されている（法4条・37条・66条）。

(注38) 中間試案4頁。具体的には、A案（いずれの種類の保険契約についても、規定を設ける）、B案（損害保険契約については規定を設けるが、生命保険契約および傷害・疾病保険契約については特段の規定は設けない）、C案（いずれの種類の保険契約についても、特段の規定は設けず、解釈論に委ねる）の3案が提示されていたようであるが（「保険法部会資料2」10頁。なお、保険法研究会「保険法の現代化について」5頁でもこの3つの案が提示されている。）、結局、このうちのC案が採用されたことになる。

(注39) もっとも、①因果関係不存在の立証責任は保険金請求者にあること、②保険者が本制度により事故後解除をするのはモラルハザードの可能性が強いケースであり、この場合、保険者としては不正請求の立証に努めると思われること、③巨額な重複契約の存在が不正請求のインセンティブになり得ること、を考慮すると、保険者免責が認められる可能性が皆無とはいえないであろう。

(注40) 保険法部会では、告知義務規定と同様、他保険契約の通知義務についても独自規定を設けるかどうか議論があった。さらに、通知義務については告知義務よりも加重的な要件を設けるべきとの指摘もあった（補足説明30頁）。

(注41) 前述のように、従来の約款規定では、故意・重過失要件が規定されてないのみならず、通知がないことすら解除の要件とされていなかった。今後は、保険約款において、他保険契約の通知義務および義務違反による解除についての故意・重過失要件を規定することが最低限必要である。

(注42) もっとも、損害保険契約の約款においても保険契約者側の不誠実な対応を解除事由とする条項を入れているケースがある。たとえば、三井住友海上社の傷害保険普通保険約款20条

2項では、保険契約者等が保険金を詐取する目的で事故を発生させもしくは発生させようとしたことや詐欺行為などが判明した場合には保険者から解除できるとしており、東京海上日動社の新・家庭用自動車保険普通保険約款第4章（一般条項）10条1項4号では、保険契約者等の詐欺行為を保険者からの解除事由としている。しかし、これらはいずれも将来に向けての解除であり、遡及効は規定されていない。その意味で、生命保険約款における重大事由解除条項とは実質的な機能面でかなり異なる。

(注43) 日本生命社の有配当養老保険（1999年）普通保険約款31条1項3号の文言による。

(注44) 衆議院法務委員会における「保険法案及び保険法の施行に伴う関係法律の整備に関する法律案に対する付帯決議」：政府及び関係者は、本法の施行に当たり、次の事項について格段の配慮をすべきである。（中略）第5号　重大事由による解除については、保険者が解除権を濫用することのないよう、解除事由を明確にするなど約款の作成、認可等に当たり本法の趣旨に沿い十分に留意すること。

なお、参議院法務委員会においても以下のような付帯決議が採択されている。「保険法案及び保険法の施行に伴う関係法律の整備に関する法律案に対する付帯決議」3号：重大事由による解除（保険法第30条第3号、第57条第3号及び第86条第3号）に関しては、保険金不払いの口実として濫用された実態があることを踏まえ、その適用に当たっては、第30条第1号若しくは第2号等に匹敵する趣旨のものであることを確認すること。また、保険者が重大事由を知り、又は知り得た後は、解除が合理的期間内になされるよう、政府は、保険者を適切に指導・監督すること。

(注45) 中西正明「生命保険契約の重大事由解除」大阪学院大学法学研究34巻1号106頁以下（2007）は、約款の本規定について最近の判例を検討している。

(注46) 山下・前掲（注6）644頁。

(注47) もっとも、生命保険契約の当該条項が争われた事案では、重複保険金額の過大性に加えて、短期に集中的に加入していることや入院が不必要に多いこと、さらには被保険者の債務の状況など、モラルハザードを推認させる事実が提示されていることが多いようである。しかし、このことと本約款における解除要件とは分けて考えるべきと思われる。中西・前掲（注45）119頁は、「『保険金不法取得の意図等の背信性の事実上の推認をなしうること』又は『保険金不法取得の意図があること』は、約款が三号事由の要件として定めていることではない」とされる。

(注48) このような事実の立証責任が保険者側にあるのか、保険契約者側にあるのかについては判例・学説で対立があることは前述のとおりである。

(注49) 他保険契約告知・通知義務に関する判例のうち、重複保険金額の水準を明確に解除の可否の判断基準としたのは、前述の17判例（大阪高判平成14・12・18）のみである。

(注50) 参議院法務委員会における倉吉法務省民事局長の答弁（平成20年5月29日法務委員会第13号、松野委員に対する答弁）等参照。

(注51) 正確にいえば、従来の約款では告知・通知義務違反による解除については1か月の除斥期間は規定されていたが、契約締結時から5年の期間については規定されていなかったようである（三井住友海上社傷害保険普通保険約款11条3項4号等）。

(注52) このことが、判例において解除要件として加重要件が加えられることになった原因と考えられる。

Ⅲ 保険契約の効力

10 他人の生命の保険

第一生命保険相互会社調査部次長 田口 城

Ⅰ はじめに

　生命保険契約には、保険契約者自身を被保険者とするもの（以下「自己の生命の保険契約」という）と、保険契約者以外の第三者を被保険者とするもの（以下「他人の生命の保険契約」という）がある。他人の生命の保険契約は、各国法制でも認められ、わが国でも広く普及していることから、その有用性について異論はないと思う。しかし、他人の生命の保険契約のうち死亡を保険事故とするもの（以下「他人の死亡の保険契約」という）を無制限に認めると、保険の賭博的利用（注1）やモラル・リスク（保険金殺人等）の誘発（注2）の危険があるうえ、人の生命を無断で保険取引の対象とすることによる人格権侵害の可能性（注3）もある。そのため、保険法は改正前と同様に、他人の死亡の保険契約につき、特別な規律を設けることとした。また、これらの問題は死亡保険の約定のある傷害疾病定額保険契約にもみられ、学説（注4）・判例（注5）は、生命保険契約と同様の規律が適用されるとしてきた。傷害疾病定額保険の規律の創設に伴い、保険法は、定型的に弊害発生のおそれが少ない場合を除き、保険契約者以外の第三者を被保険者とする傷害疾病定額保険契約（以下「他人の傷害疾病の定額保険契約」という）と他人の死亡の保険契約とで同様の規律を適用することとした。

　本稿では、他人の死亡の保険契約および他人の傷害疾病の定額保険契約の規律に関し、被保険者の同意および被保険者による保険契約者に対する解除請求権（以下「被保険者の解除請求権」という）を中心に、保険法部会の審議内容、国会審議、学説・判例、実務について、その概要・課題を論じることとする（ただし、他人の傷害疾病の定額保険契約については、他人の死亡の保険契約と実質的に同様の規律について重複の記載は行わず、特筆すべき点のみを論じることとした。なお、傷害疾病を保険事故とする保険契約全般については「Ⅰ 総論 5 第三分野の保険」を参照願いたい）。

Ⅱ 今回の改正点の概要

1 被保険者の同意

(1) 契約締結時における同意主義

① 趣旨・沿革

　他人の死亡の保険契約は、被保険者の同意がなければ、その効力を生じない（法38条・67条1項本文）。本条は強行規定である（注6）。商法674条は、被保険者の同意が契約の成立要件なのか効力要件なのかが文理上明確ではないが、今回の改正により効力要件であることが明確化された。同意は、契約成立に向けられた意思表示ではなく、自己の生命を保険に付すことに異議のないことを表わす意思の表明であり（注7）、準法律行為と解される（注8）。同意によって契約が公序良俗に反しないことが確認されることになる（注9）。

　他人の死亡の保険契約を制限する立法主義には、㋐利益主義、㋑親族主義、㋒同意主義があるが、商法は同意主義を採用している。利益主義とは、保険契約者に被保険利益がな

ければならないとする考え方をいう。沿革的に最も古くから採用され（注10）、現在、イギリス（注11）、アメリカ（注12）が採用する。賭博保険の禁止に優れている（注13）が、生命保険契約と被保険利益概念が相容れず（注14）、またモラル・リスクの危険防止が不十分である等の欠点が指摘されている（注15）。イギリスについては被保険利益の範囲が狭く保険の社会的機能が減殺される点（注16）、アメリカについては被保険利益の範囲に柔軟性はあるがそれゆえ基準の策定に困難性を伴う点（注17）等が指摘されている。

親族主義とは、保険契約者（または保険金受取人）が被保険者の親族でなければならないとする考え方をいう（注18）。純粋な親族主義は他人の生命の保険契約の利用範囲を極めて限定してしまう等の欠点が指摘されている（注19）。

同意主義とは、他人の死亡の保険契約を締結するために、被保険者の同意を必要とする考え方をいう。要件が明確であり、また保険の有用性も阻害されないうえ、モラル・リスクの防止という点でも効果的である等、その利点が多いといわれている（注20）。現在、フランス（注21）、ドイツ（注22）、スイス（注23）、イタリア（注24）等、多くの国が採用する。

わが国では、明治23年の旧商法（678条1項）は利益主義を採用し、明治44年改正前の商法（428条1項）は親族主義を採用していた。現行商法（674条1項）は同意主義を採用するが、保険法においても同意主義が維持されることとなった。過去の商法改正では、利益主義には保険詐欺の弊害があること、親族主義を改めることによる保険事業の発展等が、それぞれの改正理由とされたが、こうした経緯を踏襲することが理由とされた（注25）。

② 同意主義の例外

商法（674条1項但書）は、他人の死亡の保険契約であっても、被保険者が保険金受取人である場合は、同意を不要とする。しかし、実際に死亡保険金を受け取るのは法定相続人であるとの立法的批判（注26）を踏まえ、同項但書は削除された（注27）。

他方、他人の傷害疾病の定額保険契約（給付事由が傷害疾病による死亡のみである契約を除く）については、被保険者（被保険者の死亡に関する給付については被保険者またはその相続人）が保険金受取人である場合は、同意は不要とされた（法67条1項ただし書・2項）。商法674条1項但書を参考とし、このような例外を設けても、同意主義の趣旨に反する事態の防止が可能であることが理由とされた（注28）。なお、この例外規定に基づき同意を得ずに締結された契約の被保険者は、保険契約者に対して無条件で契約解除の請求をすることができることとされた（法87条1項1号）。

(2) 契約締結時以外に同意を必要とする場合

上記(1)の場合（法38条・67条1項本文）の他、①保険金受取人を変更する場合、②保険金請求権の譲渡等を行う場合、③保険契約者を変更する場合にも、被保険者の同意を必要とする。

① 保険金受取人を変更する場合

他人の死亡の保険契約の保険金受取人の変更は、被保険者の同意がなければ、その効力を生じない（法45条）。商法（677条2項・674条1項）は、変更後の保険金受取人が被保険者である場合は同意を不要とするが、674条1項但書の削除と同様の理由（注29）から、その場合も同意を必要とするよう改められた。他人の傷害疾病の保険契約の保険金受取人の変更も、契約締結時と同様、被保険者が変更後の保険金受取人である場合を除き、被保険者の同意が必要とされた（法74条）。

② 保険金請求権の譲渡等を行う場合

死亡保険契約または傷害疾病定額保険契約につき、保険金請求権の譲渡または当該権利への質権の設定（支払事由発生後のものを除く）は、被保険者の同意がなければ、その効力を生じない（法47条・76条）。商法では、被保険者の同意が必要となる保険金請求権の譲渡を、(ア)他人の死亡の保険契約の場合（商法674条2項）、(イ)自己の死亡の保険契約の場合（商法674条3項前段）、(ウ)同意を不要とする他

人の死亡の保険契約の保険金請求権を譲り受けた者がさらにその権利を譲渡する場合（商法674条3項後段）に分けて規定している。保険法では、場合分けせずに、端的に権利の譲渡時に同意が必要である旨規定された。また、商法は保険金請求権の質権の設定について規定していないが、これまでの解釈論（注30）等を踏まえ（注31）、同意が必要であることが明確化された。「質権の設定」には転質権の設定も含むこととされた（注32）。

③ 保険契約者を変更する場合

保険法に規定はないが、約款では、法の趣旨に鑑み、保険契約者を変更する場合にも被保険者の同意を必要とするのが通例である。

(3) 同意の方式・時期・相手方

商法同様、保険法は、同意の方式について何ら規定を設けていない。そのため、従来の解釈に従い、方式が書面か口頭かを問わず、また明示的であるか黙示的であるかを問わず、同意として有効と解される（注33）ことになる。保険法部会では、海外法制（注34）や立法論（注35）に鑑み、同意の方式を書面に限定すべきかが審議された（注36）が、書面性を効力要件とすると、明確な同意があるにもかかわらず書面がない場合まで無効となり、かえって不合理な結果を招くことになるため（注37）、契約法ではなく監督法で保護を図るべき問題であるとされた（注38）。

また、保険法は、同意の時期・相手方についても規定を設けていない。同意の趣旨に鑑みれば契約成立時に同意がなされるのが望ましい（注39）が、商法下と同様、事後の同意も有効と解される（注40）ことになる。同意の相手方についても、被保険者の意思が明瞭であれば、保険者または保険契約者のいずれでもよいと解される（注41）ことになる。なお、同意は内容が具体的に定まった個々の契約についてなされることが必要であり、内容未確定の将来の契約に包括的に与えられることは認められない（注42）。

(4) 団体生命保険契約の被保険者の同意

① 保険法部会の問題提起

商法には、団体定期保険契約（注43）、団体信用生命保険契約（注44）等、一定の客観的区分により特定された人の集団を包括して被保険者とする生命保険契約（以下「団体生命保険契約」という）に関する規律はない。保険法部会では、団体生命保険契約に係る裁判例や立法論（注45）等に鑑み、特別な規律の必要性について審議された（注46）。

② 団体定期保険契約等をめぐる紛争・実務

イ 紛争の背景

平成4～7年頃より、団体定期保険契約（注47）の保険金受取人が保険契約者（＝企業等）である場合に、被保険者たる従業員の死亡により受領した保険金について、その使途に関する明確なルールが企業等に存在せず、また退職金規定に比べ保険金が多額であるときに、従業員の過労死の問題とも関連し、企業等が自由に処分できるかをめぐる紛争が目立つようになった。団体定期保険契約の主たる目的は従業員福利制度の原資の確保にあるが、相応規模の団体となると、従業員が多数で、かつ入退社・転勤等の変動も常時生じる。そのため、紛争事案の契約締結当時は、たとえば、労働組合等を通じた付保内容の周知と被保険者になることへの異議申出の機会の確保、就業規則における保険加入に係る定め等をもって、各々の被保険者の同意とする解釈（注48）・運用がなされることが一般的であった（注49）。

ロ 学説・裁判例

学説・裁判例は、被保険者の同意が有効であることを前提とし（注50）、企業等が受領した保険金の遺族等に対する引渡しを認めるものが多い（注51）（いわゆる事業保険契約（注52）について、同意の緩和は直接問題となってはいないが、団体定期保険契約同様の紛争が同時期に多数生じており、以下併せて論じる）。その論理構成には、大きく(ｱ)被保険者の同意のうち保険金受取人指定に係る同意のみがな

いこと等により、団体定期保険契約を第三者のためにする契約と解する考え方（注53）、(イ)企業等と従業員間の保険金を遺族等に引き渡す旨の合意を根拠とする考え方（注54）とがある。裁判例で認められているのは(イ)のみであり、就業規則や労働協約の死亡退職金規定や弔慰金規定等（事業保険においては付保規定）がある場合はこれらの存在等により（注55）、ない場合は保険契約の趣旨等により（注56）、受領した保険金を引き渡す旨の明示もしくは黙示の合意を認める。もっとも、合意の認定は事案ごとの個別事情によるため、社内規定等は存在するも保険金の引渡しの合意が否定された事案もある（注57）。

なお、裁判所が企業等から遺族等に引渡しを認める場合の引渡し金額の考え方は様々である。保険金から既払いの保険料総額や税額等（注58）を控除し、残額の相当部分（注59）とされ、または全部（注60）とされることもある（既払いの退職金・弔慰金は控除されるのが一般的である）。あるいは諸般の事情を総合考慮のうえで単に保険金額の一定割合とされること（注61）もある。事案ごとに事情が異なるため、一律の基準の設定は困難と考えられている（注62）。

ハ　商品改訂・実務の見直し

平成8年、生命保険会社は団体定期保険契約の仕組みを変更し、総合福祉団体定期保険契約を導入した（注63）。この契約の主契約の保険金額は、企業等の死亡退職金・弔慰金額を上限とし、被保険者が死亡または高度障害状態になった場合の死亡退職金・弔慰金・見舞金の財源として用いられる。被保険者の同意がなされたことについて、生命保険会社は、(ア)被保険者本人の署名または記名捺印、(イ)企業等が被保険者全員に契約内容を通知した旨の確認書・同意をしなかった者（注64）の名簿、等のいずれかを保険契約者より提出してもらう方法により確認する。保険契約者が希望する場合は、保険契約者を保険金受取人とする「ヒューマンバリュー特約」を付加することが可能である（注65）。当該特約の保険金額は主契約の保険金額以下で、かつ2000万円以下でなければならない。当該特約の被保険者の同意は、(ア)の方法でなければならない（注66）。保険金の支払に際しては、生命保険会社は遺族が了知しているかを確認する。これらは監督官庁の具体的な監督対象とされている（監督指針Ⅱ3－3－4(4)、Ⅳ－1－16(3)(4)）。

③　保険法部会の検討結果

保険法部会では、団体定期保険契約固有の問題として、(ア)保険金受取人の指定・変更、(イ)被保険者の同意、(ウ)被保険者への情報提供に関する特別な規律の要否が検討された。この点、総合福祉団体定期保険契約の導入とそれに係る金融庁の監督指針が遵守される限り、②のような紛争が将来的に多発することは考えにくく（注67）、他方で有用性を阻害する可能性も考慮し、団体生命保険契約につき特別の規律を設けることは見送られた（注68）。

(5)　未成年者の保険契約

①　法定代理人による同意のあり方

保険法部会では、被保険者が未成年者の場合の同意のあり方が検討された（注69）が、保険法に特段の規律は設けないこととされた。被保険者の同意は準法律行為であり、民法の一般原則が類推適用される（実質的には、法定代理人による未成年者を保険契約者兼被保険者とする死亡保険契約の締結が可能なこととの比較均衡の）ため、未成年者の被保険者の同意は親権者等の法定代理人が行うこととなる（注70）。もっとも、実務上は、被保険者が15歳以上の場合には法定代理人の同意だけではなく、未成年者本人の同意も得るのが通例である（注71）。

②　保険金額の規律のあり方

保険法部会では、一定年齢未満（注72）の未成年者の死亡保険契約の一定金額を超える部分を無効とすることの当否も検討された（注73）が、①と同様、保険法に特段の規律は設けないこととされた（注74）。

学説上、諸外国の立法例（注75）を参考に、未成年者の死亡保険契約を禁止し、または葬儀費用程度に限るべきとの指摘がある（注

76)。保険法部会でも、㈠モラル・リスクへの懸念（注77）、㈡未成年者の死亡保険契約の必要性の欠如（注78）等から、制限を肯定する意見がみられた。他方、制限を不要とする意見として、㈢未成年者の死亡保険契約の加入動機には色々なものがあること（注79）、㈣加入の要否は市場の判断を尊重すべきこと（注80）、㈤免責規定や刑事法等で相応のモラル・リスク対応が可能であること（注81）、㈥既に相当数の契約が存在すること（注82）、㈦実務上、個々の事案ごとに慎重な引受けの審査をしていること（注83）、㈧未成年者の故殺事例は少なく、かつ事例のほとんどは無理心中であること（注84）等がみられた。この問題は、保険法改正に対応した保険会社の監督・規制のあり方を検討した金融審議会金融分科会第二部会（以下「第二部会」という）やその作業部会である保険の基本問題に関するワーキング・グループ（以下「保険ＷＧ」という）でも検討されることとなり、これらの会議の場でも賛否両論がみられた。

最終的に保険法部会では、保険法で一律に保険金額を制限するのではなく、実務の対応に委ねることが適切とされた（注85）。実務上保険金額を含む種々の事情を総合的に考慮する形でモラル・リスク対策が講じられているにもかかわらず、その一要素である保険金額だけに枠をはめ、消費者の選択の自由や保険者の工夫の余地を奪うのは適当ではないこと、仮に制限するとしても、制限を超過する部分や重複契約に対する規律の整備に関する問題があること等がその理由とされた。これに対し、第二部会・保険ＷＧでは、被保険者本人の同意を得ることができない未成年者の死亡保険のうちモラル・リスクの高いものにつき、金融庁、生損保険業界、生損保険会社各社において、効果的な対策を実施すべきこととされた（注86）。

2　被保険者の解除請求権

(1)　法律構成

他人の死亡の保険契約の被保険者は、①重大事由解除に相当する事由がある場合、②同意の基礎とした事情が著しく変更した場合、保険契約者に対し、契約を解除することを請求することができる（法58条1項各号・87条1項2号〜4号）。他人の傷害疾病の定額保険契約の被保険者については、①②の場合に加え、③被保険者の同意を不要とする場合にも、同様の請求権が認められる（法87条1項1号）。本条は強行規定である。

保険法部会では、被保険者から保険者に対する直接の権利行使を認める法律構成も検討が行われた。しかし、同意の基礎となった事情変更の有無・程度は保険契約者と被保険者の間でしか把握し得ない点が多い（注87）。また、団体傷害保険契約においてはそもそも保険者が被保険者を把握できないケースもある（注88）。そのため、保険法では、被保険者の保険契約者に対する請求権という法律構成が採用された。

(2)　解除請求事由

①　重大事由に相当する事由がある場合

イ　保険金詐取目的の事故招致

保険契約者または保険金受取人が、保険金詐取目的で故意に保険給付事由（注89）を生じさせ、または生じさせようとしたとき（法57条1号・86条1号）が該当する（法58条1項1号・87条1項2号）。

ロ　保険金請求の詐欺

保険金受取人が、当該契約に基づく保険給付の請求について詐欺を行い、または行おうとしたとき（法57条2号・86条2号）が該当する（法58条1項1号・87条1項2号）。

ハ　被保険者に対する信頼関係破壊

イロの他、被保険者の保険契約者または保険金受取人に対する信頼を損ない、契約の存続を困難とする重大な事由があるとき（法57

III 保険契約の効力

条3号・86条3号）が該当する（法58条1項2号・87条1項3号）。保険者との間の信頼関係ではなく、被保険者において同意をした基礎となる信頼関係の破壊行為が問題とされる点に特徴がある。

② 同意の基礎とした事情の著しい変更

保険契約者と被保険者の親族関係の終了等、被保険者が同意をする際に基礎とした事情が著しく変更した場合が該当する（法58条1項3号・87条1項4号）。親族関係の終了以外に事情の著しい変更に当たるケースとして、たとえば、団体生命保険契約につき被保険者が団体を退職したとき、保険契約が債務の担保目的であるときに債務が完済されたとき等が考えられる（注90）。もっとも、事由の存否は、形式的な事情の変更の有無ではなく、被保険者の同意の基礎となった事情が実質的に著しく変更したかによって判断されることになると解される。

③ 同意を不要とした契約の場合

他人の傷害疾病の定額保険契約について、契約締結時に被保険者の同意を不要とした場合、被保険者は事由を問わずに保険契約者に契約の解除を請求することができる（法87条1項1号）。同意を不要とすることが可能な契約（法67条1項ただし書）のうち実際に同意が得られていない契約のみが対象となる。実際に同意を得た契約は上記①の重大事由に相当する事由、②の同意の基礎とした事情の著しい変更の有無によって判断される。

本人の知らないまま保険契約が締結されることの弊害を防止するため、例外規定の適用を受けた契約の被保険者に、無条件でオプト・アウトの機会を確保することを趣旨とする（注91）。そのため、同様の理由から、傷害疾病損害保険契約の被保険者にも、保険契約者に対する無条件の解除請求権が認められた（法34条）。

(3) 保険契約者の保険者に対する解除権

保険契約者は、(2)の事由に該当するときに被保険者より解除請求を受けたときは、契約を解除することができる（法58条2項・87条2項）。本項は強行規定である。法54条（法83条・27条）の保険契約者の任意解除権は任意規定であり、合理的理由に基づき任意解除を禁止する約款の定めも有効であるが、当該定めのある契約であっても、保険者は法58条（87条・34条）による解除請求には応じなければならないことを趣旨とする。

(4) 解除の効力・効果

保険契約者が(3)の解除権を行使した場合、解除の効果は将来に向かって生じる（法59条・88条）。解除権の行使が保険者の責任が開始する前になされたときは、保険者は保険契約者に対して保険料積立金（保険業法施行規則10条3号）を払い戻さなければならない（法63条2号・92条2号）。これに対し、解除権の行使が責任の開始後になされたときは、約款の定めに従うことになる（通常は解約返戻金請求権を取得することになる）。

III 理論・実務に与える影響

1 同意主義のあり方

団体定期保険契約をめぐる紛争やモラル・リスク事案等を契機に、同意の要件の緩和の弊害や同意の形骸化等を指摘する意見がある（注92）。それゆえ、契約法の規範として、同意の要件の厳格化を求める見解（注93）がある。また、同様の問題意識から、利益主義的発想の必要性を求める見解もある（注94）。契約の効力発生要件として同意の厳格化あるいは利益主義が規定された場合は、一定の条件の下で被保険者による契約無効の請求が容易となり、賭博保険化の防止、モラル・リスクへの配慮、人格的利益の保護について、それぞれの強化を図ることが可能となる（注95）。しかし、今般の改正は、こうした問題意識に応えるにあたって、被保険者による保険契約者への解除請求権の付与という手段を選択した。そのため、紛争解決および紛争抑

止に充分な機能を発揮できるよう、被保険者の解除請求権の解釈論・実務の構築が期待される。

前述のとおり、同意の要件の厳格化や利益主義的発想を保険法が採用しなかったのは、効力発生要件の重層化がかえって保険契約者等に酷な結果をもたらすことを理由とする（注96）。無論、保険法に規律がないことをもって、同意の要件の厳格化や利益主義的発想と実務との融合を否定するものではない（親族主義との融合も同様である）。同意の効果として保険契約の危険性が客観的・絶対的に消滅するものでもなく（注97）、実務上の様々な工夫を否定するものではない。今般の改正が期待するように、保険者は他人の生命の保険契約の申込みに対し、被保険者と保険契約者・保険金受取人の関係、金銭的・精神的利益の有無、収入と比した保険金額の多寡等を審査するが、さらなる改善の余地がないか不断の見直しに向けた努力が必要であろう。

2　被保険者の解除請求権のあり方

(1)　保険契約者の解除権行使義務

被保険者が保険契約者に対して契約を解除することを請求したときに、現実に解除請求事由が存在した場合、保険契約者が保険者に対して解除権を行使しなければならない義務があるのかが問題となり得るが、これを肯定すべきである（注98）。保険契約者が被保険者の請求に応じない場合は、被保険者は保険契約者の意思に代わる裁判（民法414条2項ただし書）により、保険者に対して直接解除請求を行うことができる（民執174条）。

(2)　保険者の果たすべき役割

被保険者の解除請求権がその機能を発揮するには、保険契約者・被保険者それぞれが本制度の趣旨・内容を十分に理解することが重要である。そのための環境整備として、保険者においては、被保険者の解除請求権に関し、契約締結に際して保険契約者・被保険者それぞれに適切な情報提供を行う努力が必要である。

また、保険者においては、契約締結後に被保険者より解除請求権に関する照会を受けたときは、被保険者と保険契約者の間で事情の確認をするよう促すことが基本となるが、重大事由解除に相当する事由が生じている場合には、保険者自らも解除権の行使を検討する等（注99）、被保険者が犯罪に巻き込まれること等を未然防止する努力が必要といえる。

(3)　同意の撤回

被保険者の同意の撤回について、通説はこれを認めない（注100）が、反対意見（注101）も多くみられる。保険法は、同意の撤回そのものを規律しなかったため、理論的に学説に影響を与えるものではないと思われる。しかし、保険法施行後は、被保険者の保険契約者に対する解除請求権の行使により、同意の撤回と基本的に同様の結果が得られることになると思われる（注102）（被保険者の離脱の手続が迂遠であるとの批判を別とすれば、効果の面では、事実上、無条件の撤回を認めるべきかの点で違いが生じることになると思われる）。

3　未成年者の保険

第二部会・保険WGの検討結果を踏まえ、金融庁においては、被保険者本人の同意を得られない未成年者の死亡保険契約について、保険金の引受限度額や社内規則等の体制整備義務を保険会社に課すことを予定している（注103）。生命保険協会においては、自主ガイドラインの策定や契約内容登録制度の登録基準の大幅引下げを予定している（注104）。第二部会・保険WGでは生命保険会社に所属する専門委員より、一時払養老・一時払終身等のモラル・リスクが定型的に低いと考えられる保険契約を除き、一被保険者当りの引受上限金額を1000万円まで引下げることを、個社として検討中との発言もみられた（注105）が、他の生命保険会社もこれに追随すると思われる（注106）。

III 保険契約の効力

かつて保険者においては、ホフマン方式による逸失利益を参考に、未成年者の死亡保険契約の引受限度額を1億円程度とするのが一般的であったが、未成年者の保険金殺人等を踏まえ、平成期に入った頃より、たとえば、3～5歳2000万円、6～14歳3000万円、15～19歳5000万円といったように、その引下げが行われた。平成18年度の生命保険協会会員の未成年者の個人保険の新契約加入件数は約122万件（全年齢の約14％）、平均死亡保険金額は約650万円であるが、親の収入や保険加入状況等とのバランスの確認等、引受け時に幾重かにわたる審査が行われ、こうした実務を行う保険者においては過去数年間、保険金目的の未成年者の故殺は生じていない（注107）（親子無理心中のケースは若干みられる）。今般、引受限度額の1000万円までの引下げや、それと併せた契約内容登録制度の更なる活用がなされることになれば、より強固な実務が構築されることになる。

未成年者が保険金犯罪の犠牲者となることを成人以上に回避する必要性に異論のある関係者はなく、保険の有用性をどこまで制限すべきかがこの問題の争点である。生死混合保険や傷害疾病定額保険は、保険の構造上、死亡保険金額を制限すれば、事実上、生存保険金額や傷害疾病定額保険金額も引き下げざるを得ない。たとえば、学資保険、養老保険については多額の保険料積立金を必要とすることから、満期前に被保険者が死亡した場合に保険料積立金に照らして相応の死亡保険金を支払うこととしなければ適当ではない。また、高度障害保険、傷害保険の給付事由の認定には被保険者への確認等が必要となるのが基本であるが、死亡後は確認を行うことができないため、歴史的にも死亡保険金額と同額とするのが適当とされてきた（高度障害保険は、経済的に死亡と同様の状態となった場合に、死亡保険金の前払いの機能として昭和27年に導入されたものである。医療技術の発達に伴い、高度障害状態を経済的な死亡と位置付けることは不適当となったが、商品設計上、死亡保険の前払いの機能面が考慮されていることに変化はない）。未成年者の死亡に際し、種々の費用（医療費、救難救護費、第三者への賠償等）が生じる可能性に鑑みれば、現状の平均加入金額や故殺発生状況を前提に、1000万円の範囲において付保の要否を親権者に委ねることに合理性がないとはいえないといえる。諸外国との比較を考えると、たとえばイギリスでは未成年者の死亡保険契約を禁じるが、同国では18・19世紀に未成年者の故殺が社会問題化し、またイングランドの判例法では親が子を扶養する義務もない等、わが国と事情を異にする（注108）。これに対し、わが国に保険市場が近いアメリカでは、たとえばニューヨーク州は14歳6か月未満の未成年者の死亡保険契約の上限を25000ドルと親の加入金額の2分の1のいずれか大きい方にする等、相応の柔軟性を確保している（注109）。

IV 今後の展望

他人の生命の保険契約は、その弊害・危険性を防止する措置が講じられ、初めて有用性を享受し得る契約である。他方、過度な制限は、有用性を大幅に減殺するため、そのバランスへの配慮が重要である。バランス感は、社会経済環境とともに変化し得るが、その調整弁となるのが保険者の実務対応である。保険者においては、調整弁としての期待に応えるべく、真摯な対応が求められているといえよう。

（注1）大森忠夫『保険法（補訂版）』267頁（有斐閣・1980年）、三宅一夫「他人の死亡の保険契約」大森忠夫＝三宅一夫『生命保険契約法の諸問題』308頁（有斐閣・1958年（初出1943年））、田辺康平『現代保険法（新版）』237・238頁（文眞堂・1995年）、西島梅治『保険法（第三版）』321頁（悠々社・1998年）、江頭憲治郎「他人の生命の保険契約」ジュリ764号58・59頁（1982年）、山下友信『保険法』269頁（有斐閣・2005年）。

（注2）大森・前掲（注1）267頁、三宅・前掲（注1）308-309頁、田辺・前掲（注1）238頁、

西島・前掲（注１）321頁、江頭・前掲（注１）59頁、山下・前掲（注１）。
（注３）三宅・前掲（注１）309頁、江頭・前掲（注１）59頁。新たな保険契約類型の登場により人格権を特に重視すべきものとして、遠山優治「他人の生命・身体の保険契約について」生命保険論集160号178〜196頁（2007年）。
（注４）三宅・前掲（注１）310頁、田辺・前掲（注１）270頁、江頭・前掲（注１）58頁。
（注５）大阪地判昭和54・２・27判時926号115頁、東京地判平成３・８・26判タ765号286頁。
（注６）『要綱案（第１次案・下）』２頁(http://www.moj.go.jp/SHINGI2/071226-1-2.pdf)。
（注７）松本蒸治「他人ノ生命ニ於ケル被保険者ノ同意ニ付テ」同『私法論文集第一巻』301頁（巌松堂書店・1916年)、大森・前掲（注１）270-271頁、西島・前掲（注１）324頁、江頭・前掲（注１）61頁、山下・前掲（注１）269頁。
（注８）大森・前掲（注１）271頁、西島・前掲（注１）324頁、江頭・前掲（注１）61頁、山下・前掲（注１）269頁。
（注９）大森・前掲（注１）270頁、西島・前掲（注１）324頁。
（注10）三宅・前掲（注１）、今井薫「他人の生命の保険」倉澤康一郎編『生命保険の法律問題』（本誌986号）70・71頁（1996年）。
（注11）三宅・前掲（注１）266頁、田辺康平「生命保険法に於ける利益主義と同意主義」新潟大学法経論集３巻97〜108頁（1952年）、福田弥夫『生命保険契約における利害調整の法理』15頁以下（成文堂・2005年）、潘阿憲「生命保険契約における被保険利益の機能について―英米法および中国法の視点から」文研論集129号128〜133頁（1999年）。
（注12）ニューヨーク州法3205条（N.Y.Ins.Law §3205）等。ジョン・F・ドビン著（佐藤彰俊訳）『アメリカ保険法』80-84頁（木鐸社・1998年）。ただしアメリカでは被保険者の同意も必要とする州も多い。アメリカの利益主義を論じたものとして、三宅・前掲（注１）283・284頁、田辺・前掲（注11）97〜108頁、福田・前掲（注11）15頁以下、潘・前掲（注11）133〜139頁。
（注13）三宅・前掲（注１）299-300頁、福田弥夫「他人の生命の保険契約―同意主義の問題点とその課題―」日本大学法学起要27巻255頁（1986年）。
（注14）三宅・前掲（注１）300頁、田辺・前掲（注11）114頁、福田・前掲（注13）255〜257頁。

（注15）三宅・前掲（注１）300〜302頁、江頭・前掲（注１）59・60頁、福田・前掲（注13）257・258頁。
（注16）田辺・前掲（注11）101〜103頁、潘・前掲（注11）131〜133頁。
（注17）田辺・前掲（注11）104・105頁、潘・前掲（注11）134〜139頁。
（注18）現在、純粋にこの考えを採用する国はない。
（注19）西島・前掲（注１）321頁、江頭・前掲（注１）60頁、福田・前掲（注13）259頁。
（注20）三宅・前掲（注１）304〜306頁、田辺・前掲（注１）237頁、西島・前掲（注１）321・322頁、江頭・前掲（注１）61頁、福田・前掲（注13）260・261頁。
（注21）フランス保険法典L132-2条（CODE DES ASSURANCES §L132-2）。
（注22）ドイツ保険法150条（Gesetz uber den Versicherungsvertrag §150 Ruckkaufswert）。
（注23）スイス保険契約法74条（Bundesgesetz uber den Versicherungsvertrab,vom 2.April 1908. §74）。
（注24）イタリア民法典1919条（Codice Civile Regio Decreto 16 marzo 1942,n.262 §1919）。
（注25）保険法部会第５回議事録３頁（http://www.moj.go.jp/SHINGI2/070214-1-1.pdf）。
（注26）大森・前掲（注１）269頁、西島・前掲（注１）322頁、江頭・前掲（注１）61頁、福田・前掲（注13）268頁。
（注27）補足説明70・71頁（2007年）。
（注28）保険法部会資料19『保険法の見直しに関する個別論点の検討(3)』３頁（http://www.moj.go.jp/SHINGI2/071031-1-4.pdf）。なお、金融審議会金融分科会第二部会『保険法改正への対応について』５頁脚注７（2008年）（http://www.fsa.go.jp/singi/singi_kinyu/tosin/20080208-2.pdf）は、例外的に同意を不要とする商品に関するモラル・リスクの防止について、関係者の適切な対応が必要としている。
（注29）保険法部会議議事録・前掲（注25）41頁。
（注30）大森・前掲（注１）305頁、西島・前掲（注１）372頁、山下・前掲（注１）274・275頁。
（注31）補足説明77頁。
（注32）補足説明77頁。
（注33）大森・前掲（注１）、西島・前掲（注１）325頁、271頁、江頭・前掲（注１）63頁、山下・前掲（注１）270頁。
（注34）たとえばフランス保険法典L132-2条１項、イタリア民法典1919条２項、スイス保険契約法74条１項等。
（注35）生命保険法制研究会（第二次）『生命保険契

約法改正試案（2005年確定版）理由書』51～53頁（2005年）、福田・前掲（注13）268頁。
(注36) 保険法部会資料6『保険法の現代化に関する検討事項（5）』2頁（http://www.moj.go.jp/SHINGI2/HOKEN/hoken11.pdf）等。
(注37) 保険法部会資料・前掲（注28）4頁。なお、保険法部会の審議過程では、同意の形式を書面に限定すると、情報化社会における将来の実務の発展を阻害する可能性がある点も憂慮された。
(注38) 保険会社においては、監督法規により、同意の方式が、被保険者の書面により同意する方式その他これに準じた方式であり、かつ当該同意の方式が明瞭に定められた事業運営が義務付けられている（保険業法施行規則11条2号）。実務上、保険契約者、保険金受取人、保険金額、保険期間等、契約の基本事項が記載された申込書の被保険者同意欄に、被保険者が署名捺印することにより申込手続が行われるのが一般的である。
(注39) かつては契約成立時までに同意が必要であるとの見解が有力であった。松本・前掲（注7）307頁、田中誠二＝原茂太一『新版保険法』295頁（千倉書房・1987年）、田辺・前掲（注1）241頁。
(注40) 大森・前掲（注1）271頁、西島・前掲（注1）325頁、江頭・前掲（注1）63頁。なお、山下・前掲（注1）269頁は、無限定な事後の同意に疑問を呈し、成立と同意の時期が多少前後してもよいと解するべきとする。
(注41) 江頭・前掲（注1）63頁、山下・前掲（注1）269頁。
(注42) 大森・前掲（注1）272頁、江頭・前掲（注1）63頁、山下・前掲（注1）270頁。なお、簡易保険契約の事例であるが、東京高判昭和53・3・28判時889号91頁は、多少の概括的同意は許されると解している。
(注43) 団体に所属する者（従業員等）を包括的に被保険者とする定期保険をいう。団体に所属する者が全員被保険者となる全員加入型と、自ら希望する者のみが被保険者となる任意加入型とがある。実務上、前者を「Ａグループ保険」、後者を「Ｂグループ保険」と呼ぶことが通例である。
(注44) 銀行等の金融機関が保険契約者兼保険金受取人、債務者を被保険者とし、保険金額を債務残額とする保険契約をいう。
(注45) 法制研・前掲（注35）154頁以下、西島・前掲（注1）322頁、山野嘉朗「他人の生命の保険契約」本誌1135号71・72頁（2002年）、家田

崇「従業員を被保険者とする「他人の生命の保険」―団体定期保険の考察を中心として―」名古屋大学法政論集174号123～128頁（1998年）。
(注46) 保険法部会資料7『保険法の現代化に関する検討事項(6)』5・6頁（http://www.moj.go.jp/SHINGI2/HOKEN/hoken13.pdf）、保険法部会第7回議事録1～4頁（http://www.moj.go.jp/SHINGI2/070328-1-1.pdf）等。
(注47) ここでいう紛争の対象たる団体定期保険契約は、Ａグループ保険である。
(注48) 大森忠夫「いわゆる事業保険と被保険者の同意」大森忠夫＝三宅一夫『生命保険契約法の諸問題』220・221頁（1958年）、田辺・前掲（注1）239頁。
(注49) 糸川厚生「団体生命保険契約」ジュリ746号130-132頁（1981年）。
(注50) 被保険者の同意が無効であり、団体定期保険契約自体が無効とされた事案として、静岡地浜松支判平成9・3・24判タ949号84頁（ただし、平成10年4月東京高裁で和解成立。）。なお、本判決の評価は分かれており、肯定的見解として、山下・前掲（注1）277頁、鈴木達治「判批」法学研究73巻3号89頁以下（2000年）、山本哲生「判批」ジュリ1137号138頁以下、長淵満男「判批」ジュリ1135号228頁（1998年）、否定的見解として、石田満「団体定期保険について―静岡地裁浜松支部判決を中心として―」竹内追悼『商事法の展望』63頁以下（商事法務研究会・1998年）、山野嘉朗「判批」ジュリ1116号126頁（1997年）、宮島尚史「判批」判評469号47頁以下（1998年）、家田・前掲（注45）107・108頁、本間照光『団体定期保険と企業社会』229頁以下（日本評論社・1997年）。
(注51) 裁判例の類型的分析として、山野・前掲（注45）66頁以下。
(注52) 実務上、企業等が保険契約者兼保険金受取人、役員や従業員を被保険者とする形態の個人保険をいう。
(注53) 石田満「団体定期保険と被保険者の同意」上法40巻2号11頁（1996年）、山野嘉朗「団体定期保険契約の効力・効果」判タ933号42頁（1997年）、今井薫「わが国における企業団体生命保険に関する一考察」京都産業大学法学30巻3・4号239頁（1997年）。なお、家田・前掲（注50）は協定書等の文言による実質的な保険金受取人の指定があり得るとする。
(注54) 竹濱修「判批」リマークス13号119頁（1996年）、山野・前掲（注50）41・42頁、古笛恵子

「事業保険契約の付保規定文書と雇用契約上の退職金支給の合意」判タ972号68・69頁（1998年）、福島雄一「団体定期保険問題の現状とその行方」生命保険論集179・180頁（2006年）。また、団体定期保険契約の目的等に照らし、弔慰金規定等の黙示的存在を認める見解として、石田・前掲（注53）10頁。

(注55) 従業員退職金規定がある場合に合意を認めたものとして、名古屋地判平成13・2・5本誌1114号29頁（相当部分の遺族受取を会社に申し入れていたもの。控訴審で合意は否定）、名古屋地判平成13・3・6労判808号30頁・控訴審名古屋高判平成14・4・24労判829号38頁（上告審は合意を否定）。付保規定により合意を認定したものとして、名古屋地判平成7・1・24判タ891号117頁、東京地判平成7・11・27判タ911号121頁、山口地判平成9・2・25労判713号52頁・控訴審広島高判平成10・12・14労判50頁、名古屋地判平成9・5・12金法1488号52頁、東京地判平成10・3・30判タ985号267頁、大阪地判平成11・3・19本誌1069号39頁、東京高判平成11・11・17労判787号69頁（個人保険契約につき合意を認め、団体定期保険は合意を否定）。退職慰労金規程により合意を認定したものとして、盛岡地遠野支判平成12・3・22判タ227頁（役員につき規程に定められた退職慰労金等の支払を認めた事案）。

(注56) 青森地判平成8・4・26労判703号65頁、名古屋地判平成10・9・18判タ1007号288頁・控訴審名古屋高判平成11・5・3本誌1069号35頁、神戸地判平成10・12・21労判764号77頁。

(注57) 最判平成18・4・11判タ102頁（本判決は一般に事例判決と位置付けられている（山下友信「団体定期保険と保険金の帰属」NBL834号16頁、大田剛彦「判批」判タ1245号149頁））、名古屋高判平成14・4・26本誌1143号31頁、浦和地判平成10・2・20労判787号76頁（控訴審では合意を認定）、東京地判平成10・3・24本誌1047号35頁（控訴審にて和解）、東京地判平成11・2・16労判767号89頁。

(注58) 前掲（注55）平成7・11・27（法人事業税・法人都民税の実質的な控除）、前掲（注55）平成9・2・25（既払保険料、葬儀費、墓石代、生活費援助額の控除）、前掲（注55）平成10・3・30（既払保険料の控除）、前掲（注56）平成10・12・21（業務上の事故の際の給与支払や損害てん補額の控除）、前掲（注55）平成11・3・19（既払保険料、納税額の控除）、前掲（注55）平成11・11・17（既払保険料の控除）、前掲（注55）平成13・2・5（特別弔慰金上限額、既払保険料の控除）。

(注59) 前掲（注56）平成11・5・3（所定の控除後の残額の2分の1）、前掲（注55）平成13・2・5（所定の控除後の残額の2分の1）。

(注60) 前掲（注55）平成9・2・25（ただし控訴審では保険金の半額とされた）、前掲（注55）平成10・3・30、前掲（注56）平成10・12・21、前掲（注55）平成11・3・19、前掲（注55）平成11・11・17。

(注61) 前掲（注55）平成7・1・24（保険金の約4割）、前掲（注55）平成9・5・12（保険金の約8割）、前掲（注56）平成10・9・18（保険金の約3分の1）、前掲（注55）平成10・12・14（保険金の半額）、前掲（注55）平成13・3・6、前掲（注55）平成14・4・24（社会的相当な金額を超える部分の2分の1）。

(注62) 山下・前掲（注1）280-281頁。

(注63) 久保田秀一「総合福祉団体定期保険の開発」生保経営65巻3号56頁（1997年）。

(注64) 不同意者のある団体は約半数弱といわれている（保険法部議議事録・前掲（注46）4頁）。

(注65) 生命保険文化センター『平成14年度「企業の福利厚生に関する調査』（概要版）48-49頁（2003年。（東京都区部及び政令指定都市の正規従業員5人以上の民間企業を対象（有効回収数2014票）））によれば、わが国の約43%の企業が総合福祉団体定期保険契約を導入し、主契約につき、平均付保額564万円、ヒューマンバリュー特約につき、付加率15.7%、平均付保額280万円という状況である。

(注66) 国会審議では、ヒューマンバリュー特約の有用性が認められる中、真意に基づく同意がある場合にまで効力を否定する必要はないとされた（平成20年5月29日参議院法務委員会における木庭健太郎議員に対する政府参考人（倉吉敬法務省民事局長）の答弁）。

(注67) 国会審議では、総合福祉団体定期保険契約の導入後は、当該契約を巡り、団体定期保険契約等をめぐる従前のような訴訟は生じていないことが確認されている（平成20年5月29日参議院法務委員会における木庭健太郎議員の質問に対する政府参考人（三村亨金融庁監督局参事官）の答弁）。

(注68) 補足説明96〜98頁。

(注69) 中間試案18頁、補足説明70頁。

(注70) 松本・前掲（注7）312〜320頁、江頭・前掲（注1）64頁、山下・前掲（注1）272頁。なお、田中＝原・前掲（注39）293・294頁は、同意は代理に親しまないとする。

（注71）未成年者が既婚者、有職者であるときは法定代理人の同意を省略することもある。
（注72）20歳未満とする見解もあれば幼児や小学生以下とする見解もみられた（補足説明74頁）。
（注73）中間試案19頁、補足説明74・75頁。
（注74）保険法部会資料・前掲（注7）2頁、保険法部会第22回議事録1頁（http://www.moj.go.jp/SHINGI2/071226-1-1.pdf）。
（注75）たとえば、12歳未満の未成年者の死亡保険契約の禁止するもの（フランス保険法典L132-3条、葬儀費用を超える7歳未満の未成年者の死亡保険契約につき未成年者本人の同意と特別代理人の選任を必要とするもの（ドイツ保険法150条）、14歳6か月未満の未成年者の保険金額の上限を親の保険金額の50％と25000ドルのいずれか大きい方とするもの（4歳6か月未満の未成年者は親の保険金額の25％と25000ドルのいずれか大きい方）（ニューヨーク州法3207条(b)）等がある。
（注76）江頭・前掲（注1）64頁。
（注77）保険一般にモラル・リスクの懸念があるが、未成年者がその犠牲となることを懸念する意見がみられた。
（注78）わが国の未成年者の死亡保険契約は、学資保険、養老保険、医療保険等、生存保険契約や傷害疾病定額保険契約と死亡保険契約との混合保険であるが、混合保険の死亡保険部分が不要であるとの意見である。
（注79）生命保険文化センター『生命保険に関する全国実態調査＜速報版＞』60頁（2006年）によれば、未成年者の保険の加入目的で上位を占めるのは、病気・ケガの治療・入院への備え（58.4％）、教育資金・結婚資金の準備に重点を置くもの（57.1％）、万一の場合の保障に重点を置くもの（42.9％）とされる（層化二段無作為抽出法・回収数4088、複数回答可）。
（注80）生保文化センター・前掲（注79）によれば、保険加入が必要な被保険者の上位を占めるのは、世帯主（72.4％）、配偶者（49.2％）、未婚で就学前・就学中の子供（18.7％）とされる。これに対し、生命保険協会『生命保険事業概況（平成18年度）』によれば、未成年者（20歳未満）の個人保険の新契約加入件数は122万件（全年齢の14％）、平均死亡保険金額は650万円という状況である。
（注81）西村高等法務研究所『研究報告書』6・7頁（2007年）（http://www.jurists.co.jp/ja/nials/news_b/pdf/report_0709.pdf）。
（注82）生保協・前掲（注80）参照。
（注83）拙稿「保険法現代化が生保実務に与える影響―プロ・ラタ主義の導入、未成年者の保険の議論を中心に」保険学雑誌599号130・131頁（2007年）。
（注84）保険法部会第10回議事録8・9頁（http://www.moj.go.jp/SHINGI2/070530-1-1.pdf）、西村研究所・前掲（注81）6・7頁、拙稿・前掲（注83）131・132頁。
（注85）保険法部会資料21『保険法の見直しに関する個別論点の検討(5)』5頁（http://www.moj.go.jp/SHINGI2/071128-1-2.pdf）、保険法部会資料・前掲（注7）2頁。
（注86）金融審第二部会・前掲（注28）5頁。
（注87）保険法部会資料・前掲（注28）6・7頁、保険法部会第18回議事録4～6頁（http://www.moj.go.jp/SHINGI2/070919-1-1.pdf）。
（注88）保険法部会第23回議事録42頁（http://www.moj.go.jp/SHINGI2/080109-1-1.pdf）。
（注89）傷害疾病定額保険契約については当該契約の保険給付事由に限られる（法86条1号）。
（注90）保険法部会資料16『保険法の見直しに関する個別論点の検討(1)』12頁（http://www.moj.go.jp/SHINGI2/070919-1-2.pdf）。
（注91）保険法部会資料・前掲（注7）2頁、保険法部会第20回議事録18～35頁（http://www.moj.go.jp/SHINGI2/071128-1-1.pdf）。
（注92）潘・前掲（注11）126・127頁（1999年）。
（注93）福田・前掲（注13）268頁、潘・前掲（注11）154頁。
（注94）今井・前掲（注10）74頁、潘・前掲（注11）151～156頁。
（注95）今井・前掲（注10）74頁。
（注96）保険法部会資料・前掲（注28）4頁。
（注97）江頭・前掲（注1）63頁、福田・前掲（注13）261頁、鈴木達次「他人の死亡の保険契約における被保険者の同意―団体生命保険契約法論のために―」愛媛26巻3・4号203頁（2000年）。
（注98）法制研・前掲（注35）59頁。
（注99）この他、たとえば、被保険者の了承を得て、警察への通報、保険契約者に対する警告等を行うことも検討する必要があると思われる。
（注100）大森・前掲（注1）272頁、三宅・前掲（注1）314頁、西島・前掲（注1）325頁。
（注101）石田満『商法Ⅳ保険法〔改訂版〕』281頁（青林書院・1997年）、福田・前掲（注13）276頁は、被保険者に生命の危険がある場合に同意の撤回を認めるべきとする。田辺・前掲（注1）242頁、山下・前掲（注1）は、その場合に加え、被保険者の同意をした前提が消滅した場合は、解釈論として同意の撤回を認

められるべきとする。
(注102) 立法者は、同意の撤回が認められない代わりに被保険者の保険契約者に対する解除請求の制度を導入したとしている（平成20年4月25日衆議院法務委員会における神崎武法議員の質問に対する倉吉敬民事局長答弁）。塩崎勤『現代裁判法大系（25）生命保険・損害保険』39頁（新日本法規出版・1998年）［山下典孝］。
(注103) 金融審議会金融分科会第二部会（第46回）・保険の基本問題に関するワーキング・グループ（第44回）合同会合資料2『未成年者等の死亡保険にかかる当庁の対応（案）等』（http://www.fsa.go.jp/singi/singi_kinyu/dai2/siryou/20080131/02.pdf）、保険の基本問題に関するワーキング・グループ（第45回）資料『未成年者・成年者の死亡保険について』11頁（http://www.fsa.go.jp/singi/singi_kinyu/dai2/siryou/20080703/01.pdf）
(注104) 金融審議会金融分科会第二部会（第46回）・保険の基本問題に関するワーキング・グループ（第44回）合同会合議事録（http://www.fsa.go.jp/singi/singi_kinyu/dai2/gijiroku/20080131.html）。同会議では、日本損害保険協会においても自主ガイドラインの策定を予定している旨の発言がみられた。保険ＷＧ資料・前掲（注103）12頁。
(注105) 第二部会・保険ＷＧ議事録・前掲（注102）。
(注106) 平成20年1月24日日経新聞記事、保険ＷＧ資料・前掲（注103）12頁等。
(注107) 金融審第二部会議事録・前掲（注103）、保険法部会議事録・前掲（注84）8・9頁、保険ＷＧ資料・前掲（注103）2頁、西村研究所・前掲（注81）6・7頁、拙稿・前掲（注83）131-132頁。
(注108) 月足一清『生命保険犯罪』23-29頁（東洋経済新報社・2001年）。
(注109) 前掲（注75）。

III 保険契約の効力

11 保険金受取人の指定・変更

首都大学東京法科大学院教授 潘 阿憲

I はじめに

　生命保険契約の当事者である保険契約者以外の者が保険金受取人として指定される保険契約は、第三者のためにする契約（民法537条～539条）の一種であり、他人のためにする生命保険契約と称される（注1）。この種の保険契約は、死亡事故発生後の遺族の生活保障を図るために、保険契約者が自己を被保険者として、妻子または両親等を死亡保険金受取人として締結するのが通例である。

　商法では、このような第三者のためにする生命保険契約が有効に締結され得ることが定められているほか（商法683条1項・647条）、保険金受取人に指定された第三者の利益の享受（商法675条）、保険金受取人の死亡と再指定（商法676条）、保険金受取人の指定または変更の対抗要件（商法677条）といった保険金受取人の指定・変更を中心とした規定が設けられている。しかし、これらの規定をめぐっては、多くの解釈問題が生じ、判例・学説上激しい議論が展開されてきたのは、周知のとおりである。

　保険法は、第三者のためにする生命保険契約に関してこれまで展開されてきた解釈論ないし立法論を踏まえたうえで、第三者の利益の享受（法42条）、保険金受取人の変更（法43条）、遺言による保険金受取人の変更（法44条）、保険金受取人変更についての被保険者の同意（法45条）、保険金受取人死亡の場合の保険金請求権の帰属（法46条）という5か条の規定を新設している（傷害疾病定額保険契約についても同様の規定が設けられている。

法71条～75条）。これらの新しい規律によって、第三者のためにする生命保険契約をめぐる解釈論上の疑義のかなりの部分が解決されることになると思われるが、依然として解釈に委ねられている部分が少なからず存在しているようであり、また新しい立法が保険実務に及ぼす影響も小さくなさそうである。そこで、本稿では、第三者のためにする生命保険契約に関する論点のうち、保険金受取人の指定および変更の問題をとりあげて検討することとする。もっとも、遺言による保険金受取人の変更および保険金受取人死亡の場合の保険金請求権の帰属の問題については、別の論稿においてとりあげられているので（注2）、ここでは省略させていただく。

II 保険金受取人の指定

1 保険金受取人の指定と第三者の利益享受

　保険金受取人の指定とは、保険金受取人を定める行為であるが（注3）、第三者のためにする生命保険契約が成立するためには、保険契約の当事者である保険契約者によって第三者が保険金受取人として指定されることが必要であるのは、いうまでもない。生命保険契約においては、被保険利益は要求されていないから、誰を保険金受取人に指定するかは、原則として保険契約者の自由である（注4）。そして、具体的にある特定の第三者が保険契約者によって保険金受取人に指定された場合には、当該保険金受取人は、当然に当該生命保険契約の利益を享受することとなる（法42

条。傷害疾病定額保険契約につき、法71条）。民法の一般原則によれば、第三者のためにする契約では、当該第三者による受益の意思表示が必要であるが（民法537条2項）、受益の意思表示自体は、第三者のためにする契約の成立にとって本質的な要素ではないことから（注5）、商法でも、保険金受取人に指定された第三者は「当然」に、すなわち受益の意思表示を要せずに保険契約上の利益を享受するとされており（商法675条1項本文）、この点は特に変更はない。もちろん、保険金受取人に指定された第三者は権利の取得を強制されるいわれはないから、当該権利を放棄することはもとより差し支えず、その場合は指定時にさかのぼって権利の取得がなかったことになり、保険契約者自身のためにする保険契約となると解される（注6）。第三者の利益の享受に関する商法の規定の性質は必ずしも明確ではないが、保険法の規定は半面的強行規定と位置付けられており（法49条・78条）、この規定に違反する特約で保険金受取人に不利なものは無効とされる。

保険金受取人の指定に関して、中間試案では、「保険金受取人は、保険契約の締結時に、保険契約者が保険者に対する意思表示によって指定するものとする」という規定の新設が提案されていた（中間試案第3の1(5)）。保険金受取人指定の法的性質をどのように捉えるかについては、従来から議論があり、学説の多くは、契約締結時の受取人指定は契約締結後に行われる指定・変更の場合と同様、保険者の承諾を要しない保険契約者の一方的意思表示と解してきたが（注7）、最判昭和58・9・8民集37巻7号918頁は、保険金受取人の指定を、保険者を相手方とする意思表示として解釈しており、中間試案も、これを相手方のある意思表示として捉えたうえで、保険金受取人指定の意思表示の相手が保険者に限られることから、保険者を相手方として明示し、かつ保険金受取人の指定が保険契約の締結時に行われることを明らかにしたものである（注8）。しかし、この規定が保険法には盛り込まれなかったため、保険金受取人の指定の方法等は、結局、解釈や約款上の取扱いに委ねられることになった（注9）。

保険金受取人の指定は、保険契約の締結時に行われるのが通例であり、この場合には、実務では、保険契約者が保険契約の申込書の保険金受取人欄に保険金受取人の氏名等を記載する形で行われているので、実質上、保険者を相手方とした意思表示であることは疑いがない。もっとも、受取人の指定について保険者の承諾を要するかについては、確かに、保険者は指定された保険金受取人の属性や被保険者との関係を考慮に入れて、最終的に契約全体について保険引受けの可否を決定するという点だけからみれば、実質的にその承諾を必要とする意思表示として取り扱われているとみることもできないわけではない。しかし、誰が保険金受取人に指定されているかを知る必要があるとしても、誰が保険金受取人に指定されるかということ自体については、保険者は本来、直接的に何ら利害関係を有しないから、保険契約者が特定の第三者を受取人に指定することについて通常はこれを拒否できないはずであり、したがって、保険金受取人の指定も、後述する保険金受取人の変更行為と同様、保険者の承諾を要しない単独行為と考えるべきであろう。

保険金受取人指定により、保険金受取人は条件付の保険金請求権を取得するが（注10）、その権利取得の性質については、保険金受取人は、保険契約者の権利を承継取得するのではなく、当初から自己固有の権利として、直接保険者に対し保険金請求権を取得すると解するのが判例・通説の立場である。すなわち、保険契約者兼被保険者の相続人が受取人に指定された場合でも、当該相続人である保険金受取人は保険契約者兼被保険者の権利を相続により取得するのではなく、原始的に取得するものであり、保険金請求権は保険契約の効力発生と同時に、当該相続人である保険金受取人の固有財産となり、保険契約者兼被保険者の遺産から離脱していると解される（保険金請求権取得の固有権性という）（注11）。したがって、保険金受取人としての相続人が相続

を放棄した場合、または限定承認をした場合でも、保険金請求権の取得には影響がなく、被相続人である保険契約者の相続債権者が保険金請求権を引当財産として執行の対象とすることも認められない（注12）。

2 受取人指定に関する解釈論上の問題

保険金受取人の指定に関してこれまで議論がなされ、今後もおそらく解釈論上問題となり得るのは、指定がなされていない場合と単に「相続人」という指定がなされた場合である（注13）。もっとも、前者の保険金受取人の指定がない場合には、保険契約者自身のためにする保険契約となり、保険契約者が死亡したときは、その相続人が保険金受取人としての地位を相続するということについては、学説上、ほぼ異論はないといってよい（注14）。

これに対し、保険契約者兼被保険者が特定人の氏名を挙げずに、保険金受取人を単に「相続人」と指定した場合には、契約締結時から死亡事故発生時までの間に相続人に変動があり得ることから、具体的に誰が権利者であるかについて争いが生ずることがあるが、この場合には、特段の事情のない限り、その指定は、被保険者死亡時、すなわち保険金請求権発生当時の相続人たるべき者個人を受取人として特に指定したものと解される（注15）。また、保険契約者と被保険者とが異なる場合において、単に「相続人」と指定されたときは、それは保険契約者の相続人とみるべきか、それとも被保険者の相続人とみるべきかについては、見解が分かれ、多数説はこれを前者と解しているが（注16）、被保険者の相続人と解する見解も有力である（注17）。

III 保険金受取人の変更

1 保険金受取人変更の権利

保険契約者によって保険金受取人として指定された第三者が権利を取得した以上、本来、契約当事者はその者の同意なしにこれを変更しまたは消滅させることができないはずである（民法538条）。しかし、生命保険契約は、通常長期間にわたる契約であり、家族構成員の変動など、契約当初の諸事情が契約締結後に変化することがあり、これにより当初の保険金受取人を別人に変更する必要性が生ずることがある。そこで、保険金受取人の指定を変更する権利が法律上保障されてきた（商法675条）。

もっとも、商法では、保険契約者は、別段の意思表示により保険金受取人の指定を変更する権利を留保することができると定められており（商法675条1項但書）、変更権を放棄するのが原則で、その留保は、特別の意思表示が必要であるという意味で例外的な場合とされているわけである。しかし、保険金受取人の指定を変更する実際上の必要性から、生命保険約款では、受取人変更の権利を留保するのがむしろ原則的な場合として取り扱われており、学説においても、立法論として指定変更権が留保されるのを原則とすべきであるとの見解が有力であった（注18）。そこで、保険法は、商法の規律を改め、「保険契約者は、保険事故が発生するまでは、保険金受取人の変更をすることができる」と定めて（法43条1項）、保険契約者が原則として自由に保険金受取人を変更できることを明らかにした。傷害疾病定額保険契約の場合も同様の規定が設けられている（法72条1項）（注19）。

また、商法には、変更権がいつまで行使できるかについては明文の規定がないが、保険金請求権は保険事故の発生により具体化され、かつそれと同時に保険金受取人に帰属するから、遅くとも保険事故の発生までに変更権を行使する必要があると考えられてきており（注20）、保険約款でも、保険金受取人の変更は保険事故発生前に限られる旨が定められているのが通例である。保険法はこの点も明示した（注21）。このように、保険事故の発生時までに保険金受取人の変更が自由にできることとなると、第三者が保険金受取人として

指定されていても、その権利は極めて不安定なものとなるが、逆に保険契約者からすれば、保険金受取人の地位を不安定なものにとどめることによって、当該保険金受取人に対する影響力を保持することができるというメリットがある。もちろん、保険契約者は、自らこの変更権を放棄することは差し支えないが、そのためには特別の意思表示が必要である。

他方、商法では、保険契約者が変更権を留保した場合において、当該変更権を行使しないまま死亡したときは、保険金受取人の権利が確定するものとされており（商法675条2項）、保険契約者の相続人といえども変更権を行使することができない。これは、法が保険契約者の意思の尊重および被指定者の地位の安定を図るために、指定変更権を保険契約者の一身専属性のものとして認めた結果である（注22）。しかし、このような商法の立場に対しては、保険契約者の地位を承継して保険料支払義務を負担する相続人が、同時に保険契約者の権利を承継するのが当然であるから、変更権の一身専属性を認める合理的な根拠がないこと、仮に変更権が認められなくても、相続人は契約解除権を行使して解約返戻金を取得すること、または保険料の支払を拒否することにより保険契約を失効させることができるから、保険金受取人の権利が確定的なものとはいえないなどの批判があり（注23）、立法論としてこれを削除すべきであるとの見解も有力であった（注24）。実際に、生命保険約款でも、保険契約者が死亡した後は、相続人その他の承継人が保険金受取人の指定を変更することができると定められているのが通例である。そこで、保険法の制定に際して、商法の前記規定が削除され、保険金受取人を変更する権利が特別の意思表示により放棄されていない限り、保険契約者が死亡した場合には、その地位を承継した相続人が保険金受取人を変更することができることになる。

もっとも、保険金受取人の変更に関する保険法の通則規定（法43条1項・72条1項）は、任意規定として位置付けられているようであり、このため、たとえば保険金受取人を一定の者に固定する旨の約定や、保険金受取人となることができる者の範囲を原則として一定の範囲に限定する約定も許容されることとなる（注25）。

2　被保険者の同意

他人を被保険者とする死亡保険契約（他人の生命の保険契約）については、これを無制限に認めると、賭博目的に悪用されたり、保険金取得の目的で被保険者を故殺するといった弊害が生ずるおそれがあり、また、他人の生命を勝手に取引の対象にすることは人格権の侵害にもなり得ることから、この種の保険契約の締結については、当該被保険者の同意が要求されている（法38条、商法674条）（注26）。そして、他人を被保険者とする死亡保険契約に伴う諸弊害は、保険契約の締結時だけでなく、契約締結後に保険金受取人の指定を変更する場合にも生じ得るため、商法では、保険金受取人の指定および変更の場合についても、被保険者の同意を要求しており（商法677条2項・674条1項）、保険約款でも保険金受取人の変更につき被保険者の同意を要求するのが通例である。保険法は、このような立場を受け継ぎ、死亡保険契約または傷害疾病定額保険契約の保険金受取人の変更は、被保険者の同意がなければ、その効力を生じないと定めている（法45条・74条1項本文）。

もっとも、商法では、保険金受取人の指定・変更によって被保険者自身が保険金受取人となる場合には、例外的に被保険者の同意は不要とされているが（商法677条2項・674条1項但書）、被保険者が受取人とされている場合でも、その死亡により保険金を取得するのは本人ではなくその相続人であるため、実質的には他人を受取人とする場合と異ならないことから、このような例外を認める商法の立場については、従来から批判があり、立法論としてこれを削除すべきであるとする見解が多かった（注27）。そこで、保険法は、商法の規律を改め、死亡保険契約については

このような例外を認めていない。ただ、傷害疾病定額保険契約に関しては、給付事由が傷害疾病による死亡のみである契約については、死亡保険契約の場合と同様、被保険者の同意を不要とする例外は認められないが（法74条2項）、給付事由がそれ以外のものである場合には、実質的な弊害がないか極めて少ないものと考えられるため、被保険者の同意はいらないとされている（法74条1項ただし書）。

被保険者の同意を得ずになされた保険金受取人の変更は、無効であるから、従前の受取人がそのまま保険金受取人としての地位を有することになる（注28）。

3　保険金受取人変更の効力要件

(1)　従来の解釈論

商法には、保険金受取人変更の方式に関する定めがなく、単に、保険契約者が契約締結後に保険金受取人を指定または変更したときは、保険者にその指定または変更を通知しなければ保険者に対抗することができない旨の規定のみが置かれている（商法677条1項）。この規定が保険者に対する対抗要件を定めたものであり、保険者を保険金の二重払いの危険から保護するものであることは明らかであるが、問題は、保険金受取人変更の効力発生要件をどのように解釈すべきか、という点である。

この問題に関しては、まず、保険金受取人の変更は保険者の同意または承諾を要しないという意味で、保険契約者の一方的意思表示によってなされる単独行為であり、形成権の一種であるという点については、ほぼ異論はない。その理由としては、いかなる第三者を保険金受取人に指定するかは保険契約者の自由であり、これについて保険者が利害関係を有するとしても、当該指定変更の対抗要件として取り扱えば十分だと考えられるからである（注29）。しかし、保険金受取人変更の意思表示が単独行為であるとしても、それは相手方のある意思表示であるかどうか、仮に相手方のある意思表示とした場合に、民法97条1項により相手方への到達によってその効力を生ずると考えるべきであるかなどをめぐっては、判例・学説上激しい対立があった。

大判昭和15・12・13民集19巻2381頁は、保険契約者兼被保険者名義の保険金受取人変更の書面が保険者に発せられたが、その到達前に被保険者が死亡したという事案について、商法677条の対抗要件の規定は、保険者に対する意思表示以外の方法により保険金受取人変更の権利が行使された場合に適用されるものであるが、その権利の性質上、本則としては保険者に対する通知をもってなすべきものであり、その場合に意思表示は民法97条1項により効力発生要件として到達が必要であると判示し、本件では保険金受取人変更の意思表示が到達する前に被保険者が死亡したため、当該通知は効力を生じないとした。しかし、受取人変更の意思表示を相手方のある意思表示として捉えることが可能であるとしても、民法97条1項の到達主義を適用して、保険者の受領を要する意思表示と解することは、商法677条1項の規定の文言に形式上反するのみならず（同項は「保険金額ヲ受取ルヘキ者ヲ指定又ハ変更シタルトキハ」と規定しているため、保険者に通知する前にすでに変更の効力が生じていると解するほかない）、対抗要件を定めた同規定の存在意義を完全に否定する結果となるため、学説のほとんどはこの判決に反対した（注30）。

最高裁も、大審院の立場には与せず、最判昭和62・10・29民集41巻7号1527頁は、「商法675条ないし677条の規定の趣旨に照らすと、保険契約者が保険金受取人を変更する権利を留保した場合（同法675条1項但書）において、保険契約者がする保険金受取人を変更する旨の意思表示は、保険契約者の一方的意思表示によってその効力を生ずるものであり、また、意思表示の相手方は必ずしも保険者であることを要せず、新旧保険金受取人のいずれに対してしてもよく、この場合には、保険者への通知を必要とせず、右意思表示によって直ちに保険金受取人変更の効力が生ずるものと解

するのが相当である」と判示した。この最高裁判決は、必ずしも明確ではないが、判旨の文言を読む限り、保険金受取人変更を相手方のある意思表示として捉えているようであり（注31）、ただその相手方は保険者のほか新旧保険金受取人のいずれでもよく、また当該意思表示によって直ちに保険金受取人変更の効力を生ずるとしたものである（注32）。学説においても、この最高裁判決と同じく、保険金受取人変更の意思表示を相手方のある意思表示として捉える見解があり（注33）、また、到達主義の原則の適用を認め、受取人変更の意思表示は相手方への到達によって効力を生ずるとする見解もある（注34）。

これに対し、通説は、保険金受取人変更の権利を有する保険契約者の意思を可能な限り尊重し、その意思に応ずる効果を容易に生じさせ得るような解釈をとるべきであること、保険金受取人を誰に指定するかについては、専ら保険契約者のみが重要な利害関係を有すること、保険者は保険金受取人として指定された者が誰であるかを知ることについて利害関係を有するとしても、保険者に対する通知が対抗要件として要求されている以上、保険金の二重払いによる危険から十分に保護され得ることなどを理由に、保険金受取人変更の意思表示を相手方のない意思表示として捉え、当該意思表示は保険者または新旧受取人への到達を要しないでその内容に応ずる効果を生ずると主張している（注35）。そして、近時の下級審裁判例の中には、明確に通説の立場をとり、受取人変更の意思表示を相手方のない意思表示として捉えたうえで、遺言による受取人変更を認めるものが現れてきた（注36）。

しかし、このような通説の立場に対しては、保険者以外の者に対する意思表示による受取人の変更を認めると、受取人変更の有無をめぐって争いが生じやすく、法的安定性に欠けるなどとする有力な批判が投げかけられている（注37）。また、死亡保険金額が数千万円に上ることの多い生命保険契約において、権利者を決めるのに、他方の当事者に何も知らせないで変えられるという理解は一般的ではないこと、相手方のない意思表示とした場合に、果たして受取人変更の意思表示があったのか問題となる場面が多いことなどの批判もある（注38）。そして、立法論として、受取人変更の意思表示の相手方を保険者に限定したうえで、保険者以外の者への意思表示による変更を認める場合には意思表示の方法について特定の方式を要求するなどの措置をとるべきであるとの見解が有力に主張されてきた（注39）。

(2) 保険法の規律

以上のように、商法のもとでは、保険金受取人変更の効力要件をめぐって判例・学説上激しい対立が続いてきたが、保険法は、「保険金受取人の変更は、保険者に対する意思表示によってする」と定める一方（法43条2項・72条2項）、「前項の意思表示は、その通知が保険者に到達したときは、当該通知を発した時にさかのぼってその効力を生ずる。ただし、その到達前に行われた保険給付の効力を妨げない」と定めて（法43条3項・72条3項）、この問題について立法的な解決を図った。

まず、保険法のもとでも、保険金受取人変更の意思表示は保険者の同意を要しない保険契約者の一方的意思表示として位置付けられているが、法43条2項・72条2項は、これを相手方のある意思表示としたうえで、当該相手方を保険者に限定したわけであり、相手方のない意思表示とする従来の通説の立場をとらなかった。中間試案では、「保険金受取人の変更は、保険者、保険金受取人または変更によって保険金受取人になるべき者に対する意思表示によって、するものとする」という前記最高裁昭和62年判決の立場に近い案も示されていたが（注40）、この立場についても、既述のような有力な批判があり、採用されるには至らなかった。もっとも、遺言による受取人変更については、その性質上、生前の意思表示による受取人変更の場合と区別する必要があるから、保険者を相手方とする意思表示とはされておらず、遺言が効力を生じた後

に（民法985条参照）、対抗要件として保険者に対する通知が要求される（法44条・73条）。

次に、受取人変更の意思表示の効力発生時期に関しては、法43条3項本文・72条3項本文は、保険者に対する通知の到達を要求しつつ、当該通知の到達により、受取人変更の意思表示が当該通知の発信時にさかのぼって効力を生ずるとしている。本来、受取人変更の意思表示については、隔地者に対する意思表示に関する到達主義の原則（民法97条1項）をそのまま採用すればよかったはずであるが、到達主義の原則の適用をそのまま認め、通知が到達した時から受取人変更の意思表示が効力を生ずるとすると、前記大審院判決の事例のように、受取人変更の意思表示を発信した直後に被保険者が死亡した場合には、当該通知が保険者に到達しても、保険事故が当該通知の到達前にすでに発生しているため、受取人変更の効果が認められないという不都合な結果となる。したがって、受取人変更の意思表示については、到達主義の原則の例外である発信主義を採用する必要があると考えられ、実際に、中間試案では、前記最高裁判決と同様の発信主義の立場が提案されていた（法41）。しかし、発信主義を原則どおりに採用すると、受取人変更の意思表示が保険者に到達しなかった場合にも、受取人変更の効力が発生するため、保険契約者が改めて保険者に対し対抗要件としての通知をしなければ、受取人変更の事実を知らない保険者が旧受取人に対し保険給付を行うことになり、その結果、新受取人が旧受取人に対し不当利得返還請求権を行使するという甚だ法的安定性を害する事態を招くことになる。また、稀とはいえこのような事例が起きる可能性がある以上、受取人変更の意思表示としての通知とは別に、保険者に対する対抗要件としての通知（観念の通知）が必要とされるため、法律上2つの通知の制度を設けることが不可欠となり、この結果、保険者に対する通知を2度しなければならないかのような誤解を保険契約者に生じさせかねないという問題がある。しかしこの問題は、保険金受取人変更の意思表示が保険者に到達することを要求すれば、直ちに解消されることになる。そこで、保険法は、発信主義を原則としつつも、保険金受取人変更の通知が保険者に到達することを要求し、当該通知の到達を条件に発信時にさかのぼって効力が発生するという、「到達条件付発信主義」ともいうべき非常に巧妙な立法主義を採用したわけである（注42）。

このように、保険法では、保険者への通知の到達が受取人変更の意思表示の効力発生要件とされているため、もはや対抗要件としての保険者への通知は必要とされないから、生前の意思表示による受取人変更については、商法677条1項のような対抗要件の規定は設けられていない。もっとも、受取人変更の意思表示が保険者に到達する前に、保険者が受取人変更の事実を知らずに旧保険金受取人に対し保険給付を行ってしまうおそれもないわけではなく、この場合に、後に通知が保険者に到達して、発信時からの遡及的効力の発生により、保険給付を受けた旧受取人が実は権利を有していなかったことになり、債権の準占有者に対する弁済（民478条）の要件を満たさない限り、保険者は二重弁済をさせられてしまうという問題がある。そこで、このような事態の発生に備えて、法43条3項ただし書・72条3項ただし書は、保険者への通知の到達前に行われた保険給付の効力を妨げないと定めて、保険者を二重払いの危険から保護している。

以上のような保険法の規律をどのように評価すべきか、見解が分かれるかもしれない。従来の通説的見解のように、保険金受取人変更の意思表示を相手方のない意思表示として捉えれば、保険契約者の意思を可及的に尊重することができ、また、受取人変更の方式が非常に簡便であることは確かであるが、近時の有力な学説から批判されているように、保険金額が数千万円に上るような生命保険契約において受取人を変更するという重大な法律関係の変動をもたらす変更権の行使について、他方当事者である保険者に何も知らせなくてよいという理解はやはり一般的とはいえず、

この立場をとると、むしろ受取人変更の意思表示の存否やその先後関係などが不明確となり、保険金をめぐる紛争を誘発しやすく、法的安定性に欠ける側面があることは否定できない。しかし、だからといって、前記大審院判決のように、解釈論として、保険者を相手方とする意思表示として捉えたうえで、到達主義の原則を採用すると、商法677条1項の存在意義を没却させてしまうというジレンマに直面せざるを得ない。その意味で、今回とられた立法措置は、保険金受取人変更の効力要件の問題を根本から解決したという点でその意義が極めて大きい。確かに、保険法の規律のもとでは、保険契約者の意思を可及的に尊重するという点ではやや後退している感は否めないが、保険金受取人変更をめぐる当事者・関係者間の利害調整が適切に図られる点、そして何よりも紛争の未然の防止により法的安定性が確保されるという点では、極めて妥当な立法と評価することができよう。

(3) 実務への影響

商法のもとでは、保険金受取人の変更がなされた場合について、保険者を二重弁済の危険から保護するために、保険者に対する受取人変更の通知が対抗要件として要求されている（商法677条1項）。そして、生命保険約款では、このような商法上の対抗要件をさらに加重して、「保険金受取人の指定または変更は、保険証券に裏書を受けてからでなければ、保険会社に対抗できない」旨の規定が設けられているのが通例である（注43）。

保険法のもとでは、保険者に対する保険金受取人変更の通知の到達が効力発生要件とされているため、遺言による受取人変更の場合は別として、対抗要件として保険者に対し変更の通知をする必要はなくなり、したがって、従来の約款規定をそのまま存置させることはできなくなった。しかし、保険者に対する受取人変更の意思表示の方式に関しては、保険法においても特に定めがないため、従来の対抗要件としての通知の場合と同様、書面でも口頭でもよいと考えられる（注44）。ただ、通知の確実性や通知内容の明瞭性を期するために、保険約款において、書面によることを定めることは許されよう。

次に、たとえば、約款において（到達条件付の）発信主義を完全の到達主義に変更できるかが問題となるが、これは、保険金受取人変更に関する保険法の規律の性質に関わってくる。これまで、保険契約者が保険者の同意または承諾を要せずに保険金受取人を変更できる権利は、法が生命保険契約制度の趣旨に鑑み保険契約者に保障したもので、当事者間の特約によりこれを保険契約者の不利益に変更することは許されないと解されてきたこと（注45）、および本規律についての立法の経緯（注46）に鑑みれば、法43条2項および3項の規定は絶対的強行法規と解すべきであろう。そうだとすると、前述のような到達主義への変更、または保険者の承認を要求するような変更権の行使要件の加重は許されないのではないかと考えられる。

他方、実務では、保険契約者が保険会社の営業職員に対して受取人変更を申し出る場合が少なくないが、今後、これをどのように処理すべきかが問題となる。営業職員には受取人変更の意思表示の受領権限を有しないのが通常であるから、それだけでは、保険者に対して意思表示が到達したとはいえないとの見方もあり得る。しかし、保険契約者としては、自己の申出を当該営業職員が遅滞なく受領権限のある部門に伝達してくれるものと期待するのは通常であり、このような保険契約者側の期待は保護に値すべきものであるから、異論はあり得るが、原則としてこれで保険者に到達したとみるべきであり、当該営業職員が受領権限のある者への伝達を怠った場合にも、当該営業職員に対する変更の申出のあった時点（この時点において受取人変更の意思が対外的に表明されたとみることができる）において、受取人変更の効力を生ずると解すべきではないかと考えられる。

（注1）保険法では、従来、他人のためにする保険契約と呼ばれる契約類型が第三者のためにす

Ⅲ 保険契約の効力

る契約の一種であることを明確にするために、それぞれ「第三者のためにする損害保険契約」（法8条の見出し）および「第三者のためにする生命保険契約」（法42条の見出し）と表記しており（補足説明第2の1⑷、第3の1⑷（2007年8月）参照）、本稿もこれに従い、第三者のためにする生命保険契約と称することにする。

（注2）本書・矢野慎治郎氏および和田一雄氏の論稿参照頁。

（注3）山下友信「保険金受取人の指定・変更」『現代の生命・傷害保険法』1頁（弘文堂・1999年）。

（注4）もっとも、保険金受取人として不倫関係にある女性を指定した場合において、当該受取人の指定が不倫関係の維持・継続を目的としたものであるときは、当該受取人指定の部分は公序良俗に反し無効とした裁判例があるが（東京地判平成8・7・30本誌1002号25頁、東京高判平成11・9・21本誌1080号30頁）、保険契約者側の一方的な事情により指定自体を無効とするのは問題が多く、むしろ保険契約者と保険金受取人との間の対価関係の無効を問題とすべきであるとの見解が有力である。山下友信『保険法』489頁（有斐閣・2005年）、同・前掲（注3）48頁、江頭憲治郎『商取引法〔第4版〕』459頁（弘文堂・2005年）。

（注5）大森忠夫「保険金受取人の法的地位」大森忠夫＝三宅一夫『生命保険契約法の諸問題』43頁（有斐閣・1958年）、西嶋梅治『保険法〔第3版〕』329頁（悠々社・1998年）。

（注6）大森忠夫『保険法〔補訂版〕』274頁（有斐閣・1985年）、西嶋・前掲（注5）329頁、山下（友）・前掲（注5）509頁。

（注7）大森忠夫「保険金受取人指定・変更・撤回行為の法的性質」大森＝三宅・前掲（注5）77頁、山下（友）・前掲（注3）6頁、同・前掲（注4）488頁。契約締結後の受取人変更の法的性質については、本稿Ⅲ3参照。

（注8）補足説明第3の1⑸参照。なお、商法では、保険金受取人の指定と変更の関係は必ずしも明確にされていないが、中間試案では、保険金受取人の指定は保険契約締結時に行われるものとし、契約締結後は保険金受取人の変更がなされるだけという整理をしており（中間試案第3の1⑸・2⑵、補足説明第3の1⑸）、保険法においてもこの立場が維持されている。契約締結時に保険金受取人を指定しないでおいて、契約締結後に改めて保険金受取人を定めることもないわけではなく、この場合は従来、契約締結後の「指定」と呼ばれてきた。しかしこの場合にも、いったん自己のために締結した保険契約について、契約締結後に保険金受取人を他人に変更したと見ることができるから、中間試案における保険金受取人の指定と変更についての整理の仕方は、両者の関係を明確にしたという意味で極めて妥当なものである。

（注9）この点については、実務上、保険者は保険金受取人の指定も含めて保険の引受けの判断をしていること、契約によっては保険金受取人が一定の者に固定されている場合もあり、中間試案のような規律を設けるとかえってわかりにくくなる懸念もあることから、明文の規律を設けないとしたと説明されている。要綱案（第1次案・下）第2の1⑸（注）参照。

（注10）大森・前掲（注5）7頁・24頁以下、山下（友）・前掲（注3）20頁、同・前掲（注4）508頁。保険契約解除権、保険料返還または減額請求権、保険証券交付請求権などは、契約当事者としての地位においてのみ行使できる権利であるから、すべて保険契約者に帰属する。解約返戻金請求権や保険料積立金返還請求権、利益配当請求権については、保険金受取人が取得できるかが問題となるが、保険約款上はすべて保険契約者に属する旨が定められている。

（注11）最判昭和40・2・2民集19巻1号1頁、最判昭和48・6・29民集27巻6号737頁、大森・前掲（注5）47頁、同・前掲（注6）275頁、山下友信「生命保険金請求権取得の固有権性」前掲（注3）51頁、同・前掲（注4）511頁、西嶋・前掲（注5）330頁、石田満『商法Ⅳ（保険法）〔改訂版〕』285頁（青林書院・1997年）、田辺康平『現代保険法〔新版〕』242頁（文眞堂・1995年）。

（注12）大判昭和10・10・14新聞3909号7頁、山下（友）・前掲（注4）511頁、江頭・前掲（注4）460頁。

（注13）このほか、これまで、保険契約者が保険金受取人を被保険者の「妻何某」という続柄と氏名を表示して指定した事例があり、これについて、続柄と氏名のいずれを重視して保険金受取人を確定すべきかが問題となったが、この場合は氏名をもって特定された者を保険金受取人として指定した趣旨であり、付加されている「妻」という表示により、その者が被保険者の妻である限りにおいてこれを保険金受取人として指定する意思を表示したもの等の特段の趣旨を有するものではないと解す

るのが判例（最判昭和58・9・8民集37・7・918頁）・多数説の立場である。坂口光男「判批」商法（保険・海商）判例百選〔第2版〕79頁（1993年）、石原全「判批」本誌709号46頁（1985年）、田中誠二＝原茂太一『新版保険法〔全訂版〕』298頁（千倉書房・1995年）、西嶋・前掲（注5）331頁、江頭・前掲（注4）459頁。

(注14) 石井照久＝鴻常夫増補『海商法・保険法』249頁（勁草書房・1978年）、大森・前掲（注6）273頁、田辺・前掲（注11）242頁、西嶋・前掲（注5）327頁、石田・前掲（注11）283頁。もっとも、山下教授は、保険契約者兼被保険者の場合において保険金受取人の指定がないときは、保険金請求権を保険契約者の相続人にその固有財産として帰属させた方が妥当であるという考慮から、特段の事情の存在が立証されない限り、相続人を保険金受取人に指定したものとして取り扱うのが合理的であるとしている（山下（友）・前掲（注4）491頁注100）。なお、保険金受取人の指定がない場合については、保険約款上、保険金を被保険者の相続人に支払う旨の条項が設けられているものがあり、その場合には、当該条項は被保険者が死亡した場合における保険金請求権の帰属を明確にするため、被保険者の相続人に保険金を取得させることを定めたものと解され、同約款に基づき締結された保険契約は、保険金受取人を被保険者の相続人と指定した場合と同様、特段の事情のない限り、被保険者死亡の時におけるその相続人たるべき者のための契約であると解される（最判昭和48・6・29民集27巻6号737頁、ただし損害保険会社の傷害保険の事例）。

(注15) 最判昭和40・2・2民集19巻1号1頁、大森忠夫「保険金受取人の指定と包括遺贈」保険契約法の研究356頁（有斐閣・1969年）、石井＝鴻・前掲（注14）250頁、田辺・前掲（注11）243頁、西嶋・前掲（注5）328頁、江頭・前掲（注4）458頁。

(注16) 大森・前掲（注6）273頁、田中＝原茂・前掲（注13）298頁、石田・前掲（注11）283頁。

(注17) 東京控判大7・3・26新聞1401号22頁、山下孝之「保険金受取人を『相続人』と指定した場合の効果」生命保険の財産法の側面200頁（商事法務・2003年）、山下（友）・前掲（注5）492頁。

(注18) 山下（友）・前掲（注3）5頁。

(注19) もっとも、傷害疾病定額保険契約に関する法72条1項の規定では、「保険事故」の代わりに、「給付事由」という用語が使われており、これは傷害疾病による治療、死亡その他の保険給付を行う要件として傷害疾病定額保険契約で定める事由を指すものである（法66条括弧書）。

(注20) 大森・前掲（注6）278頁、田辺・前掲（注11）244頁、石田・前掲（注11）288頁。

(注21) 補足説明第3の2(2)ア参照。

(注22) 大森・前掲（注6）278頁、西嶋・前掲（注5）332頁。

(注23) 大森・前掲（注6）278頁、西嶋・前掲（注5）332頁。

(注24) 石井＝鴻・前掲（注14）252頁、青谷和夫『保険契約法論Ⅰ（生命保険）』345頁（千倉書房・1967年）、山下（友）・前掲（注4）495頁。

(注25) 補足説明第3の2(2)ア参照。

(注26) 三宅一夫「他人の死亡の保険契約」大森＝三宅・前掲（注5）255頁、田辺康平「生命保険法における利益主義と同意主義」新潟大学法経論集第3集91頁（1952年）、江頭憲治郎「他人の生命の保険契約」ジュリ764号59頁（1982年）、青谷和夫「他人の生命の保険契約について――道徳的危険防止のための立法措置を中心として――」生命保険経営48巻4号85頁（1980年）、福田弥夫・生命保険契約における利害調整の法理15頁以下（成文堂・2005年）参照。

(注27) 大森・前掲（注6）269頁、西嶋・前掲（注5）322頁、田辺・前掲（注11）239頁、江頭・前掲（注4）471頁、同・前掲（注26）61頁、山下（友）・前掲（注4）273頁。

(注28) 保険金受取人が保険契約者兼被保険者を保険金取得目的で殺害した場合には、保険契約者および保険者と保険金受取人との間の信頼関係が破壊されるため、当該保険金受取人を指定した部分は効力を喪失し、保険契約者自身のための保険契約となるとした裁判例がある。大阪地判昭和62・2・27判時1238号143頁。

(注29) 大森・前掲（注6）279頁、同・前掲（注7）74頁、西嶋・前掲（注5）331頁、石田・前掲（注11）291頁、江頭・前掲（注4）473頁、山下（友）・前掲（注3）6頁、同・前掲（注4）496頁。

(注30) 石井照久「判批」法協59巻6号1020頁（1941年）、石井＝鴻・前掲（注14）250頁、大森忠夫「判批」大森＝三宅・前掲（注5）250頁、加藤勝郎「判批」保険判例百選136頁（1966年）、青谷・前掲（注24）345頁、実方謙二・生命保険判例百選〔増補版〕38頁（1988年）。

(注31) 山下（友）・前掲（注3）28頁。
(注32) 西嶋梅治「保険金受取人変更の方法」『生命保険契約法の変容とその考察』310頁（保険毎日新聞社・2001年）、石田満「生命保険金受取人の変更と通知」『保険契約法の論理と現実』338頁（有斐閣・1995年）、末永敏和「判批」昭和62年度主要民事判例解説204頁（1988年）、倉澤康一郎「判批」昭和62年重要判例解説115頁（1988年）、伊藤博「判例解説」ジュリ901号78頁（1988年）。
(注33) 田辺・前掲（注11）243頁、中村敏夫「保険金受取人の指定変更権の行使」『生命保険契約法の理論と実務』269頁（保険毎日新聞社・1997年）。
(注34) 田辺・前掲（注11）244頁、中村・前掲（注33）270頁。
(注35) 大森・前掲（注7）88頁、同・前掲（注6）279頁、青谷・前掲（注24）343頁、西嶋・前掲（注5）331頁、石田・前掲（注11）290頁、同・前掲（注32）338頁、田中＝原茂・前掲（注13）298頁、山下（友）・前掲（注3）8頁、同・前掲（注4）498頁、洲崎博史「保険金受取人の指定と変更」商事1330号21頁（1993年）。
(注36) 東京高判平成10・3・25金判1040号6頁。山本哲生「判批」平成10年重要判例解説112頁（1999年）、山下典孝「判批」本誌1050号57頁（1998年）参照。
(注37) 藤田友敬「判批」法協107巻4号708頁以下（1990年）。このような批判に対する反論として、栗田和彦「判批」私法判例リマークス17号114頁（1998年）がある。
(注38) 竹濱修「生命保険契約に固有の問題」商事1808号51頁（2007年）。倉澤康一郎『保険法通論』134頁（三嶺書房・1982年）、同・前掲（注32））115頁も、相手方のない意思表示とする通説の立場に疑問を示している。
(注39) 藤田・前掲（注37）711頁、竹濱・前掲（注38）51頁。また、江頭憲治郎「判批」生命保険判例百選［増補版］215頁（1988年）、藤田友敬「判批」商法（保険・海商）判例百選〔第2版〕81頁（1993年）は、保険金をめぐる遺族間の紛争の危険の少ない保険商品を販売すること自体は望ましいとして、保険者への通知をもって指定変更の効力発生要件とする約款条項の有効性を示唆した。
(注40) 中間試案第3の2(2)イ①Ｂ案。補足説明第3の2(2)イ参照。
(注41) 中間試案第3の2(2)イ②。補足説明第3の2(2)イ参照。
(注42) 保険法部会資料19・保険法の見直しに関する個別論点の検討(3)第9の1(2)参照。
(注43) 被保険者が死亡した後に保険金の受取りをめぐる紛争が生じやすく権利者確定のための明確な基準が必要となること、保険者による迅速かつ確実な事務処理を図るためにはやむを得ない措置であることから、学説の多くは、このような対抗要件を加重した約款規定を有効と解してきた。大森・前掲（注7）93頁、同・前掲（注6）280頁、西嶋・前掲（注5）333頁、山下（友）・前掲（注3）11頁、中村敏夫「保険金受取人の指定変更と保険証券の裏書」前掲（注33）334頁。
(注44) これまで、新保険金受取人に対する口頭の意思表示による受取人変更を認めた裁判例として、東京地判平成10・2・23生命保険判例集10巻81頁がある。岡野谷知広「判批」保険事例研究会レポート165号13頁（2001年）、山下典孝「保険金受取人の指定・変更」倉澤康一郎編『新版生命保険の法律問題』（本誌1135号）75頁（2002年）参照。
(注45) 石井照久・判例民事法昭和13年度261頁（有斐閣・1939年）、田中＝原茂・前掲（注13）299頁、大森・前掲（注7）77頁・80頁注15・92頁注4、青谷・前掲（注24）345頁、山下（友）・前掲（注3）7頁・11頁。
(注46) 中間試案では、生前の意思表示による保険金受取人変更に関する規律（法43条2項・3項に相当する規律）は任意規定とされ、そもそも保険金受取人の変更を認めないことも許容されると説明されていた（補足説明第3の2(2)イ）。これは、実務では、傷害・疾病保険契約については、約款上、保険金受取人指定・変更に関する規律が設けられていないものがあり、この場合には保険金受取人指定・変更ができない趣旨だと解されていること、また保険金をめぐる遺族間の紛争を避けるためにも、特約で受取人変更ができないとすることが認められるべきではないかといった考慮に基づいたものと思われる。ところが、その後、経緯は不明であるが、保険法の見直しに関する要綱案の審議の中で、立法担当官から、法43条2項および3項の規律は「強行規定」として整理すべきであるとの見解が示されるに至った（保険法部会第22回会議議事録および第23回会議議事録参照）。

III 保険契約の効力

12 遺言による受取人変更

住友生命保険相互会社総務部文書法務室副長　矢野　慎治郎

I　はじめに

　現行法上、保険金受取人の変更（以下「受取人変更」という。なお、「保険金受取人」のことを、以下「受取人」という）は遺言事項として明記されていないため、遺言による受取人変更の可否については、学説上、受取人変更を解釈論上遺言事項そのものと解することにより遺言による受取人変更を認める見解（以下「肯定説」という）（注1）、遺言事項としてではなく、受取人変更を相手方のない意思表示と解し、遺言においてなされる受取人変更も「遺言の場を借りた」相手方のない意思表示の単なる一例にすぎないと考えることによりその変更を認める見解（以下「遺言の場を借りた意思表示説」という）（注2）、遺言による受取人変更を否定する見解（以下「否定説」という）（注3）に分かれている状況にあると考えられる（なお、肯定説と遺言の場を借りた意思表示説との実質的な違いの一例として、方式に違背した遺言の中に受取人を変更する旨が記載されていた場合には、肯定説であれば変更を認めない（民法960条）こととなるが、遺言の場を借りた意思表示説であれば、なお相手方のない意思表示として変更を認め得ることになる点が挙げられる）。また、裁判例としても、事案の違いも影響しているところがあるように思われるが、遺言による受取人変更を認める裁判例（東京高判平成10・3・25判タ968号129頁、神戸地判平成15・9・4判タ1162号108頁、京都地判平成18・7・18本誌1250号43頁等）と認めない裁判例（最判昭和40・2・2民集19巻1号1頁、東京高判昭和60・9・26金法1138号37頁、名古屋高判平成13・7・18保険事例研究会レポート173号8頁、東京高判平成13・4・25本誌1131号31頁等）が存在している（なお、遺言による受取人変更を認める裁判例が、学説上の肯定説をとったものなのか遺言の場を借りた意思表示説をとったものなのかは判然としない（注4））。

　このような状況の中、保険契約者の意思の尊重や、高齢化社会における遺言の重要性（注5）等の観点から、保険法上、受取人変更が遺言事項として法定された。

　そこで、本稿では、遺言による受取人変更に関し、保険法で手当てされた内容の概要等を説明したうえで（II）、主として保険者の視点から理論・実務に与える影響を検討し（III）、最後に今後の展望について述べる（IV）こととする。

II　今回の改正点の概要等

1　生命保険について

(1)　受取人変更を遺言事項として法定

　法44条1項において、「保険金受取人の変更は、遺言によっても、することができる。」と規定されている。同項は任意規定とされているが、これは、そもそも受取人変更を認めない旨の約定も許容されることとの関係上、遺言による受取人変更ができない旨の約定や、遺言によって変更ができる受取人の範囲を一定の者に限定する旨の約定も許されるべきとの考えに基づくものである（注6）。

受取人変更が遺言事項として法定されたことにより、遺言による受取人変更には民法上の遺言規整が及ぶことになる。したがって、たとえば、遺言による受取人変更は、（保険契約者と被保険者が同一の場合には）遺言者の死亡によってその効力が生ずると考えられ（民法985条）（注7）、保険契約者が受取人変更をする旨の遺言をした後に、遺言あるいは遺言以外の方法により、さらに別の者に受取人を変更した場合には、遺言が撤回されたことになると考えられる（民法1023条）（注8）。また、方式に違背したこと等により遺言が無効になる場合には、その遺言を根拠としては受取人変更の効力は生じないと考えられること（注9）、遺言以外の方法による受取人変更は保険者に対する意思表示によってする旨（法43条2項）が強行規定として整理されていること（注10）から、保険法上、遺言の場を借りた意思表示説はとり得なくなったといえよう。

なお、保険法部会において、迅速・確実な保険金の支払の観点から、遺言によって受取人を変更する場合の必要的記載事項（受取人変更である旨の明示や、どの保険契約のどの保険金請求権について誰を受取人とするのか等）を法定するかどうかが議論されたが、どのような意思表示があれば受取人変更といえるかということは遺言以外の方法による場合にも問題になり得ること、民法上の厳格な遺言の方式にさらなる要件を加重すれば保険契約者の意思を尊重しようとする趣旨を阻害しかねないこと、他の遺言事項と併せて受取人変更をする旨の遺言がなされたような場合に、必要的記載事項を欠くというだけで受取人変更の部分のみが無効となれば、遺言の解釈にあたって支障が生じるおそれがあること、遺言の内容が不明確であれば債権者不確知（民法494条後段）として保険金を供託する余地もあること等から、必要的記載事項は法定されていない（注11）。

(2) 保険契約者と被保険者が別人である場合の遺言による受取人変更

保険契約者と被保険者が別人である（以下「他人を被保険者とする生命保険」という）生命保険についても遺言による受取人変更を許容するか否かが保険法部会において議論された。この点については、保険契約者が遺言によって受取人変更をしても、その相続人がさらに受取人を変更したり保険契約の任意解除をしたりすることができるし、そもそもそれほどニーズが高くないとも思われるものの、遺言以外の方法による受取人変更が可能である以上、遺言の場合にのみ不可能とする必要性や合理性がなく、むしろ保険契約者の意思を尊重する観点からは可能とするのが相当と考えられること、それほどニーズが高くないにしても、法律で認めないのは行き過ぎと考えられることから、他人を被保険者とする生命保険についても遺言による受取人変更は許容されている（注12）。

他人を被保険者とする死亡保険について遺言による受取人変更をする場合には、被保険者の同意が効力発生要件となる（法45条）が、この同意の時期に関しては、遺言の効力発生時（遺言者（保険契約者）死亡時。民法985条）までに限る必要はなく、遅くとも保険事故が発生（被保険者が死亡）するまでに同意が得られていれば足りると考えられる（注13）。また、同意の相手方に関しては特段の規律は設けられず、解釈に委ねられている（注14）ため、同意は保険者あるいは保険契約者に対してなされればよいと考えられる（注15）。

なお、他人を被保険者とする生命保険において、遺言作成後、保険契約者死亡前に保険事故が発生したときは、（たとえ遺言作成時に被保険者の同意が得られていたとしても）遺言の効力が生じる前に保険金の支払事由が発生していることになるため、受取人変更の効力は生じないと考えられる（注16）。また、保険契約者と被保険者が同一の生存保険について遺言による受取人変更をしたとしても、遺言の効力が発生する（保険契約者兼被保険者が死亡する）前に生存保険金の支払事由が生じるか、あるいは遺言の効力発生により生存保険金の支払が不能となるか、必ずどちらかになってしまうため、生存保険の場合には、

他人を被保険者とするものに限り遺言による受取人変更をする意味がある（注17）ということになる。

(3) 遺言による受取人変更の保険者に対する対抗要件

　法44条2項において、「遺言による保険金受取人の変更は、その遺言が効力を生じた後、保険契約者の相続人がその旨を保険者に通知しなければ、これをもって保険者に対抗することができない。」と、保険者に対する対抗要件が規定されている。同項は対抗要件を定めた規定であることから、その性質上強行規定と整理されているが（注18）、これは保険者の二重弁済の危険を防止する趣旨で設けられたものであり、遺言による受取人変更がなされていても、その旨が保険者に通知される前に保険者が旧受取人に対して保険金を支払った場合には、保険者は保険金支払義務を免れることとなり、遺言により新たに受取人となった者は、保険金を受領した旧受取人に対して、不当利得として保険金の返還を請求することになると考えられる（注19）。保険法部会において、迅速・確実な保険金の支払の観点から、保険者への通知を保険契約者の相続人が全員ですることとすべきかどうかが議論されたが、保険者が遺言の内容を明確に確認できる場合等もあり得ること、遺言による受取人変更の有効性について争いがある場合には債権者不確知（民法494条後段）として保険金を供託する余地もあること等から、相続人が複数存在する場合においても、そのうちの1人が保険者に通知をすれば対抗要件を満たすものとされている（注20）。また、遺言執行者による保険者に対する通知も対抗要件として認められるが、このことは民法1012条1項・1015条1項から当然に導かれると考えられるため（注21）、保険法上、遺言執行者は通知の主体として規定されていない。

2　傷害疾病定額保険について

　傷害疾病定額保険についても、生命保険の場合と同様の考え方に基づき、「保険金受取人の変更は、遺言によっても、することができる。」（法73条1項）と受取人変更が遺言事項として規定されたうえで、保険者に対する対抗要件が「遺言による保険金受取人の変更は、その遺言が効力を生じた後、保険契約者の相続人がその旨を保険者に通知しなければ、これをもって保険者に対抗することができない。」（法73条2項）と定められている。

　また、他人を被保険者とする傷害疾病定額保険について遺言による受取人変更をする場合には、①給付事由が傷害疾病による死亡のみであるもの、②①以外のもののうち変更後の受取人が被保険者（被保険者の死亡に関する保険給付にあっては被保険者またはその相続人）でないものについては、被保険者の同意が効力発生要件となる（法74条）。

3　経過措置・附帯決議について

　経過措置の原則として、保険法は施行日以後に締結された保険契約について適用するとされている（附則2条）。そして、例外的に施行日前に締結された保険契約にも適用される規律としては、保険事故や給付事由が施行日以後に発生した場合における保険給付の履行期（法52条・81条）、施行日以後に差押債権者等が保険契約を解除した場合におけるいわゆる受取人の介入権（法60～62条・89～91条）等が掲げられているものの、遺言による受取人変更については掲げられていない（附則4条・5条）。つまり、遺言による受取人変更に関する規律は、保険法施行日以後に締結された保険契約についてのみ適用するというのが保険法のたたずまいである。

　なお、参議院法務委員会において、政府および関係者が「立法趣旨や遺言による保険金受取人の変更などの新たに設けられた制度の内容が消費者に十分認識されるよう、周知を徹底すること」について格段の配慮をすべき旨の附帯決議が採決されている。

Ⅲ　理論・実務に与える影響

　以下、主として保険者の視点から、遺言による受取人変更について保険法上手当てされたことが理論・実務に与える影響を検討する。

1　任意規定性について

　既述のとおり、「保険金受取人の変更は、遺言によっても、することができる。」（法44条1項・73条1項）との規定は任意規定とされているため、遺言による受取人変更ができない旨の約定等も合理的なものであれば許容されると考えられる。たとえば、死亡給付以外の傷害疾病定額保険に係る給付では、傷害疾病による経済的損失は被保険者自身等に生じるのが一般的であり、自由な受取人変更を認めることは妥当でないとの観点から、現行約款上、被保険者等に受取人が固定されている（注22）が、このような約定は合理的なものであり、遺言による受取人変更ができない旨の約定という観点からも許容されるのではないかと思われる。ただ、この他にも、現行約款上、受取人が固定されている場合や変更可能な受取人の範囲が限定されている場合があると考えられ、そのような約定が、受取人変更が可能であることが原則とされ、併せて受取人変更が遺言事項として定められた保険法のもとにおいても許容されるものかどうか、約款の書きぶりも含めて検証する必要があると考えられる。

2　民法上の遺言規整との関係について

(1)　遺言の方式違背、遺言の撤回との関係

　法44条2項・73条2項では、「その遺言が効力を生じた後……その旨を保険者に通知しなければ、これをもって保険者に対抗することができない。」と規定されているため、無効な遺言（たとえば、方式違背の遺言あるいは撤回された遺言）に基づく通知では対抗要件を備えられず、それらの通知は無意味な通知ということになると考えられる（注23）。よって、遺言を提示された保険者は、まずはその遺言が民法の定める方式に違背していないかどうかを確認する必要があろう。提示された遺言がさらに後日付の遺言により撤回されているかどうかについては、当該後日付の遺言が提示されない限り保険者は知りようがないため、遺言の撤回との関係では、「さらに新しい遺言がある」といった別段の申出等がない限り、保険者としては、提示された遺言の日付と自らが把握する保険者への意思表示（法43条2項・72条2項）による受取人変更の経緯とを付け合わせ、その先後関係を確認したうえで対応すれば注意義務を果たしたことになるであろう。

　結果的に無効な遺言に従い保険金を支払った場合でも、保険者として十分に注意を尽くしたうえでのことなのであれば、保険者は免責される（民法478条）と考えられるが、上記のような確認をすることなく、方式違背が明らかな遺言あるいは保険者に対する意思表示により明らかに撤回されている遺言に基づいて保険金を支払った場合には、保険者として十分な注意を尽くしたとはいえず、保険者は免責されないように思われる。

(2)　遺言の解釈との関係

　遺言には民法上厳格な方式が定められているとはいっても、方式要件を満たしたうえでなおその内容が不明確な遺言というものもあり得る。遺言による受取人変更の必要的記載事項を法定することへのハードルは確かに高かったであろうと思われるが、一方で、遺言による受取人変更の意思表示として認められるための要件が何も法定されなかったことにも起因して、遺言の解釈との関係で難しい問題が顕在化すると考えられる。以下、過去の裁判例で問題になったような事案をもとに検討する。

①　遺言の中に受取人変更である旨が明確に記載されていない場合

　まず、遺言の中に受取人変更である旨が明

確に記載されていない場合、たとえば、受取人をＡとする他人のためにする生命保険があるときに、「全財産をＢに遺贈する」という遺言がなされたケースについては、どのように判断すればよいのであろうか。遺言者の真意を探求し、できる限り有効なものとして解釈すべきであるとする民法上の通説・判例（注24）によれば、Ｂが受取人となる余地もあるように思われる（注25）。一方、保険金請求権は保険契約の効力発生と同時に受取人に指定された者の固有財産となり、保険契約者兼被保険者の遺産より離脱しているとする判例（最判昭和40・2・2民集19巻1号1頁）に従えば、従前のＡが受取人となると思われる。

従来より、遺言は相手方のない単独行為であるから、相手方の保護や取引安全を考慮する必要がなく、いわゆる意思主義に従って遺言者の真意を問題にするだけでよいとされ（注26）、遺言の解釈にあたっては、遺言書作成当時の事情および遺言者の置かれていた状況などを考慮して遺言者の真意を探求すべきであるとされている（注27）が、受取人変更は、保険者からみれば保険金支払の相手方を確定するという取引的側面を有しており、いたずらに主観的解釈によることは保険者の二重弁済の危険を生ぜしめるという問題がある点、一般の遺言事項とは異なる面がある（注28）。受取人変更に関し、意思主義に従って遺言書作成当時の事情や遺言者の置かれていた状況などを考慮して遺言者（保険契約者）の真意を探求することを、大量の保険契約を取り扱う中で迅速に保険金を支払わなければならない保険者に要求するのは、保険者に過大な負担を強いることになり妥当ではないと考えられる。迅速な保険金の支払等の観点から、保険法上、保険給付の履行期につき新たな規律が設けられ（法52条・81条）、国会審議でも保険金支払に際しての必要な調査が遅滞なく行われるよう非常に強い要請があった一方で、受取人変更を遺言事項とすることに伴うトラブル発生や保険者の二重弁済の懸念についても国会審議で表明されたことを想起すればなおさらである。

また、他人のためにする保険においては、保険金請求権は保険契約者の財産には含まれず、受取人の固有財産であるという考え方が民商法学説上の通説（注29）であり、既述のとおり判例でもある。既存の遺言事項（注30）については、相続人が遺言によって受ける財産面での影響は、相続権という期待権への影響にすぎず、兄弟姉妹以外の相続人は、相続欠格・廃除・相続放棄の場合を除いて遺留分制度により保護される（民法1028条）が、受取人変更は、旧受取人からみれば、条件付とはいえ自らの固有の財産を、保険契約者の意思次第で、無理由で全面的に奪われ得るものであるという意味で、一般の遺言事項とは異なる面があると思われ、旧受取人の地位への配慮も必要であると考えられる。

以上のように、受取人変更という遺言事項は、保険者の迅速・確実な保険金支払と二重弁済の危険防止および旧受取人の地位への配慮の必要性という点で、一般の遺言事項とは異なる特殊性をもつものと考えられるため、基本的には意思主義によるのではなく、表示主義に従った解釈基準をとるべきと思われ、「全財産を遺贈する」といった受取人変更である旨が明確に示されていない遺言は、特段の事情がない限り受取人変更の意思表示には該当しないと解釈すべきであると思われる。遺言による受取人変更を認めた裁判例（東京高判平成10・3・25判タ968号129頁等）が、「その意思表示が外部から明確に確認できるものである限り、単独の意思表示としてすることも許容すべき」と述べていることも、表示主義に従った解釈基準をとる考え方につながるのではなかろうか。また、相続財産の遺贈という遺言事項とは別に、保険金請求権という受取人の固有財産の変動を伴う受取人変更が遺言事項として法定された状況下において、受取人変更である旨を遺言に明示していない場合には、当該遺言では受取人変更はされていないと解釈するのが自然ではなかろうか。

遺言の解釈に係る民法上の通説・判例との

関係上、遺言による受取人変更についても意思主義に従って解決せざるを得ないということであっても、保険者が遺言者の真意を探求することには限界があり、不明確な遺言の解釈リスクを保険者に負わせるのは妥当でないと考えられるため、取引の安全（保険者の二重弁済の防止）と遺言者（保険契約者）の真意の探究との合理的調整の観点から、対保険者関係では表示主義に従い客観的解釈を行いつつ、受取人の地位を争う者相互の関係では遺言者（保険契約者）の真意を探究するという相対的解決を図るのが妥当であると考える（注31）。つまり、対保険者関係では「全財産を遺贈する」という遺言は、原則として受取人変更には該当しないと解釈したうえで、あとは受取人の地位を争う者の間で真意の探究を行うということである。

② 変更対象の特定が困難な場合

次に、受取人変更である旨は明確になっているものの、変更対象である保険契約や保険金請求権の特定が困難な場合はどうであろうか。たとえば、名古屋高判平成13・7・18保険事例研究会レポート173号8頁（この裁判例自体は、遺言上の一部の新受取人が、保険金を受領した旧受取人に対して不当利得返還請求をしたという事例である）の事案のように「死亡生命保険（甲生命・乙生命）の受取人を変更する。右生命保険のうち1000万円をX、1000万円をB、1000万円をF、2000万円をE、残りをYに残す」といった旨の遺言がなされたケースにつき、甲生命に対して遺言の内容が通知され、Xから保険金支払請求がなされた場合はどうすればよいであろうか。当該裁判例では、2件の生命保険の各保険金額に応じた按分額で、それぞれの保険契約につき、その受取人および受取額を変更するものと判示されているが、そのように解したとしても、「残りをYに残す」という部分があるため、甲生命としては、乙生命の生命保険の保険金額がわからなければ支払いようがない。複数の保険契約が締結されている場合において、さらにこの事案以上に変更対象の特定が困難な遺言がなされるケースもあり得る。たとえば、「3件の保険契約につき、云々……」という遺言を残していたが、実際には保険契約が2件であったとか、あるいは5件の保険契約があったということもあり得るし、保険契約ということであれば、その中に、保険契約者貸付や保険料自動振替貸付があったことにより支払金額が減額されるもの、告知義務違反解除や自殺免責により保険金が支払われないもの、災害割増特約が付加されており、死亡原因によって支払保険金額が変わってくるもの等が含まれている場合も考えられ、保険契約ごとに保険者や受取人が異なることもあることを踏まえると、どの保険契約につきいくらの保険金額が誰に帰属するのかの判断が極めて困難となる可能性が容易に想像できる。受取人変更である旨は明確であるものの、変更対象の特定が困難な遺言の場合、保険者としては、債権者不確知として供託することになるように思われるが、遺言執行者からの請求に基づき約定の保険金を支払うことにより保険者としての債務の履行が完了することとし、その後の変更対象を特定して保険金を振り分ける作業は遺言執行者の職務とする（民法1012条1項）ことも考えられようか。

3　他人を被保険者とする保険契約について

他人を被保険者とする死亡保険・一定の傷害疾病定額保険の受取人を変更する旨の遺言が提示された場合には、既述のとおり被保険者の同意が効力発生要件となるため（法45条・74条）、保険者としては被保険者同意の有無を確認する必要がある。

たとえば、受取人を変更する旨の遺言と併せて、被保険者がその変更に同意する旨の書面を残している場合には、基本的には、遺言作成時（遺言の効力発生前）に被保険者が遺言をする保険契約者に対して同意していると考えてよいのではないかと思われる（もっとも、この場合でも、遺言の効力が生じる前に保険金の支払事由が発生していれば遺言は執行不能となる）。しかし、遺言の秘密性から、遺言作成時に被保険者が同意しておらず、保険

契約者である遺言者が死亡した時点でも、その変更の意思表示の存在を被保険者が認識していないケースが一般的ではないかと考えられるため、そのようなケースにおいては被保険者の同意を別途確認することとなろう。また、遺言に対する被保険者同意の確認が得られる前に、遺言者の相続人がさらなる受取人変更の意向を示したような場合等には、個別の対応が必要かもしれない。

4　保険者に対する対抗要件について

(1)　対抗要件と遺言の確認等との関係

　遺言による受取人変更がなされていたとしても、その旨が保険者に通知されなければ、保険者に対抗できないため（法44条2項・73条2項）、遺言による受取人変更について何らの情報も得ていない中で保険者が遺言による受取人変更の有無を確認・調査する義務はないと考えられる（もっとも、保険者が保険契約者から事前に「遺言による受取人変更をしているから、それに従って保険金を支払ってほしい」と告げられていた等特段の事情があった場合には、別段の考慮が必要とも思われる）。

　また、保険契約者の相続人等から保険者に対して、受取人を変更する旨の遺言があると通知されても、保険契約者が死亡した事実を確認できる書類（戸籍謄本あるいは除籍謄本）や遺言の原本（公正証書遺言以外のものであれば、検認（注32）済みのもの）が提示されなければ、保険者は遺言の効力が発生しているのかどうか、遺言による受取人変更が本当になされているのかどうかについて判断のしようがなく、手続を進めることができないため、保険者は通知に際してこれらの書類の提示を求める必要があると考えられる。また、他人を被保険者とする死亡保険・一定の傷害疾病定額保険の受取人を変更する旨の遺言が提示された場合には、被保険者の同意を証する書面を求める必要がある場合もあろう。対抗要件としての通知に際してこのような書類を求めることには必要性・合理性があり、法44条2項・73条2項の強行規定性に反しないと考えられる。

(2)　対抗要件制度に係る懸念

　既述のとおり、相続人が複数存在する場合においても、そのうちの1人が保険者に通知をすれば対抗要件を満たすものとされているが、そうなると、遺言上の新受取人が相続人のうちの1人でもあった場合には、当該新受取人からの通知があれば対抗要件を具備したことになると考えられる。確かに、保険者が遺言の内容を明確に確認できる場合には、当該新受取人からの通知を対抗要件としても問題ないようにも思われるが、遺言の執行に際し善管注意義務を課され（民法1012条2項）、また、遺言の有効性を検討する責務を有する（注33）遺言執行者と異なり、新受取人兼相続人からの通知となれば、（特に、偽造・変造等の危険がある自筆証書遺言（注34）による場合を想起すると）遺言による受取人変更の事実がないにもかかわらず自分に受取人が変更されたと称して保険者に通知されるリスクもある（注35）と考えられるため、相続人のうちの1人からの通知を対抗要件として認めたことによって、かえって保険法上の対抗要件制度が機能しない場面もあるのではないかと思われる（注36）。また、仮に保険者が遺言の解釈に関し意思主義に従い遺言者（保険契約者）の真意を探求しなければならないとなれば、内容が不明確な遺言に基づく通知であってもその遺言が方式等の有効要件さえ満たしていれば、当該通知により対抗要件を具備したことになるように思われ、それでは保険者の二重弁済の危険を防止するという趣旨が全うされないのではないかと懸念される。

(3)　対抗要件を具備しない通知

　(2)の懸念はさておき、保険契約者の相続人でも遺言執行者でもない者から、自分に受取人を変更する旨の遺言があったとの通知があり、保険者としてもそのことが明確に確認できたケースについてはどのように対応すればよいであろうか。相続人でも遺言執行者でも

ない者からの通知では対抗要件は具備されないため、別途通知権者からの通知がない限り、保険者としては旧受取人に保険金を支払い、あとは新旧受取人間で解決してもらうというのが理論的な考え方になるのだろう。しかし、一律にこのような理論的な考え方に基づく対応をすれば、遺言上の新受取人がたまたま相続人の1人かどうかということだけでまったく取扱いを違えることになるし、通知権者からの通知といっても遺言で相続人からそれ以外の者に保険金受取人を変更しているのであれば相続人からの通知を期待できず（注37）、遺言執行者を選任するにも費用が必要になるため（民法1018条）、果たしてそれで顧客の理解が得られるのかどうか、遺族間で余計な紛争が生じ、逆に保険法の目指すところが達成できなくなるのではないか、という懸念がある。対抗要件としての通知が強行規定と整理されたとはいっても、その趣旨は保険者の二重弁済の防止であり、商法下のものではあるが、保険契約者の相続人でも遺言執行者でもない者からの通知を対抗要件としての通知と捉えているように思われる裁判例（京都地判平成18・7・18本誌1250号43頁等）があることからも、通知権者からの通知がなければ一切受け付けないと割り切ってしまっていいのかどうか、躊躇を覚える。よって、上記のようなケースにおいては、通知権者からの通知がなくても保険者が遺言上の新受取人に対して保険金を支払うことはあり得るのではないかと考えられる。ただ、この場合、遺言による受取人変更が有効でなかったことのリスクは保険者が負う（注38）と考えるのは妥当ではないと思われる。通知権者からの通知が得られない中で、保険者として十分に注意を尽くして遺言の内容等を確認したうえで遺言上の新受取人に支払った後に、その遺言が別の遺言により撤回されていたことが判明した場合等には、保険者は準占有者弁済として保護される（民法478条）と考えるべきではなかろうか。

また、封印のある自筆証書遺言・秘密証書遺言の開封前に、「遺言に保険のことが書いているかどうかは遺言の開封手続（注39）が済まないとわからないが、生前に遺言による受取人変更をほのめかしていたようなので、（旧）受取人から保険金支払請求があっても支払わないでほしい」との通知が、遺言執行者や選任申立手続段階の遺言執行者予定者からなされた場合（注40）も、対抗要件として不十分であると思われるが、このような状況の中で、保険者が把握している受取人から保険金支払請求があった場合にどう対応するのかということも実務的な検討課題になるのではないかと考えられる。上記の場合には遺言による受取人変更の対抗要件が具備されておらず、保険者として遺言の内容も確認できないということで、当該請求に基づき保険金を支払っても保険法上の問題はないと考えられるが、保険者の実務としては一律に割り切ってそのような対応をすることには抵抗感があるのではなかろうか。かといって、いつまでも保険金の支払を留保していると、保険金請求者の保護の観点から問題が生じ得よう（遺言の検認申請からその開封→検認終了までに実際は2〜3か月の期間を要するようである）。事実上、個別に対応せざるを得ないのではないかとも考えられるが、保険契約者の意思の尊重と（旧）受取人保護の調整の観点からこのような事案に対応するために、たとえば保険給付の履行期（法52条・81条）に関して約款上の手当てができるかどうかということも検討課題になるかもしれない。

5　団体保険について

団体保険との関係でいえば、（遺言以外の方法による場合も課題があろうが）Bグループ保険（注41）の被保険者が遺言による受取人変更をすることができるかという問題が顕在化すると考えられる。Bグループ保険は任意加入型であり、保険料を負担するのも受取人が誰であるかにつき実質的な利害関係を有するのも被保険者であるため、被保険者の意思尊重の観点から、基本的にはBグループ保険の被保険者が遺言によって受取人を変更するこ

とを認めるべきとの考え方（注42）もあり得るように思われる。一方で、東京高判平成13・4・25本誌1131号31頁と同様に、生命保険契約における受取人変更権は保険契約者が有するものであり、団体保険における保険契約者はあくまで団体（法人）ということであれば、たとえBグループ保険であっても、団体保険は遺言による受取人変更ができる保険契約ではないとの考え方もあり得よう。この点は更なる理論的・実務的検討が必要と考えられる。

6　いわゆる受取人の介入権との関係について

　保険法上、死亡保険・傷害疾病定額保険の保険契約者が当該保険契約の差押や破産手続開始の決定等を受け、差押債権者等から保険者に対して当該保険契約の解除が通知された場合において、一定の期間内に、一定の要件を満たす受取人が、保険契約者の同意を得て解約返戻金相当額を差押債権者等に支払い、保険者に通知することにより、当該保険契約を存続させる制度（いわゆる受取人の介入権）が新設されている（法60～62条・89～91条）が、この介入権と遺言による受取人変更との関係が問題になる場合があると思われる。たとえば、保険契約者兼被保険者をA、受取人をBとする死亡保険につき、AがBからCに受取人を変更する旨の遺言をした後、Aが経済的な破綻に陥ったため当該遺言を知らないBが介入権を行使して保険契約を存続させ、その後Aが死亡したようなケースにおいては、保険法上は、受取人はCとなり、介入権を行使して保険契約を存続させたBが保護されないという事態が生じると考えられる。Bが介入権を行使して保険契約を存続させた後にAがBからCに受取人を変更する旨の遺言をした場合も同様である。

　介入権を行使した者の生活保障を重視するという観点からの実務的な解決策としては、たとえば、介入権の行使に際して、可能な範囲で保険契約者を介入権者に変更するということが考えられる。

7　経過措置について

　既述のとおり、遺言による受取人変更に関する規律は、保険法施行日以後に締結された保険契約についてのみ適用するというのが保険法のたたずまいである。しかしそうなると、すでに生命保険や傷害疾病定額保険は我が国において広く普及しており、当該保険が一般的に長期性を有することから、遺言による受取人変更の規律が適用される保険契約よりも適用されない保険契約の方がはるかに多い状態が長らく続くことになり、規律を設けた効果が十分に発揮されないということになりはしないか。施行日前に締結された保険契約と施行日以後に締結された保険契約との間で規整の齟齬が生じ、（少なくとも理論上は）施行日前に締結された保険契約については、否定説や遺言の場を借りた意思表示説を採用する余地が生じることになるのではなかろうか。たとえば、施行日前に締結された保険契約（保険契約A）と施行日以後に締結された保険契約（保険契約B）について、ともに受取人を変更する旨の遺言をしたというケースにおいて、保険契約Bについては変更を認め、保険契約Aについては変更を認めないということになれば、顧客が理解困難となり、保険者の実務対応も複雑になって、大きな混乱が生じることになるように思われる。

　高齢化社会における遺言の重要性に鑑みれば、遺言による受取人変更に関する規律を保険法施行日前に締結された保険契約にも適用するという選択肢はなかったのだろうかと思われるが、保険法上の経過措置にかかわらず、施行日前に締結された保険契約についても遺言による受取人変更に関する規律が及ぶという前提での実務の構築を目指した方が、保険契約者の意思の尊重という観点から妥当と思われるし、また、顧客にとっても保険者にとっても合理的なのではないかと考えられる。

III　保険契約の効力

IV　今後の展望

　IIIでとりあげた理論的・実務的課題については今後もさらなる検討が必要であろうが、そのうちの最も大きな問題の1つとして、遺言の解釈との関係が挙げられると思われる。既述のとおり、参議院では「遺言による保険金受取人の変更などの新たに設けられた制度の内容が消費者に十分認識されるよう、周知を徹底すること」について格段の配慮をすべき旨の附帯決議が採決されているが、法律問題以前のこととして、保険金をめぐる遺族間の紛争が発生する余地をより少なくし、迅速・確実な保険金の支払を確保する観点から、遺言により受取人変更をする場合には、受取人変更である旨の明示の他、対象保険契約や新受取人等を特定するよう周知することも非常に重要ではなかろうか（注43）。

　また、繰り返しになるが、保険法上の経過措置にかかわらず、施行日前に締結された保険契約についても遺言による受取人変更に関する規律が及ぶという前提での実務の構築を目指した方が、保険法の趣旨を十分に生かすことにつながるのではないかと考えられる。

(注1)　中村敏夫『生命保険契約法の理論と実務』288-295頁（保険毎日新聞社・1997年)、山本哲生「判批」平成10年度重要判例解説（ジュリ1157号）113頁（1999年)、山下友信『保険法』（有斐閣・2005年）500頁等。
(注2)　大塚英明「判批」『生命保険判例百選〔増補版〕』（別冊ジュリ97号）217頁（1988年)、山下典孝「遺言による保険金受取人の指定・変更について」文研論集124号160・161頁（1998年）等。
(注3)　「平成4年10月6日日本公証人連合会法規委員会協議」公証102号224・225頁（1993年)、中西正明「追加説明」保険事例研究会レポート188号23頁（2004年）。
(注4)　山下友信『現代の生命・傷害保険法』34頁（弘文堂・1999年）。
(注5)　補足説明80頁。
(注6)　補足説明82頁。
(注7)　部会資料11・24頁。
(注8)　補足説明80頁。
(注9)　補足説明81頁。
(注10)　保険法部会資料25・5頁、保険法部会第22回議事録27頁、保険法部会資料26・15頁、保険法部会第23回議事録19頁。
(注11)　保険法部会資料6・6頁、保険法部会第5回議事録40・43頁、保険法部会資料11・25頁、補足説明81頁、保険法部会資料19・10・11頁、保険法部会第18回議事録49・51・52頁。
(注12)　保険法部会資料6・6頁、保険法部会第5回議事録40・43頁、補足説明82頁、保険法部会資料11・26頁、保険法部会第18回議事録48〜50頁。
(注13)　保険法部会資料11・26頁、補足説明82頁。
(注14)　保険法部会資料19・10頁、保険法部会第18回議事録44頁。
(注15)　山下（友）・前掲（注1）269頁。
(注16)　保険法部会第5回議事録40頁、保険法部会第18回議事録49頁。
(注17)　補足説明82頁。
(注18)　保険法部会資料25・5頁、保険法部会第22回議事録27頁、保険法部会資料26・15頁、保険法部会第23回議事録19頁。
(注19)　山下（友）・前掲（注1）501頁参照。
(注20)　保険法部会資料11・24頁、保険法部会資料19・10頁、保険法部会第18回議事録44・49・50頁、保険法部会第22回議事録34頁。
(注21)　保険法部会資料25・5頁、保険法部会第22回議事録2頁。
(注22)　山下（友）・前掲（注1）524〜526頁。
(注23)　保険法部会第22回議事録35頁。
(注24)　中川善之助＝加藤永一編『新版注釈民法（28）相続（3）〔補訂版〕』50頁〔加藤永一〕（有斐閣・2002年）参照。
(注25)　星野英一「判批」法協82巻5号684・685頁（1966年）参照。
(注26)　中川＝加藤編・前掲（注24）50頁〔加藤永一〕。
(注27)　最判昭和58・3・18（家月36巻3号143頁）。
(注28)　山下（友）・前掲（注4）38頁。
(注29)　山下（友）・前掲（注1）511頁、内田貴『民法IV〔補訂版〕』371頁（東京大学出版会・2004年）。
(注30)　既存の遺言事項については、内田・前掲（注29）462・463頁。
(注31)　洲崎博史「保険金受取人の指定・変更」商事1330号20頁（1993年)、山下（友）・前掲（注4）38頁参照。
(注32)　検認は、遺言が有効かどうかを判定するも

のではないが、遺言の執行のためには検認手続を経る必要があると考えられるため（内田・前掲（注29）478頁）、実務上は検認済みの遺言の提示を求めることになるのではないか。
(注33) 中川＝加藤編・前掲（注24）318頁［泉久雄］参照。
(注34) 内田・前掲（注29）464頁。
(注35) 中村・前掲（注1）256頁。
(注36) 商法上、対抗要件としての通知は変更後の新受取人がすることは認められないとされている（山下（友）・前掲（注1）502頁）。
(注37) 山下（友）・前掲（注1）502頁。
(注38) 山下（友）・前掲（注1）503頁。
(注39) 封印のある遺言書の開封は、家庭裁判所で相続人またはその代理人の立会いをもってしなければならない（民法1004条3項）。
(注40) 誠実な遺言執行者であればある程、このような通知をするということになるのではないかとも思われる。
(注41) Bグループ保険は、保険料を団体構成員である被保険者が負担するものであり、形式的には保険契約者は団体となっているものの、受取人の指定に関して実質的に利害関係を有するのは被保険者である。
(注42) 武知政芳「判批」私法判例リマークス25号111頁（2002年）。
(注43) 時岡泰「遺言による生命保険金受取人の変更」310頁（公証法学30号・2001年）参照。

Ⅲ 保険契約の効力

13 保険事故発生前に保険金受取人が死亡した場合

弁護士 和田 一雄

Ⅰ はじめに

本稿では、保険事故発生前に保険金受取人が死亡した場合の取扱いについて取り扱う。①改正点の概要、②受取人指定の効力についてのこれまでの学説および判例の概要、③複数人の保険金受取人の取得割合についての学説および判例、④保険法が実務に与える影響、⑤今後の展望という順序で言及する。

Ⅱ 改正点の概要

(1) 商法は、675条1項但書において「……保険契約者カ別段ノ意思ヲ表示シタルトキハ其意思ニ従フ」とし、同条2項において「前項但書ノ規定ニ依リ保険契約者カ保険金額ヲ受取ルヘキ者ヲ指定又ハ変更スル権利ヲ有スル場合ニ於テ其権利ヲ行ハスシテ死亡シタルトキハ保険金額ヲ受取ルヘキ者ノ権利ハ之ニ因リテ確定ス」と規定して、契約者が死亡保険金受取人の指定変更権を留保することを認める一方、契約者が指定変更権を行使せずに死亡したときは、死亡保険金受取人の指定が確定するとしていた(以下、契約者が指定した死亡保険金受取人を「指定受取人」という)。

これに加え、商法676条1項において「保険金額ヲ受取ルヘキ者カ被保険者ニ非サル第三者ナル場合ニ於テ其者カ死亡シタルトキハ保険契約者ハ更ニ保険金額ヲ受取ルヘキ者ヲ指定スルコトヲ得」、同条2項において「保険契約者カ前項ニ定メタル権利ヲ行ハスシテ死亡シタルトキハ保険金額ヲ受取ルヘキ者ノ相続人ヲ以テ保険金額ヲ受取ルヘキ者トス」と規定した。すなわち、死亡保険金受取人の指定変更権を留保していなくとも、指定受取人が死亡したときに、契約者は、死亡保険金受取人を新たに指定することができるとする一方、指定受取人が契約者よりも先に死亡し、その後、契約者が死亡保険金受取人の指定変更権を行使せずに死亡した場合においては、指定受取人の相続人が死亡保険金受取人になるとの規定を設けていた(この条文をどのように解釈するかについて学説上争いがあったことは後記のとおり)。

(2) これに対し、保険法は、43条1項において「保険契約者は、保険事故が発生するまでは、保険金受取人の変更をすることができる。」と規定し、原則としていつでも死亡保険金受取人の指定を変更できることとし(傷害疾病定額保険契約についても72条1項に同様の規定がある)、商法675条2項に相当する規定を設けていない。すなわち、商法とは異なり、契約者が死亡した後であっても、契約者の相続人が、死亡保険金受取人の変更ができることを前提とした規定となっている。

また、保険法は、46条において「保険金受取人が保険事故の発生前に死亡したときは、その相続人の全員が保険金受取人となる。」と規定した。この規定は、①商法676条2項の適用が一定の場合のみを予定されていたのとは異なり、指定受取人が保険事故発生前に死亡した場合一般に相続人が受取人になるものとされている点、②商法が、指定受取人が死亡してから保険事故が発生するまでの間の権利関係を規定していなかったのに対し、その期間における死亡保険金受取人を明確にし

ている点に特徴がある。

　(3)　上記のようにして確定された保険金受取人が複数人存在する場合、その取得割合を、民法427条の原則どおり平等割合にするのか、それとも民法427条の特則を設けるのかについても、議論がなされ、中間試案においては、民法427条の特則を設けることについて、なお検討を要することとされていた。しかしながら、①民法の規定によるとすることが契約者の意思に反するとまではいえず、わざわざ民法の特則を設ける必要性が高いとまではいいがたいこと、②仮に権利の取得割合を相続分によって定めるとなると、保険者において具体的相続分を知ることは困難な場合も想定され、保険金の迅速な支払が害されるおそれがあるし、法定相続分にするとなると相続分によって権利の取得割合を定めることにより契約者の意思を尊重しようとする趣旨を徹底させることはできないこと、③相続ではない場面において相続分の考え方を借用する形になるが、相続人受取人が相続人なく死亡した場合について複雑な規定を設けなければならないこと、④後記最高裁平成5年9月7日判決（注1）の平等割合による取扱いは実務上定着しており、多くの保険会社が平等割合で支払う旨の約款を定めているのに、法律でこれと異なる取得割合を定めるのは誤認を招きかねないこと、⑤相続が何世代にもわたって生じていたような事案もあることを念頭に置くと平等割合によった方が合理的な結論となる場合があること等の理由から、民法427条の特則を設けることについての反対があり、個々の契約の定めに委ねることになった（注2）。

Ⅲ　受取人指定の効力についてのこれまでの学説および判例の概要

　(1)　商法676条2項は、契約者が死亡したときに、指定受取人の相続人が死亡保険金の受取人となると規定するが、指定受取人の死亡時と契約者死亡時には時間的離隔があるため、その間に、指定受取人の相続人が死亡する場合がある。この場合に、どのような処理をすべきであるのか、従来より問題となっていた（注3）。

　(2)　この点が問題となった最高裁平成5年9月7日判決は、「商法676条2項にいう「保険金ヲ受取ルヘキ者ノ相続人」とは、保険契約者によって保険金受取人として指定された者の法定相続人又は順次の法定相続人であって被保険者の死亡時に現に生存する者をいうと解すべきである。けだし、商法676条2項の規定は、保険金受取人が不存在となる事態をできる限り避けるため、保険金受取人についての指定を補充するものであり、指定受取人が死亡した場合において、その後保険契約者が死亡して同条1項の規定による保険金受取人についての再指定をする余地がなくなったときは、指定受取人の法定相続人又はその順次の相続人であって被保険者の死亡時に現に生存する者が保険金受取人として確定する趣旨のものと解すべきだからである。」と判断した。

　その後、ほとんどすべての保険会社の約款は、「死亡保険金受取人の死亡時以後、死亡保険金受取人の変更が行われていない間に死亡保険金の支払事由が生じたときは、死亡保険金受取人の死亡時の法定相続人（法定相続人のうち死亡している者があるときは、その者については、その順次の法定相続人）で死亡保険金の支払事由の発生時に生存しているものを死亡保険金受取人とします。」と修正され、前記最高裁判決に平仄を合わせた。

　(3)　前記最高裁判決の事案に関しては、学説には、指定失効説、指定非失効説の対立があるといわれている（注4）。

　指定失効説の多くは、指定受取人の死亡によって、受取人の指定は失効し、契約者は、死亡保険金受取人を改めて指定できる状態になり、受取人再指定がない間は契約者自身が受取人となると考える。この見解によると、指定受取人の死亡後に契約者が再指定をすることなく死亡したときは、保険金請求権は契約者の相続財産となるはずであるが、指定受取人の相続人が生存しているときに限り、商

法676条2項により指定受取人の相続人が死亡保険金受取人とみなされることになる。この指定失効説をとると、保険事故が発生した時点において、商法676条2項が1回だけ適用されるということになろう。前記最高裁判決は指定失効説を採用したといわれている（注5）。

これに対し、指定非失効説とは、指定受取人の死亡によっても、指定受取人の指定が失効するわけではないと考える立場であり、指定受取人の相続人が受取人たる地位を承継するが、契約者は商法676条1項により別人を指定することができ、この指定がないときは受取人の相続人の権利が確定することになる。この当然のことを規定したのが、商法676条2項ということになる。この指定非失効説を前提にすると、指定受取人の死亡時に指定受取人の相続人が、新受取人の地位につき、その相続人が保険事故発生時までに死亡したときには、その相続人がさらに新受取人となるというように、商法676条2項が複数回適用されるということになると思われる。

このような学説上の対立はあるものの、多くの生命保険契約においてとられている、契約者が被保険者を兼ねている契約形態においては、いずれの見解をとっても差異は生じないといわれる（注6）。いずれの見解をとるかによって差異が生じるのは、契約者、被保険者、指定受取人が別人であり、指定受取人が死亡し、再指定前に被保険者が死亡した場合のみであり、このような契約形態は、さほど多くない。この場合には、指定失効説によれば契約者自身になることになり、指定非失効説によれば、指定受取人の相続人が受領することになる（順次の相続人を考えない立場だと指定受取人の相続財産となる）。

(4) 保険法部会における当初の検討段階においては、前記最高裁判決の結論部分および現在の保険会社の約款とほぼ同内容の「保険契約者が保険金受取人を変更しない間に保険事故が発生したときは、保険事故が発生したときは、保険金受取人の相続人（その相続人が死亡した後、保険事故が発生する場合にあっては、その相続人）を保険金受取人とする。」とのみ規定し、保険事故発生時の受取人のみを定める規定となっていた。その後、要綱案第2次案の段階から、「保険金受取人が保険事故の発生前に死亡したときは、その相続人の全員が保険金受取人となる。」との規定になった。

この規定は、受取人の無指定状態を可能な限り避けるべきであるという価値判断から定められたものと思われる。この記載は、当初の検討段階における法案に比べると、指定非失効説に一歩近づいたかのような記載にはなっているが、この規定の仕方のみから、指定失効説、指定非失効説のいずれの見解を採用しているのか断定することはできない。すなわち、指定失効説は、契約者が自己のためにする契約となるはずであるが、法46条が規定されたため、指定受取人の相続人全員が保険金受取人となると解するのに対し、指定非失効説によれば、法46条は、指定受取人が死亡した場合にその相続人が保険金受取人になるという当然のことを定めた条項と解することになると思われる。

(5) 被保険者と保険金受取人の同時死亡の場合においても、指定受取人先死亡の場合に関する商法または約款の規定が適用されるか否か問題となる。この点、下級審判決は商法または約款の適用を認めており、法46条の適用についても同様に解されることになろう（注7）。

IV　死亡保険金受取人の権利取得割合に関する学説・判例

(1) この点に関し、前記最高裁判決は、「商法676条2項の規定の適用の結果、指定受取人の法定相続人と順次の法定相続人とが保険金受取人として確定した場合には、各保険金受取人の権利の割合は、民法427条の規定の適用により、平等の割合になるものと解すべきである。けだし、商法676条2項の規定は、指定受取人の地位の相続による承継を定めるものでも、また、複数の保険金受取人が

ある場合に各人の取得する保険金請求権の割合を定めるものでもなく、指定受取人の法定相続人という地位に着目して保険金受取人となるべき者を定めるものであって、保険金支払理由の発生により原始的に保険金請求権を取得する複数の保険金受取人の間の権利の割合を決定するのは、民法427条の規定だからである。」とした。

この判決を受けて、平成6年、保険会社は約款に指定受取人死亡後、受取人変更がなされずに被保険者が死亡した場合に、指定受取人の法定相続人または順次の相続人で被保険者死亡時に生存している者が複数人いるときの取得割合の規定を設けた。多くの保険会社が受取人の取得割合を平等とする規定を設けているのに対し、数社が法定相続割合とする規定を設けた。

(2) 学説は、死亡保険金受取人の権利取得割合は民法427条の原則に従い平等であると考える見解と相続割合によるべきとの見解が対立している（注8）。上記の受取人指定の効力に関する学説のうち、指定失効説が平等割合であると解する傾向があるのに対し、指定非失効説をとる学説は相続割合と解する傾向がある。すなわち、指定失効説が保険事故発生時に商法676条2項が1回だけ適用され、最終の保険金受取人が原始取得することになることから、民法427条が原則的に適用され、複数人の権利取得割合は平等であるという考え方に馴染む。これに対し、指定非失効説は、指定受取人の法定相続人または順次の相続人が発生するたびに、商法676条2項が適用されることになるため、具体的相続割合または法定相続割合で分割すべきという考え方をとることが可能であるし、遺族保障および契約者の意思等の観点から、受取人が保険金請求権を原始的に取得するということを重視し、原始取得である以上、民法の原則に従い、平等割合説をとることも可能である。

V 理論（実務）に与える影響

(1) 法46条は「保険金受取人が保険事故の発生前に死亡したときは、その相続人の全員が保険金受取人となる。」と規定しているが、ここにいう「保険金受取人」が指定受取人のみを意味するのか、それとも、指定受取人の死亡後、法46条の適用により、保険金受取人になった指定受取人の相続人も含まれるのか解釈の余地はある。しかしながら、「保険金受取人」が指定受取人と限定されているわけではないし、法46条が保険金受取人の不在の場合をできる限りなくそうとしたことからすると、「保険金受取人」には、法46条により保険金受取人になったものも含まれると考えられる。すなわち、指定受取人の相続人であり新たな保険金受取人となったものが、保険事故発生前にさらに死亡した場合にも、法46条が再度適用され、その死亡した保険金受取人の相続人が更に新たな保険金受取人に加わることになると思われる。この結論は、前記最高裁判決と同様の結論となるし、前記判決と同内容の約款が法46条に先立ち適用されるため、実務に与える影響はさほど大きくないと思われる。

(2) 現在の約款は、「死亡保険金受取人の死亡時以後、死亡保険金受取人の変更が行われていない間に死亡保険金の支払事由が生じたときは、死亡保険金受取人の死亡時の法定相続人（法定相続人のうち死亡している者があるときは、その者については、その順次の法定相続人）で死亡保険金の支払事由の発生時に生存しているものを死亡保険金受取人とします。」と規定しており、保険事故発生時における受取人が誰であるかとの規定しか設けていない。法46条が任意規定と解される以上、この約款の適用が優先されるのは当然であるが、保険事故発生までの間の権利関係については、現在の約款に規定がないため、法46条が適用されることになる。ただし、法46条が適用されることによって、新たな問題が発生

することは少ないと思われる。事例を挙げるとすれば、指定受取人死亡後、契約者が新たな受取人を指定しない間に、指定受取人の相続人の債権者が、保険金請求権を差し押さえることが、可能になってくるのだと思われる。しかし、指定受取人の変更は何時でも可能であるし、保険事故が発生するまでの間の指定受取人の有する抽象的な保険金請求権が、どの程度の価値をもち、その差押えがどれほど実効性のあるものであるかは疑問である。

Ⅵ 今後の展望

指定受取人死亡後の指定の効力についての議論は、保険法制定によって解決されたわけではなく、今後も、指定失効説、指定非失効説のいずれの見解をとることもできる。しかしながら、いずれの見解をとるにせよ、ほとんどの事例において結論は変わらない。

今後の一番大きな問題は、複数の受取人の取得割合を平等と考えるのかそれとも相続割合と考えるのかの議論であると思われる。前記のように、指定非失効説をとる場合でも、取得割合を平等と考えるのか相続割合と考えるのかいずれの見解を採用しても論理的に破綻するわけではなく、今後どちらの見解を法定することも可能であり、現在、各保険会社は、約款において、平等割合にするのか相続割合にするのかを個々に定めている。このような取扱いは実務上定着しており、格別、法律で取得割合を規定する必要性はない。仮に、どちらの取得割合によるにせよ、取得割合が法定されるとなると、それが任意規定であったとしても、事実上、法律に従った形で約款が修正される可能性は強く、それにより、実務に混乱を招く可能性は高い。そのため、取得割合を法定することには慎重な対応が望まれる。

(注1) 判時1484号132頁
(注2) 保険法部会第14回議事録31・32頁参照。
(注3) 大判大11・2・7大審院民事判例集1巻19頁、最判平成4・3・13判時1419号108〜115頁、西嶋梅治『生命保険契約法の変容とその考察』5〜50頁(保険毎日新聞社・2001年)、野村修也「判批」保険事例研究会レポート168号(2002年)
(注4) 富越和厚「判解」最高裁判所判例解説民事編平成4年度109・110頁(法曹会・1995年)、山下友信「判批」法協112巻5号705・706頁(1995年)、竹濱修「保険金受取人の死亡と相続」本誌1135号83〜85頁、山下友信『現代の生命・傷害保険法』99〜105頁(弘文堂・1999年)、山下友信『保険法』521・522頁(有斐閣・2005年)。
(注5) 田中豊「判解」最高裁判所判例解説民事編平成5年度(下)777頁(法曹会・1996年)。
(注6) 洲崎博史「判批」商事1232号37頁、野村修也「最近の判例動向について―死亡保険金受取人をめぐる3つの最高裁判決」民商114巻4・5号697頁。
(注7) 東京高判昭和58・11・15判時1101号112頁、札幌高判平成19・5・18本誌1271号61頁。なお保険契約者兼被保険者と指定保険金受取人が同時死亡した場合、民法32条の2を適用し相続人の範囲を決定すると解する見解と、この場合も受取人先死亡の場合と同様のルールに従い、民法32条の2の適用はないとして、相続人の範囲を決定する見解との対立がある(山下典孝「判批」本誌1271号63頁以下、清水耕一「判批」保険事例研究会レポート224号5頁以下参照(2008年))。
(注8) 竹濱・前掲論文85頁、山下・前掲『保険法』522頁。

Ⅲ　保険契約の効力

14　危険の変動

日本大学法学部教授　福田　弥夫

Ⅰ　はじめに

　保険契約の締結後に、その契約が目的とした担保危険の内容に変動が生じた場合の取扱いについて商法は、646条においてその危険が減少した場合についての規定を設け、656条・657条においてその危険が増加した場合についての規定を設けている（注1）。危険が減少および増加した場合を、あわせて危険の変動と呼ぶ。

　保険者は、保険契約者または被保険者から告知を求め、その情報に基づいて危険を引き受けるか否かの判断を行う。給付反対給付均等の原則に基づいて保険者は危険を引き受けるため、保険契約者または被保険者から得られた危険に関する情報は、各種の契約条件の中でも、とりわけ保険料算出に大きな影響を与える。そのため、契約締結に先立って保険者に告げられた危険の内容が、契約締結後に変動すると、給付反対給付均等の原則が維持できなくなる。そこで、危険に変動が生じた場合には、その内容いかんによっては保険者には契約を解除するかあるいは保険料の補正を行う必要が生じる。

　このように、契約締結後に危険の変動が生じた場合、契約内容の調整を行わなければならないのは、保険技術的な根拠に基づくものであって、それは告知義務と並ぶ保険制度に特有のものといえる（注2）。

　本稿では、危険の減少と危険の増加について、保険法がどのような態度を採用しているかを検討対象とするものである。

Ⅱ　今回の改正の概要

1　危険の減少

(1)　商法の規定と保険法の規定

　危険の減少について商法646条は、「保険契約ノ当事者カ特別ノ危険ヲ斟酌シテ保険料ノ額ヲ定メタル場合ニ於イテ保険期間中其危険カ消滅シタルトキハ保険契約者ハ将来ニ向テ保険料ノ減額ヲ請求スルコトヲ得」と定め、契約時に特に斟酌した危険が消滅した場合にのみ、危険減少後の保険料の減額請求を認めており、損害保険の危険の減少に関する規定は、生命保険契約にも準用されている（商法683条1項）（注3）。この規定は、危険の減少一般について規定するものではなく、危険の程度を斟酌して特別に保険契約を締結した場合に限り適用されるものと解されている（注4）。しかし最近の保険実務では、「特別の危険」に限定せず、危険の減少の事実が生じた場合に、未経過期間の保険料の減額等を行う旨の規定を約款に設けたりする例が生損保にみられるところから（注5）、このような「特別危険」の消滅ではなく、「著しい危険の減少」の場合に、保険料の減額請求権を認めるべきであるとの主張がなされていた（注6）。

　このような商法の規定に対して法11条は、「損害保険契約の締結後に危険が著しく減少したときは、保険契約者は、保険者に対し、将来に向かって、保険料について、減少後の当該危険に対応する保険料に至るまでの減額

を請求することができる」と定め、商法が「契約時に斟酌した特別の危険」が消滅した場合に限って保険料の減額請求を認めているのに対して、この減額請求ができる場合を、「危険が著しく減少したとき」一般に拡張している（注7）。生命保険契約に関しては法48条が、疾病傷害定額保険契約については法77条が同様の規定を設けている。

(2) 危険の著しい減少の意義

ところで、「危険が著しく減少したとき」とは、具体的にどのような場合を指すかが問題になる。保険法は具体的な規定を設けておらず、「危険の著しい」増加についてその意義を保険料との関係において明らかにしているのと対照的である。危険の減少は危険の増加の反対の概念であることから、この危険の増加の意義を基準にして、危険の著しい減少の意義を考えることになる。

法29条1項は、「告知事項についての危険が高くなり、損害保険契約で定められている保険料が当該危険を計算の基礎として算出される保険料に不足する状態になること」を危険の増加としている。ここでいう危険の減少とは、危険の増加の反対で、告知事項についての危険が低くなり、保険契約で定められた保険料が当該危険を計算の基礎として算出される保険料を上回る状態になることを意味すると一般的には理解され、生命保険契約、傷害疾病定額保険も同じ表現を用いている（法56条・85条）。中間試案の段階では、減額請求が認められる事由たる「危険の著しい減少」を、危険の増加に関する通知義務（法29条1項1号・56条1項1号・85条1項1号）の対象となる事項に限定していた。しかしながら、危険の増加の規制が、告知事項のうち保険者が通知を求めたものに限定しているのに対して、同様の制限を危険の減少にも設けることは、保険者が自由に減額請求事由を定めることが可能になってしまい、保険契約者の保護に欠けるおそれが出てくる。そこで、危険の減少には告知事項との関連性を求めず、広く危険の減少を生じる事由であって、保険料の変更をもたらす程度のものと理解することになる。

火災保険契約の場合には、工場用または営業用の建物を居住用に変更する場合などが考えられ、自動車保険の場合には、営業用の車両を自家用車両に変更する場合などが考えられる。これらはいずれも用途変更により保険料の変更をもたらす場合である。

生命保険契約においては保険金支払の確率に深く関連する被保険者の職業、居住地等の変更のみが対象となる（注8）。したがって、危険な職業についているところから、割増保険料を支払っていた者が、特に危険を伴わない職業へ変更した場合などが考えられる。健康状態が改善したとしても保険料が減額されるわけでない場合には、「危険が著しく減少した」には当たらず、危険の減少の規律は適用されない（注9）。なお、これまでの生命保険契約の実務では、職業、居住地等が変更されたとしても、危険の変更または減少として取り扱ってはこなかったといわれており、実際に生命保険契約でこの危険の減少が問題になる場面は、団体定期生命保険契約や傷害保険契約を除いてはほとんどないと思われる（注10）。

なお、危険の減少には「危険が著しく減少したとき」と定め、危険の増加には「著しい」が付加されていないが、危険の増加と差を付けるという趣旨ではなく、保険料にはねるという意味を込めている趣旨であるとされ（注11）、ちょっとでも危険が減少すれば、何でも保険料を下げることが請求できるという誤解を与えてはいけないためであるとされる（注12）。

(3) 要件と効果

危険の減少は、保険契約締結後のものであることが必要であり、保険料の算出に影響を与える程度のものでなければならない。契約締結後であれば足り、保険期間中のものである必要はない。危険の減少は保険契約の継続を前提としており、保険者による契約の解除は予定されていない。

危険の著しい減少が生じたことを保険者が直接知ることは困難であり、危険の著しい減少が生じたことの通知と保険料の減額請求が保険契約者からなされることが必要である。危険の著しい減少が生じたとの通知がなされた場合、保険者はその確認を行う必要があり、保険契約者からの通知および請求によって、自動的に保険料減額の効果が発生するのではない。

減額請求の対象は、「減少後の当該危険に対応する保険料」であるが、どの時点の保険料から減額が可能かは検討が必要である。法11条1項・48条1項そして77条1項は、いずれも「将来に向かって、保険料について、減少後の当該危険に対応する保険料に至るまでの減少を請求することができる」としているが、保険期間満了前に減額請求がなされた場合、危険の減少が生じた時点から保険料の減額を行うことが必要であるのか、減額請求があった時から保険料の減額を行うことが必要であるのか、それとも、次に履行期が到来ないしは次の保険期間の保険料から減額を行うことで足りるのか見解が分かれ得る。具体例で示せば、6月1日の時点で危険が減少し、6月5日に保険会社に対して減額請求が発せられ、その通知が6月7日に保険会社に到達したとする。保険契約は1年間の火災保険契約で、保険期間の満了時点が6月31日だとすると、6月1日から減額するのか、6月5日から減額するのか、それとも7月1日からの契約更新を減額された保険料で行うかの違いが生じる。また、20年満期の生命保険契約で、減少の時期と減額請求の時期が火災保険契約と同じく、6月1日と6月5日であり、次の保険料支払の時期が7月1日であるような場合にも、同様の違いが生じ得る。これは保険料不可分原則をどう考えるかと深く関連する。

生命保険契約法改正試案678条の4は、「危険の著しい減少があった時以後に履行期が到来する保険料の減額を請求することができる」と定め、損害保険契約法改正試案646条は、「次の保険料期間以後の保険料の減額を請求することができる」として、経過期間中の保険料についてはこれを減額しないこととしており、後者の立場を採用している。しかし、中間試案は、保険料不可分の原則を画一的に採用せず、保険期間満了前に保険契約が終了した時は、保険者は、原則として、未経過の期間に相当する保険料を返還する責任を負うことになると考えられるとし、保険料の減額請求がされた時の保険料の返還についても同様とするとしている（注13）。

法11条などの表現は、「将来に向かって」であり、商法637条の保険価額の減少と同じ表現をとっている。しかし、保険料減額請求権について将来に向かってのみ生じるとする商法637条の規定は、保険料不可分原則と相まって、現在進行中の保険料期間の次の保険料期間からの意味であるとされており（注14）、保険料不可分原則を画一的には採用しないことを宣言している保険法の立場とは相いれない。

そのため、損害保険契約法改正試案や生命保険契約法改正試案のような、保険料不可分原則を前提とする取扱いは、保険法では行わないことになる。したがって、危険減少時からか、それとも減額請求のなされた時点からかのいずれかということになるが、いずれであっても、保険料計算のうえで、可能な範囲での分割計算を行う必要が生じる（注15）。減額請求権は形成権であり、減額請求がなされた時点から減額の効果が生じることとなる。この規定は片面的強行規定とされているため、約款によってこの減額請求を制限することは原則として認められない。

2 危険の増加

(1) 商法の規定と保険法の規定

危険の増加について商法は、主観的増加と客観的増加に分けて規定している。商法656条は、「保険期間中危険カ保険契約者又ハ被保険者ノ責ニ帰スヘキ事由ニ因リテ著シク変更又ハ増加シタルトキハ保険契約ハ其効力ヲ失フ」と定め、保険契約者または被保険者の

故意・過失による作為・不作為によって著しく危険が増加したとき（これを主観的危険増加と呼ぶ）には保険契約は効力を失うと定めている。「効力を失う」の意味については、解除権行使と同様に法律関係の消滅を意味する（注16）。保険者は、失効の時の属する保険料期間の保険料を返還する必要がない。保険契約者に対する制裁的規定である。

商法657条は、「保険期間中危険カ保険契約者又ハ被保険者ノ責ニ帰スヘカラサル事由ニ因リテ著シク変更又ハ増加シタルトキハ保険者ハ契約ノ解除ヲ為スコトヲ得但其解除ハ将来ニ向テノミ其効力ヲ生ス」と定め、保険契約者または被保険者の責めに帰すべからざる事由によって著しく危険が増加したとき（これを客観的危険増加と呼ぶ）には、保険者は契約を解除できるとしている。さらに同条2項は「前項ノ場合ニ於テ保険契約者又ハ被保険者カ危険ノ著シク変更又ハ増加シタルコトヲ知リタルトキハ遅滞ナク之ヲ保険者ニ通知スルコトヲ要ス若シ其通知ヲ怠リタルトキハ保険者ハ危険ノ変更又ハ増加ノ時ヨリ保険契約カ其効力ヲ失ヒタルモノト看做スコトヲ得」と定め、保険契約者または被保険者が客観的危険の増加を知った場合には、保険会社に対して通知をしなければならず、これを怠った場合には契約は失効すると定めている。

このような商法の規定に対する批判は多かった。第1に、危険の増加に対する規定は、保険者の保護を目的とする規定であり、損害発生の可能性または損害額の増大のおそれを含まない危険の変更（注17）は保険者に不利益をもたらさないところから、立法論としては「変更」を削除すべきと主張されてきた（注18）。第2に、保険契約締結後に危険の増加があった場合には、主観的危険増加と客観的危険増加のいずれであっても、保険契約の存続の余地を残しておくことが保険契約者側に利益であるだけでなく、保険者の利益にもなるのであるから、いずれの場合にも保険契約者または被保険者に通知義務を課し、危険増加の程度によってその効果を異にすればよいから、立法論として両者を同じに取り扱うべきであると主張されてきた（注19）。さらに、第3として主観的危険増加に関する商法656条の規定が、人保険に転用的適用がされるのには問題があり、立法論として削除すべきであるとの主張がされてきた（注20）。

このような批判や立法論を受けて、法29条1項（生命保険について法56条1項、傷害疾病定額保険について法85条1項）は、「損害保険契約の締結後に危険増加（告知事項についての危険が高くなり、損害保険契約で定められている保険料が当該危険を計算の基礎として算出される保険料に不足する状態になることをいう。以下この条及び第31条第2項第2号において同じ。）が生じた場合において、保険料を当該危険増加に対応した額に変更するとしたならば当該損害保険契約を継続することができるときであっても、保険者は、次に掲げる要件のいずれにも該当する場合には、当該損害保険契約を解除することができる」と規定している。さらに同条同項1号は、「当該危険増加に係る告知事項について、その内容に変更が生じたときは保険契約者又は被保険者が保険者に遅滞なくその旨の通知をなすべき旨が当該損害保険契約で定められていること」、2号は「保険契約者又は被保険者が故意または重大な過失により遅滞なく前号の通知をしなかったこと」として、解除の要件を定めている。

危険の変更についてはこれを規定から削除し、保険契約者の責めによる危険増加（主観的危険増加）と保険契約者の責めによらない危険増加（客観的増加）の場合との区別を廃止し、危険の増加の場合には保険契約者または被保険者に対して保険者への通知義務を課し、保険者に契約を解除するか否かの判断を委ねている。なお、商法650条2項は、「保険ノ目的物ノ譲渡カ著シク危険ヲ変更又ハ増加シタルトキハ其効力ヲ失フ」と規定し、保険の目的を譲渡した場合に危険が変更または増加した場合には、保険契約は失効するとしていた。しかし、この規定には合理性に欠けるという疑問も提示されており（注21）、保険法では、保険の目的の譲渡と危険増加に関す

る規定は削除された。

(2) 危険の増加の意義

商法656条などに規定する危険の増加は、危険の「著しい」増加を意味するが、「著しい増加」とは具体的に何を意味するかについて商法は規定を設けておらず、解釈に委ねられてきた。ここでいう「著しい」増加とは、第1に、その増加した危険が保険契約締結の当時存在していたなら、保険者は契約を締結しなかったと認められる場合があり、第2に、その増加した危険が保険契約締結の当時存在したならば、約定保険料よりも高額の保険料によるのでなければ契約を締結しなかったと認められる場合をいう（注22）。そして、このような危険の増加は、保険期間中に発生し、かつ継続的なものであることが必要であると解される（注23）。したがって、一時的な一過性の危険の増加は、ここでいう通知義務の発生する危険の増加には該当しない（注24）。

保険法は、危険の増加について「告知事項について危険が高くなり、契約で定められている保険料が当該危険を計算の基礎として算出される保険料に不足する状態になることをいう」（法29条1項・56条1項・85条1項）と定めている。保険契約の締結後に契約締結に際し保険者に対して告知された危険の内容に変動が生じ、保険事故発生の危険が増加した場合には、算出された保険料との間に不均衡が生じる。それを補正するために契約内容の調整を行う必要が生じるわけである。保険法の規定は、「著しい」という表現を欠いているが、これまでの危険の著しい増加についての解釈と異なるところはなく、保険料に影響を与えるものを本条にいう危険の増加と規定して、その範囲の明確化を図っている。

(3) 解除の要件

保険契約締結後に危険の増加が生じた場合、以下の要件を満たす場合には保険者は契約を解除することが認められている（法29条1項・56条1項・85条1項）。

第1に、契約締結後の危険増加であることが必要である。商法の規定では、保険期間中における危険の増加が対象とされていたが、契約成立後であっても直ちに保険期間が開始しない場合がある。したがって、このように明確に対象となる期間を契約締結後とすることにより、保険期間が開始するまでの間に発生する危険の増加も対象となる。なお、損害保険契約の約款は、一般に保険契約締結後と明示するのが通例である（注25）。

第2に、保険料を当該危険の増加に対応した額に変更するとしたならば当該保険契約を継続することができるときであることが必要である。商法の規定では、主観的危険増加については契約の失効という選択肢しか用意されておらず、客観的危険増加に対しては契約の解除という選択肢しか用意されていなかった。商法上は、危険の増加が生じた場合に、保険契約者に対してより高額の保険料を支払わせることによって契約を継続するという選択肢はなかったのである。しかし、保険実務では危険の増加する一定の事由について通知義務を課し、これに反する場合に解除を認めるのが通例であった。そこで保険法は、保険料を変更することによって保険契約を継続できる場合には、契約は継続するということを前提としている。したがって、保険料を危険の増加に応じた額に変更したとしても契約を継続することができない場合とは、具体的にはどういう場合かが問題となるが、危険の増加が著しすぎて、保険者の引受けの範囲を超えている場合などが考えられる。

第3に、危険の増加に係る告知事項について、その内容に変更が生じたときは保険契約者または被保険者が、保険者に遅滞なくその旨を通知すべき旨が保険契約によって定められていることが必要である。具体的には、当該保険契約の保険約款に、告知内容に変更が生じて危険が著しく増加した場合には、遅滞なく保険者に対して通知すべき義務が課されていることが必要である。現行の損害保険約款では、商法の規定に倣い、危険の増加が保険契約者等の責めに帰すべき事由によるときは「あらかじめ」（注26）、責めに帰すことの

Ⅲ　保険契約の効力

できない事由によるときは保険契約者等がその発生を知った後、「遅滞なく」、その旨を保険会社に通知することが要求されている。団体定期生命保険契約の約款では、被保険者等について業務上の危険が著しく増加した時は、2週間以内に保険者に通知することが要求されている。

第4に、保険契約者または被保険者が故意または重大な過失によって遅滞なく通知をしなかったことが必要である。通知が遅滞なくなされなかったという客観的要件と、その遅滞が「故意または重大な過失」によるという主観的要件の、両者が存在することが必要である。したがって、通知が遅滞したとしても、それが単なる過失による場合には、要件を満たさないことになる。

(4)　保険契約の解除

これら4つの要件を満たした場合には、保険者は保険契約を解除することができる（法29条1項・56条1項・85条1項）。商法657条1項は、客観的危険増加の場合には、保険者は契約を解除することを認めているが、商法656条（主観的増加）と商法657条2項（客観的危険増加の場合で、保険契約者が保険者に対する通知を怠ったとき）は、契約は失効するというように、解除と失効の2つが用意されていたが、保険法は解除のみを用意している。

解除権を行使するか否かは保険者の任意であるが、解除権の行使には期間制限が設けられている。保険者が保険契約の解除の原因となる危険の増加があることを知った時から1か月間行使をしないとき、または、危険の増加が生じた時から5年を経過した時は消滅する（法29条2項・56条2項・85条2項）。これは除斥期間である。この解除権の行使に関しては、告知義務違反における解除の規定（法28条4項・55条4項・84条4項）が準用される。

商法657条3項は、保険者が危険の増加の通知を受けまたは危険の変更もしくは増加を知った後、遅滞なく契約を解除しないときには契約を承認したものとみなされると規定するが、これに対応する規定を保険法は設けていない。解除権の行使が期間制限を加えられていることから、商法657条3項と同様の解釈をとることは当然のことと理解されよう。なお、危険の増加で解除できる場合（法29条1項1号・2号に該当する場合）であっても、解除せずに「免責」とすることも認められる。

(5)　解除の将来効と因果関係不存在の特則

保険契約の解除は、将来に向かってのみその効力を生じる（法31条1項・59条1項・88条1項）ため、危険増加が生じた時点から解除までの間は、保険契約はいまだ有効であると考えられる。しかし、この期間に生じた保険事故について法31条2項は、「保険者は、次の各号に掲げる規定により損害保険契約の解除をした場合には、当該各号に定める損害をてん補する責任を負わない」とし、同条2項2号は、「第29条第1項　解除に係る危険増加が生じた時から解除がされた時までに発生した保険事故による損害。ただし、当該危険増加をもたらした事由に基づかずに発生した保険事故による損害については、この限りではない」と定めている（生命保険契約については法59条1項・2項2号、傷害疾病定額保険については法88条1項・88条2項2号）。

保険会社は、危険をもたらした事由に基づかずに発生した保険事故による損害については責任を免れない（法31条2項2号。生命保険、傷害疾病定額保険については、保険事故に対する保険給付。法59条2項2号・88条2項2号）。いわゆる因果関係不存在の場合の特則がこれである。

商法645条は、告知義務違反による契約解除の効果として、「解除ハ将来ニ向テノミ其効力ヲ生ス」とし、同条2項但書は「保険者ハ危険発生ノ後解除ヲ為シタル場合ニ於テモ損害ヲ填補スル責ニ任セス」とし、さらに「保険契約者ニ於テ危険ノ発生カ其告ケ又ハ告ケサリシ事実ニ基カサルコトヲ証明シタルトキハ此限ニ在ラス」と定め、告知義務違反に係る事実と保険事故との間に因果関係が存在しない場合、保険会社は当該保険事故についての保険給付を行わなければならないとし

ている。このような因果関係不存在の特則については、正直に告知をしたために保険契約を締結できなかった者との間で不公平を生じさせるとの批判も存在するが、保険法は立法政策として、商法と同じ方針を採用した。

　危険の増加が発生し、保険会社が解除権を行使した場合でも、発生した保険事故と危険増加の原因との間に因果関係が存在しない場合には、保険者は、損害保険の場合には損害のてん補、生命保険、傷害疾病定額保険の場合には保険給付を行わなければならない。具体的な例としては、居住用建物を店舗兼住居用建物（１階居間をレストランにしたなど）に変更したところ、台風による浸水によって損害が発生した場合などが考えられよう。

　この因果関係不存在の立証責任は保険契約者側にある。

(6)　保険料積立金の払戻し

　客観的危険の増加によって保険者が契約を解除した場合、その解除は将来効を有する（商法657条１項・683条１項）。これは、同時に保険者は保険料の返還義務を負担しないことをも意味しており、その趣旨は保険契約者に対する制裁であると同時に、契約締結費用の回収などの保険者の損失補てんにある（注27）。この場合、保険料の返還は不要であるが、保険者は積立金を支払わなければならない（商法683条２項）（注28）。商法683条にいう「被保険者ノ為メニ積ミ立テタル金額」とは、個々の契約者のために積み立てられている金額を示し、「被保険者のために積み立てるべき額を基礎として計算した金額」（いわゆる契約者価額）がこれに該当する（保険業法施行規則10条３号）。

　保険法は、この「被保険者ノ為ニ積立テタル金額」を、「保険料積立金」と構成し直して、契約の解除に際して、この返還を保険者に対して義務付けている。すなわち、法63条柱書は、「保険者は、次に掲げる事由により生命保険契約が終了した場合には、保険者は、保険契約者に対し、当該終了の時における保険料積立金（受領した保険料総額のうち、当該生命保険契約に係る保険給付に充てるべきものとして、保険料又は保険給付の額を定めるための予定死亡率、予定利率その他の計算の基礎を用いて算出ささされる金額に相当する部分をいう。）を払い戻さなければならない。ただし、保険者が保険給付を行う責任を負うときは、この限りでない」と定め、同条３号は、危険の増加による解除を挙げている。

　傷害疾病定額保険も同様の規律に服する（法85条１項・92条柱書本文）。この保険料積立金払戻請求権は、３年間行使しないときは時効によって消滅する（法95条１項）。

Ⅲ　理論・実務に与える影響

1　危険の減少と約款

　危険の減少に関しては、「危険が著しく減少した場合」の判断が問題となるが、保険法は保険料の変更をもたらす程度に危険が減少した場合（法11条・48条・77条）と定めるのみである。具体的には、危険の増加の反対の事象として理解することになる。

　損害保険契約では、自動車保険における用途変更、火災保険における建物の構造の変更や用途変更などが挙げられ、生命保険契約、傷害疾病定額保険では、被保険者の危険を伴わない職業への変更などが挙げられよう。なお、生命保険契約、傷害疾病定額保険の場合は、この危険の減少は問題とはならず、団体定期生命保険契約と傷害保険契約において問題となるのみである。

　危険の減少では、保険契約者による減額請求権（法12条・48条・77条）についての約款規定に考慮が必要となる。この規定は片面的強行規定であり（法12条・49条・78条）、保険契約者に不利な約款規定は無効とされる。したがって、減額請求権を一切認めないとする約款規定はもちろんのこと、減額請求の効果に保険者の同意が必要とするような制限を加える規定、効果の発生時期を保険期間満了時

Ⅲ　保険契約の効力

点などとする規定は、無効とされる（注29）。したがって、効果の発生時期を危険の減少時とする約款規定は保険契約者に有利なものとして有効とされる。なお、保険契約の性質上、保険期間中で保険料減額が不可能な場合には、これを約款で制限することは認められる（注30）。

2　危険の増加と約款

危険の増加に関しては、保険契約者等が保険者に対して通知しなければならない危険の増加が、「告知事項についての危険の増加」とされていることから、告知内容をどのように規定するかが大きな課題である。特に、告知義務が自発的申告義務から質問応答義務へ変更されたことに伴い、保険契約の申込書の告知事項のなかでも、危険に関する重要な事項についての明確化が求められることになる。通知事項を重要事項説明時に「注意喚起情報」として明確に伝えることや、申込書において何が通知事項であるかを明瞭にすることが要求される。さらに、長期契約の場合には、年に1回通知事項がないかの確認を契約者に求めることが望ましいであろう。

次に、法29条1項1号は、保険者に遅滞なくその旨の通知をすべき旨が約款で定められていることを要求しているところから、申込書等で危険増加に結びつく事項が告知事項となっており、かつ通知事項となっている必要がある。また、これまでの約款規定では、帰責事由があるときは「あらかじめ」、帰責事由がないときは「遅滞なく」通知をすることを要求していたが、保険法は「遅滞なく」通知を行えば足りるととされたため、約款規定の見直しが必要となる。具体的な期間を約款に書き込むか否かは保険者の判断になろう（注31）。

危険の増加が引受けの範囲を超えている場合には保険契約は失効するが、引受けの範囲内であり、かつ法29条1項1号および2号に該当しない場合には契約は原則として継続される。しかし、その場合の保険者の保険料増額請求権について約款で規定を設ける必要がある（注32）。

3　危険の増加と他保険契約の通知

生命保険では一般的に求めていないが、損害保険では契約の締結に際して他保険契約の告知を求めているのが通例である。生命保険契約については、商法678条にいう重要な事実とは、危険の測定に関する事実をいい、他保険契約の存否はこれに当たらない理解されているのに対して、損害保険契約の場合は、重複保険における保険者の損害てん補義務の範囲について予め保険者が知っている必要があること、さらに保険金の不正請求対策の必要性からも、このような違いが設けられていると理解される（注33）。この他保険契約の問題は、新たに契約を結ぶ保険者に対する告知義務と、すでに契約を結んでいる保険者への通知義務とに分けて考える必要がある。

他保険契約の告知を求めることについては、その適法性を認めることに学説上の争いはなかったものの、告知義務に含まれるかについては、これまで解釈が分かれていた（注34）。保険法は、これについて特に規定を設けていないが、危険の増加による解除という処理を行おうとする場合には、因果関係不存在の特則が適用されることになる。また、他保険契約の通知は契約締結後の義務であって、保険契約者等にこの通知の履行を期待することは困難であることも指摘されていた（注35）。そのため、他保険契約の通知は、これを危険の増加による解除の問題としては捉えず、他保険契約の存在の状況が重大事由解除にあたるような信頼関係の破壊が認められる場合には、その条項によって解除を行うこととなる。

現行約款が課している通知義務は、危険増加の規定（法29条1項1号・56条1項1号・85条1項1号）には該当しないこととなるため、この通知義務を根拠とした「他保険契約の通知義務違反」による解除は認められなくなる。

4　危険の増加と保険の目的の譲渡

商法650条2項は、「保険ノ目的物ノ譲渡カ著シク危険ヲ変更又ハ増加シタルトキハ其効力ヲ失フ」と規定し、保険の目的を譲渡した場合に危険が変更又は増加した場合には、保険契約は失効するとしていた。これは、保険の目的物の所有者が変わることにより事故発生の危険が著しく増加した場合にもなお契約の存続を強いることは保険者の負担を一方的に増加させることになって不合理であるから、契約を失効させることとしている（注36）。しかし、この規定には合理性に欠けるという疑問も提示されており（注37）、保険法では、保険の目的の譲渡と危険増加に関する規定は削除された。そのため、保険の目的物を譲渡した場合には、被保険利益が消滅するため、原則として保険契約は失効することとなる。

現行の火災保険等の約款では、保険の目的物の譲渡を保険者への通知事項とし、保険証券への承認裏書を求めることとなっているが、この規定の見直しが必要となる。現行の自動車保険普通保険約款の一般条項は、被保険自動車の譲渡につき、被保険自動車が譲渡された場合であっても、この保険契約に適用される普通保険約款および特約に関する権利および義務は譲受人に移転しないとし、保険契約者がこの保険契約に適用される普通保険約款および特約に関する権利および義務を被保険自動車の譲受人に譲渡する旨を書面をもって当会社に通知し承認の請求を行った場合に、保険者が承認したときは、当該権利および義務は移転するとしており、このような形の規定を約款に盛り込むことが考慮されてよい。

5　危険の増加と重大事由解除

商法656条は、主観的危険の増加が発生した場合、保険契約は失効すると規定している。この条項によって、道徳的危険の増加を危険の増加に含ませて、保険金受取人による被保険者故殺などの場合に保険契約の失効を認める下級審判例が存在している（注38）。しかし、主観的危険の増加の規定は削除され、危険の増加に関する効果が解除のみに限定されたところから、これまでの危険の著増による契約の失効は、保険法のもとでは認められない。

事案によっては、保険者が危険の増加による解除を請求できる場合と重大事由解除による場合、あるいはその両者によって解除請求ができる場合が想定される。

Ⅳ　今後の展望

危険の減少および危険の増加についての保険法の規定は、これまで批判の多かった規定を削除するなどして、法規制の明確化が図られている。また、保険契約者保護も強化されているが、実際的には多くの部分を約款に委ねる形になっている。片面的強行規定の採用によって、保険契約者に不利な内容の約款は無効とされるが、これからの保険会社による約款の整備が、重要な役割を果たすこととなると思われる。

（注1）商法683条1項は、生命保険契約について646条・656条そして657条を準用している。
（注2）石田満『商法Ⅳ（保険法）〔改訂版〕』143頁（青林書院・1998年）、山下友信『保険法』569頁以下（有斐閣・2005年）。
（注3）海上保険は、商法825条以下で特別の規定を設けている。本稿では対象としない。
（注4）山下・前掲（注2）588頁。
（注5）住宅火災保険約款13条2項、日本生命保険相互会社団体定期普通保険約款39条など。
（注6）山下・前掲（注2）589頁。
（注7）危険の減少が起こった事由について制限を設けないこととし、一方で、すべての事由を対象とすることによって、保険料の変更をもたらさないような微細な減少についても減額請求を認める必要はないことから、著しい減少（保険料の変更をもたらすような減少）の場合に減額請求を認めることとして、バランスをとっているとされる。保険法部会資料23第1の2(2)(注1)6頁。
（注8）山下・前掲（注2）581頁、大森忠夫『保険

法〔補訂版〕』164頁（有斐閣・1985年）など。
(注9) 保険法部会資料25第1の2(4)(注)7頁。
(注10) 団体定期生命保険契約や傷害保険契約などでは、被保険者の業務の変更が保険者への通知事項とされている。
(注11) 保険法部会第24回議事録7頁16行目以下。
(注12) 保険法部会第23回議事録12頁9行目以下。
(注13) 中間試案15頁。
(注14) 山下・前掲（注2）354頁。
(注15) すべての場合で、日割り計算までを行う必要はない。保険料計算の基礎とされている期間によって減額を行えば足りる。
(注16) 石田・前掲（注2）145頁。
(注17) 危険の変更について大森博士は、変更とは増加と減少の双方を含むものであるが、商法656条・657条は、危険増加の場合における保険者を保護するものであるゆえ、減少を除いて解すべきである、とされる。大森・前掲（注8）194頁。
(注18) 西嶋梅治『保険法〔第3版〕』108頁以下（悠々社・1998年）。石田博士は、陸上保険では危険の増加を伴わない危険の変更は重視する必要はないので、実際上両者を分けて考えなくてもよいとされる。石田満「保険契約法における危険の変更・増加」『保険契約法の諸問題』69頁以下（一粒社・1977年）。
(注19) 立法の経過上、どのような趣旨から656条違反の効果が「失効」とされたかはかならずしも明らかではないという。竹濱修「被保険者の道徳危険と危険の増加」近大法学35巻1＝2号101頁（1987年）。損害保険契約法改正試案656条は、そのような規定振りとなっている。
(注20) 山下・前掲（注2）575頁。
(注21) 石田・前掲（注2）149頁、山下・前掲（注2）593頁など。
(注22) 石田・前掲（注2）144頁、山下・前掲（注2）570頁など。
(注23) 坂口光男「保険契約法における危険の増加」損保研究35巻4号111頁以下（1973年）。
(注24) 西嶋・前掲（注18）110頁。
(注25) たとえば、住宅火災普通保険約款8条など。
(注26) ここでいう「あらかじめ」とは、危険増加の事実が発生した時点を意味する（田辺康平＝坂口光男『注釈住宅火災保険普通保険約款』150頁（中央経済社・1995年）。約款によって事実発生後の事故については保険金を支払わないとされているところから、用心のために通知をなすことが望ましいという趣旨を述べているにすぎないとされる（鴻常夫編『注釈自動車保険約款（下）』27頁（有斐閣・1995年）。
(注27) 山下・前掲（注2）306頁。
(注28) 西嶋・前掲（注18）369頁。
(注29) 保険法部会資料9第1の2(5)補足4．24頁。
(注30) たとえば、ハンター保険など。
(注31) 遅滞なくの期間については、合理的に説明のつく理由による遅滞は認められると理解されるので、1週間から1か月程度が基準となると思われる。
(注32) 危険に見合う保険料を領収する必要があることから、増額の起算点は危険の増加時とするのが原則である考えられるが、確認の必要性などから保険契約者等からの申し出の時期とすることも可能である。なお、保険料の減額請求権とは異なり、この請求権は形成権ではない。したがって、保険契約者が保険者からの増額請求に応じない場合には、保険者による解除が可能になる。もっとも、全面的な拒否ではなく、従前の保険料を支払った場合には、保険料の一部支払による失効と考える余地もあろう。この点については、山下友信東大教授から示唆を受けた。
(注33) 山下・前掲（注2）324頁。
(注34) 山下・前掲（注2）324頁。
(注35) 補足説明30頁。
(注36) 西嶋・前掲（注18）218頁。
(注37) 石田・前掲（注2）149頁、山下・前掲（注2）593頁など。
(注38) たとえば、海外旅行傷害保険に関するものとして、札幌地判平成2・3・26判時1346号142頁、生命保険に関するものとして、東京地判平成11・7・28判タ1008号296頁などがある。

III 保険契約の効力

15 一部保険、超過保険、評価済保険、利得禁止原則

中京大学法学部専任講師　土岐　孝宏

I　はじめに

ここでは、保険法第2章（損害保険）に位置する、法9条（超過保険）・18条2項（評価済保険）・19条（一部保険）を主として扱うこととし、損害保険契約における保険金額と保険価額との関係ならびに保険者のてん補責任額の決定（てん補損害額の算定）に関連する制度ないし理論の解説を行うこととする。

それぞれの条文について、保険法は、以下のように定めている。

（超過保険）
第9条　損害保険契約の締結の時において保険金額が保険の目的物の価額（以下この章において「保険価額」という。）を超えていたことにつき保険契約者及び被保険者が善意でかつ重大な過失がなかったときは、保険契約者は、その超過部分について、当該損害保険契約を取り消すことができる。ただし、保険価額について約定した一定の価額（以下この章において「約定保険価額」という。）があるときは、この限りでない。

（損害額の算定）
第18条　① 損害保険契約によりてん補すべき損害の額（以下この章において「てん補損害額」という。）は、その損害が生じた地及び時における価額によって算定する。
② 約定保険価額があるときは、てん補損害額は、当該約定保険価額によって算定する。ただし、当該約定保険価額が保険価額を著しく超えるときは、てん補損害額は、当該保険価額によって算定する。

（一部保険）
第19条　保険金額が保険価額（約定保険価額があるときは、当該約定保険価額）に満たないときは、保険者が行うべき保険給付の額は、当該保険金額の当該保険価額に対する割合をてん補損害額に乗じて得た額とする。

II　制度の解説

1　損害保険契約における保険者の給付義務（前提として）

損害保険契約は、保険者が一定の偶然の事故によって生じることのある損害をてん補することを約する契約である（法2条6号・7号）。したがって、保険事故に際しての保険者の給付義務は、「損害てん補」である（注1）。これに対して、生命保険契約および傷害疾病定額保険契約（法2条8号・9号）は、定額保険契約とも呼ばれ、そこでは、予め約定された保険金額をそのまま給付することが、保険者の義務内容となる。

さて、損害保険契約における保険者の給付義務の内容が損害てん補であることから、そこにおける保険金額は、定額保険のように保険者の義務内容を唯一決定する基準として機能するわけではない。換言すれば、保険金額の合意が損害保険契約当事者間にあっても、その額がそのままの形で保険者の給付義務の内容にはならないということである。損害保険における保険者の給付義務は、あくまで損害のてん補であるから、そこでは、生じた損害が保険者の義務内容を画定することとなり、結局、そこにおける保険金額に対しては、保険者がてん補すべき金額の最高限度額

III　保険契約の効力

（cap）という意味が与えられるにすぎない（注2）。

以上を踏まえて、本稿の対象である超過保険規整、一部保険規整、評価済保険規整の役割について概括すると、次のようにまとめることができる（注3）。

超過保険規整および一部保険規整は、いずれも、保険金額と保険価額（被保険利益の評価額）との関係に着目した規律である。このうち、超過保険規整は、契約締結時の両者の関係に着目した規律である。保険者の義務が損害てん補であることから、仮に保険価額を超える保険金額の定めがあったとしても、その超過する部分は、保険価額の上昇がない限り保険給付額に結びつかない無駄な部分として扱われる。しかも、保険料の額は、保険金額の多寡によって決定されることになっているため、無駄な部分があるということは、保険料の無駄払いが生じることをも意味する。超過保険規整は、契約締結時からこのような無駄が生じている場合において、その無駄を解消して、保険者と保険契約者との間の利害を調整する役割を果たす。

他方、一部保険規整は、損害発生時における保険金額と保険価額との関係に着目した規律である。保険金額は、被保険利益の完全価額（保険価額）において設定する必然性はなく、保険料を節約する等の理由から、それよりも低い金額としておくこともできる。その場合には、保険金額が損害発生時の保険価額を下回ることになるが（一部保険という）、一部保険規整は、その場合における保険者のてん補損害額を決定する役割を果たす。

次に、評価済保険規整は、てん補損害額それ自体の算定に関する規律である。損害保険における保険者の給付義務は損害てん補であり、したがって、生じた損害の額が保険者の義務内容を決定することになる。これが原則である（法18条1項）。評価済保険は、この原則に対する例外であり、実際に生じた損害の額ではなく、予め約定された保険価額をもって、保険者の給付義務の内容を決定することとされた保険である。評価済保険規整は、そ

のような扱いがなされることに法的根拠を与えるとともに、その限界（制限）を示すという役割を果たしている。

以下、具体的に、保険法下における上記諸規整を解説する。

2　超過保険

(1) 超過保険有効主義

超過保険規定は、商法631条に存在する。それに対応する保険法の規定が、9条である。超過保険とは、契約締結時において、保険金額が保険価額（「保険の目的物の価額」と定義されている）より高額に設定されている場合をいう。

商法631条は、当該超過部分がある場合、その部分における保険金額の合意は無効になると規定している（超過部分の一部無効）（注4）。

超過保険が超過部分について無効とされる根拠について、かつては、超過部分については保険の対象が欠けているとか、超過保険は賭博であるとか、あるいは超過保険は被保険者に利得をもたらすことになるという説明がなされてきた（注5）。しかし、その後、仮に超過部分を有効としても、損害保険における保険者の義務は損害てん補であるから、そのことによって被保険者に利得をもたらすことにはならないことが明らかにされる（注6）。また、それに加えて、超過部分を無効とすることによるデメリットの方がクローズアップされるようになり、結局、立法論としては、超過保険は無効にすべきではないという考え方が支配的となっていた（注7）。ここにいうデメリットとは、契約締結時に超過部分の保険金額の合意が無効とされれば、将来の価額上昇を見込んで、予め超過保険を締結しておくという途が閉ざされるというものである。たとえば、契約締結時の価額は、1000万円であるが、将来的に価額上昇が見込まれており、保険期間中に1200万円程度に上昇することが予想される場合において、1200万円の保険金額を設定しても、超過200万円

部分については商法631条により無効になるから、保険事故が発生し、損害が生じたときに、実際、その予想どおり保険の目的の価額が1200万円に上昇していても、その契約は一部保険となり（商法636条＝法19条）、全損の場合でも、1000万円の保険給付しか受けられず、1200万円の損害が生じた被保険者に十分な補償が行えないという結果が招かれる（とりわけ、激しいインフレ経済下ではこの問題は深刻なものとなる）。

また、諸外国の立法例としても、わが国のように、超過保険の超過部分を当然に無効にするのではなく、たとえば、ドイツでは、既に1908年保険契約法（VVG）制定のときに、上述のデメリットに対処するという理由で、あえてドイツ旧商法の規定（超過保険無効主義）を採用せず、超過保険有効主義を採用することとし（ただし、不法の財産的利益を得る目的がある場合は別）、また、フランス保険法典も、超過保険有効主義を採用している（ただし、詐欺による超過保険は別）（注8）。したがって、こと、保険価額が保険期間中に変動することが基本とされる陸上保険の領域に関し、超過保険無効主義を採用しているわが国の立法は、長年、時代の流れにとり残されてきたということができる。

保険法は、上記立法論ないし諸外国の立法例を受けて、超過保険有効主義を採用することとした。法9条は、超過保険の場合、保険契約者が当該超過部分について取り消すことができるとしているが、これは、いうまでもなく、超過保険も全部有効であることを前提とした規定である（注9）。この点が、まず、大きな改正ポイントとして特筆される。

(2) 超過保険の判断時期

法9条本文の法文言から明らかなように、超過保険は、契約締結時に判断される。これは、商法631条の解釈について通説（契約締結時説）（注10）が理解してきた判断時期と同様であるが、保険法は、その点を明確にしている。なお、契約締結後に保険価額が（著しく）減少して、保険金額が保険期間中のときの保険価額よりも高額となる場合は（この場合も実質的には超過保険の状態が生じている）、法9条ではなく、法10条の規定の適用による（注11）。

(3) 超過部分の契約の取消し

上述のとおり、超過保険の有無は契約締結時の保険金額と保険価額との関係如何で判断されるが、法9条本文は、超過保険がある場合、「保険契約者は、その超過部分について、当該損害保険契約を取り消すことができる」としている。なお、取消しの範囲であるが、超過部分の全部を取り消すか（たとえば、保険価額1000、保険金額1500で、500分を取り消す）、超過部分のうち、一部のみを取り消すか（同、保険価額1000、保険金額1500で、300分を取り消し、200分は残すか）は、契約者の判断に委ねられる（注12）。

もっとも、上記「取消し」が認められるためには、その保険契約が未評価保険であり、かつ、超過保険事実について保険契約者および被保険者が善意・無重過失であったという、2つの要件を充足している必要がある。

まず、問題となる保険契約が未評価保険であるという第1の要件は、法9条ただし書が、「約定保険価額がある場合はこの限りでない」としていることから導かれる。保険価額について約定がある保険契約は評価済保険と呼ばれ、当該約定された保険価額は、保険期間中変動しないものとの扱いを受け、また、それが保険事故に際しての保険者のてん補責任額ともなるのが原則である（法18条2項）。評価済保険では、法9条本文における取消しは問題にならない。

次に、保険契約者および被保険者の善意・無重過失という第2の要件は、法9条本文から導かれる。当該主観要件の対象は、超過保険事実である。したがって、契約締結時に超過保険事実を知らなかった場合で、かつ、その知らなかったことについて著しい注意欠如がなかったことが必要である。法文言によると、善意・無重過失が問題になるのは、保険契約者および被保険者についてであるから、

保険契約者と被保険者とが別人の他人のためにする損害保険契約（法 8 条参照）では、保険契約者も被保険者も、ともに善意・無重過失であることが必要である。

超過保険となることを認識しながら、物価上昇を見込んで超過保険を締結する場合、これは悪意の超過保険であって、この場合は、保険契約者に超過部分の取消権は与えられない。もし、ここにも取消権を与えるとすれば、契約締結時に予想したとおりに価額上昇があれば取り消すことなく、反対に価額上昇がなければ取り消すことも可能となるが、そのことは、保険契約者に対して、保険者の負担のもとで機会主義的行動を許容することになる。それを防止する趣旨からも、善意であることが取消しを認める際の要件となっている。

また、単なる善意ではなく、重過失なき善意が要件とされているのは、商法643条とのかね合いによるものであり、取消し後（商法では無効）の効果の実質を変更しないとする趣旨にでたものである（注13）。

(4) 取消権の行使とその効果

上述の要件を満たす場合、取消権を行使できるのは、保険契約者である（注14）。取消権の行使は、保険期間中においても、保険契約が終了（保険事故の発生により失効する場合を含む）した後においても認められる（注15）。もっとも、民法の取消しに関する規定の適用があるため、追認できる時から 5 年または行為時から20年で当該権利が消滅時効にかかることはある（民法126条）（注16）。

さて、商法は、超過保険を無効とし、善意無重過失の保険契約者に保険料の返還請求権を付与するという構成をとってきた（商法631条・643条）（注17）。これに対して、保険法では、超過保険を有効としつつ取消可能なものと構成し、保険契約者に超過部分の契約について、取消権を付与することとした。超過部分の契約が取り消された場合、その契約部分は、契約締結時にさかのぼって無効になる（民121条）。そして、この場合に、契約締結時から無駄を生じてきた保険料の返還については、取り消された法律行為の処理一般の問題として、不当利得法理（民703条以下）により、その根拠が与えられることになる。

(5) 法規の性質

未評価保険における超過保険に対して、善意・無重過失の保険契約者に取消権を与える法 9 条本文は、法12条により、保険契約者に不利に変更できない片面的強行法規である。

3 一部保険

(1) 一部保険の意義とその判断時期

保険金額が保険価額と一致している保険を全部保険という。これに対して、一部保険とは、保険金額が保険価額（約定保険価額があるときは、当該約定保険価額）に満たない場合をいう（法19条。商法636条参照）。

一部保険かどうかの判断は、商法636条の解釈（注18）と同様、損害発生時になされる。したがって、法19条にいう保険価額とは、損害発生時の保険価額のことであり、その保険価額と保険金額との関係により、一部保険かどうかが判断される（注19）。

(2) 比例按分主義

全部保険である場合、保険者は、全損・分損を問わず、損害額の全部に該当する金額を支払う義務を負う（法18条参照）。

これに対して、一部保険である場合、保険者は、全損・分損を問わず、損害額の全部に該当する金額を支払う義務を負わない（法19条）。

法19条は一部保険の処理について、商法636条の規律を維持することとし、保険者の行うべき保険給付の額は、保険金額の保険価額に対する割合、すなわち、損害額×保険金額／保険価額の算式によって導かれる額とする。これを、比例按分主義（比例てん補主義）という。たとえば、保険価額1000万円の建物について、保険金額800万円の火災保険契約が締結されている場合において、1000万

円の損害（全損）が生じたときは、1000万円×800万円/1000万円＝800万円が、500万円の損害（分損）が生じたときは、500万円×800万円/1000万円＝400万円が、保険者の行うべき保険給付の額となる。

　一部保険の場合において、保険者が損害額の全部を負担することなく、比例按分によって損害の一部しかてん補しない理由は、保険料の公平負担の要請に求められる。すなわち、保険料は、保険金額の多寡によって定まるのであるが、全部保険として高額の保険料負担をしてきた保険契約者と、一部保険としてそれよりも低額の保険料負担のみを行い、もって保険料を節約してきた保険契約者が、仮に保険給付の局面で同額の補償を得られるというのであっては公平ではない。そのため、先の例でいうと、全部保険の保険契約者と一部保険の保険契約者とは、10：8の割合での保険料負担をしてきたのであるから、損害のてん補についても10：8（全損では1000万円：800万円、分損では500万円：400万円）の区別を行うというのが、比例按分主義の考え方である（注20）。

　ところで、一部保険において比例按分主義を採用すると、分損の場合には、発生した損害額が保険金額（cap）より低い額であるにもかかわらず、その損害の全部はてん補されない結果が生じる（先の例でいえば、保険金額が800万円で設定されていて、500万円の損害が発生しているのに、そこで受けられるてん補は500万円ではなく400万円になる）。しかし、その理は、一般の消費者にとってはわかりづらいものであり、その場合にも損害額の全部（先の例では500万円）がてん補されるものと誤解している消費者との間でトラブルの原因になるという問題が指摘されてきた。保険契約者が契約締結時から一部保険を意図しており、一部保険になったという場合ならともかく、より深刻なのは、契約時には全部保険を意図し、全部保険として契約を締結していたにもかかわらず、保険期間中に保険価額が上昇したことにより、損害発生時（一部保険の判断時点）には、意図せずして一部保険に

なってしまっていたという場合である。そこで、中間試案の段階では、商法の立場（法19条も同様）である比例按分主義のほか、実損てん補主義が対案とされていた。実損てん補主義とは、一部保険の場合でも、全部保険の場合と同様に、保険金額を上限として、実際に生じた損害の全部をてん補するという考え方である（この考え方を採用する場合、先の分損の例では、400万円ではなく、500万円＜800万円の範囲内の実際の損害額＞が保険給付額となる）。しかし、実損てん補主義を採用する場合、支払保険金の総額が比例按分主義の場合よりも高額となることから、保険料水準が、比例按分主義を採用している現在よりも上がることが避けられないこと、また、諸外国の立法例でも、比例按分主義を採用するのが一般であること（注21）等の理由から、実損てん補主義を保険法の原則的規律とする案は見送られた（注22）。

　なお、一部保険の場合は、発生した損害額のみならず、損害防止費用（法23条1項2号）についても、比例按分して負担することになる（法23条2項）。この部分についても、商法660条2項の規律が維持されている。

(3) 法規の性質

　法19条は、任意法規である。したがって、約款において、保険法の原則規律としての比例按分主義を排除し、実損てん補主義を採用することは可能である。

4　評価済保険

(1) 評価済保険の意義

　評価済保険とは、契約締結時に契約当事者間で保険価額を約定（協定）し、その約定した保険価額をもって支払保険金額を決定する方式の保険である（注23）。商法では、639条にその根拠があり、諸外国においても、評価済保険の制度は認められている（注24）。保険法は、この評価済保険のことを、「保険価額について約定した一定の価額（約定保険価

額）がある」保険と表現している（法9条・10条・18条2項参照）（注25）。

評価済保険は、主として海上保険や運送保険において行われるが、家計保険分野でも行われており、たとえば、自動車車両保険（車両価額協定保険特約）が評価済保険の例である。

(2) 評価済保険における保険者のてん補責任額（てん補損害額）

保険価額の約定がない場合（未評価保険）とある場合（評価済保険）とでは、支払保険金額の算定方法が異なる。

約定保険価額がない場合、すなわち、未評価保険の場合、保険者のてん補責任額は、その損害が生じた地および時における価額によって算定される（法18条1項）。ここでは、保険価額が変動するので、仮に契約締結時に1000万円の価額があったとしても、損害発生時にそれが900万円までに低下していれば、保険者のてん補責任額は900万円となる。

これに対して、約定保険価額がある場合、すなわち、評価済保険の場合、保険者の填補責任額（てん補損害額）は、当該約定保険価額によって算定されるのが原則となる（法18条2項本文）。したがって、契約締結時に1000万円の価額があり、その1000万円をもって約定保険価額として協定しておけば、仮に、その物の価額が損害発生時に900万円に下落していても、保険者のてん補責任額は1000万円となる。

(3) 保険価額の約定の効力の否定

先述のとおり、評価済保険における保険者のてん補責任額は、約定保険価額によって算定されるのが原則である。しかし、保険法は、例外として、約定保険価額が保険価額を著しく超える場合においては、保険者のてん補責任額は、約定保険価額ではなく、当該保険価額によって算定されるとしている（法18条2項ただし書）。

ここで著しく超えるか否かの基準となる保険価額は、法18条1項にいう保険価額、すなわち、損害発生地および損害発生時の保険価額である。契約締結時に当事者間で合意される約定保険価額は、損害発生時の保険価額と必ずしも厳密に一致するわけではなく、約定保険価額が、法18条1項の保険価額より高額であるという場合も当然あり得る。保険法は、その超過誤差を基本的に容認するが（法18条2項本文）、その誤差が著しい場合には、未評価保険の原則にもどることとし、保険者のてん補責任額を損害発生時の保険価額とする（法18条2項ただし書）。

ところで、従来、評価済保険における約定保険価額が保険事故時の目的物の保険価額を著しく超えている場合に、約定保険価額の拘束力をどの程度まで認めるべきかについては、2つの型の立法例があるとされてきた（注26）。1つは、イギリス海上保険法27条3項が採用する立場で、約定保険価額に絶対的拘束力を認め、詐欺なき限りは不可争のものとする例である（詐欺ある場合には、約定の効力の否定ではなく契約全部が無効とされる）（注27）。もう1つは、ドイツ旧保険契約法57条・新保険契約法76条が採用する立場で、約定保険価額が保険価額を著しく超える場合に、約定保険価額の拘束力を否定する例である。そして、法18条2項に対応する商法639条であるが、これはドイツ型に属するとの評価がこれまでなされてきた。そうであるにしても（後述するように、その評価が正当かどうかは検討の余地がある）、商法639条とドイツ法とは、完全に同じ規律ではなかったことに注意が必要である。商法639条は、「当事者カ保険価額ヲ定メタルトキハ保険者ハ其価額ノ著シク過当ナルコトヲ証明スルニ非サレハ其填補額ノ減額ヲ請求スルコトヲ得ス」としているが、著しく過当である場合でも保険者が減額請求権（形成権と解されてきた（注28））を行使しなければ、その約定の効力は否定されないという立場である（注29）。そのため、著しく過当な場合でも、約定保険価額の効力は当然に否定されるわけではなく、むしろそれも有効であることが前提とされていた。これに対して、ドイツ法では、その解釈として、約定の効力が法律に基づいて効力を失う（無効にな

る）というのが通説である（注30）。さて、新しい保険法であるが、法18条2項ただし書は、商法639条とは異なり、約定保険価額が保険事故時の実際の保険価額を著しく超える場合には、約定保険価額の効力を当然に否定する（保険価額の約定にかかる当事者の合意を無効にする）。

立法者は、約定保険価額の拘束力が例外的に否定されること（法18条2項ただし書）の根拠は利得禁止原則（公序）にあると説明しているが（注31）、公序則が根拠というのであれば、商法639条が採用する減額請求権行使という形式より、法18条2項ただし書が採用する当然無効という形式が論理的に一貫するのであって、その観点においては適切な改正が施されたと評することができよう（注32）。

法18条2項ただし書の効果とその立法趣旨については以上に述べてきたとおりであるが、問題は、どのような場合に、「著しく超えるとき」に該当するかである。この点につき、立法者は、このただし書の規律が機能する（発動される）のは、公序（利得禁止）に反する場合であるとし、したがって、それが機能するのは、ごくごく例外的場合に限られると説明している（注33）。したがって、ここにいう「著しく超えるとき」とは、もし、約定保険価額に従った給付がなされる場合には公序に反する事態を招くという評価がなされる程度に、約定保険価額が実際の保険価額を超過している場合をいう。

(4) 評価済保険と超過保険、保険価額の著しい減少

評価済保険と超過保険との関係について、評価済保険の場合、法9条の適用はないものとされている（法9条ただし書）。したがって、理論的には観念できる潜在的超過保険（約定保険価額が、契約締結時における実際の保険価額よりも高額であり、約定保険価額と同額に保険金額が設定されている場合）がある場合でも、保険契約者に法9条の取消権は認められないし、その効果として、対応保険料が返還されることもない。ただし、契約締結"後"保険期間中に、保険価額が著しく減少した場合には、保険契約者は、将来に向って、約定保険価額を減少後の保険価額まで減額させることができ、その減額に対応する保険料の減額請求が可能とされている（法10条）（注34）。

(5) 法規の性質

法18条2項は、任意法規である。もっとも、ただし書部分は、その立法趣旨から、強行法規である（注35）。

III 今後の学説または実務への影響

1 超過保険関連として

保険法における超過保険規整の解釈をめぐっては、今後、学説において、①取消しの際の保険料返還の範囲、②悪意・重過失の認定のあり方、③契約締結時の解釈、④超過保険有効主義の限界等を中心に議論が展開されることになろう。

まず、①についてであるが、前述のとおり、超過保険がある場合、善意・無重過失の保険契約者に当該超過部分の契約の取消しが認められ、契約締結時にさかのぼって、不当利得として当該部分に対応する保険料が返還されることになるが、取消しひいては保険料返還の範囲については議論の余地があり得る。

すなわち、どのような場合であれ、例外なく、契約締結時における保険価額と保険金額との差額に対応する保険料が全部返還されることになるのか、それとも、保険期間中の保険価額の変動を織り込んで計算された保険料が返還されるかである（注36）。たとえば、契約締結時に保険価額が1000であったが、善意・無重過失で、1500の保険金額が設定されていた例で考えると、その後、保険期間中に、保険価額が一度も1000を上回ることなく推移したという場合は、契約締結時の保険価額、すなわち、1000を基準にして、オーバー500を限度に取り消し、当該500に対応する保険

料を返還させることで特に問題は生じない。しかし、仮に、保険期間中に保険価額が一時的に1000から1300にまで上昇し、その後また1000に戻ってそれ以下で推移した場合についても同じ結論を認めることができるかが問題となる。

　法9条によれば、契約締結時の保険価額と保険金額との差額に相当する契約部分が取り消され、この場合、当該契約部分が、初めから無効とみなされるので（民法121条）、上記のようなケースについても、結論として、その契約部分に相当する保険料（500）が全部返還されるという解釈が成り立たないわけではない（注37）。

　しかしながら、保険法が採用した超過保険有効主義のもとでは、1000を超える保険金額は、取消しされるまで有効に機能しているのであり、保険契約者は、保険価額が上昇している期間中は、1300の範囲までの危険負担を保険者から得ていたという事情がある（仮に、そのときに保険事故が生じたならば1300に相当する給付を受けられる地位にあった）。もし、このような事情が考慮されることなく、有効に機能してきた部分（300）についても事後的に保険料返還が可能というのであれば、保険契約者は、サービスは受け取っていても対価を支払う必要はないといっているのに等しい。そのため、保険料は危険負担の対価であって、それが一度は有効に機能した以上、その部分の返還には制限があってしかるべきという解釈が他方で成り立つ（注38）。審議会の場においては、保険期間中に保険価額が上昇する場合には、保険料返還は、期中の保険価額の変動を織り込んで考えるという点で、大方意見の一致があったようであり（注39）、それが立法者意思であると考えるべきであろう。

　さて、この立法者意思に沿って、どのように法9条の解釈論を展開するかが、今後の学説の課題である。いずれにしても、法9条が片面的強行法規であること、当該解釈論如何が保険期間中の保険価額上昇（保険者の危険負担の実績）に関する立証責任の所在にも影響することなどを考え合わせると、当該解釈論は慎重に検討されるべきであろう。

　この問題について若干検討するに、たとえば、法9条にいう「超過部分」とは、「保険期間中一貫して超過していた部分」であると解したうえで、取消しならびにその結果としての保険料返還はその部分に制限されるという解釈論が考えられないわけではない。しかし、仮にそのように解すると、保険契約者は、保険期間中一貫して超過していた部分がどの部分であるかについて立証しなければならないことになる（それは結局、保険期間中の全部の保険価額を立証することになる）。しかし、この証明が保険契約者にとって過大な負担であることは明らかであり、法9条が意図した契約者保護が画餅に帰するおそれがあるという問題がすでに指摘されている（注40）。それ以上に、保険期間中に保険価額が上昇するというケースは、およそどのような超過保険でも起こり得る事態というわけではなく、むしろ例外的場合として位置付けるべきものであるが、そのような例外的場合の妥当な処理のために、「超過部分」とは、「保険期間中一貫して超過していた部分」と解釈してしまうとすると、結果としてそのような例外的場合に該当しない（おそらくは）大半の契約者においても、保険期間中の全部の保険価額を証明しなければ取消権が行使できないという事態が生じる。それは、やはり問題であるといわざるを得ない。さらにいえば、このように権利（取消権）の範囲が制限されるという解釈は、中間試案の規律文書を前提とすれば可能であるにしても、その表現を明確に変更することとなった法9条の法文言（注41）と整合するかは疑問である。したがって、この解釈は、にわかに賛成できない。

　それでは、保険期間中に保険価額が上昇する場合についての前記立法者意思も尊重するとして、法9条はどのように解釈されるべきであろうか。現段階における私見としては、法9条は、保険者が保険期間中の保険価額上昇の事実を証明できない限りにおいて、保険契約者に、契約締結時の保険価額と保険金額

との差額部分の契約については、何らの制限なく取り消すことを認め、かつ、保険料の返還についても、当該取消しに係る全部の保険料の返還を原則として保障している規定であると解したい。法9条は、契約者に対して、契約締結時の保険価額（のみ）を証明したうえで、それが保険金額を超えていた事実およびそれについて善意・無重過失であった事実を証明しさえすれば、その超過部分について、取消権行使が可能としており、取消効果の一般原則からすると、取り消された契約に対応する部分の保険料は、全額、不当利得として返還されるのが原則となる。仮に、保険期間中に保険価額が上昇したという場合であったとしても、当該契約者は、それがどの範囲であるかを証明する必要はない。保険契約の特殊性から、保険価額上昇の場合にあっては、それに対応する危険負担部分の保険料返還範囲に制限がかかることが認められるとしても、それは、法9条のもとでは、上記原則的処理に反対するところの保険者の証明をもって実現されるべきものと考えたい。また、法9条の趣旨がそうであるとすれば、約款において、保険料返還のルールを制定する際には、法9条本文の規律を原則として置いたうえで、保険者が保険価額の上昇を証明した場合には、その限りではない（制限がある）というただし書を置くスタイルが適切であろう。

次に②である。前述のとおり、超過保険事実について、保険契約者側に悪意・重過失があれば、当該取消権は認められない。この点に関連し、審議会においては、代理店が保険価額の見積をし、契約者がそれにのっかって保険金額を決定するという実態も踏まえながら、超過保険の取消しおよび保険料の返還という消費者保護のために設けられた規律が無意味なものとなってしまわないように運用していく必要性が、一部委員から殊更に強調されている（注42）。とりわけ、重過失認定には慎重であるべきことが指摘されている。仮に、このような運用が求められるとした場合、法9条が適用される局面が多くなるように、重過失の認定を保険契約者に有利に解するというのも1つの方策であり、そのことで法9条の空洞化を防ぐということが考えられようか（先の審議会における一部委員意見はその方向性を示唆しているようである）。しかし、単純に法9条が適用される局面が多ければそれにこしたことがないというのは早計の感が否めず、しかも、重過失認定を緩やかに行うというのであっては、無重過失を要件としたこと自体と矛盾してしまう（悪意だけでよかったことになる）。

私見としては、法9条の空洞化阻止は、法9条の適用場面を多くするという方策によって図るのではなく、法9条が置かれた趣旨、すなわち、超過保険の必要性も意思もない契約者から不要な保険料をとるという事態をなくすという趣旨に沿った引受実務が、今後とられていくことによって図られるべきものと考える。

そのため、今後の引受実務としては、今まで以上に、保険価額の算定の精度をあげることとし（自信がなければ積極的に評価済保険を活用するのも一途である）、契約締結時の保険価額の見積りを契約者に提示すること、そして、その価額を超える保険金額を設定する場合には超過保険になるという事実を伝えること、そして、超過保険を締結するかどうかの判断を契約者に行わせ、その確認をとることが期待される（注43）。このような引受実務の定着で、法9条適用の場面はかなり限定的なものになるが（超過保険が明らかになっても、多くの場合が悪意の超過保険との認定が可能になろう。もっとも、そもそも保険者の価額算定が正確でなかった場合には、なお、法9条の適用余地がある）、しかし、他面において、法9条が意図している消費者保護は、そこで相当程度に実現されることになろう（そこに法9条の存在意義を認めることができる）。また、そのような実務が行われる場合、超過保険の取消しが問題となる局面での重過失認定の問題は、先に危惧されていたように、法9条の存在意義を左右するほどの大きな問題とはならないであろう。いずれにしても、どのような場合に重過失ありとされるかは、今後、事

Ⅲ　保険契約の効力

例の蓄積を待って、判断するほかない（注44）。

次に③である。実務上、損害保険の保険期間は、多くの場合、1年に設定されており（注45）、1年ごとに、更新が繰り返されるというのが基本である。さて、法9条の適用にあたって、この更新契約がどのように扱われるべきかが問題になり得る。損害保険約款においては、いわゆる継続契約約款が用いられる場合があり、火災保険普通保険約款30条、住宅火災普通保険約款24条がその例であるが、仮に、継続契約が、継続前の原契約と法律上同一のものであると評価されるのであれば、超過保険判断時期は、原契約締結時のみとなる。しかし、継続契約が、原契約と別個の新契約であるとするならば、超過保険の判断時期は、原契約締結時と（その後、複数回にわたり得る）継続契約締結時の、それぞれの時となる。継続約款には、いくつかの種類があり、その中には、継続契約が原契約と法的に同一性をもつものと解釈する余地があるものも存在するが（注46）、こと、火災保険約款における継続契約の法律上の性質については、原契約とは別個の新たな契約であるというのが通説・実務の見解である（注47）。したがって、火災保険では、原契約締結時はもとより、その後の時々の更新時が、法9条にいう「契約の締結の時」ということであって、そのそれぞれの時点で超過保険が判断される（注48）。

以上を前提にしつつも、さらに問題が生じるのは、継続契約とは構成されない、長期（1本）の損害保険契約における超過保険の問題である。たとえば、住宅の購入につき、金融機関のローンが利用される場合には、金融機関の債権の担保のために保険契約に基づく保険金請求権の上に質権を設定するのが通常であるが、質権設定の効力をそのまま維持させるために、被担保債権の存続期間に合わせた長期の保険契約が利用される場合もあるとされている（注49）。

このような契約においては、保険契約者が、超過保険の状態になっていることに気づかずに、長年にわたって、てん補に結びつかない高額な保険料を負担しつづけている場合があり得る。

仮に、20年ないし30年の長期の契約が、年度単位の継続契約ではなく、1つの契約であり、したがって、超過保険は、数年または数十年前の契約締結時においてのみ判断するとなると、結局、そのような保険契約者の保護にならないのではないかという問題がある。審議会では、20年ないし30年の長期の損害保険契約といっても、商品構造としては、所詮、1年ごとの契約をくっつけたものでしかないから、超過保険の契約締結時の解釈も、年単位に区切って行えるとする解釈論が必要ではないかということが指摘されている（注50）。確かに、住宅ローン関連で利用される長期損害保険契約が、保険料負担が可能な場合に行われ、一時払の保険料負担が困難な場合には継続契約が利用されるということであれば（注51）、1本の長期契約についても、継続契約と同様の保護を与えることは必要かもしれない。今後、このような解釈論の是非をめぐっては議論がなされることになると思われるが、現段階における私見としては、法9条とは別に、法10条が置かれていることの趣旨に鑑み、それは法10条（商法637条）固有の問題であるとするのが適切ではないかと考えている（注52）。

最後に、④である。保険法は、超過保険有効主義を採用したが、そのことは、どのような超過保険も許容されることまで意味しない。すなわち、超過保険有効主義には限界もある。許容されない超過保険とは、保険金不法取得目的の超過保険である。保険法制定にあたっても、他国の立法例にならって（注53）、超過保険有効主義を原則としながらも、例外として、保険金不法取得目的の超過保険は全部無効であるとする規定を置くべきか否かが議論された。結論として、そのような規定は設けられていない。しかし、その理由は、民法90条違反で対応できるということにあって（注54）、決して、保険金不法取得目的の超過保険に効力を認める趣旨ではない。商法631

条のもとにおいても、保険金不法取得目的の超過保険は（一部ではなく）全部無効であるという解釈論が展開され、すでに、そのように判示する（下級審）裁判例もいくつか出されている（注55）。どのような超過保険であれば、保険金不法取得目的の超過保険になるかについては、上述裁判例において統一した理解があるわけではないが、ドイツ、フランスにおける解釈論を参考に、将来の過大請求を意図し、その準備として締結される超過保険が、保険金不法取得目的の超過保険であると解釈すべきである（注56）。

2　一部保険関連として

前述のとおり、一部保険に関しては、商法636条の規律が維持されており改正点はない。したがって、今後の学説は、従来の議論の延長上に展開され、実務としても、従前どおりの対応で足りるものと考えられる。

なお、すでに火災保険において行われている価額協定保険特約、80％付保割合条件付実損払特約等は、法19条を変更する特約として、もちろん有効である。

3　評価済保険関連として

法18条2項は、本文ならびにただし書部分も含めて、商法639条の実質を変更していないというのが立法者の理解である（注57）。そうであるならば、保険法のもとでも商法639条の解釈が維持されることになり、また、それをもとに展開されてきた実務にも、大きな変化はないということになろう。

しかしながら、私見としては、商法639条における「著しく過当（法18条2項ただし書においては、著しく超える）」の解釈が、従前、適切になされてきたかどうかについて、再度、検討する必要があるものと考えている。この点、保険法制定の過程において、約定保険価額の効力が否定される場合の議論が比較的詳細になされ、その立法趣旨についても従前に増して明確にされたのであるが、それを踏まえて、法18条2項においては、如何なる場合に約定保険価額の効力が否定されるのかを、従前の議論との対比で検討することとしたい。

商法639条の解釈としては、2・3割実際の価額よりも大きいという場合には、著しく過当であるとして、保険者の減額請求が認められるという解釈がとられているとされてきた（注58）。

さて、この解釈が保険法のもとでも維持されることになるか。前述したとおり、保険法では、ただし書の規律が公序則であることが明確化されたが、公序良俗違反を理由として約定の効力が否定されるというのであれば、2・3割実際の価額よりも過大であることが、公序良俗違反であると評価できなければならないということである。保険の種類によっても異なるであろうが、一般論として考えても、物保険において、2・3割実際の価額よりも過大な給付をすることが、公序良俗違反であるという秩序が存在しているものとは考えがたい。それよりも過大な給付を可能とする新価保険の有効性が認められていることもその根拠であるし、評価済保険に関する司法判断の場でも、そのような狭隘な公序則の存在が否定されている例がある（注59）というのも根拠である。

審議会における議論を勘案すれば、保険法の立法者としても、そのような狭隘な公序則を前提に、法18条2項ただし書の発動を考えているわけではないものと推察される。立法者は、その言葉を借りれば、「ごくごく例外的」に、「ごくごく限定的」に、公序を維持するためにただし書が機能すると説明している（注60）。従前の、2・3割過大という解釈とは、明らかな温度差がみてとれよう。

なお、商法の立法者意思も、学説がいうような2・3割過大という場合に減額請求を認めるというものではなく、法18条2項ただし書の立法趣旨と同様、それよりももっと高いレベルの超過がある場合に減額請求が認められるとの立場であったことに注意が必要である（注61）。結局、これまでの解釈論が、その本来の趣旨に反して、あまりに厳格にすぎ

たのではなかろうか。今後、どのような場合に約定の効力が否定されるかについて議論が展開されるものと考えられるが、保険法制定を機に、その趣旨が再度確認され、原点回帰への道が開けた今となっては、その趣旨どおりに但書が機能する場合を考えていくことが求められよう。したがって、従前の学説のように、たかだか2・3割過大であるということで保険者の責任額が調整されることになるものと解してはならないものと考える。

Ⅳ　おわりに

本稿のおわりにかえて、いわゆる「利得禁止原則」が、保険法上、いなかる扱いを受けているのかについて簡単に付言し、本稿をまとめることとする。

わが国では、古くより、ドイツ保険法学の影響を受け、損害保険には、利得禁止原則が不文の強行法規として妥当するという解釈が通説として定着してきた。本稿が対象とした、超過保険規整（重複保険規整も）、評価済保険規整は、利得禁止原則と関連が深く、現行商法が超過保険の超過部分を無効としていることや、評価済保険における著しく過当な評価が保険者により事後的に排斥されること等は、利得禁止原則にその根拠が求められてきた。

さて、保険法における利得禁止原則の地位であるが、立法者は、利得禁止原則を（損害）保険法における公序と考えており（注62）、保険法は、その理解を前提に、損害保険に関する各規律を整備することとした（なお、超過保険を有効としたことは、損害保険における保険給付は損害てん補であるという命題まで変更するものではない）。

このように、保険法は、利得禁止原則が公序則であることを前提としているが、いずれにしても、問題はその内容であって、あるいはそれが誤解されて、過剰な反応がなされてはならないものと考える。

そもそも、利得禁止原則は、それ自体において裁判規範として機能する具体的法命題なのか、あるいは、立法ないし法解釈にあたり基本の政策方針として機能するにとどまる指針なのかについて争いがあり得るが（注63）、利得禁止原則は公序則（強行法規）というのであれば、利得禁止原則はそれ自体において裁判規範として機能する具体的法命題と理解されているようである。

しかし、仮にそのように理解するとしても、利得禁止原則という具体的法命題が、民法90条とは別の法命題であるのかが問題となる。従来、損害保険法における強行法規としての利得禁止原則（いわゆる狭義の利得禁止原則）は、民法90条が要求するもの（広義の利得禁止原則）とは別の、いうなれば、それよりも、より低いレベルで給付制限をかける法命題と理解されてきた（注64）。さて、保険法制定の過程において理解されてきた損害保険における利得禁止原則は、そのように、民法90条との区別を前提としたもの（意識したもの）であろうか。詳細な検討は他日に譲らざるを得ないが、これについては疑問も生じる。たとえば、法18条2項ただし書は、強行法規としての利得禁止原則の現れとみる余地があるが、立法者は、そこで、殊更に公序を強調し、極めて例外的な場合にただし書が機能するとしている。しかし、そのような理解であるとすると、民法90条違反とは別のレベル（それよりも低いレベルで）で、当該無効が生じると考えているようには思われないのである。民法90条（これも具体的法命題である）とは別に、利得禁止原則という具体的法命題が存在するという理解が説得的なものとなるためには、少なくとも民法90条に規定される法律要件とは別の（しかも明確な）法律要件をもって、その違反が判定できる命題になっている必要があるものと考えるが、そのような区別を支持する学説において、そのような法律要件の定立はなされていないのが現状である（なお、その原則の名称とは裏腹に、利得があるか否かに着目して、利得がある場合にはそれを無効とする法命題として理解されているわけでもない）（注65）。

以上のように、保険法において、従前と同

様、利得禁止原則は強行法規であるという扱いがなされているとしても、それが民法90条違反とどう異なるのかについても明らかにされていないし、さらにいえば、保険法は、保険事故が発生する前の財産状態よりもよりよい財産状態を被保険者にもたらすこと（利得）を禁止しているわけではない（新価保険の有効性、評価済保険の著しくない超過を考えよ）ことにも、十分留意する必要がある。

（注1）このこととの関係で、損害保険においては、「利得禁止原則」が強行法規として妥当しているともいわれる（山下友信『保険法』389頁以下（有斐閣・2005年）【以下、山下・保険法と記す】）。

（注2）山下・保険法394頁、大森忠夫『保険法〔補訂版〕』66頁（有斐閣・1985年）【以下、大森・保険法と記す】。

（注3）なお、本稿が対象とする超過保険、一部保険、評価済保険が問題となるのは、損害保険契約の中でも、物保険（積極利益の保険）に限られ、責任保険や費用保険のような、いわゆる消極利益の保険について、これらが問題となることはない。

（注4）商法631条は、1861年普通ドイツ商法（ドイツ旧商法）790条をそのまま踏襲した規定である。詳細は、拙稿「超過保険規制と利得禁止原則」立命299号410頁（2005年）参照【以下、拙稿・超過保険規制と記す】。なお、超過保険無効主義は、保険価額不変更主義がとられる海上保険について発達し、有効主義は、保険価額が変動するのが通常である陸上保険について発達してきた制度であることにつき、大森忠夫『保険契約の法的構造』309頁（有斐閣・1952年）【以下、大森・法的構造と記す】参照。

（注5）各説については、坂口光男『保険法』131頁以下（文眞堂・1991年）参照。

（注6）大森・法的構造289頁。

（注7）大森・保険法105頁、田辺康平『新版現代保険法』97頁（文眞堂・1995年）、石田満『商法Ⅳ（保険法）〔改訂版〕』（青林書院・1997年）【以下、石田・保険法と記す】、西島梅治『保険法〔第三版〕』150頁（悠々社・1998年）【以下、西島・保険法と記す】、山下・保険法395頁。

（注8）ドイツ旧保険契約法（VVG-alt）51条、現行保険契約法（VVG-neu）74条、フランス保険法典L.121-3条。詳細は、拙稿・超過保険規制438頁以下・467頁以下参照。

（注9）なお、商法632条から635条に規定される重複保険も、これまで、超過保険と平仄を合わせて、重複超過部分が無効になると解釈されてきたが（大森・保険法113頁）、保険法では、超過保険を有効とすることとあいまって、重複保険についても有効主義をとり、それを前提とした規律を設けることとしている（法20条参照）。

（注10）大森・保険法105頁、山下・保険法395頁。

（注11）法10条は「損害保険契約の締結後に保険価額が著しく減少したときは、保険契約者は、保険者に対し、将来に向かって、保険金額または約定保険価額について減少後の保険価額に至るまでの減額を、保険料についてはその減額後の保険金額に対応する保険料に至るまでの減額を請求することができる」としている（なお、12条により片面的強行法規である）。商法637条に対応。

（注12）保険法部会第22回議事録28頁参照。

（注13）保険法部会第21回議事録28頁参照。なお、商法643条につき、保険契約の無効の場合に保険料返還が悪意重過失の場合に認められないとしているのは、制裁の趣旨であるという説明がなされてきた（大森・保険法159頁）。しかし、保険法では超過保険が有効とされるのであるから、悪意・重過失の保険契約者に取消しおよびその結果としての保険料返還が認められない理由を、従前のように制裁に求めることは困難になる。保険法では、悪意については、そのように解するのが保険契約者の意思に合致するほか、そう解釈しない場合には保険契約者の機会主義的行動を許容することになるという説明が適切であろう。

（注14）法制審議会では、立法当局より、保険者に対しても超過保険解消の権利を与えることについてどう考えるかという問題提起がなされていたが（保険法部会第3回議事録6頁）、結果的に、保険法では、超過保険解消のイニシアチブは保険契約者のみがとることとされた。
　この点、ドイツ保険契約法74条（旧51条）では、保険契約者のみならず、保険者も超過保険解消の権利を有するものとし、フランス保険法典L.121−3条2項（詐欺なき超過保険の規定）も、その解釈として、保険契約者のみならず、保険者も超過保険解消の権利を有するものとされている。なお、両国において、保険者にも、超過保険解消の権利が与えられる理由は、超過保険を放置しておくと、それを奇貨とした不正請求（損害額の水増し＝過

Ⅲ　保険契約の効力

大請求）の温床となり、保険者にはその危険から自らを守る利益があると説明されている（Motive zum Versicherungsvertragsgesetz, Berlin, im Dezember 1963, S. 124, Bruck/Möller/Sieg, Versicherungsvertragsgesetz, 8. Aufl. Bd.Ⅱ.,1980, §51. anm.27, RICARD et BESSON, Les assurances terrestres, tome 1: Le contrat d'assurance, 5^{e}éd, 1982, p327-328.）。

(注15) 保険法部会第8回議事録22頁、第21回議事録26頁参照。

(注16) 保険法部会第21回議事録28頁参照。

(注17) 中間試案の段階でも、保険契約者に保険料の返還請求権を付与するという構成であった（中間試案・第二・2・2・(3)②の規律）。

(注18) 大森・保険法156頁。

(注19) 評価済保険においては、約定保険価額が基準になり（法19条参照）、また、約款により、保険価額不変更主義（商法670条参照）が採られる場合には、当該不変の保険価額が基準になる。

(注20) その他、保険契約者は保険金額の範囲で保険者にリスク移転をし、保険金額を超える部分については自家保険としたものであるから、発生した損害についても、その割合に応じて保険者からてん補を受け、てん補されない残る損害部分については、自家保険部分に対応するものとして、被保険者が負担するのが合理的であるという説明もなされる。

(注21) ドイツ旧保険契約法（VVG-alt）56条、現行保険契約法（VVG-neu）75条、フランス保険法典L.121-5条など。

(注22) なお、衆議院法務委員会（平成20年4月18日開催／第169回第9号）における審議の場でも、政策論として、実損てん補主義を採用するべきではないかという意見が、一部の議員から出されたことを付言する。

(注23) 山下・保険法401頁参照。なお、保険価額について約定があるというためには、当事者間において、ある価額をもって約定保険価額とする旨の合意があることが必要で、保険の目的の価額について契約申込者が申込書に記載し申告する見積価額は、ここにいう約定保険価額ではないとされている（大森・保険法77頁）。

(注24) イギリス海上保険法27条3項、ドイツ旧保険契約法（VVG-alt）57条、現行保険契約法（VVG-neu）76条。フランス保険法典には明文規定はないが、解釈上認められている。

(注25) なお、以前は、協定保険価額というのが一般であった。

(注26) 保険法制研究会『損害保険契約法改正試案・傷害保険契約法（新設）試案理由書（1995年確定版）』18頁（損害保険事業総合研究所・1995年）【以下、損害保険契約法改正試案理由書と記す】参照。

(注27) Clark,The law of insurance contracts, 2002, p. 932.

(注28) 大森・保険法157頁。

(注29) 大森忠夫『続・保険契約の法的構造』134-135頁（有斐閣・1966年）参照。なお、中間試案（中間試案・第二・2・3・(4)イ・①の規律）および要綱案・第1次案（1次案・上・第1・3・(4)・イ＝法制審議会・保険法部会資料・23参照【以下、部会資料と記す】）の段階までは、この立場であった。要綱案・第2次案（2次案（2次案・第2・3・②＝部会資料・26参照）にて変更。

(注30) Bruck/Möller/Sieg, a. a. O., §57. anm. 40, Honsell, Berlinerkommentar zum Versicherungsvertragsgesetz, 1999, §57. Rn.16.したがって、保険者によるアクションは不要とされ、当該無効性は、職権を通じて生じるとされる。なお、フランスにおいても、同様の理解である。

(注31) 補足説明38頁、保険法部会第21回議事録39頁、保険法部会第23回議事録15頁。

(注32) 商法639条における減額請求権の根拠も、いわゆる利得禁止原則に求められてきた（西島・保険法144頁、山下・保険法403頁）。しかし、利得禁止原則は強行法規であると解釈するならば（わが国の通説が、利得禁止原則を強行法規と解していることにつき、拙稿「損害保険契約における『利得禁止原則』否定論(1)」立命291号223頁以下参照【以下、拙稿・利得禁止原則否定論(1)と記す】）、商法639条は、その違反阻止を保険者の判断（権利行使するかどうか）に委ねていることになって、それでは論理が一貫しないことになる。法18条2項ただし書が、当然無効の形式に変更されたのは、審議会の場において、減額請求権を付与する形式を提案していた要綱案・第1次案に対し、「保険者のオプションにしてしまっていいのか」という疑問が提示されたこと（保険法部会第21回議事録38頁参照）が影響していると考えられるが、その疑問は、おそらく私見と同様の問題意識のもとに出されたものであろう。

(注33) 保険法部会第21回議事録39・40頁。

(注34) 法10条は、商法637条に対応するものである。これまで、評価済保険にも商法637条が適用さ

れるかどうかは必ずしも明らかでなく（ドイツでも、保険事故前に保険契約者が約定保険価額の減額をできるかどうかについては、見解が分かれる。Honsell, a.a.O., §57 Rn.15)、評価済保険には適用がないという考え方をとる余地もあったようにも思われる（石田・保険法140頁、損害保険契約法改正試案理由書15頁、大森・続法的構造124頁参照)。この点、保険法は、明文をもって、評価済保険に対しても、当該権利を与えることとしたが、ただ、評価済保険に関しては、法18条2項ただし書に該当する著しい超過がない限り、約定保険価額の拘束力は否定されることなく当事者を拘束し、保険価額が減少しても、約定保険価額が損害算定の基礎とされるので、保険契約者においては、将来、法18条2項ただし書に該当する著しい超過をもたらすほどの保険価額の減少があった場合は格別、そうでない場合には、当該権利を行使する実益はないということができよう。

(注35) 保険法部会第23回議事録15頁。
(注36) 中間試案段階での議論であるが、日本私法学会シンポジウム資料・保険法改正・野村修也「損害保険契約に特有な規律」商事法務1808号42頁参照。
(注37) 中間試案作成までの議論であるが、立法当局は、保険契約の成立後に保険価額が上がった場合でも、保険事故が発生するまでの間は、当初の保険価額を下限として保険金額の減額を保険契約者側に認めてよいという説明もしているが（保険法部会第8回議事録19頁参照)、この説明は、本文の解釈になじむものであろう。
(注38) 中間試案段階での議論であるが、日本私法学会シンポジウム資料・保険法改正・野村修也「損害保険契約に特有な規律」商事法務1808号42頁。
(注39) 保険法部会第8回議事録22頁、保険法部会21回議事録26・30頁参照。
(注40) 竹濵修ほか・私法学会シンポジウム『保険法改正』私法70号102～104頁＜今井薫氏質問・野村修也氏回答参照＞（有斐閣2008年）【以下、竹濵ほか・シンポジウムと記す】。
(注41) 中間試案第二2(3)②の規律は、「損害保険契約の成立の時以降保険金額が保険価額を超えていたときは」としているが、法9条は、「損害保険契約の締結の時において」としており、両者は明らかに表現が異なる。なお、この文言変更の経緯、理由等については、議事録その他の立法資料から推知することができない。
(注42) 保険法部会第8回議事録25頁参照、保険法部会第21回議事録27頁参照。
(注43) 前掲シンポジウムにおいても、金融庁の保険会社向け監督指針にある「意向確認書面」の活用が示唆されている（竹濵修ほか・私法学会シンポジウム『保険法改正』私法70号105頁＜野村修也氏回答参照＞（有斐閣2008年))。
(注44) 審議会においては、少しアローアンス（allowance/余裕）をみておきましょうか、とか、3・4割アップでどうでしょうかという保険者側の説明がある場合に、悪意あるいは重過失が認められるのかという質問がなされている（保険法部会第21回議事録27頁)。ケース・バイ・ケースで判断するという立法担当官の回答以外に議論はないが、思うに、そのような場合、保険者側からある程度正確な保険価額の見積りが提示されているのであれば、悪意を認定してよいと考える。そのような見積りの提示がない場合では、保険契約者が契約締結時の保険価額についてある程度正確な知識があるような特別の場合を除いて、悪意はもとより、重過失を認定することも困難でなかろうか。なお、保険契約者が契約締結時の保険価額についてある程度正確な知識があるような特別の場合とは、たとえば、不動産なり動産の取得後まもない時期において契約を締結するケースで、契約者はその取得対価、ひいてはそのおおまかな相場を知っているような場合が想定できる。
(注45) 山下・保険法331頁。
(注46) 詳細は、横尾登米雄＝青木延一編『保険辞典』225頁（継続契約の項）（保険研究所1971年）参照【以下、保険辞典と記す】。
(注47) 安田火災海上保険編『火災保険の理論と実務〔改訂版〕』380頁（海文堂・1982年)、保険辞典226頁。
(注48) 原契約締結時には、保険価額と保険金額が一致していたが、更新（継続）契約締結時に、すでに保険価額が下がっている場合で、それを知らずに、原契約と同一の保険金額で更新したという場合には、その更新契約時の保険価額と保険金額との関係で、超過保険があるものとされ、更新契約分については、保険料の返還が可能になる（保険法部会第21回議事録32頁)。したがって、原契約と更新契約を一体のものとみて、その場合、原契約時には超過保険はないから、もはや法10条の適用しか問題にならないということではない。
(注49) 田辺康平＝坂口光男編『注釈・住宅火災保険普通保険約款』259頁（中央経済社・1995年）【以下、田辺・坂口・住宅火災保険と記

Ⅲ　保険契約の効力

す｝。もっとも、質権の効力を継続契約に及ぼす旨の約款もあることに注意。
(注50)　保険法部会第21回議事録33頁参照。
(注51)　田辺・坂口・住宅火災保険259頁。
(注52)　立法担当者は、極めて長期にわたり、かつ、保険価額の変動が予定されるものについては、法10条の権利行使が、時期を逸せず、保険契約者側からなされるように、保険者は配慮すべきであるとするが、私見も、そのような保険者のサービスをもって、本文のような問題には対処していくべきであると考える。
(注53)　ドイツ旧保険契約法（VVG-alt）51条3項、現行保険契約法（VVG-neu）74条2項、フランス保険法典L.121－3条1項。
(注54)　補足説明33頁。
(注55)　裁判例については、拙稿・超過保険規制434頁以下参照。
(注56)　詳細は、拙稿・超過保険規制488頁。
(注57)　保険法部会第23回議事録14頁。
(注58)　山下・保険法403頁。裁判例として、大判大6・3・10民録23・484は、9万5千円の船舶を12万円の約定保険価額とした場合に、大判昭16・8・21民集20・1189は、500円の建物を1200円の約定保険価額とした場合に、著しく過当であるとしている。最近の裁判例として、大阪高判平10・12・16判タ1001号213頁（車両価額協定保険特約において、実際の購入価額365万円に対して、800万円の協定保険価額が設定）。
(注59)　大阪地判平10・5・28判タ987号250頁（前掲（注58）大阪高判平10・12・16の原審）は、実際の車両購入価額に対して2.1倍の協定保険価額が合意されたケースであるが、裁判所は、「本件保険契約は、保険制度の趣旨を著しく逸脱するものであって、全体として、公序良俗に反して無効である」という保険者の主張に対して、高々、2倍程度であり、それのみで公序良俗に反するとはいえないとしている（控訴審も、同じく、公序良俗違反の主張を退けている）。
(注60)　保険法部会第21回議事録39・40頁。
(注61)　商法639条の立法経緯、歴史を辿ると、興味深い事実が明らかになる。旧商法の起草者、ロエスエルの草案第692条は、「保険物ノ価額ヲ預メ契約又ハ鑑定者ノ鑑定ニ由テ定メタルトキハ詐偽ニ係ルニ非サレハ之ニ対シ異議スルヲ得ス」としていた。つまり、この段階では、イギリス型の法制が草案として提案されていたのである。ロエスエルは、草案について、次のように説明している（重要部分抜粋）。

「本案ハ正当ナル保険会社ノ通習ヲ採用シ確定額ニシテ契約即チ双方ト約諾ニ依リ若クハ鑑定人ノ評価ニ由テ定メタルモノハ双方共ニ之ヲ守ルヘシトセリ　而シテ其ノ確定額ニシテ保険証券中ニ載セタルトキハ其契約存スルモノト視ルヘシ　今夫保険者ニ於テ被保険者申出ル所ノ価額ニ疑ヲ挟マハ其物件ヲ検視シ以テ其価額ヲ証明セシムルヲ得ヘシ　保険者若シ之ヲ為サザルトキハ契約ヲ以テ被保険者ノ鑑定ニ同意シ以テ他ノ契約ニ於ルニ同シク之ヲ守ルヘキ義務ヲ引受タルモノナリ　恰モ売買契約ニ於テ代金ヲ約定シタル後ニ買主ヨリ恣ニ過高ヲ弁トシテ異議ヲ唱フルヲ得サルカカ如キナリ（仏国商法358条）…（中略）…本案ニ依レハ確定額ノ無効ニ帰スルハ被保険者詐偽ヲ為シタル時即チ故ラニ保険者ノ損失ニ由テ不正ノ利得ヲ得ン為メニ過高ノ価額ヲ申出テタル時（是保険者　其額ニ同意シタルトキト雖モ又同シ）或ハ被保険者ヨリ鑑定人ニ賄賂ヲ送リタル時等ニ限ル　是レ如何ナル場合ト雖モ詐偽アレハ契約ニ異議ヲ為スコトヲ得ヘシトノ普通規則ヨリ生シタル所ニシテ此時ニ方テハ保険者其ノ事実ヲ証明セサル可ラス　独リ過高鑑定ノ証拠ヲ挙ルモ未タ十分トセス　然レトモ太（たい）甚シキ過高鑑定ハ実際詐偽ト同視ス　何トナレハ保険ノ性質ヲ犯スモノナレハナリ（司法省『ロエスエル氏起稿・商法草案〔下巻〕』95頁）」。これを受けた旧商法632条は、「前条ノ規定ニ拘ハラス被保険物ノ価額ヲ予メ明約又ハ鑑定人ノ評価ニ依リテ定メタルトキハ後ニ至リ其価額ノ定ニ対シテハ強暴若クハ詐欺ノ場合又ハ価額ノ著シク過当ナル場合ニ於テノミ異議ヲ述フルコトヲ得」と規定した。ここに詐欺の場合または価額の著しく過当な場合が並列されている（折衷型）。これは、ロエスエルが、理由のなかで、詐欺の場合に異議が述べられるとしつつも、極めて甚だしい（太甚だしき）場合は詐欺と同視するという考え方を示しており、それを受けたものと推察される。明治32年商法により、旧商法632条が現行639条となったが、そこでは、強暴・詐欺ある場合という法文言が消えることになる。その理由について、商法修正案参考書は、「既成商法六百三十二条ニ於テハ著シク価額ノ過当ナル場合ノ外ニ尚ホ強暴又ハ詐欺ノ場合ヲモ揚ケタルトモ新民法九十六条ノ存スルヲ以テ更ニ必要ヲ見ス　故ニ本案ハ之ヲ削除シタリ」としている（『商法修正案理由書』329・330頁（博文館・1898年））。

さて、商法639条の立法経緯に照らすと、実

は、わが国の評価済保険法制は、そもそも、ドイツ型でなく、イギリス型が基本になっているのではないかということが明らかになる。ロエスエルは、当時の各国の法制を説明する課程で、ドイツ商法の規定の説明をしているも、草案は、それとは区別して、わが国の法制を説明しているし、そのロエスエルの説明によれば、そこで、イギリス型が基本とされていることは明らかであろう（詐欺なき限りは不可争であり、著しく過当は、詐欺を捕捉するものとして付加された要件であった）。

確かに、旧商法と現行商法とは法文言が変化し、詐欺の場合という文言は消滅し、著しく過当という文言のみが残ることになったが、しかし、その理由は、単に、民法との重複を避けるという立法技術によるものであって、その背後にある立法趣旨に変更があったという評価はできない。そうすると、わが国の法制はドイツ型であるというのは、実は誤解である可能性も高い（なお、法18条2項は、商法639条の実質を変更していないというのが立法者意思であるので、この事実は、保険法の解釈にも影響を及ぼすことになる。なお、立法担当官は、利得禁止と並んで、信義則にも言及しており、それが詐欺を想定していることは明らかである）。仮にそうであるとすれば、上記の立法経緯を軽視し、単に文言のみに依拠してわが国の法制をドイツ型と決定し、ドイツ法を参考にして、その解釈論を展開してきたこれまでの学説は問題があったということになり、その解釈が保険法のもとで、そのまま維持されるという事態は避けられるべきということになる。

ドイツ法を参考にした解釈論の1つの例が、「著しく過当」の解釈である。ドイツでは、10％超過する場合が、著しく過当であるとするのが通説であるとされているが、わが国における、2・3割過大である場合には著しく過当であるという解釈も多かれ少なかれ、ドイツの学説の影響を受けているものと推察される（山下・保険法403頁参照）。しかし、先に見たとおり、ロエスエルによれば、著しく過当とは、そもそも詐欺を捕捉すべく付加された要件であって、詐欺と同視すべき（反対にいえば、それと同程度に許容できない）、極めて甚だしい（太甚シキ）超過がある場合を意味すると説明していたのであって、いずれにしても、2・3割過大というレベルで、それを想定していたものと考え難い。なお、このように学説が展開する傍らで、詐欺的事情がある場合にしか、減額請求権を行使しない保険実務が形成されていたとすれば（山下・保険法403頁参照）、学説よりも実務のほうが、立法趣旨に忠実であったことになり、今後も、そのような運用がなされることを期待したい。

(注62) たとえば、保険法部会第21回議事録39頁参照。
(注63) 拙稿・「損害保険契約における『利得禁止原則』否定論（2・完）」立命256頁以下【以下、拙稿・利得禁止原則否定論（2・完）と記す】。
(注64) 山下・保険法390頁以下参照。
(注65) 拙稿・利得禁止原則否定論（2・完）337頁。山下・保険法392・393頁において、山下教授は、モラルハザードとの相関関係で、違反があるかどうかを判定するという考え方を示唆されるが、モラルハザードが公益に関する事象（民法90条の問題）である以上、そのような考え方は、民法90条とは区別した法命題（狭義の利得禁止原則）を理解するという立場（前提）と、そもそも矛盾を来すことになるのではあるまいか。

Ⅳ 保険給付

16 保険事故の通知義務・損害防止義務

東北学院大学大学院法務研究科教授　梅津　昭彦

Ⅰ　はじめに

　損害保険契約における被保険者または生命保険契約における保険金受取人は、それぞれ保険事故が発生した場合には、損害のてん補を受けまたは保険金の支払を受けることができる。他方で、保険者は、法定のあるいは約款上の免責事由に該当する場合、保険契約者または被保険者の告知義務違反があり解除する場合等によりてん補責任または保険金支払責任を免れるが、そのようにてん補責任または保険金支払責任をそもそも負担しなければならないか否か、あるいはてん補責任を負担する場合であってもその範囲を確定する作業が必要になる。今般成立した保険法は、被保険者または保険金受取人が損害てん補請求ないし保険金請求を行い、保険者がそれに応じる場面として、その第2章「損害保険」、第3章「生命保険」および第4章「傷害疾病定額保険」のそれぞれに「保険給付」として規定している。

　以上のように、保険者が自己の債務を負担しなければならないか否か等を判断するためには、まず保険事故（給付事由）の発生という事実そのこと自体を知る必要がある。保険事故の発生自体は、通常、被保険者または保険契約者の生活支配領域で生じていることであり、保険者は被保険者等の協力なくして保険事故の発生を知りようがない。そこで、保険者に保険事故を調査し、損害の種類や範囲を確定し、損害が拡大することを防止するなどの機会を得さしめるために、保険契約者または被保険者に保険事故発生の通知義務が課されることになる（注1）。他方、保険事故が発生し保険者が損害てん補義務を負担する場合であっても、保険契約者または被保険者が発生した保険事故について拱手傍観することによって、損害が拡大することになっては、保険者の負担するてん補範囲はいたずらに拡大（拡張）することになり、その負担は増加する一方である。そこで、保険事故が発生した場合には、保険の目的物を管理下に置いていることが通常であると考えられる保険契約者または被保険者に損害の拡大（拡張）を防止させることが現実的であると考えられる（注2）。

　保険契約者または被保険者に課される保険事故発生の通知義務および損害防止義務は、有効に成立した保険契約に基づき、保険事故の発生を契機として課されている義務であり、保険給付の可否あるいはその範囲に影響を与える義務であるという点で共通しているので、本稿で両者を扱うことにする。

Ⅱ　保険事故の通知義務

1　改正点の概要

　法14条は、損害保険契約について、「保険契約者又は被保険者は、保険事故による損害が生じたことを知ったときは、遅滞なく、保険者に対し、その旨の通知を発しなければならない。」と規定する。そして傷害疾病損害保険契約については、法35条により同条所定の「被保険者」が「被保険者（被保険者の死亡によって生ずる損害をてん補する傷害疾病損

害保険契約にあっては、その相続人）」と読み替えられる。保険法がその2条において定義規定を設けることにより、採用されている文言の意味を明らかにしている。すなわち、以上の各条文おける「保険者」（同条2項）、「保険契約者」（同条3項）、「被保険者」（同条4項イ）がそれぞれに定義されている。また、商法658条において「保険者ノ負担シタル危険ノ発生」と規定していたこととの文言上の違いがあるが、法5条1項かっこ書きにおいて、「保険事故」を「損害保険契約によりてん補することとされる損害を生ずることのある偶然の事故として当該損害保険契約で定めるものをいう。」と定義しているので、その意義については違いはないと考えられる。

生命保険契約については、法50条が「死亡保険契約の保険契約者又は保険金受取人は、被保険者が死亡したことを知ったときは、遅滞なく、保険者に対し、その旨の通知を発しなければならない。」と規定し、法79条が傷害疾病定額保険契約について、「保険契約者、被保険者又は保険金受取人は、給付事由が発生したことを知ったときは、遅滞なく、保険者に対し、その旨の通知を発しなければならない。」と規定する。ここでも、商法681条において「保険金額ヲ受取ルヘキ者」と規定されていたところ、保険法はその2条5項で「保険給付を受ける者として生命保険契約又は傷害疾病定額保険契約で定めるものをいう。」と「保険金受取人」を定義することによって、文言の意味を明らかにしている（注3）。

以上のように定義規定を整備したことにより使用されている文言の違いはあるものの、その内容については変更・改正はないように思われる。また、保険法においても商法と同様に、かかる通知義務について発信主義が維持されており、通知の到達に係るリスクを保険契約者側、すなわち通知義務者に負担させることはしていない（注4）。また、その通知方法についても法定されておらず、書面でも口頭でもなし得ることになるが、各種約款では書面によることを要求するのが一般的である（注5）。したがって、通知義務の解釈あるいは同趣旨の各種約款規定の解釈・適用については、以下でみるようなこれまでの議論あるいは判例の理解が原則として参考となるであろう。

2　法的性質・義務違反の効果

(1)　学　説

保険事故発生の通知義務が保険契約者側に課されていることの根拠ないしその機能については上述したとおりであるが、その法的性質については、特に損害保険契約においてかかる義務違反の効果との関係とも相まって議論があった。保険法は、商法と同様に、保険契約者または被保険者による保険事故発生の通知義務の違反の効果については規定を設けていないので、従前どおり解釈に委ねられることになる（注6）。確かに義務負担者に契約当事者ではない被保険者が加えられ、履行の強制にもなじまないので、かかる義務は保険金請求権行使のための前提要件と解する見解もあるが（注7）、通説は、それを真正の義務とみて、その義務違反により保険契約者側に損害賠償責任が課せられると解し、かかる義務違反があった場合には保険者がてん補すべき保険金の額からこの損害額を控除することができるとする（注8）。ただし、通知義務の違反により被った損害を保険者は立証しなければならないところ、そのような立証は一般にかなり困難なものだと思われる（注9）。なお、生命保険契約における通知義務の違反の効果についても、同様に解されると思われるが、定額給付保険である生命保険契約ないし傷害保険契約にあって、給付事由の発生時に保険者の支払うべき保険金の額を算定することはあり得ないのだから、義務違反による損害賠償請求は観念し難い（注10）。

(2)　約款規定の解釈

以上のような理解に対し、約款の中には、かかる通知義務違反の効果について保険者の全額免責を定めるものがあり、かかる約款の

効力ないし適用について争われてきた。

たとえば、自家用自動車保険普通保険約款所定の対人事故の通知義務に関する、いわゆる「60日条項」違反の効果が争われた最二判昭和62・2・20民集41巻1号159頁で（注11）、最高裁は、当該条項が「保険契約者又は被保険者に対して事故通知義務を課している直接の目的は、保険者が、早期に保険事故を知ることによって損害の発生を最小限にとどめるために必要な指示を保険契約者又は被保険者等に与える等の善後措置を速やかに講じることができるようにするとともに、早期に事故状況・原因の調査、損害の費目・額の調査等を行うことにより損害のてん補責任の有無及び適正なてん補額を決定することができるようにすることにあり、また、右事故通知義務は保険契約上の責務と解すべきであるから、保険契約者又は被保険者が保険金を詐取し又は保険者の事故発生の事情の調査、損害てん補責任の有無の調査若しくはてん補額の確定を妨げる目的等保険契約における信義誠実の原則上許されない目的のもとに事故通知をしなかった場合においては保険者は損害のてん補責任を免れうるものというべきであるが、そうでない場合においては、保険者が前記の期間内に事故通知を受けなかったことにより損害のてん補責任を免れるのは、事故通知を受けなかったことにより損害を被ったときにおいて、これにより取得する損害賠償請求権の限度においてであるというべきであり、前記14条（「60日条項」：筆者注）もかかる趣旨を定めた規定にとどまるものと解するのが相当である。」と述べている（注12）。以上のように最高裁は、当該約款上の通知義務違反による保険者免責条項が、保険契約者または被保険者が保険金を詐取する目的や保険者の事故調査等の機会を奪うなど信義則上許されない目的で通知を怠った場合にのみ効力を有し、また、事故通知の遅滞により保険者が損害を被った場合にのみそれが保険金から減額されることになることを認めている。それまでの裁判例も、おおむね以上のような約款の制限的解釈をとってきたものと思われる（注13）。

3　保険契約者または被保険者の説明義務

保険法は、保険事故発生に際して保険契約者または被保険者のいわゆる説明義務を規定していない。保険法改正議論においては、保険契約者または被保険者が保険者から保険給付を受けるために必要な説明やその他の協力をしなければならない旨を規定化すべきであるかどうかについても検討されたようであるが（注14）、かかる内容の規定は設けられていない（注15）。各種の約款では、保険者は「保険契約者または被保険者が、提出書類につき知っている事実を表示せず、もしくは不実の表示をしたとき」には保険金を支払わない旨の規定を設けているのが通例である。かかる規定は、保険事故発生の通知義務とともに、損害明細書や事故内容通知書への記載とそれらの提出により被保険者側に損害についての説明義務を負わせるものである。そこで、かかる義務は通知義務と同様の効果と機能を認めるものとしてその有効性は承認されているようであるが、義務違反の効果として保険者に保険金支払の全額免除を与えていることの当否が問題となっている。

火災保険約款に関する事例である東京高判平成16・3・11本誌1194号15頁では、被保険者が保険者に提出した罹災一覧表の記載について、被保険者が「事実に反することを知りながら、意図的な損害額の不実申告や虚偽の証拠提出などを行ったものというべきであり、信義則上許されない目的をもって損害額の申告をした」として、約款規定により保険者は保険金支払義務を負わないと判示した（注16）。また、同趣旨の自家用自動車保険約款の規定について大阪高判平成12・10・27判時1740号87頁では、「免責の効果の重大性に照らし、通知書類の記載又は通知内容のうち些細な点で不実があった場合の全てにつき保険会社が免責されるとすることは相当でなく、右の不実の対象は、事故の日時、場所、被害者の住所氏名、事故の状況などのうち、保険会社の保険金の支払義務の有無、範囲、

程度を調査、確定する上で必要とされる主要事実に限られ、これが故意により記載されたというためには、通知人が事実と異なることを認識していたというに止まらず、これにより、保険会社が事故原因の調査、損害てん補責任の有無の調査若しくはてん補額を確定するにつき、その妨げとなることの認識をも必要とするものと解される」と述べ、当該事案については、通知内容は保険者の以上のような調査を妨げる目的でなされたことが推認されるとして、保険者は損害の全部につきそのてん補責任を免れると判断された。そして、盗難保険の事例である長崎地判平成10・3・18判タ984号245頁では、保険金請求書類に不実の表示があったが、それは「保険金の不正取得を直接の目的」とするものではなく、「いまだ保険制度の円滑な運用を維持する上で被告を免責することがやむを得ないとまではいえないが」、被保険者のなした不実表示が悪質であると評価されるので「信義則に照らし、被告が支払うべき保険金の額については五割を減じるのが相当である」と判断されている（注17）。

Ⅲ 損害防止義務

1 改正点の概要

　商法660条は、その1項で、「被保険者ハ損害ノ防止ヲカムルコトヲ要ス但之カ為メニ必要又ハ有益ナリシ費用及ヒ填補額カ保険金額ニ超過スルトキト雖モ保険者之ヲ負担ス」と規定し、被保険者の損害防止義務を本文において定め、但書において損害防止費用は保険者が負担すべきことを規定していた。保険法は、13条が「保険契約者及び被保険者は、保険事故が発生したことを知ったときは、これによる損害の発生及び拡大の防止に努めなければならない。」と規定し、また法23条1項2号において「第13条の場合において、損害の発生又は拡大の防止のために必要又は有益であった費用」については保険者の負担とすることを定めている。そして、一部保険の場合の損害防止費用の負担については、商法660条2項によりその付保割合に応じて保険者が負担すべきことを規定していたが、同趣旨の内容は法23条2項において法19条の規定（一部保険）が損害防止費用について準用される形で規定されている。以上のような条文構成上の違いに加え、保険法は損害防止義務者に保険契約者を加え、「損害の防止」を「損害の発生及び拡大の防止」とし、さらに当該義務は「保険事故が発生したことを知ったとき」から履行しなければならないとしている。

　損害防止義務者に保険契約者を加えるべきことは、これまでも立法論的主張がされてきたところであり（注18）、保険法においてそれが実現されている。また、商法660条所定の「損害ノ防止」とは、保険事故自体の発生を防止することではなく、発生した事故により損害が発生することならびに発生した損害が拡大することを防止することであると解されていた（注19）。かかる点に関し、法13条は明確にした。各種約款は、損害の防止とともに損害の軽減をも含めているが、損害の軽減とは発生した損害の除去を意味し、損害が確定的に発生していない場合に行うことが可能であり、損害の防止との差は行われる内容にあり、その効果に違いはないとされている（注20）。したがって、法13条所定の「損害の発生及び拡大の防止」の解釈においても、それに損害の軽減が含まれることに異論はなかろう（注21）。さらに、損害防止義務の履行開始時期については、商法は特段の規定を設けていなかったこともあり議論があった（注22）。その点で、保険法改正議論の過程では「保険事故が発生した場合には」と明示して、当該義務が保険事故自体が発生したことを前提とするものであることを明らかにする提言がなされていたが、法13条は、損害防止義務を当該義務者が「保険事故が発生したことを知った」ことを要件とするものであると同時に、損害防止義務の履行開始時期をより明確

にしたものといえよう（法23）。

2 法的性質・義務違反の効果

(1) 法的性質と義務違反との関係

損害防止義務の趣旨ないしその根拠を何に求めるかについては、損害の発生または拡大を被保険者が拱手傍観することは社会的損失であり公益に反するとして、その趣旨を公益保護に求める見解があった（注24）。しかし、現在は、損害防止義務を課すことにより公益は保護されるが、公益保護が直接の目的・趣旨ではなく、被保険者側の積極的・消極的行為により損害が発生または拡大する危険があり、その点で保険契約が賭博的に悪用される危険性があるので、衡平の見地に損害防止義務の根拠を求め、また、損害の拡大を被保険者が防止し得るのであればそれをしないで損害をいたずらに拡大させることは保険者との関係で信義則違反であると捉える見解（注25）、あるいは、当該義務の法的性質との関連において、被保険者の故意または重過失により発生した損害はてん補しない旨の商法641条と本質的には同じ趣旨のものであるとの見解もある（注26）。

損害防止義務違反の効果については、商法同様に法13条も特に規定を置いていないので、これまで同様に問題となる。そこで、損害の発生および拡大の防止義務は、それを真正の義務であるとして、その義務違反により生じた損害または拡大した損害の部分につき保険者が損害賠償請求権を取得すると解するのが通説である。すなわち、かかる義務違反があっても被保険者は損害てん補請求権を失わず、被保険者が債務不履行による損害賠償義務を負うために保険者は被保険者が有する損害てん補請求権と自己が有する損害賠償請求権とを相殺しその差額についててん補するとするものである（注27）。そこで、保険事故の発生による損害防止義務者の精神的動揺にも同情すべき点があり、義務違反について軽過失を問題とすることは妥当性を欠くので、義務違反成立の要件としてはその者の故意または重過失による場合に限定すべきであると主張されていた（注28）。以上のように損害防止義務を真正の義務と解する立場に対して、自己の財産について保険を付したからといって損害の発生または拡大を防止すべき真正の義務を負担させなければならない理由はなく、また損害の発生および拡大に保険契約者側が関与した場合には、本来保険者はその部分につき損害てん補責任を負わないのであり（法17条・35条）、無保険の場合における慎重な所有者であれば行うであろう防止行為をしてもなお生じた損害を保険者はてん補すべきことを損害防止義務として規定したと解する見解も有力に主張されていた（注29）。

(2) 判決例

損害防止義務違反を争点とする判決例としては、やや特異な事例であるが、東京地判昭和31・9・11下民集7巻9号2462頁がある。戦争保険、地震保険が附帯している火災保険契約において、被保険者が当該保険の目的たる動産が焼失したことにより被った損害は、当時空襲の激化にともない罹災の蓋然性が極めて高い状態になったにもかかわらず、被保険者が家財を疎開せず何ら損害を防止する処置を講じなかったため生じたとして、被保険者に悪意または重過失による損害防止義務違反があったと主張された事案である。裁判所は「当時すでに戦局が極度に悪化し空襲は益々激しくなる一方で、国内の交通運輸機関の機能が著しく阻害され、家財の疎開なども容易に出来ない状態にあったことは公知の事実であり、かゝる状況の下において原告が家財を疎開しなかったとしても、それだけで原告に被保険者としての損害防止義務違反があったと断ずることはできない」として、かかる義務違反を認めなかった。また、船舶保険契約の事例で東京地判平成3・3・22判時1404号119頁は、乗組員が船が沈没するに際して排水措置をとらなかった損害防止義務違反があると主張されたことに対して、裁判所は、「保険契約者の損害防止・軽減義務は、

自己及び関係者の生命を危険に晒してまで、保険の目的物を守ることを要求するものであるとは考えられず」、「沈没の時期が正確に判断できないために乗組員の生命の安全の確保の可否を容易に判断できないような場合であれば、保険契約者には、乗組員の生命を危険に晒してまで損害を防止する義務があると解することはできない」として、当該義務違反を否定した（注30）。以上の判決例は、商法においても法16条においても防止の程度・内容について何も指導を与えていないので、具体的な個々の事案で判断されることの事例を示したものである。一般には、被保険者が保険が付されていない場合よりも特段の努力をしなければならないことを要求されるものではなく、無保険の場合と同程度に損害防止に努めれば足りると解されている（注31）。

3　損害防止費用の負担

損害防止費用とは、損害防止に必要または有益であった費用であり、一般的かつ客観的に損害防止のために必要または有益な費用とされ、それが結果的に損害防止に資するものであったか否かを問わない費用であると解されている（注32）。

被保険者が損害防止に要した費用については、その額がてん補額と合算して保険金額を超える場合であっても保険者負担とする旨を商法660条1項但書は規定していた。損害防止活動により損害の発生または拡大が阻止され、あるいは発生した損害が軽減されることは保険者にとって有益であると考えられる限り、それを保険者が負担することは合理的であるともいえよう。保険法は、損害防止費用の負担者を保険者とするのみで、商法660条1項但書のようにその範囲については規定していない（注33）。そして、かかる規定は任意規定であり（法26条参照）、これまでどおり約款規定によっては、保険者の負担する損害防止費用の範囲が異なることもあり得る。たとえば、各種約款においては、損害防止費用を保険者はまったく負担しないとする旨の規定（全額不担保条項）、損害防止費用と保険金との合計額が保険金額を超えない範囲で保険者がその費用を負担する旨の条項（一部不担保条項）、あるいは損害防止費用と保険金との合計額が保険金額を超える場合にも保険者はそれを負担する旨の条項がある（注34）。以上のような約款規定に対しては、商法660条1項但書が公益を保護するための強行規定だと解することによりそれを修正する約款規定は無効であるとする見解もあり得た。現在は、損害防止義務違反が損害の発生または拡大に作用した原因力の1つであったとしても、保険者の費用負担の有無と本質的には無関係であること、そして、費用の種類が多岐にわたり負担の範囲が不明確であり、また保険料に防止費用の担保の対価を含めず、かつ被保険者側に損害発生の防止努力を前提とした保険料を算定しているのであること、同規定を任意規定と解して保険者が賠償請求権を放棄することも可能だとして有効であると解する説が多数である（注35）。上述したように、法23条2項は任意規定であることを確認しているので、これまでの多数説が妥当することになる。

Ⅳ　結びにかえて

以上みてきたように、保険事故発生の通知義務については、保険法では商法と使用されている文言上の違いを見い出すことはできるが、その内容について大きな改正はないと考えられる。したがって、これまでの通説に沿った改正がなされていると評価されるので、これまでの通知義務に関する解釈・理解が参考となるだろう。通知義務の違反の効果については、上記最高裁判例のような約款の制限的な理解あるいは約款の修正が妥当であるとおおむね評価されるのであれば（注36）、約款の文言自体を改正することも、保険契約者保護の観点から必要になろう（注37）。また、各種の約款規定のうえでは、保険事故（給付事由）発生の通知義務とともに被保険者等に

課せられている説明義務の違反の効果としてその違反の程度が信義則に反する場合には保険者の全部免責を認める裁判例の傾向をみると、それぞれの事案が保険契約者または被保険者の故意または重過失による保険事故招致が疑われるがその認定が困難である場合に、かかる両義務がその代替的根拠規定として保険金の不正請求防止・抑止の効果を期待されているようにも思われる。

　また、損害防止義務についても、商法が淡泊な規定振りであったのに対し、保険法は、それまで培われてきた議論に基づき、使用されている文言の上では明瞭な規定となったと評価できよう。もっとも、各種約款において保険者の負担する損害防止費用の範囲が異なる、あるいは保険契約者等の合理的期待と異なるような場合には、約款文言自体の明確化に加えて、保険契約者等にその内容を十分に理解させることがこれからも保険者に要請されることになろう。

（注1）大森忠夫『保険法〔補訂版〕』168頁（有斐閣・1985年）、西島梅治『保険法〔第三版〕』111頁（悠々社・1998年）。また、保険事故発生の通知義務の機能を、当該保険事故に際しての迅速な保険金支払との関係において、保険者が支払うべき保険金の額を早期に把握し、全体の損害率の計算を正確なものとして保険経営の健全な運営を行うための側面を強調するものとして、露木修「火災保険事故発生の通知義務」田辺康平＝石田満編『新損害保険双書1火災保険』330頁以下、334・335頁（文眞堂・1982年）。

（注2）山下友信『保険法』412頁（有斐閣・2005年）。

（注3）なお、損害保険法制研究会が1995年に公表した損害保険契約法改正試案（以下「損保改正試案」という）は、その658条で保険事故発生の通知義務を、そして生命保険法制研究会が2005年確定版として公表した生命保険契約法改正試案（以下「生保改正試案」という）は、その681条で被保険者死亡の通知義務を規定していた。

（注4）沖野眞已「保険関係者の破産、保険金給付の履行」商事1808号24頁以下、30・31頁（2007年）。

（注5）ただし、書面によらなかっただけで通知義務違反になるものではない。石田満『商法Ⅳ（保険法）【改訂版】』169・170頁（青林書院・1997年）。損害改正試案658条はかかる点について、「通知は書面によるべき旨を約定することを妨げない。」と規定していた。

（注6）加瀬幸喜「通知義務の不履行」金澤理＝塩崎勤編『裁判実務体系26損害保険訴訟法』114頁以下（青林書院・1996年）。

（注7）田辺康平『新版現代保険法』157・158頁（文眞堂・1995年）、田辺康平＝坂口光男編『注釈住宅火災保険普通保険約款』208頁〔野村修也〕（中央経済社・1995年）。

（注8）大森・前掲（注1）168〜170頁、西島・前掲（注1）112頁、石田満「保険契約法における損害発生の通知義務」『損害保険論集（損害保険事業研究所創立35周年記念）』269頁以下、282頁以下（損害保険事業研究所・1969年）。

（注9）山下・前掲（注2）416頁。

（注10）山下・前掲（注2）486頁。

（注11）「60日条項」の内容については、鴻常夫編集代表『注釈自動車保険約款（下）』119頁以下〔伊藤文夫〕（有斐閣・1995年）。

（注12）山下友信・法教82号85頁以下（1987年）、西島梅治・判評344号65頁以下（1987年）、洲崎博史・民商97巻5号82頁以下（1988年）、坂口光男・損保判例百選〔第二版〕60頁以下（1996年）。

（注13）千葉地判平成10・2・6判タ970号247頁、宮崎地判都城支判昭和61・3・17判時1187号129頁、甘利公人・ジュリ948号216頁以下（1990年）、東京地判昭和47・6・30判時678号26頁（田辺康平・判評168号23頁以下（1973年））。竹濱修「保険事故発生の通知・説明義務の再検討（一）」立命館法学217号1頁以下、40-63頁（1991年）。そして、損保改正試案658条の3第1項は「保険契約者または被保険者が前2条に規定する義務を履行しなかったときは、保険者のてん補額は、損害額からその義務の履行があったならば軽減することができたと認められる損害の額を控除した額を基礎として決定する。②前項の規定にかかわらず、保険契約者または被保険者が、保険者の保険事故発生の事情の調査または損害てん補責任の有無もしくはてん補額の確定を妨げる意図をもって、前2条に規定する義務を履行しなかったときは、保険者は、損害をてん補する責任を免れる。」と規定し、そのような理解を明らかにしていた。『基本法コンメンタール商法総則・商行為法〔第四版〕』263頁（西島梅治）（日本評論社・1997年）。なお、生命保険

約款の解釈については、東京地判大正4・11・25新聞1072号17頁、田中昭・生保判例百選〔増補版〕140頁以下（1988年）。
(注14) 中間試案9頁、補足説明35頁。
(注15) たとえば、損保改正試案685条の2において、「保険契約者または被保険者は、保険者の要求に応じ、保険者の保険事故発生の事情の調査または損害てん補責任の有無もしくはてん補額の確定に必要または有益と認められる一切の事情について説明を行い、かつ、その証拠を提出しなければならない。この場合において、過大な費用を要するときは、保険者の負担とする。」と、生保改正試案681条の2において、「保険者は、被保険者の死亡に関する事情を調査する必要があるときは、保険契約者または保険金を受け取るべき者に対して事情の説明および証拠の提出を求めることができる。」と規定するところであった。
(注16) その原審である東京地判平成15・6・23判タ1141号227頁、本誌1175号2頁は、不実申告は認められないとして保険金支払請求は認容されている。その他、火災保険約款に基づき不実の申告があったとして保険金請求が認められなかった事案として、東京高判平成11・6・30判時1688号166頁（笹本幸祐・判評496号33頁以下（2000年）、伊藤雄司・ジュリ1230号113頁以下（2002年））、大阪地判平成11・3・5判時1709号116頁、名古屋地判平成11・2・9判1046号261頁、熊本地判平成10・7・6判時1667号147頁、判タ1008号244頁（ただし、控訴審である福岡高判平成11・4・27判タ1011号261頁では、本件火災の発生につき被保険者の故意または重過失があったとして保険者の免責を認めている）、東京地判平成10・2・16判時1664号139頁、大阪地判平成6・10・11判時1518号117頁、判タ864号252頁（福原紀彦・損保判例百選〔第2版〕62頁以下（1996年））、大阪地判昭和42・5・13判時500号63頁、判タ210号207頁（石田満・ジュリ445号132頁以下（1970年）、窪田宏・損保判例百選66頁以下（1980年））などがある。
(注17) 竹濵修・私法判例リマークス19号111頁以下（1999年）。
(注18) たとえば、倉庫業者や運送業者が、荷主のために、すなわちその対象物の所有者を被保険者とする他人のための保険契約を締結しそれを自己の管理下におく場合には、契約者であるその者達にかかる義務を負わせることが妥当である。田辺・前掲（注7）159頁、西島・前掲（注1）205・206頁。

(注19) 大森・前掲（注1）171頁。
(注20) 田辺＝坂口・前掲（注7）215頁（坂口光男）。
(注21) 損保改正試案660条1項は、「保険契約者または被保険者は、保険事故の発生にあたり、損害の防止または軽減に努めなければならない。」と規定していた。
(注22) 学説の対立の詳細については、野口夕子『保険契約における損害防止義務』75〜80頁（成文堂・2007年）。
(注23) 補足説明86頁、大森・前掲（注1）171頁、西島・前掲（注1）207・208頁。
(注24) たとえば、田中誠二『新版保険法』188頁（千倉書房・1960年）。
(注25) 野津務『保険法における信義誠実の原則』142頁（中央大学生協出版局・1965年）、石田・前掲（注5）173頁、江頭憲治郎『商取引法〔第4版〕』430頁（弘文堂・2005年）。なお、大森・前掲（注1）170頁は、損害防止義務は被保険者が守るべき信義誠実の要請のひとつとして商法が認めたものであり、「結局、保険契約の射幸契約的性質にかんがみ、保険の利益を享ける被保険者に対して、衡平の見地から、法がとくにみとめた義務と解するほかない。」と述べておられた。
(注26) 田辺・前掲（注7）159頁、西島・前掲（注1）204頁。なお、諸学説の分類・検討については、野口・前掲（注22）67〜71頁。また、同書109頁以下では、商法660条をモラル・ハザード防止規定とみる見地から考察を加えておられる。
(注27) 大森・前掲（注1）172頁。
(注28) 西島・前掲（注1）209頁、大澤康孝「損害防止義務とその違反の効果」北沢＝浜田編・商法の争点Ⅱ274頁以下（1995年）。
(注29) 古瀬村邦夫「損害防止義務及び損害防止費用について」私法18号（1957年）57頁以下。田辺・前掲（注7）159・160頁、同「損害防止義務違反の効果」北沢編『商法の争点（第二版）』252・253頁（1983年）。
(注30) ただし、同事件はその控訴審で当該船舶は乗組員の故意によって沈没したと認定されている。東京高判平成6・3・29判タ860号264頁。
(注31) 大森・前掲（注1）171頁、田辺・前掲（注7）159頁、西島・前掲（注1）208頁。
(注32) 大森・前掲（注1）173頁。ただし、その費用負担との帰属の問題とも関係して、損害防止費用とは何かについて紛争となることに備え、たとえば、住宅火災保険普通保険約款では、保険者の負担する損害防止費用について限定的に列挙している（同約款17条2項）。

(注33) 損保改正試案660条2項は「前項に定める損害の防止または軽減のために必要または有益な費用は、その費用とその他のてん補額との合計が保険金額を超えるときでも、保険者の負担とする。第636条の規定は、この場合に準用する。」と、同3項は「保険契約者または被保険者が故意または重大な過失によって第1項の義務を履行しなかったときは、保険者のてん補額は、損害額から義務の履行があったならば防止または軽減できたと認められる損害の額を控除した額を基礎として決定する。」と規定されていた。
(注34) 田辺＝坂口・前掲（注7）217〜219頁（坂口光男）。
(注35) 田辺・前掲（注7）148・149頁、西島・前掲（注1）212・213頁。なお、損害防止費用不担保条項に関するこれまでの学説の整理についても、野口・前掲（注22）92〜100頁を参照されたい。
(注36) 洲崎・前掲（注12）94・96頁。
(注37) 山下・前掲（注2）417頁。

IV 保険給付

17 損害保険契約における保険者免責

東京海上日動火災保険個人商品業務部専門次長 吉澤 卓哉

I はじめに

損害保険契約では、保険期間内に保険事故が発生して被保険者に損害が生じれば、保険者は保険てん補義務を負う（注1）。ただし、保険てん補要件に該当する場合であっても、発生事故や事故発生原因（危険事情や危険状態ともいう）次第では（注2）保険者が責任を負わない（＝保険者免責）ことがある。

約定でもこうした保険者免責を規定することができるが（免責条項と呼ばれている）、いくつかの免責事由は法定されている。この法定免責事由についても今回の現代化で見直しがなされ、小幅な改正がなされている。

II 今回の改正内容

商法は、損害保険契約に関して、固有の瑕疵・自然の消耗免責、戦争・変乱免責、故意・重過失免責という3つの法定免責事由を規定しているが（海上保険に関する829条を除く）、改正法たる保険法では、最前者が削除され、後2者が維持されるとともに、最後者について「責任保険契約」に関する特則が設けられた（法17条）。

なお、商法665条は、特に火災保険に関して、法定免責事由を除いて事故発生原因の如何を問わずに火災損害をてん補する旨を規定しているが、法改正でこの規定全体が削除されている。

1 固有の欠陥・性質免責と自然の消耗免責：削除

(1) 商法の内容

商法は、物保険に関して特別な免責事由を規定している。すなわち、商法641条前段は、「保険の目的の性質若しくは瑕疵に因りて生じたる損害」（以下、固有の欠陥（注3）・性質という）および「其（保険の目的の）自然の消耗に因りて生じたる損害」（以下、自然の消耗という）を免責としている。こうした、「外部的作用によらず、保険の目的物それ自体の内部的欠陥または性質の結果として生ずる損傷状態」（注4）は、一般には、（広義の）「固有の瑕疵」（vices propres）あるいは「性質損害」（Beschaffenheitsschäden）として一括して論じられることが多い（注5）。

① 固有の欠陥・性質免責

保険の目的物の「固有の欠陥・性質」（inherent vice or nature. 狭義の「固有の瑕疵」）と呼ばれる免責事由である。
「固有の欠陥」とは、その保険の目的物がたまたま有する欠陥のことである（たとえば、金属部品・陶器などの内部亀裂など）。他方、「固有の性質」とは、属性として同種の物が一般的に有する欠陥的性質のことである（たとえば、果実・魚類の自然的腐敗、鉄・鉄合金の錆の発生）。

両者は厳密には区別されるべきものではある（注6）。なぜなら、「固有の性質」による損害発生は、発生態様・確率次第では、場合によっては偶然性（＝不確実性）が欠如しているものとして保険てん補の対象とすることができない場合があり得る（たとえば、自然

的腐敗損害）（注7）。一方、「固有の欠陥」による損害発生は、通常は偶然性が欠如しているとはいえず、保険てん補の対象とすることもでき得るからである（注8）。しかしながら、現実的には両者の識別は困難であり（注9）、また、「固有の性質」による損害発生でも偶然性を備えることもあり得るので、両者を並列した法定免責事由が商法に規定されているものと考えられる（注10）。

② 自然の消耗免責

保険の目的物の「自然の消耗」（ordinary wear and tear）と呼ばれる免責事由である（注11）。

「自然の消耗」が何たるかについては諸説あるが（注12）、保険の目的物の「固有の性質」と同じ取扱いになるのであれば「固有の瑕疵」と峻別する意義に乏しい。ちなみに筆者は、「自然の消耗」とは、使用を前提としている財物が（したがって、単なる保管や運送の対象となる財物を除く）、使用に伴って経済的価値を減じていくこと（たとえば、タイヤの摩耗）を意味するものと考える。

(2) 改正内容

以上の免責事由（固有の欠陥・性質免責と自然の消耗免責）は今回の法改正で削除されることになった（注13）。その理由は、「必ずしもすべての損害保険契約において生じ得る損害とはいえないこと（注14）、特に企業保険の分野ではこれらの損害をてん補する目的で契約が締結される例があること等」とされている（注15）。

2　戦争・変乱免責：変更なし

商法640条は、保険の種類を問わず、「戦争其他ノ変乱ニ因リテ生シタル損害」を免責としている。保険法でも、「戦争その他の変乱によって生じた損害」と口語体になっただけで、内容はそのまま維持されることになった（法17条1項2文）。

なお、商法640条は「特約アルニ非サレハ」と明記されているとおり任意規定であるが、この明記がない保険法でも任意規定性に変わりはない。

3　故意・重過失免責：特則新設

(1) 責任保険契約の特則

商法641条後段は、「保険契約者若クハ被保険者ノ悪意若クハ重大ナル過失ニ因リテ生シタル損害」を免責としている。法17条1項1文でも、「悪意」が「故意」に変わるだけで実質的な変更はない（商法641条の「悪意」は故意と同義だとされている（注16））。

ただし、今回の改正で「責任保険契約」に関して損害賠償請求権者の先取特権が新設され（法22条）、法定免責事由についても特則が置かれた（法17条2項。なお、「責任保険契約」とは、被保険者が損害賠償責任を負うことによって生ずることのある損害をてん補する損害保険契約のことである。同項参照）。すなわち、保険契約者または被保険者の重過失が、「責任保険契約」では法定免責とはされない。その理由は、「責任保険契約は被保険者の不法行為等による損害賠償債務の負担に備えて締結されるため、その性質に照らし、被保険者の重大な過失を保険者の免責事由として掲げないものとしている。」とされている（注17）。

(2) 任意規定性

故意免責、重過失免責ともに任意規定と考えられる（注18）。

特に故意免責が問題となるところであるが、結局のところ、故意免責とは保険事故発生時の偶然性を確保するための1つの選択肢にすぎないので、強行規定ではない（故意免責を置かないと常に公序良俗違反となるわけではない）（注19）。たとえば、ゴルファー保険の一部を構成するホールインワン保険では、むしろ被保険者が保険事故を意図的に実行しようとすることを前提として商品設計されているが、それでもホールインワンの達成というてん補要件を充足する限りにおいては保険事故

発生の偶然性は充分に確保されているので、故意免責を置かずとも問題は生じないのである（注20）。

さらには、もっと一般的に、てん補要件として保険事故発生の偶然性を約款で明確に規定して、故意免責条項を置かないことも考えられよう（後述Ⅳ3参照）。

Ⅲ　理論や実務に与える影響

1　固有の欠陥・性質免責と自然の消耗免責

今回、「固有の欠陥・性質」免責と「自然の消耗」免責が削除されることになった。この免責条項がこれまで果たしてきた役割と果たしてこなかった役割とに注目して、理論や実務に与える影響を考える。

(1) 偶然性が欠如している場合

「固有の性質」による損害や「自然の消耗」による損害の中には、法定免責事由や約款の免責条項の有無を問わず、そもそも偶然性に欠けるがために保険てん補の対象たり得ないものがあることに留意すべきである（注21）（詳細は以下の①②を参照）。したがって、こうした損害については、もともと法定免責事由が積極的役割を果たしてこなかったはずのものであるが、法定免責事由の削除によって問題が顕在化することになる。

具体的には、まず第1に、もし約款に免責条項が置かれない場合には、偶然性を具備していない「固有の（欠陥・）性質」や「自然の消耗」を、偶然性を具備している「固有の欠陥・性質」や「自然の消耗」から区別できるかどうかの実務的問題が生じる（裁判所の事実認定も問題となろう）。

第2に、偶然性の具備（あるいは、偶然性の欠如）について、被保険者と保険者のいずれが主張・立証義務を負うのかという問題が生じる。これは、理論的には、約款の免責条項（さらには、法定免責事由）の存否にかかわらず生ずる問題ではあるが、今回の法改正で法定免責事由が削除されると（さらには約款に免責条項が置かれない場合には）、この問題が顕在化することになる。

たとえば、「オール・リスク」担保条件（包括責任主義）の物保険（担保事故をてん補責任条項において限定しない物保険のこと）であって、約款にも「自然の消耗」に関する免責条項が規定されていない場合に、仮に、保険の目的物である建物の通常の減価償却自体の損害（あるいは、保険の目的物である機械の自然損耗自体の損害）について、被保険者が保険てん補を保険者に求めて提訴したとすると、請求原因事実（偶然性）として被保険者が偶然性を主張・立証すべきなのか、それとも書かれざる抗弁事実（免責条項）として保険者が主張・立証すべきなのか、という問題である（筆者は前者と考える）（注22）。

① 「固有の性質」

「固有の欠陥・性質」（特に、「固有の性質」）による損害の中には、法律（注23）や約款で免責事由として規定するまでもなく、そもそも偶然性に欠けているがために保険てん補の対象にはなり得ないものがある（注24）（逆に、損害の発生有無や程度が「確定しない範囲内において……危険たる性質を有する」）（注25）。フランスにおいては「自然的固有の瑕疵」（vice propre naturels）（注26）と呼ばれており（「必然的固有の瑕疵」ともいう）、約定をもってしても復活担保できないとされている（注27）。

たとえば、建物や機械の防錆処理をしていない鉄部が、大気中の酸素と水分と反応して保険期間中に徐々に錆を生じた場合には、たとえ「固有の性質」に関する法定免責事由や約款の免責条項が存在しなくても（注28）、錆の損害自体（注29）は保険てん補の対象とはならない。

② 「自然の消耗」

「自然の消耗」による損害（「自然の消耗」自体の損害）に関しても、上述の「必然的固有の瑕疵」と同様、法律や約款で免責事由として規定するまでもなく、そもそも偶然性に欠

けているがために（注30）保険てん補の対象にはなり得ないことが多い（注31）。

たとえば、工作機械を保険の目的物とするいわゆる「オール・リスク」担保条件の物保険において、工作機械の部品が通常の（注32）摩耗（自然損耗）を生じた場合、たとえ「自然の消耗」に関する法定免責事由や約款の免責条項が存在しなくても、部品の摩耗による損害自体（注33）は保険てん補の対象とはならない。

(2) 偶然性を具備している場合

偶然性を具備していない上記(1)とは逆に、「固有の欠陥・性質」による損害や「自然の消耗」による損害の中には偶然性を具備するものも多い（特に「固有の欠陥」）。こうした損害については法定免責事由が一定の役割を果たしてきたことは間違いない（もちろん、主なものは約款で規定されていることが多い）。したがって、今回の法改正による法定免責事由の削除は実務に一定の影響を与えるものと思われる。

なぜなら、もし、そうした損害をてん補対象外としたいのであれば、法定免責事由がなくなるので、約款において、免責条項で規定するか、あるいは、てん補条項を工夫しなければならないからである。現行約款ですでに適切に規定されていれば問題ないが、そうした約款規定が欠如していたり、不十分な内容である場合には、約款変更の手当てが必要となる。

なお、商法のように法定免責事由が規定されている場合であっても、約款において改めて免責条項として規定していない場合には保険者は免責を主張し得ないとする学説もある（注34）。この立場では、約款で免責を規定しない限り保険者が免責を主張できないので、約款に免責条項を置いていない場合についても、法改正の前後で何ら事態は変わらないことになる。ただし、この立場に拠る場合でも、やはり約款で免責条項の手当てを行うべきであることに変わりはない。

2　戦争・変乱免責

商法と何ら変更はないので、理論的にも実務的にも特筆すべきことはない。

3　故意・重過失免責

(1) 故意免責

商法からの変更はないので、基本的に法改正自体が理論や実務に影響を与えることはない。

ただ、損害保険契約の定義規定（商法629条）における「偶然の」という修飾語句を削除すべきか否かが保険法部会で論議されたものの、結局は削除せずに現行法が維持されることになった（法2条6号）ことは重要である。偶然性と故意免責との関係に関する問題を裁判所や学者の法解釈に委ねることとしたものである。なお、この問題は、偶然性と、上述の保険の目的物の欠陥・性質免責や自然の消耗免責との関係に関する問題にも理論的に繋がるものである（後述Ⅳ3参照）。

(2) 重過失免責

損害保険契約の通則としては商法の変更はないが、「責任保険契約」に関しては重過失免責が外されている。理論的には、「責任保険契約」は被保険者の損害賠償責任負担をてん補するものであり、ひいては被保険者による被害者等（や債権者）への損害賠償責任の履行を確保するものであるから、他の保険種目に比して、重過失免責を設けない要請が強く働くことになる。たとえば、自賠責保険ではすでに故意のみが法定免責事由となっている（自賠法14条）。実務的にも、賠償責任保険（自動車保険を含む）では一般に重過失は免責とされておらず、法改正の影響はない。

4　法定免責事由以外の免責約款

法定免責事由以外にも約款で免責事由を定

めることは一般に広く行われているところである。今回の法改正を経ても、そうした約定の有効性に変わりはないので（注35）、既存の保険契約における免責条項は有効であるし、保険法施行後の保険契約においても従前どおりの免責条項を有効に維持することができる。

Ⅳ 今後の展望

1 固有の欠陥・性質免責や自然の消耗免責と海上保険現代化

「固有の瑕疵」（広義）に関する法定免責事由は今回の法改正で削除されることになった。今後、海商法の現代化が予定されているが、海上保険における同様の規定（商法829条1号）も削除するのか否かが論議されることになろう。こと海上保険に関しては、諸外国でも「固有の瑕疵」（広義）に関する法定免責事由を規定していることがある（たとえば、1906年英国海上保険法55条(2)(c)）（注36）。また、海上保険は基本的に航海危険を担保するものであるが、海上保険法における「固有の瑕疵」（広義）に関する法定免責事由は、航海危険以外の危険を海上保険の担保危険から排除する意義も有している。したがって、単純に今回の法改正と同様に扱うわけにはいかないであろう（注37）。

2 戦争・変乱免責

商法や保険法においては、戦争・変乱免責の原因となる危険は「戦争その他の変乱」と規定されている。けれども、今回の現代化の中間試案では「戦争、内乱その他これに準ずる変乱」と規定されており、「戦争その他の変乱」を明確にする趣旨だと説明されていた（補足説明47頁）。したがって、「その他の変乱」の意味内容の確定については、従前どおり、判例や学説に委ねられていることになる。

3 故意免責

故意免責に関しては論点の多いところであるが、それはすなわち判例が多いからである。そして、その背景には、訴訟や判決や判例誌掲載に至ることがない、保険金取得目的での故意による事故招致事案（いわゆる「モラル・リスク」）がさらに相当多数存在している実態がある（注38）。

ところで、保険とは、そもそも、被保険者に存在する経済的不確実性を保険者へと移転する経済制度であるから、条文規定の存否を問わず、偶然性の具備は、保険として不可欠の要件である。

この偶然性の存在時期が問題となるが、損害保険契約に関しては、保険契約締結時における偶然性は商法629条（法2条6号）で規定されていると考えられている（注39）。

他方、保険事故発生時にも、やはり偶然性（偶発性）が必要となる筈である。なぜなら、たとえ保険契約締結時には確定していなかったとしても、保険事故発生時点において必然的に発生した事故による損害に対しててん補を行うことは、もはや保険とはいえないからである。このことを法で規定するには、保険事故発生時の偶然性（偶発性）を保険てん補要件として規定したり、故意等（注40）を保険者免責として規定したりと、種々の方法がある。

故意による事故招致については、商法は後者を採用していると一般に解されている（注41、注42）。けれども、故意免責は任意規定であり（前述Ⅱ3(2)参照）、また、偶然性確保の方法が複数存在するので、法定の故意免責を排除したうえで、保険事故発生時の偶然性（偶発性）をてん補要件とする約定も有効だと考えられる。さらには、てん補要件で保険事故発生時の偶然性（偶発性）を求めたうえで、免責条項でも故意免責を規定することも可能であるし、またそのような約款も存在する（注43）。

しかるに、こうした約款の規定方法に関し

て、特にここ数年、保険事故が偶然に発生したものであること（裏を返せば、保険事故が保険契約者や被保険者の故意によるものではないこと）の主張・立証義務を保険者に課す最高裁判決が続いている（注44）。

今回の現代化ではこの問題に直結する法改正はなされなかったと考えれば（注45）、問題状況は従前と変わらないことになる。ここ数年の保険事故発生時の偶然性（偶発性）をめぐる一連の最高裁判決は未だ確定的だとは思われないものの、保険者は、特定の保険商品について、このまま故意免責の立証義務を負って、故意免責を充分には立証し得なかった多数の故意免責事案について保険金の支払を行うか（その分、保険契約者にとっても保険料が上昇することになる）、あるいは、（故意免責を削除のうえ）保険てん補要件に保険事故発生時の偶然性（偶発性）の具備を明記する約款改定を行ったり、特定の危険（たとえば、盗難）を担保危険から除外する商品改定を行ったりする等々（注46）の選択を迫られることになるかもしれない。

4　天災危険免責

今回の現代化論議においては、「地震、噴火その他これに準ずる天災」を新たに法定免責事由に加えることが検討されたが（中間試案12頁参照）、結局は法文には盛り込まれなかった。

けれども、この天災危険免責は、とりわけ物保険（それも火災保険）において要請が強い。特に、大地震が発生する度に、家計地震保険を付保していない火災保険契約者が、地震による被害の補償を求めて保険者を相手に提訴している事態に鑑みると、法定免責事由の規定新設は国民への地震免責の周知や地震保険普及の一助となる可能性がある。

したがって、今後、仮に保険法に損害保険契約法通則とは別に物保険に関する特則を設けるのであれば（注47）、天災危険免責を法定免責事由の1つとして規定することも充分にあり得よう。また、火災保険に関する特則として新設することもあり得よう。

（注1）大森忠夫『保険法（補訂版）』146・147頁（有斐閣・1985年）参照。
（注2）ドイツでは、免責危険は、特定の危険（peril）による事故を免責とする「危険の除外」（あるいは「危険除斥」。Gefarenausschluß）と、特定の危険事情（hazard）から生じる事故を免責とする「危険事情の除外」（あるいは「危険事情除斥」。Gefarumstandsausschluß）とに分類するのが一般的である（近見正彦他『新・保険学』54・55頁［近見正彦］）（2006年・有斐閣）。なお、田辺康平「『危険状態』についての免責と『事故』についての免責」損害保険研究30巻1号（1968年）参照。
（注3）法文上は「瑕疵」であるが、約款では「欠陥」という語が用いられることが多く、また、講学上の「固有の瑕疵」概念と混同を生じやすいので、「欠陥」という語を用いることとする。
（注4）松島恵『海上保険における固有の瑕疵論』141頁（成文堂・1979年）。なお、同書39頁も参照。
（注5）この分野は海上保険（特に貨物保険）での判例蓄積と研究が進んでいる。今回の法改正は海上保険（商法815条以下）の主要部分は対象としないが、海上保険における議論も有用であるので適宜触れることにする。
（注6）加藤由作『海上危険新論』555頁（春秋社・1961年）参照。また、小町谷繰三『海上保険法各論（二）海商法要義下巻（七）』77頁（岩波書店・1961年）、小町谷繰三＝田辺康平『小町谷商法講義　保険』58・59頁（有斐閣・1993年）も同旨。
（注7）松島・前掲（注4）42頁参照。
（注8）葛城昭三『貨物海上保険普通保険約款論』104頁（早稲田大学出版部・1971年）参照。ただし、「固有の欠陥」自体の損害については、事故となる「固有の欠陥」が保険期間中に発生したかどうかがよく分からないことが多い。
（注9）松島恵『海上保険論（8版）』120頁（損害保険事業総合研究所・2001年）参照。
（注10）本規定の（主な）趣旨については、本文のように偶然性に求める見解が多いものの（北澤宥勝『火災保険普通保険約款論』346・347頁（文雅堂書店・1940年）、田中誠二＝原茂太一『新版保険法（全訂版）』178頁（千倉書房・1987年）、青谷和夫『保険契約法論Ⅱ（火災保険）』377頁（千倉書房・1969年）、鈴木竹雄『商行為法・保険法・海商法（全訂2版）』

89頁（弘文堂・1993年）、他の諸説もある（詳細は加藤由作「保険の目的の性質または瑕疵について―商法641条における関係規定廃止論―」保険学雑誌396号（1956年）、同・前掲（注6）560～568頁、野津務『新保険契約法論』234・235頁（中央大学生協出版局・1965年）参照）。たとえば、被保険者自身が資金準備できる普通の損害だから付保の必要性がないとする説（大森・前掲（注1）147頁）、保険では内部的事由による損害をてん補しない慣行があるとする説（加藤・前掲（注6）555頁、田辺康平『現代保険法（新版）』112頁（文眞堂・1995年）、江頭憲治郎『商取引法（4版）』424・425頁（弘文堂・2005年）、被保険者の故意・重過失による事故招致を立証することの困難さから保険者を解放する目的だとする説（西嶋梅治『保険法（3版）』252頁（悠々社・1998年））、等々がある。

(注11) この免責事由は、海上保険では通常は船舶保険において用いられる。一方、貨物保険においては、保険の目的物である貨物の、「性質」による損害と「自然の消耗」による損害とを区別することは困難であるので、両者を区別することは通常ない。葛城昭三・前掲（注8）102頁、同『海上保険講義要綱』85頁（早稲田大学出版部・1973年）参照。なお、損害保険法制研究会『海上保険契約法改正試案 理由書 1995年確定版』829条の3（30頁）（損害保険事業総合研究所・1995年）では、「固有の瑕疵」（広義）免責を船舶保険と貨物保険で別々に規定するが、船舶保険では「固有の性質」免責を置いていない。他方、「自然の消耗」免責は、船舶保険と貨物保険の両方に置いている。

(注12) 「自然の消耗」については、人工を加えずに自然放置する場合に限定する考え方もあるが（野津・前掲・（注10）230・231頁）、建物の経年減価や、また機械の使用に伴う自然損耗やタイヤの摩耗も、「自然の消耗」による損害に含まれるとする考え方もある（葛城・前掲（注11）86頁、鴻常夫編『註釈自動車保険約款（上）』389頁［西嶋梅治］（有斐閣・1995年））。

さらに、田中＝原茂・前掲（注10）177・178頁は、「自然の消耗」を、むしろ用途に従って保険の目的を使用することに伴って自然に生ずる損害だとする。ちなみに、商法635条では「当然ノ使用ニ因リテ直接生シタル喪失若クハ損害」と、海上保険に関する旧商法960条では「通常ノ使用ニ因リテ生シタル損耗」と、法定免責が規定されていた。

(注13) 固有の欠陥・性質に関する免責事由は担保危険を航海危険に限定する海上保険に由来するものだとして、陸上危険にはこの法定免責事由は不要であるとする学説がかつて主張された（加藤・前掲（注10））。今回の改正により、半世紀を経てこの主張が実現することになる。

(注14) ところで、今回の保険法においては、「傷害疾病損害保険契約」に関する特則が括り出されたが（保険法第2章5節。34条・35条の2か条）、本来は、「損害保険契約」通則の中から物保険特有の規定（保険価額と超過保険（法9条）、保険価額の減少（法10条）、損害発生後の保険の目的物の滅失（法15条）、損害額の算定（法18条）、一部保険（法19条）、残存物代位（法24条））をも括り出すべきであったと思われる。そうした場合には、保険の目的物の性質・瑕疵や自然の消耗に関する免責事由は、物保険の特則規定の1つとして残ったかもしれない。

(注15) 補足説明47頁参照。なお、損害保険法制研究会『損害保険契約法改正試案 傷害保険契約法（新設）改正試案 理由書 1995年確定版』21頁でも、「例えば、保険の目的物である石炭・亜炭等の自然発火による損害をも火災保険で実務上保険者がてん補する例がみられることなどを勘案して……」と削除の理由が述べられている（1982年版も同じ。1974年版も同様）。

(注16) 大森・前掲（注1）148頁、江頭・前掲（注10）425頁、山下友信『保険法』369頁（有斐閣・2005年）参照。

(注17) 補足説明67頁参照。

(注18) 補足説明67頁参照。

(注19) 中間試案第2－3(9)(注3)参照。他方で、特に被保険者の故意免責を絶対的強行規定と捉える学説もある（山下・前掲（注16）369～371頁参照）。

(注20) 佐野誠「損害保険契約における偶然性についての一考察」保険学雑誌591号（2005年）123-125頁、吉澤卓哉「保険の仕組みと保険契約法」損害保険研究69巻1号（2007年）131・132頁参照。

(注21) 損害保険法制研究会・前掲（注15）21頁（1995年確定版）が、「改正試案641条1項1号が『保険ノ目的ノ性質若クハ瑕疵、其自然ノ消耗』を免責事由から削除したことは、保険者がこれらのいわゆる性質損害について、当然にてん補責任を負うことを意味するものではない。」と述べているのはこの趣旨かと思わ

れる。また、田辺教授が「自然の消耗だけによる場合は偶然性がないから、保険事故ではなく、特に免責規定を設けるに及ばず、」と述べ（小町谷＝田辺・前掲（注6）59頁）、さらに、江頭教授が建物の「老朽化による減価自体には偶然性がない」と述べているのもこの趣旨であろう（江頭・前掲（注10）425頁）。吉澤卓哉『保険の仕組み』9・10頁（千倉書房・2006年）も参照。

　なお、こうした損害については、たとえ復活担保する特約を付帯しても担保することはできない。松島恵「貨物保険における固有の瑕疵の免責と担保」損害保険研究66巻4号57・58頁（2005年）参照。

(注22) ちなみに、昨今の故意免責と保険事故の偶然性をめぐる一連の最高裁判例では、保険事故の偶然性に関する立証を被保険者に求めない傾向があるが（火災保険における火災事故ついて最二判平成16・12・13民集58巻9号2419頁（なお、火災保険には商法665条という特則があるが改正法では削除される）、車両保険における水没事故およびいたずら傷について最一判平成18・6・1判時1943号11頁および最三判平成18・6・6判時同号同頁（車両保険では「偶然な事故」を担保する。なお、前掲最一判平成18・6・1と同様の車両水没事故について、福岡高裁は保険事故の偶然性に関する主張立証責任を被保険者側に求め（福岡高判平成16・9・16判タ1192号283頁）、最高裁も不受理決定をしている。出口正義「判批」損害保険研究68巻3号（2006年））、テナント総合保険における火災事故について最一判平成18・9・14判時1948号164頁（テナント総合保険では「すべての偶然な事故」を担保する）、車両保険における盗難事故について最三判平成19・4・17本誌1279号44頁、最一判平成19・4・23本誌1279号39頁）、これらは故意免責という法文にも約款にも免責事由として規定のある事項に関する判例にすぎない。法文にも約款にも規定がない場合に、保険事故の偶然性の立証責任の分配について裁判所がいかに判断するかは不明である。

(注23) 保険の目的物の欠陥・性質免責に関する法定免責事由を削除することは保険法研究会『損害保険契約法改正試案』（1973年）ですでに示されているが（「シンポジウム 損害保険契約法の改正」私法36号（1974年）、保険法制研究会『損害保険契約法改正試案理由書』（損害保険事業研究所・1974年）27頁参照）、松島恵「保険の目的物の瑕疵に対する保険者のてん補責任」保険学雑誌466号（1974年）は自然的固有の瑕疵に関する問題をただちに指摘したものである。

(注24) 松島恵・前注94-95頁；同「貨物保険における固有の瑕疵の免責と担保」損害保険研究66巻4号57・58頁（2005年）参照。

(注25) 加藤由作・前掲（注6）558頁参照。

(注26) 反対語は、「偶然的固有の瑕疵」（vice propre accidentel）である。

(注27) 松島・前掲（注24）77・78頁；同・前掲（注4）112〜114頁, 125-134頁, 138頁；同・前掲注25）43・44頁　参　照。Ref., Picard, M. et Besson, A., Les assurances terrestres, tome (1) 5ᵉéd., 1982, nº190.

　なお、海上保険では錆損を担保する場合があるが、航海中に錆が発生することに偶然性が認められる場合に限定されるものと思われる（松島・前掲（注4）132-134頁参照）。

(注28) 大判明治31・12・8大審院民事判決抄録1巻269頁は貨物保険に関する裁判例であるが、次のように述べている（なお、本件は旧商法全面施行（明治31年7月）前の事案かと思われる（なお、旧商法では海上保険における「固有の瑕疵」（広義）に関する法定免責が960条で規定されていた）。もしそうだとすると、「固有の瑕疵」に関する法定免責事由が存在しない保険法下と似た状況下だったことになる）。

　すなわち、海上保険は「航海に関する不測の事故によって生ずる一切の損害」を担保するものである。けれども、保険の目的物の「性質瑕疵」より生ずる損害や、保険の目的物の荷造りの不完全より生ずる損害は、「航海に関する不測の事故によって生ずる一切の損害」には該当しないので填補対象とはならないとの一般論を述べている。

　荷造りの不完全より生ずる損害は航海事故でないことは明らかであるが、「性質瑕疵」より生ずる損害がてん補対象にならないと大審院が述べた理由が、単に航海事故でないからなのか、あるいは、「不測」性に欠ける場合もあるからなのかは不明である。

(注29) ただし、拡大損害については偶然性が認められて保険てん補の対象となる可能性がある。たとえば、錆が進行して鉄部の強度が落ち、保険の目的物の倒壊・破断等に至った場合がこれに当たる。

　なお、この拡大損害について別の見方をすると、「固有の性質」を事故としてはではなくて、事故発生原因（危険事情）として捉えたものともいうことができる。ある状態や事実

が事故にも、また、危険事情にもなり得ることについて、田辺・前掲（注2）54・55頁（自然の消耗の例）、62頁参照。また、ペリルにもハザードにもなり得ることについて、Vaughan, Emmett J. & Therese Vaughan, *Fundamentals of Risk and Insurance*, 9th ed., 2003, John Wiley & Sons, p. 5 参照。

(注30) Ref., Mustill, Michael J. & Jonathan C. B. Gilman, *Arnould's Law of Marine Insurance and Average*, 16th ed., 1981, Ⅱ, para. 780. 木村栄一『海上保険』（千倉書房・1978年）123頁参照。

(注31) ただし、田辺教授は本規定の趣旨を、自然の消耗による事故発生率が高率であり、通常の保険料率には織り込まれていないことにあるとしているが（田辺・前掲（注10）112頁）、この立場では免責条項が存在しなければ保険てん補を行うことになる。

(注32) 異常な減価については付保可能性（insurability）がある。

(注33) 他方、たとえば、工作機械の部品が自然損耗の結果破断に至り、工作機械全体に損害が発生したような場合には、偶然性を具備しているといえる。前掲（注29）参照。

(注34) 山下・前掲（注16）364頁参照。

(注35) 補足説明47頁参照。なお、山下・前掲（注16）364頁参照。

(注36) ドイツでもこれまでは同様であった。すなわち、陸上運送保険および内水航行の船舶保険・貨物保険について（旧1908年保険契約法131条2項・132条2項）、また、海上保険について（旧商法821条2項・3項。なお、旧・保険契約法186条参照）、「固有の瑕疵」（広義）に関する免責規定が存在した。けれども、2007年に大規模な法改正がなされ、2008年1月1日施行の新しい保険契約法では、海上保険も包摂したうえで、船舶の自然消耗免責のみを規定することとなった（新・保険契約法138条）。

他方、フランスでは、陸上保険、海上保険の両方に「固有の瑕疵」に関する免責規定がある（フランス保険法典L.121-7条、L.172-18条1号、L.173-4条）。

イタリアでは、「隠れた瑕疵」に関する規定のみがある（損害保険全般について1942年イタリア民法典1906条。船舶保険について1942年イタリア航行法典525条）。

(注37) 実際、海上保険契約法改正試案829条の3では、本免責条項は維持されている（損害保険法制研究会・前掲（注11）30・31頁参照）。なお、松島・前掲（注4）114頁参照。

(注38) 保険金詐欺に関する最近の実態調査として、日本損害保険協会『わが国における保険金詐欺の実態と研究』（日本損害保険協会・2008年）を参照。

(注39) 大森・前掲（注1）61頁（ただし、大森忠夫『保険契約の法的構造』213頁（有斐閣・1952年）参照）、石田満『商法Ⅳ（保険法）［改訂版］』94頁（青林書院・1997年）、山下・前掲（注16）356頁参照。ただし、西嶋梅治「火災保険金請求訴訟と立証責任―最判平成16・12・13の問題点、放火が火災発生の最大の原因だ―」損害保険研究67巻3号30～38頁（2005年）は、商法629条は保険契約締結時の偶然性のみを表すものではないとする。

(注40) 保険事故の偶然性を欠くものとしては、故意による事故招致の他にも、たとえば「自然の消耗」がある。

(注41) 保険者の意図とは異なり、傷害保険以外の損害保険商品の現行約款では、填補要件として規定している「偶然性」は保険事故発生時の偶然性（偶発性）を表しているものではないと一般に解されている。永石一郎「判批」金判1279号5頁（2007年）参照。

(注42) ただし、「自然の消耗」等は改正法で削除されたため、法規定の態度は不明確となった（前述Ⅲ1（1）参照）。

(注43) てん補要件として保険事故発生時の偶然性（偶発性）を求めつつ、故意免責を別途規定することが、理論的に必ずしも矛盾するものでないことについて滝澤孝臣「判批」金判1275号（2007年）8頁参照。

(注44) 前掲（注22）参照。

(注45) 今回の改正では「保険契約」に関する定義が新設された（法2条1号）。具体的には、「保険契約」とは、「一定の事由」の発生を停止条件とする有償の財産給付契約であると定義されている。もし、この「一定の事由」が将来の不確実事象を表しているとすると、「保険契約」の定義において、既に、保険契約締結時の偶然性は規定されていることになる。

ところで、この「保険契約」の一種として、保険法では「損害保険契約」、「生命保険契約」、「傷害疾病定額保険契約」に関する詳細規定が置かれている（逆に、「保険契約」全般に関する通則は保険法第5章の消滅時効（法95条）と保険者の破産（法96条）の2箇条のみである）。そして、「損害保険契約」は「一定の偶然の事故」による損害を填補する「保険契約」と定義されているが（法2条6号）、「一

定の偶然の事故」は保険事故発生時の偶然性を（も）表しているとも解釈可能である。なぜなら、保険契約締結時の偶然性を意味するのであれば、「保険契約」の定義においてすでに織り込まれているので無用な重複となるし、また、「保険契約」の定義における「一定の事由」と明らかに異なる用語となっているからである（「偶然の」という修飾語が入るとともに、「事由」ではなくて「事故」という語が用いられている）。

(注46) たとえば、保険契約者側の責務（Obliegenheit）違反として構成する方法もあるかもしれない。山下・前掲（注16）364・365頁参照。なお、保険契約者側の責務については、さしあたり坂口光男『保険者免責の基礎理論』（文眞堂・1993年）を参照。

(注47) 前掲（注14）参照。

Ⅳ　保険給付

18　生命保険契約における保険者の免責

日本生命保険相互会社法務室担当課長　遠山　優治

Ⅰ　はじめに

　保険事故に該当する事実が発生しても、例外的に保険者が給付義務を負わない事由があり、これを免責事由という（注1）。商法は、生命保険契約について、被保険者の自殺、決闘その他の犯罪または死刑の執行（商法680条1項1号）、保険金受取人の故意（商法680条1項2号）、保険契約者の故意（商法680条1項3号）、戦争その他の変乱（商法683条1項・640条）を免責事由としている。

　これらを免責事由とする趣旨として、犯罪免責については、遺族等の保険金受取人に保険金を残すことにより安んじて犯罪に走るというモラル・ハザードを防止する公益の観点（注2）、自殺免責については、被保険者というその生死が保険事故とされ、その発生を自ら左右し得る者が人為的に保険事故を生じさせることが保険契約上の信義則に反すること（注3）、保険金受取人の故意については、保険の利益の直接的享受者が自ら被保険者を殺害して保険給付を受けることは、保険契約上の信義則に反するばかりか公益に反すること（注4）、保険契約者の故意については、契約当事者間の信義則違反となることが挙げられている（注5）。

　このような免責事由の趣旨は保険法においても基本的に変わるところはなく、「決闘その他の犯罪又は死刑の執行」を除き、保険法においてもこれらの規律は維持されている（注6）。

　また、商法680条2項および683条2項においては、保険契約者の故意の場合を除き、免責の場合の積立金の返還について定めているが、この点も保険法において維持されている。

　以下、保険法部会における検討状況を概観しつつ、保険法の内容およびその実務等への影響について考察する。

Ⅱ　改正点の概要

1　生命保険契約の免責事由

　法51条は、生命保険契約のうち死亡保険契約について、被保険者の自殺（1号）、保険契約者の故意（2号）、保険金受取人の故意（3号）、戦争その他の変乱（4号）を免責事由とする一方、商法に定める「決闘その他の犯罪又は死刑の執行」を法定の免責事由とはしていない（この点は、中間試案（注7）の段階から変わっていない）。保険法の内容および保険法部会における検討状況は以下のとおりである。

(1)　自殺免責（法51条1号）

　保険法は、商法と同じく、自殺について全期間免責としている。保険法部会では、免責の範囲を一定の期間内の自殺に限定すべきか否かについて検討が行われた（注8）。商法では被保険者の自殺を免責事由とする一方、約款では保険者の責任開始後一定期間経過前の自殺に限り免責事由とするのが通例であり、現在では2年または3年の免責期間を定めるものが多い。このような約款の定めは、生命保険契約の締結の動機が被保険者の自殺による保険金の取得にあったとしても、その動機

を長期にわたって持続することは一般的に困難であり、一定の期間経過後は契約締結時の動機との関係が希薄であることなどを踏まえたものであって、一般に有効と解されており、このことから、保険法においても自殺免責期間を限定することについて問題提起されたものである。保険法部会では、自殺の原因には様々なものがあることや、諸外国の立法例の中には契約締結時から2年または3年の免責期間を法定する例があること等から、2年、3年または5年の免責期間を法定すべきとの意見が出される一方で、法律が免責期間を定めることはその期間経過後の自殺を助長することにつながるおそれがあることや、免責期間として相当な期間は社会情勢とともに変わり得ること等から、免責期間を法定することに否定的な意見も出された（注9）。結局、この点については、免責期間を何年とするのが適当なのか判断が難しいことや、契約ごとに個々の約款でその時点における適切な定めをする方がよいということから、自殺免責期間を一定の期間に限定することは見送られ、保険という以上、被保険者によって保険事故が招致された場合には、基本的には保険者は免責となるという思想を表明するにとどめることとされた（注10）。

(2) 保険契約者の故意（法51条2号）

保険法は、商法と同じく、保険契約者の故意を免責としている。保険法部会でも、このことについて特に異論はなかったようである。これに関して、保険法部会では、保険契約者と同視すべき第三者に関する規律を設けることも検討されたが、このような第三者の故意による事故招致については、保険契約者の行為と同一のものと評価できるかどうかという観点から、事案に応じてケース・バイ・ケースで判断するのが適当であることから、明文の規定を設けないものとされた（注11）。

(3) 保険金受取人の故意（法51条3号）

保険法は、商法と同じく、保険金受取人の故意を免責としている。これに関して、保険法部会では、複数の保険金受取人のうち一部の者が被保険者を死亡させた場合について、当該保険金受取人に支払うべき部分について免責とする商法680条1項2号ただし書の規律を維持するか否かについて検討が行われた。この点については、この免責の規定の趣旨として反射的にほかの人に利得させる必要まではないとして、複数の保険金受取人のうち一部の者が被保険者を死亡させた場合に保険金の全額を他の保険金受取人に支払うこととはせず、商法の規律を維持することとされた（法51条本文ただし書）（注12）。

また、保険契約者の故意と同様、保険金受取人と同視すべき第三者に関する規律を設けることも検討されたが、これも、第三者の故意による事故招致については、保険金受取人の行為と同一のものと評価できるかどうかという観点から、事案に応じてケース・バイ・ケースで判断するのが適当であることから、明文の規定を設けないものとされた（注13）。

なお、法2条5号では、新たに「保険給付を受ける者として生命保険契約又は傷害疾病定額保険契約で定めるもの」を「保険金受取人」と定義しており、商法の「保険金額ヲ受取ルヘキ者」とは異なっている。

(4) 戦争その他の変乱（法51条4号）

保険法は、商法と同じく、戦争その他の変乱を免責としている。保険法部会でも、このことについて特に異論はなかったようである。

(5) 決闘その他の犯罪または死刑の執行

保険法は、商法と異なり、「決闘その他の犯罪又は死刑の執行」を法定の免責事由としていない。これは、商法の趣旨として、遺族等の保険金受取人に保険金を残すことにより安んじて犯罪に走ることを防止するためと説明されるが、生命保険契約があるからといって被保険者が犯罪に走るとは考えにくいことや、犯罪に対する制裁は被保険者本人に科されるべきであり、遺族等の保険金受取人は不利益を受けるべき立場にないこと等を理由に、この規定については、従来から立法論的な批

判がされており、それらを踏まえたものであるとされている。ただし、本条は任意規定とされており、約款でこれらを免責事由とすることが否定されるものではないとされている（注14）。

2 傷害疾病定額保険契約の免責事由（法80条）

保険法は、新たに傷害疾病定額保険に関する規律を設けており、法80条は、傷害疾病定額保険契約について、被保険者の故意または重大な過失（1号）、保険契約者の故意または重大な過失（2号）、保険金受取人の故意または重大な過失（3号）、戦争その他の変乱（4号）を免責事由としている（この点は、中間試案の段階から変わっていない）。

保険法部会では、重過失免責について、具体的な事例を示しつつ免責事由として掲げるべきであるとする意見があった一方で、「重大な過失」が広く解釈されると保険契約者側の保険に対する期待が害される等として消極的な意見もあったが、結局、最一判昭和57・7・15（注15）に鑑み、損害保険契約に関する商法641条と同様の趣旨で、「重大な過失」を免責事由として掲げることとされた（注16）。

3 規定の性質

商法において、故意の保険事故招致を免責とするのは、契約当事者間では保険契約者の信義則に反する行為としてであり、契約当事者間の私的な利益調整の問題であるといえるが、同時に保険者を免責とすることは公益に基づく規制として強行規定であるとされている（注17）。ただし、自殺免責については、保険金受取人の生活保障も考慮すれば、自殺免責が公益に基づく絶対的強行規定であるとする必要はないというのが従来の支配的理解であるとされ、その理由として、自殺は犯罪行為ではないし、宗教的または倫理的にも非難されるべき行為か否かの意見は分かれることが挙げられている（注18）。一方、犯罪免責については、保険金受取人に保険金を取得させることまで公益に反するとはいえず、絶対的強行規定とするものではないとするのが学説の支配的立場であるとされている（注19）。また、戦争その他の変乱を免責とする趣旨は、保険料算定の基礎に変更が生じているからであるとされ（注20）、これは任意規定である（注21）。

これに対し、保険法では、51条各号はいずれも任意規定とされている。これは、故意免責について絶対的強行規定と解する見解があるが、故意に被保険者を殺害した者にも保険金を支払う生命保険契約は、免責事由の適用を待つまでもなく保険契約自体が公序良俗に反して無効と考えられることなどから、保険者の免責の規律は信義誠実の原則に基づくものであり、故意免責を含めて任意規定と考えるのが適当であると考えられたことによる（注22）。したがって、法51条各号に掲げる場合に保険金を支払う旨の約定は許容される（ただし、保険金受取人の故意の場合に当該保険金受取人に保険金を支払う約定については、公序良俗に反するものとして、その効力が否定される場合がある）し、法定していない免責事由を定める約定も許容されるとされている（注23）。

4 保険料積立金の払戻し（法63条1号・92条1号）

法63条（傷害疾病定額保険契約については92条）1号は、商法と同様、保険契約者の故意の場合を除き、保険者の免責の場合に保険料積立金を払い戻すべきことを定めている。商法において保険契約者の故意による免責の場合に積立金の返還を必要としないのは、信義則に反する行為をした保険契約者に対する制裁のためとされており（注24）、法63条1号においても同様である。なお、保険契約者と被保険者とが同一人である場合の取扱いなどを明確化するため、法51条（傷害疾病定額保険契約については80条）2号・3号にカッコ書きが付されている（注25）。

Ⅲ　理論および実務に与える影響

1　自殺免責

　上述のとおり、自殺が全期間免責として法定されることは、保険法においても変わりはない。したがって、自殺免責に関する商法の解釈が保険法にそのままあてはまると考えることもできる。しかし、保険法部会では、一方で免責期間を法定すべきとの意見があり、また、それを最終的に見送った理由が、免責期間を何年とするのが適当なのか判断が難しいことや、契約ごとに個々の約款でその時点における適切な定めをするほうがよいことなどであり、そのため、保険法の立法趣旨として、全期間免責をデフォルトルールとして合理的な契約内容とする趣旨は含んでいないとされている（注26）。したがって、従前は、故意免責が公益の観点から求められるものであることを前提としつつ、自殺については解釈でその修正を図り、約款における免責期間の定めおよび免責期間経過後の保険金支払を認めていたのに対し、保険法においては、自殺免責は全期間免責とすべきことを前提としたものではなく、信義則、そして自殺の防止と遺族保障の観点から、その時点の社会情勢に応じた合理的な免責期間を設けるべきであるとの立法趣旨を含意していると考えることができる。

　免責期間経過後の自殺に関する最一判平成16・3・25（注27）は、約款における一定期間内の自殺を免責とする特約の趣旨について、一定の期間経過後の自殺については、当初の契約締結時の動機との関係は希薄であることや自殺の真の動機等を事後に解明することは極めて困難であることなどから、一定の期間内の被保険者の自殺による死亡の場合に限って一律に保険者を免責することとし、一方、一定期間経過後の被保険者の自殺による死亡については、当該自殺に関し犯罪行為等が介在し、当該自殺による死亡保険金の支払を認めることが公序良俗に違反するおそれがあるなどの特段の事情がある場合は格別、そのような事情が認められない場合には、当該自殺の動機、目的が保険金の取得にあることが認められるときであっても、免責の対象とはしない旨の約定と解するのが相当であるとしている。ここに示された約款の趣旨は、保険法における自殺免責規定の趣旨にも沿ったものであり、このような判例の考え方が保険法によって変わることはないと考えられる。

　近年の生命保険実務では、自殺の増加などを受け、自殺免責期間を延長する傾向がみられ（注28）、また、貸金業法においては、平成18年の改正により、貸金業者が貸付契約の相手方を被保険者とする死亡保険契約を締結する場合、自殺による死亡を保険事故とすることを禁止している（貸金業法12条の7）。このように、保険実務においては、時々の社会情勢に応じて自殺免責期間が設定されているが、保険法のもとにおいても同様に、時々の社会情勢に応じた対応がなされるものと思われる。

　以上のほか、自殺免責については、自殺の意義に関して、精神障害中の自殺や嘱託殺人の取扱いが問題となるが（注29）、この点においても保険法が従来の解釈に影響を与えることはないと考えられる（注30）。

2　保険契約者の故意

　上述のとおり、保険法は、保険契約者の故意を免責とすることを維持している。規定の性質について任意規定とされたことから、保険契約者の故意による保険事故について保険金を支払う旨の約定も許されるが、保険契約者と保険金受取人との関係上保険契約者が保険金支払いに関して何らかの経済的利害を有するケースについては、やはり公益に反するものとして、強行的に免責とされるものと考えられる（注31）。

　保険契約者の意義に関し、保険契約者以外の第三者の故意について、最一判平成14・

10・3（注32）は、被保険者が保険契約者または保険金受取人の故意により死亡した場合には死亡保険金を支払わない旨の生命保険契約上の免責条項は、被保険者を故意に死亡させた第三者の行為が、公益や信義誠実の原則に照らして保険契約者または保険金受取人の行為と同一のものと評価される場合を含むとしている。上述のとおり、保険法はこの点の規定化を見送ったが、それによっても、保険契約者以外の第三者の故意についての従来の考え方には影響を与えないと考えられる。

3　保険金受取人の故意

上述のとおり、保険法は、保険金受取人の故意を免責とすることを維持している。規定の性質については任意規定とされたが、保険金受取人の故意の場合に当該保険金受取人に保険金を支払う約定については、公序良俗に反するものとして、その効力が否定される場合があるとされている（注33）。

上述の最一判平成14・10・3は、保険金受取人以外の第三者の故意についても保険契約者の故意と同様の考え方をとっているが、保険法ではこの点についても規定化が見送られた。また、保険法では、商法の「保険金額ヲ受取ルヘキ者」が「保険金受取人」に改められているが、これらによっても、保険金受取人以外の第三者の故意についての従来の考え方には影響を与えないと考えられる。

保険金受取人の一部による故殺の場合に、免責とされた部分を除く残額を他の保険金受取人に支払うとする商法の規律が、保険法においても維持されたことは上述のとおりである。しかし、規定の性質について任意規定とされたことから、その場合に保険金全額を支払う約定が認められるかどうかが問題となり得る。商法下でも、他の保険金受取人に保険金全額を支払う特約を有効とする見解がある一方（注34）、そのような約定はモラル・ハザードを誘発しやすいので好ましいとはいえず、無効であるとする見解がある（注35）。他の保険金受取人に保険金全額を支払うとすることがモラル・ハザードを誘発しやすいことは否定できず、保険法においても、公序良俗に反するとしてその効力が否定される場合があると考えられる。

故意免責については、商法と同様、それが保険金不正請求目的の場合に限定されるか否かが問題となり得る。商法下では、故意免責は保険金取得目的を要件としない免責であり、殺害という行為自体に高度の反公益性および保険者に対する信義則違反性があるとされ、また、立法論としてもかかる行為から保険金支払義務が生じるものとすることの合理性は疑わしいとされており（注36）、保険法においても、そのように限定しているわけではないとされている（注37）。

4　戦争その他の変乱

保険法においても、商法同様、戦争その他の変乱を免責事由としている。現在、比較的多くの生命保険会社で、戦争その他の変乱による死亡を免責事由としているが、戦争その他の変乱による死亡に該当する場合でも、その原因によって死亡した被保険者の数がその保険の計算の基礎に及ぼす影響が少ないと保険者が認めたときは保険金の全額を支払いまたは削減してその一部を支払うとしている。一方、保険会社によっては、戦争その他の変乱を免責事由とせず、その原因により死亡した被保険者の数がその保険の計算の基礎に影響を及ぼすときは保険金の金額を削減して支払うとのみしていることもある（注38）。これは、戦争その他の変乱の場合であってもそれによる被保険者の死亡者の数が保険料算定の基礎に影響を及ぼさない限り、保険金全額を支払っても何ら問題はなく、また計算の基礎に影響を及ぼしたとしても、その影響の程度に応じて保険金を削減して支払うことが妥当であると考えられるためであり（注39）、このような実務は保険法においても変わることはないと考えられる。

5 決闘その他の犯罪または死刑の執行

保険法では、決闘その他の犯罪または死刑の執行を法定の免責事由としていないが、本条は任意規定とされたことから、約款でこれらを免責事由とすることが否定されるものではないことは上述のとおりである。現在、生命保険契約において犯罪行為や死刑の執行を免責事由とする生命保険会社はさほど多くはなく、また、免責事由としていても、期間を限定するなど、一定の制限をしている会社もあるが（一方、災害関係の特約においては、犯罪免責を規定するものが多い）、保険法においてもこれらの約款規定の効力が否定されることはないと考えられる。

6 「傷害」の偶然性の証明責任

保険法では、傷害疾病定額保険契約について、被保険者の故意を免責事由とする一方、「傷害」について故意によらないものには限定していない。これにより、保険法の規律としては、保険者が被保険者の故意による事故であることの証明責任を負うことになるとされるが、故意免責の規定を任意規定とする場合には、これに反する約定が直ちに無効となるわけではないため、証明責任の所在については、個々の契約の約款の解釈に委ねられることになるとされている（注40、注41）。

IV 今後の展望（むすび）

以上のとおり、保険法は、「決闘その他の犯罪又は死刑の執行」を除き、生命保険契約の免責事由を維持している。規律の性質については任意規定とされるものの、それらが免責とされる趣旨は基本的に変わるものではなく、約款や保険実務に大きな影響を与えるものではないと考えられる。生命保険契約においては、法定の免責事由以外の免責事由が約款に定められることはほとんどないが、保険法では傷害疾病定額保険契約について免責事由が新たに規律されており、また、将来、医療保険の分野では、その商品性に応じて様々な免責事由が約款で定められることも想定されることから、今後、それらと保険法に定める免責事由との関係が問題となることも考えられる。

保険商品の設計においては、支払事由の設定とその発生率の想定がプライシングの基本的な要素となる。免責事由も支払事由の発生率に影響を与えるプライシングの重要な要素の1つであり、多様化が見込まれる今後の保険商品の発展の中にあって、免責事由が、支払可否の問題にとどまらない、より重要な論点となっていくことも考えられるところである。

（注1）山下友信『保険法』361頁（有斐閣・2005年）。
（注2）山下・前掲（注1）461頁、大森忠夫『保険法〔補訂版〕』292頁（有斐閣・1985年）、西島梅治『保険法〔第三版〕』363頁（悠々社・1998年）、中西正明『生命保険法入門』174頁（有斐閣・2006年）、田辺康平「生命保険契約と保険者の免責事由」ジュリ736号109頁（1981年）、潘阿憲「保険金支払義務と免責事由」本誌1135号110頁（2002年）。笹本幸祐「免責事由」『新・裁判実務体系19保険関係訴訟法』353頁（青林書院・2005年）は、生命保険の存在自体が被保険者の犯罪行為の誘因になることは稀であるとして、この場合に免責されるのは、被保険者の犯罪行為等による死亡に対して死亡保険金が支払われることが社会的に容認されていないためであるとしかいいようがないとする。
（注3）山下・前掲（注1）465頁。大森・前掲（注2）292頁、西島・前掲（注2）361頁、中西・前掲（注2）167頁、潘・前掲（注2）108頁は、その趣旨として、信義則に反することに加え、生命保険が不当の目的に利用されるのを防ぐことを挙げている。
（注4）山下・前掲（注1）471頁、大森・前掲（注2）292頁、中西・前掲（注2）175頁、笹本・前掲（注2）358頁。西島・前掲（注2）364頁、田辺・前掲（注2）110頁、潘・前掲（注2）110頁は、公益に反することのみをあげている。
（注5）山下・前掲（注1）477頁、西島・前掲（注

2）365頁、田辺・前掲（注2）112頁、潘・前掲（注2）110頁。ただし、山下・前掲（注1）477頁は、保険契約者と保険金受取人との関係上保険契約者が保険金支払に関して何らかの経済的利害を有する限りでは免責は公益に基づくものというべき場合があるものと考えるべきであるとしている。大森・前掲（注2）293頁、中西・前掲（注2）177頁は、この場合も保険金受取人による被保険者故殺の場合と同様であるとし、笹本・前掲（注2）364頁も、保険契約者が被保険者を故意に殺害することは公益上非難されるものであり、その行為が保険者との関係において信義則に反することにあるとしている。

(注6) 坂本三郎＝冨田寛＝嶋寺基＝仁科秀隆「「保険法の見直しに関する要綱」の概要」金法1830号18頁（2008年）、保険法部会第5回議事録19頁以下参照。
(注7) 2007年8月14日に公表され、意見募集手続に付されている。
(注8) 坂本＝冨田＝嶋寺＝仁科・前掲（注6）18頁、中間試案25頁。
(注9) 補足説明90頁以下。
(注10) 保険法部会第22回議事録37頁。
(注11) 保険法部会第5回議事録19頁以下参照。
(注12) 保険法部会第22回議事録41頁。
(注13) 保険法部会第5回議事録19頁以下参照。
(注14) 補足説明90頁。
(注15) 最一判昭和57・7・15民集36巻6号1188頁。
(注16) 補足説明102頁以下。
(注17) 山下・前掲（注1）66頁。
(注18) 山下・前掲（注1）67頁、465頁。なお、大森・前掲（注2）292頁、西島・前掲（注2）362頁は、被保険者が保険金を受け取るべき者に保険金を取得せしめることを唯一また主要の目的として自殺する場合になお保険者が保険金を支払うものとする約定は、その効力を否定されるべきであるが、そうでない自殺の場合に保険者が保険金を支払うものとする約定は、必ずしも無効とはいえない、としている。
(注19) 山下・前掲（注1）461頁。大森・前掲（注2）292頁、中西・前掲（注2）174頁、田辺・前掲（注2）110頁、潘・前掲（注2）110頁、笹本・前掲（注2）354頁参照。
(注20) 西島・前掲（注2）366頁、中西・前掲（注2）182頁、田辺・前掲（注2）114頁、潘・前掲（注2）111頁、笹本・前掲（注2）364頁。
(注21) 西島・前掲（注2）366頁、中西・前掲（注2）182頁、田辺・前掲（注2）114頁、笹本・前掲（注2）364頁参照。

(注22) 保険法部会第5回議事録22頁、保険法部会第3回議事録22頁参照。
(注23) 補足説明47頁。
(注24) 山下・前掲（注1）478頁、大森・前掲（注2）293頁、西島・前掲（注2）365頁、中西・前掲（注2）177頁、田辺・前掲（注2）113頁、潘・前掲（注2）111頁、笹本・前掲（注2）364頁。
(注25) 保険法部会第23回議事録37頁では、「そうしておかないと、被保険者イコール契約者の契約については自殺も入ってしまうということになりますので、自殺の場合には積立金がきちんと払い戻されます。あくまで積立金の払戻しから除外されるのは、自殺を除いたところの契約者の故殺に限られるというのを表現するために、（中略）表現を整理しているところでございます。」と説明されている。
(注26) 保険法部会第22回議事録38頁。
(注27) 最一判平成16・3・25民集58巻3号753頁。
(注28) たとえば、日本生命では、平成17年7月から、自殺免責期間を3年に延長している。
(注29) 山下・前掲（注1）468頁、大森・前掲（注2）291頁、西島・前掲（注2）361頁、中西・前掲（注2）168頁、田辺・前掲（注2）106頁、潘・前掲（注2）108頁参照。
(注30) 精神障害中の自殺について、補足説明90頁参照。
(注31) 山下・前掲（注1）477頁参照。保険金受取人の故意に関する補足説明（47頁）と同様、保険契約者の故意の場合に保険金を支払う約定は、保険契約者と保険金受取人との関係上保険契約者が保険金支払に関して何らかの経済的利害を有する限りで、公序良俗に反するものとして、その効力が否定されると考えられる。
(注32) 最一判平成14・10・3民集56巻8号1706頁。
(注33) 補足説明47頁。
(注34) 西島・前掲（注2）365頁。なお、保険金受取人の故意について、立法論として、受取人指定がなかったものとして扱うべきとする見解につき、田辺・前掲（注2）110頁、潘・前掲（注2）110頁参照。
(注35) 山下・前掲（注1）471頁、同注60）。
(注36) 山下・前掲（注1）472頁、潘・前掲（注2）110頁、笹本・前掲（注2）359頁。
(注37) 保険法部会第22回議事録42頁。
(注38) 山下・前掲（注1）460頁、中西・前掲（注2）182頁、潘・前掲（注2）111頁、笹本・前掲（注2）364頁。
(注39) 日本生命保険生命保険研究会『生命保険の

法務と実務』274頁（金融財政事情研究会・2004年）。
(注40)　補足説明102頁。
(注41)　最二判平成13・4・20民集55巻3号682頁参照。

IV 保険給付

19 保険金給付の履行期と消滅時効

上智大学法学部教授 甘利 公人

I はじめに

(1) 保険者は、保険期間内に保険事故が発生した場合に保険金を支払う義務がある。この保険者の保険金支払義務の履行期については、商法には規定がない。民法412条では、債務が確定期限か、不確定期限か、あるいは期限が定められていないかの3つの場合に分けて定めている。学説では、保険金債務について、当然には確定期限付きとはいえないから、特約がない限り、保険事故の発生という不確定期限付きの債務であるとして、保険者が保険事故の発生を知った時(民法412条2項)から遅滞の責任を負うと解する見解と、期限の定めのない債務として、保険者が履行の請求を受けた時(同条3項)から遅滞の責任を負うと解する見解がある。期限の定めのない債務という見解が通説である(注1)。ただ民法412条は、任意規定であるから、特約があればそれに従うことになる。

一般に生命保険約款では、保険金受取人が必要書類を保険者に提出して請求すべき旨を定めており、さらにその必要書類が会社の本社に到達した日の翌日から起算して5日以内に支払うものとしているが、但書では調査が必要なときには5日を過ぎることがある、と定めている。また、損害保険の約款でも、保険者は、被保険者が保険金請求の手続をした日から30日以内に保険金を支払う旨を定め、但書では、保険者が、この期間内に必要な調査を終えることができないときは、これを終えた後、遅滞なく、保険金を支払います、と規定している。

(2) 最三判平成9・3・25民集51巻3号1565号(以下、最判平成9年という)は、「保険会社は、保険契約者または被保険者が保険の目的について損害が発生したことを通知し所定の書類を提出した日から30日以内に保険金を支払う。但し、保険会社がその期間内に必要な調査を終えることができないときは、これを終えた後遅滞なく保険金を支払う」旨の火災保険普通保険約款の条項について、所定の30日の経過により保険金支払の履行期が到来することを定めたものと解すべきであり、同条但書は、これ自体では保険契約者等の法律上の権利義務の内容を定めた特約と解することはできず、保険会社において、所定の猶予期間内に調査を終えることができなかった場合であっても、速やかにこれを終えて保険金を支払うべき旨の事務処理上の準則を明らかにしたものと解するほかはないから、保険会社は、右期間内に必要な調査を終えることができなかったとしても、右期間経過後は保険金の支払について遅滞の責めを免れない、と判示した(注2)。

また、福岡高判平成16・7・13判夕1166号216頁は、生命保険約款における「保険金等の支払金は、必要な書類が会社の本社に着いた日の翌日から起算して5日以内に、会社の本社又は会社の指定した支社で支払います。ただし、調査が必要なときは、5日を過ぎることがあります。」との規定の解釈について、本件約款の本文が保険金支払の猶予期間を定めたものであり、同但書は、保険会社と保険契約者等との間の法律上の権利義務の内容を定めた特約ではなく、保険会社において、所定の猶予期間内に調査を終えることができなかった場合であっても、速やかにこれを終え

て保険金を支払うべき旨の事務処理上の準則を明らかにしたものと解するのが相当である、と判示した（注3）。

これらの保険金支払債務の履行期についての裁判例については、、但書の猶予期間を超える部分については無効であるといっているのに等しく、約款の不当条項規制の観点からみれば、約款条項における透明性の原則に照らして問題があることと、任意規定である民法の規定よりも合理的な理由なく保険契約者に不利益な内容となっていることから無効にしたものとみられるが、具体的判断としてあえて無効とするまでの必要があるかは疑問の余地があるという見解（注4）もあり、大方の学説は上記の裁判例に批判的である（注5）。

保険法の保険給付の履行期に関する規定については、前記の最判平成9年の考えを踏襲するという説明が立法担当者からなされている（注6）。しかし、最判平成9年に対しては、学説でも批判されているのであるから、それをそのまま新保険法で条文にしたところで、この問題の解決にはならない。そこで、以下では最判平成9年と対比させながら、保険法の条文を検討する。

(3) 保険給付の履行期の問題に関係して、消滅時効も問題となる。保険者の保険金支払債務の消滅時効の起算点について、後述のように学説の対立があるものの、保険給付の履行期と保険金支払債務の消滅時効の起算点を同じものとするのが妥当である。

II 保険給付の履行期

1 概説

(1) 保険法では、保険給付の履行期について、損害保険（法21条）、生命保険（法52条）、傷害疾病定額保険（法81条）とに分けて規定している。それぞれの条項は、基本的には同じであり、保険給付を行う期限を定めた場合（1項）、保険給付を行う期限を定めなかったとき（2項）の2つに分けて規定しており、さらに保険契約者等が正当な理由なく保険者の調査を妨げたりした場合には、保険者は遅滞の責任を負わない旨を定めている。

(2) 保険法において、保険給付の履行期を定めた趣旨については、立法担当者から次のような説明がなされている（注7）。

民法上、期限の定めのない債務についての遅滞の責任は、請求が到達した翌日から生じると解されている。しかし、保険事故による損害が生じた場合に保険者が損害のてん補をするという損害保険契約の性質に鑑みれば、保険金の支払の請求があった場合に、保険者が保険事故および損害の発生の確認をし、必要な場合に損害額の算定を行うことは、損害保険契約における保険金の支払のプロセスにおいて必須のものと考えられる。また、これらの確認等に加えて、免責事由の存否や危険に関する告知における契約の解除の可否等についても確認をすることが適正な保険金の支払のために必要な場合もあると考えられる。

他方で、保険者による保険金の支払のための確認等を無制限に認め、その確認等に要した期間内は保険者が遅滞の責任を負わないとすることは、損害発生後遅滞なく損害のてん補がされることが期待されている損害保険契約の趣旨、目的に反する可能性があり、特に免責事由の存否等は、保険者が証明責任を負うべき事項であり、これらの事項について確認するための期間についても保険者が一切遅滞の責任を負わないとすることは、当事者間の公平を著しく害するおそれがある。そこで、保険金の支払時期について、このような損害保険契約の特性を考慮した合理的な規律を設けることとしている。

以下では、保険法における保険給付の履行期について検討する。

2 保険給付を行う期限を定めた場合

(1) 損害保険については、当該期限が、保険事故、てん補損害額、保険者が免責される事由その他の保険給付を行うために確認をす

ることが損害保険契約上必要とされる事項の確認をするための相当の期間を経過する日後の日であるときは、当該期間を経過する日をもって保険給付を行う期限とする（法21条１項）。

　生命保険については、当該期限が、保険事故、保険者が免責される事由その他の保険給付を行うために確認をすることが生命保険契約上必要とされる事項の確認をするための相当の期間を経過する日後の日であるときは、当該期間を経過する日をもって保険給付を行う期限とする（法52条１項）。

　傷害疾病定額保険については、当該期限が、給付事由、保険者が免責される事由その他の保険給付を行うために確認をすることが傷害疾病定額保険契約上必要とされる事項の確認をするための相当の期間を経過する日後の日であるときは、当該期間を経過する日をもって保険給付を行う期限とする（法81条１項）。

　以上の規定は、片面的強行規定である（法26条・53条・82条）。したがって、保険契約で定めた事項の確認をするための合理的な期間を超えて、保険者が遅滞の責任を負わないという旨を約款で定めても、当該合理的な期間を超える部分については無効となる（注８）。

　(2)　条文を一読しただけでは、いつが履行期であるか理解するのは難しいであろう。立法担当者によれば、保険金の支払について期限の定めがある場合、原則として当事者間の期限の定めを有効としたうえで、その期限が保険金の支払にあたり確認が必要な事項に照らして相当な期間を超えるときは、その相当な期間が経過した時から保険者は遅滞の責任を負うものとしている、ということのようである（注９）。まず、保険者が保険給付を行うために必要な「相当な期間」があり、その期間が保険給付を行うことを定めた期限よりも、前にある場合には、定めた期限ではなく、その期間が保険給付を行う期限となる。たとえば、保険給付を行う期限として30日と定めた場合、実際には20日で保険給付を行うための調査が終わったときには、その20日が期限であり、21日目から保険者は履行遅滞となる

というものである。

　これは、保険金の支払のための調査が必要な場合でも保険者がいつまでも遅滞の責任を負わないのは不合理との指摘や、一定の猶予期間は認め得るとしても、その後は保険者が遅延損害金を支払うべきとの指摘等があったことを踏まえたものであり、適正な保険金の支払のために必要な確認（免責事由の存否等を含む）を行う趣旨で当事者が期限の定めをした場合には、私的自治の原則のもと、その合意を基本的に尊重するものとする一方で、その期限が不相当である場合には、損害保険契約の趣旨、目的に反する可能性があることから、一定の時期以降については、保険者は遅滞の責任を免れることができないとするものである（注10）。

　解釈上問題となるのは、保険者が保険給付を行うために必要な「相当な期間」が、どのくらいの期間をいうのかである。条文上は、前述の例でいえば、保険給付を行う期限として30日と定めた場合でも、実際にかかった相当な期間が20日であれば、その20日が期限としているが、これは当初定めた期限よりも実際にかかった期間が短い場合である。その場合には、実際にかかった期間が期限となるが、保険者は21日目から遅滞の責任を負うことになるのであろうか。これとは逆に、実際にかかった相当な期間が40日であれば、その期間は遅滞の責にはないということになるのであろうか。立法の趣旨からいえば、実際にかかったのが20日であれば21日目から、40日であっても定められた30日を超える31日目から、保険者は遅滞の責任を負うことになるであろう。最判平成９年の事案は、後者の30日を超える場合であったので、31日目から遅滞の責任があるという立法は、最判平成９年に則したものといえる。しかし、保険契約の当事者で、猶予期間を30日と定めていた場合に、実際にかかったのが20日であれば、21日目から保険者は遅滞の責任を負うという立法にどれほどの意味があるかは疑問である。

　(3)　最判平成９年は、保険金の支払にあたっては、これに先立って、保険会社におい

Ⅳ　保険給付

て損害の範囲の確定、損害額の評価、免責事由の有無等について調査を行う必要があることを認めている。保険法は、損害保険については、保険事故、てん補損害額、保険者が免責される事由その他の保険給付を行うために確認をすることが損害保険契約上必要とされる事項について、保険者が確認をするための相当の期間は遅滞の責任を負わないものとした。生命保険の確認事項は、保険事故、保険者が免責される事由その他の保険給付を行うために確認をすることが生命保険契約上必要とされる事項である。また、傷害疾病定額保険の確認事項は、給付事由、保険者が免責される事由その他の保険給付を行うために確認をすることが傷害疾病定額保険契約上必要とされる事項が定められている。これらの事項は、それぞれの保険種類において、保険給付を行うために確認をすることが必要な事項であり、これらの事項に限定されるものではない。

期限の定めについては、一律に支払期限を定めるもの、たとえば保険金の支払の請求があった日から〇日以内とする定めのほかに、場合を分けて支払期限を定めるもの、たとえば、調査の必要がない場合は〇日以内とし、調査事項を明示したうえでその必要がある場合は〇日以内とする方法もある（注11）。

相当な期間については、個々の保険金の請求ごとに判断するのではなく、契約の種類、保険事故の内容やその態様、免責事由の内容等に照らして、その類型の保険契約において相当な期間と認められるかどうかによって判断される（注12）。その類型の保険契約とは、火災保険や自動車保険をいうのであろう。

調査を要する必要な合理的期間は、支払の猶予を求めることができるが、その証明責任は保険者が負うという見解（注13）がある。しかし、期限の定めがある以上、その期限までは保険者は支払を猶予されているのであるから、本来は遅滞の責めを負わないはずである。仮に負う場合にも、相当の期間の証明責任は、保険契約者等にあるとするのが妥当である。

3　保険給付を行う期限を定めなかった場合

(1)　損害保険では、保険者は、保険給付の請求があった後、当該請求に係る保険事故およびてん補損害額の確認をするために必要な期間を経過するまでは、遅滞の責任を負わない（法21条2項）。

生命保険では、保険者は、保険給付の請求があった後、当該請求に係る保険事故の確認をするために必要な期間を経過するまでは、遅滞の責任を負わない（法52条2項）。

傷害疾病定額保険では、保険者は、保険給付の請求があった後、当該請求に係る給付事由の確認をするために必要な期間を経過するまでは、遅滞の責任を負わない。

以上の規定は、期限の定めのない場合のいわゆる補充規定であり、任意規定である（注14）。

(2)　保険金の支払について期限の定めがない場合、民法412条3項により、保険者は保険金の支払の請求を受けた日の翌日から遅滞の責任を負うことになる。しかし、保険者が保険事故の発生ならびに損害の有無および額の確認のために必要な期間が経過していないことを証明した場合には、保険者はその期間が経過するまでは遅滞の責任を負わない旨を定めている（注15）。期限の定めがない以上、必要最低限の事項について確認する期間に限って猶予を認めるべきであるから、民法412条3項の特則として、保険金の支払のために必須の確認に要する期間について、保険者が遅滞の責任を負わないこととするものであるが、その確認の対象には保険者が証明責任を負うこととなる事項（免責事由の存否等）を含めないこととして、期限の定めのある場合とを区別している（注16）。

解釈上問題となるのは、保険給付の請求に係る保険事故およびてん補損害額（損害保険）、保険事故（生命保険）、給付事由（傷害疾病定額保険）の確認とは何かであり、必要な期間とはどの程度の期間かである。必要な期間とは、当該請求に係るということである

から、個々の保険給付の請求ごとに判断される（注17）。

4 保険契約者等の調査妨害

(1) 損害保険では、保険者が保険給付の確認をするために必要な調査を行うにあたり、保険契約者または被保険者が正当な理由なく当該調査を妨げ、またはこれに応じなかった場合、保険者はこれにより保険給付を遅延した期間について、遅滞の責任を負わない（法21条3項）。

生命保険では、保険者が保険給付の確認をするために必要な調査を行うにあたり、保険契約者、被保険者または保険金受取人が正当な理由なく当該調査を妨げ、またはこれに応じなかった場合、保険者はこれにより保険給付を遅延した期間について、遅滞の責任を負わない（法52条3項）。

傷害疾病定額保険では、保険者が保険給付の確認をするために必要な調査を行うにあたり、保険契約者、被保険者または保険金受取人が正当な理由なく当該調査を妨げ、またはこれに応じなかった場合には、保険者はこれにより保険給付を遅延した期間について、遅滞の責任を負わない（法81条3項）。

以上の規定は、片面的強行規定である（法26条・53条・82条）。したがって、保険者の調査を妨害したり、協力しなかった場合には免責とする旨の約款等は無効となる。

(2) 最判平成9年は、前述したように、保険契約者等が調査を妨害したなど特段の事情がある場合を除き、保険金支払時期の延伸について保険会社がまったく責めを負わないということはできない、と判示した。

通常保険事故は保険契約者側の生活圏で発生し、保険給付のための確認に必要な情報も保険契約者側が有していることが多いことから、保険者側の事情ではなく、保険金請求権者側の事情によってその確認が遅延することがあり、他方で、保険契約者側の事情によってその確認が遅延した場合に常に保険者がこれによる遅滞の責任を免れるとしたのでは、保険給付のための確認について保険契約者側に過度の負担を強いる結果となり、保険者が遅滞の責任を負うべき時期を定めた趣旨に反するおそれがあるから、保険契約者または被保険者が、保険者の保険給付の確認を故意に妨げ、またはこれに不可欠な協力を正当な理由なく拒んだことによって、その確認が遅延することとなった場合に限り、その遅延した期間について保険者は遅滞の責任を負わないとしたものである（注18）。

保険契約者等の妨害等の対象となるべき確認については、保険給付の期限を定めている場合には、保険事故の発生ならびに損害の有無および額の確認を指し、期限を定めていない場合には、保険金の支払にあたり必要な確認を指すことになる（注19）。したがって、これらの確認事項以外について調査妨害があったとしても、保険者は遅滞の責任を負うことになる。

(3) 解釈上問題となるのは、妨害の主体は誰かということと正当な理由とは何かである。条文上、損害保険では保険契約者と被保険者であり、生命保険と傷害疾病定額保険では保険者と被保険者の他に保険金受取人が加わっている。これらの者に限らず、病院や警察等の第三者の事情で確認が遅延した場合、保険者は遅滞の責任を負わないことになるであろうか。最判平成9年は、危険防止のために被災現場への立入りが制限されていたなど、保険会社と保険契約者等のいずれの責めに帰することもできない理由により、猶予期間内に所要の調査を終えることができなかった場合にも、保険会社は、保険金に猶予期間経過後の遅延損害金を付して支払わなければならないことになる、と判示している。すなわち、保険契約者等に調査妨害がない限り、保険者は遅滞の責任を負わなければならないことになる。しかし、このような解釈が妥当であるかは、なお慎重に検討すべきである。

また、正当な理由による調査妨害とは、どのような場合であろうか。調査の妨害を正当化できる正当な理由は、通常はないであろうが、最判平成9年の事案のように、保険契約

者である法人の代表者が逮捕され放火事件について取り調べを受けている場合をいうのであろうか。

5 実務に与える影響

平成20年4月25日の衆議院法務員会の附帯決議では、保険金給付の履行期については、保険給付を行うために必要な調査事項を例示するなどして確認を要する事項に関して調査が遅滞なく行われ、保険契約者等の保護に遺漏がないよう、約款の作成、認可等にあたり十分に留意することが決議された。また、平成20年5月29日の参議院法務委員会附帯決議でも、保険給付の履行期に関して、保険者による支払拒絶事由等の調査および支払の可否に関する回答が迅速かつ適正に行われるべき体制を確保することが決議された。そこで、保険法の保険給付の履行期についての規定が、今後の実務に与える影響について検討する。

具体的な約款規定の定め方として、現行約款の但書における調査終了後遅滞なく支払うという点については、保険種類や事故の種類、必要な調査の内容に応じて合理的な支払期限を約款で定める必要がある。約款で一定の期限を定めたとしても、損害額などの確認や免責条項に該当するかの確認のための相当の期間を経過したときは履行遅滞の責任を負うことになる。約款の期限を経過したときは、確認中の状態であっても履行遅滞の責任を免れない。特に免責条項に該当する疑いがあるというだけで、約款上の期限まで支払を延ばすということは、今後は認められず履行遅滞の責任を負う可能性がある。

また、保険給付の猶予期間の起算点については、保険金請求者が約款所定の手続を行った日（手続が完了した日）が起算点となる。したがって、起算点の管理が重要であり、約款に定めた期限を経過した場合について、遅延利息を支払うシステムの構築を検討する必要がある（注20）。

保険契約者等の調査妨害等のあった場合、たとえば自動車保険約款における書類提出義務を定める条項では、その義務違反の効果を免責としているものがあれば、見直しを検討する必要がある（注21）。この点について、妨害が甚だしい場合には、調査を妨害し、必要な協力を拒絶しながら、保険金の給付を請求すること自体が、信義則違背として、制約される可能性があるという見解がある（注22）。この見解によれば、信義則違反として、減額または義務が履行されるまでは保険金を支払わず、また履行遅滞の責任を負わないとすることもできる。

保険給の履行期に関する規定は、例外的に、保険法施行後の既存契約にも適用される（付則3条2項）。したがって、遡及適用について、既存の保険契約者へ通知すべきであるかも含めて、今後の対応について検討する必要がある。なお、保険者が履行遅滞の責任を負う場合、その利率をどのくらいにするかも、それぞれの事業主体が決めなければならない問題である。

Ⅲ 消滅時効

1 概説

(1) 商法は保険金請求権が2年の短期時効によって消滅する旨を定めている（商法663条）。この規定は生命保険にも準用されている（商法683条1項）。しかし、これらの消滅時効の起算点については商法に格別の規定はなく、民法の一般原則によることになり、時効は権利を行使できるときから進行する（民法166条1項）。

保険金請求権の消滅時効の起算点について、学説では次のように見解が分かれている（注23）。①保険事故発生時と解する見解がある（注24）。この説をとる者のなかには、被保険者が客観的にみて保険事故の発生を知らないこともやむを得ないような事情があれば、保険事故の発生を知った時をもって消滅時効が進行するものと解したり（注25）、また、保

険金請求手続をなすことを得べかりし時から一定期間経過した時を起算点とするのが妥当であるという見解（注26）もあり、保険金請求者側が保険事故の発生を知らない場合を考慮する見解もある。この説の根拠は、保険金支払義務の短期消滅時効制度が、保険制度の技術的理由によるものである以上、消滅時効の起算点も客観的に定められるべきであるというにある。これに対して、②保険事故発生を了知または了知すべかりし時と解する見解がある（注27）。この説の根拠は、民法724条の類推適用によることなるが、この説に対しては批判が多い（注28）。

（2）保険金請求権の消滅時効に関する裁判例については、次の2つの最高裁判例が重要である。まず、最判平成15・12・11民集57巻11号2196頁（注29）は、保険金請求権の時効による消滅について、保険金を請求する権利は、支払事由が生じた日の翌日からその日を含めて3年間請求がない場合には消滅する旨の約款の解釈が争われた事案について、本件消滅時効にも適用される民法166条1項が、消滅時効の起算点を「権利を行使することができる時から」と定めており、単にその権利の行使について法律上の障害がないというだけではなく、さらに権利の性質上、その権利行使が現実に期待することができるようになった時から消滅時効が進行するというのが同項の規定の趣旨であること（最高裁昭和40年（行ツ）第100号同45年7月15日大法廷判決・民集24巻7号771頁参照）に鑑みると、本件約款が本件消滅時効の起算点について上記のように定めているのは、本件各保険契約に基づく保険金請求権は、支払事由（被保険者の死亡）が発生すれば、通常、その時からの権利行使が期待できると解されることによるものであって、当時の客観的状況等に照らし、その時からの権利行使が現実に期待できないような特段の事情の存する場合についてまでも、上記支払事由発生の時をもって本件消滅時効の起算点とする趣旨ではないと解するのが相当であり、本件約款は、このような特段の事情の存する場合には、その権利行使が現実に期待することができるようになった時以降において消滅時効が進行する趣旨と解すべきである、と判示したうえで、本件消滅時効については、被保険者の死亡が確認され、その権利行使が現実に期待できるようになった日以降において消滅時効が進行するものと解されるから、本件消滅時効の期間が経過していないことは明らかである、と判示した。

また、最判平成20・2・28判時2000号130頁（注30）は、保険金請求権は保険者が保険給請求の書類または証拠を受領した日の翌日から起算して30日を経過した時から起算して、2年を経過した場合は時効によって消滅しますという約款の解釈が争われた事案について、控訴審の東京高判平成19・1・31本誌1292号64頁が、本件保険金請求手続が行われた平成14年8月11日から30日を経過した日から2年の経過により本件消滅時効が完成し、本件保険金請求権は本件訴訟の提起時にはすでに時効消滅していたとして、保険契約者の請求を棄却したのに対して、保険金支払条項による履行期は、同条項のただし書にかかわらず、保険金請求手続が行われた日からその日を含めて30日を経過した日に到来すると解すべきである（最判平成9年3月25日第三小法廷判決・民集51巻3号1565頁参照）が、保険者の代理人による本件協力依頼書の送付行為は、保険契約者に対し、調査への協力を求めるとともに、調査結果が出るまでは保険金の支払ができないことについて了承を求めるもの、すなわち、保険金支払条項に基づく履行期を調査結果が出るまで延期することを求めるものであり、本件保険金請求権の履行期は、合意によって、本件免責通知書が保険契約者に到達した日まで延期されたものというべきであり、本件消滅時効の起算点は、保険金支払条項に基づく履行期の翌日とされているものと解され、その履行期が延期されたのであるから、本件消滅時効は、本件訴訟が提起されたときには、いまだ完成していなかったものというべきである、と判示した。

これらの最高裁判例は、消滅時効の起算点を極めて柔軟に解するものであり、保険契約

Ⅳ 保険給付

者の保護に役立つものである。ただ最判平成20年は、履行期を合意により延期したという解釈により保険契約者を救済しているが、前述のように、保険給付を行う期限を定めた場合の規定は片面的強行規定であるから、保険法の施行後は合意による延期はできなくなるであろう。その意味では、最判平成20年の理論構成は、保険法のもとではできないことになる。

2　改正の概要

法95条１項では、保険給付を請求する権利、保険料の返還を請求する権利および法63条または法92条に規定する保険料積立金の払戻しを請求する権利は、３年間行わないときは、時効によって消滅する、と規定しており、また、同条２項では、保険料を請求する権利は、１年間行わないときは、時効によって消滅する、と規定している。本条１項・２項は、強行規定である。

保険金請求権等の消滅時効については、商法663条は保険金請求権の消滅時効期間を２年間とするが、主に生命保険会社の約款では時効期間が３年間とされていることから３年とされたものである。保険金請求権が定期金債権である場合には、支分権（定期的に発生するそれぞれの権利をいう）についてのみ１項の規律により、基本権（支分権を発生させる根拠となる権利をいう）については、民法168条１項前段の規律によることになる（注31）。

また、１項では、保険料返還請求権についても商法と同じく保険金請求権と同様の規律としている。２項では、保険料請求権について商法663条の規律を維持している。なお、保険契約者の保険者に対する請求権（満期返戻金や配当金請求権や保険料払込免除請求権等）については、保険法が前提としていない請求権について、しかも包括的な形で規定することの当否には疑問があり、これらの消滅時効期間については、商法におけるのと同じく、専ら解釈に委ねられることになる（注32）。

保険法でも消滅時効の起算点は、商法と同じく、民法166条１項の規律によることになり、前述の最高判決によることになるであろう。

3　実務に与える影響

消滅時効については、商法の規定と基本的には変わらないので、実務与える影響は少ないと思われる。ただ損保の場合は、２年から３年への約款改定が必要になる。また自賠法19条の被害者の直接請求権の消滅時効も3年となる。それに伴い損保の場合は、システム管理の見直しが必要になる。

Ⅴ　おわりに

消滅時効については、損保に影響があるくらいで、現行の実務には大きな変更はないであろう。しかし、保険給付の履行期については、最判平成９年もさることながら、保険法は新たな規定を設けて保険契約者の保護を図ることになった。しかし、この規定は上述したように、最判平成９年に対する学説の批判にも十分対応しておらず、規定の解釈においても問題を残している。今後は解釈論により、妥当な問題解決を図ることが期待されるのである。

（注１）石田満『商法Ⅳ（保険法）〔改訂版〕』329頁（青林書院・1997年）、山下友信『保険法』533頁（有斐閣・2005年）参照。

（注２）山本哲生・法学教室207号100頁（1997年）、遠藤一治・ＮＢＬ655号51頁（1998年）、同・ほうむ〔安田火災海上〕45号92頁（1998年）、戸出正夫・損害保険研究60巻３号195頁（1998年）、河上正二・民法の基本判例（第２版）19頁（1999年）、三村量一・法曹時報51巻10号107頁（1999年）、同・最高裁判所判例解説民事篇平成９年度（上）492頁（2000年）、笹本幸祐・福岡大学法学論叢44巻３・４号531頁（2000年）参照。

（注３）甘利公人・上智法学論集49巻１号228頁（2005年）、後藤元・ジュリ1336号124（2007年）、

齋藤聰・判例タ1215号160頁（2006年）、宗実真・保険事例研究会レポート203号1頁（2006年）参照。
(注4) 山下・前掲（注1）534頁参照。
(注5) たとえば、山本・前掲（注1）100頁、戸出・前掲（注2）195頁、甘利・前掲（注3）219頁参照。また、竹濵修「保険金支払債務の履行遅滞」立命館法学304号122頁（2005年）参照。
(注6) 萩本修ほか「保険法の解説(2)」ＮＢＬ885号28頁註⑳（2008年）では、保険法の規定は、この判決の基本的な考え方を法文化したものであり、その内容を保険契約者等にとって後退させるものではない、という。しかし、問題は、最判9年判決がいわんとしている内容であり、それが明確でない以上、判決の基本的な考えも不明である。
(注7) 補足説明42頁参照。
(注8) 萩本ほか・前掲28頁参照。
(注9) 補足説明43頁参照。
(注10) 補足説明43・44頁参照。
(注11) 補足説明44頁参照。
(注12) 補足説明44頁参照。
(注13) 沖野眞巳「保険関係者の破産、保険金給付の履行期」商事1808号30頁（2007年）参照。
(注14) 萩本ほか・前掲（注6）28頁参照。
(注15) 補足説明43頁参照。
(注16) 補足説明43頁参照。
(注17) 補足説明44頁参照。
(注18) 補足説明44頁参照。
(注19) 補足説明44頁参照。
(注20) 浅湫誠志「保険契約法の改正について――実務面への影響を中心として」損害保険研究70巻1号64頁（2008年）参照。
(注21) 上松公孝「改正保険法案主要条文ポイント解説第3回」保険毎日新聞2008年5月2日号5頁参照。
(注22) 沖野眞巳「保険関係者の破産、保険金給付の履行期」商事1808号37頁註㉑（2007年）参照。
(注23) 石原全「保険金請求権の発生、金額、および履行期」倉澤康一郎編『自動車保険の法律問題』（本誌別冊3号）47頁（1991年）、島原宏明「保険金支払義務」倉澤康一郎編『生命保険の法律問題』（本誌986号）120頁（1996年）、潘阿憲「保険金支払義務と免責」倉澤康一郎編『新版生命保険の法律問題』（本誌1135号）106頁（2002年）参照。
(注24) 大森忠夫『保険法〔補訂版〕』158・296頁（有斐閣・1985年）、同「保険金請求権の消滅時効期間の始期」大森忠夫＝三宅和夫『生命保険契約法の諸問題』177頁（有斐閣・1958年）、倉沢康一郎『保険法通論』71頁（三嶺書房・1982年）、坂口光男「保険金請求権の消滅時効」法律論叢68巻3・4・5合併号263頁（1996年）、同『保険契約法の基本問題』111頁（文真堂・1996年）所収参照。
(注25) 石田・前掲（注1）189頁、田辺康平「保険金請求権の消滅時効と保険会社の約款の定め」西南学院大学法学論集17巻2・3・4合併号74頁（1985年）参照。
(注26) 西島梅治『保険法〔第3版〕』84頁（悠々社・1998年）参照。
(注27) 野崎隆幸『保険契約法論』131頁（大同書院・1935年）参照。
(注28) 棚田良平「保険金支払債務の消滅時効」損害保険研究30巻3号109頁（1968年）参照。
(注29) 坂口光男・判評546号191頁（2004年）、出口正義・民商131巻1号40頁（2004年）、松本克美・法律時報76巻12号89頁（2004年）、大澤康孝・平成15年度重要判例解説ジュリ1269号119頁（2004年）、森義之・ジュリ1270号181頁（2004年）、同・最高裁判所判例解説民事篇平成15年度（下）776頁（2006年）、同・法曹時報57巻9号315頁（2005年）、芹澤俊明・平成16年度主要民事判例解説判タ1184号28頁（2005年）、梅村悠・上智法学論集48巻2号91頁（2005）年、酒巻宏明・ひろば58巻3号50頁（2005年）参照。
(注30) 遠山聡・保険毎日新聞2008年7月23日号（15879号）4頁参照。
(注31) 補足説明45頁参照。
(注32) 補足説明46頁参照。

Ⅳ　保険給付

20　保険代位・請求権代位

愛知学院大学法学部教授　山野　嘉朗

Ⅰ　はじめに

　2008年5月30日に成立した保険法の主要な目的の1つは、保険契約者の保護であり、これを達成するための新たなルールが多数設けられている。本稿で対象とする保険代位は損害保険契約法に特有のルールであるが、これについても契約者保護的改善がなされている。この法改正は、他方で、これまで展開されてきた法律論争に立法的な決着をつけたという面においても学問的に大いに注目される。

　損害保険契約の目的は被保険利益に生じた損害をてん補することにある（商法629条、法2条6号）。損害のてん補が目的である以上、被保険者が損害額を超える支払を受けることは避けなければならない（利得禁止原則（注1））。つまり、損害保険契約法の領域では、保険事故の発生によって被保険者が利得する事態を回避する仕組みが設けられる必要がある。その仕組みの1つが保険代位（商法661条の残存物代位と662条の請求権代位）であるが、利得禁止原則を具体化する（注2）という目的からして、保険法においても両制度が維持されていることはいうまでもない。

　以下、商法の規定の内容・趣旨を明らかにしたうえで、保険法による改正点を分析し、それが実務に与える影響を検討する。そして最後に、今後の展望にも言及したい。

Ⅱ　今回の改正点の概要

1　残存物代位

　商法661条は次のように規定する。

　「保険ノ目的ノ全部カ滅失シタル場合ニ於テ保険者カ保険金額ノ全部ヲ支払ヒタルトキハ被保険者カ其目的ニ付キ有セル権利ヲ取得ス但保険価額ノ一部ヲ保険ニ付シタル場合ニ於テハ保険者ノ権利ハ保険金額ノ保険価額ニ対スル割合ニ依リテ之ヲ定ム」

　その趣旨としては、①被保険者の利得防止という政策的理由に加え、②残存物の価額を算出したうえで、これを控除して保険金を支払うとした場合、残存物価額の評価にコストを要し、被保険者の迅速な保護が図れない事態を避けるという技術的理由が挙げられる（注3）。

　これに対し、法24条（注4）は次のように規定する。

　「保険者は、保険の目的物の全部が滅失した場合において、保険給付を行ったときは、当該保険給付の額の保険価額（約定保険価額があるときは、当該約定保険価額）に対する割合に応じて、当該保険の目的物に関して被保険者が有する所有権その他の物権について当然に被保険者に代位する。」

　両者の基本的な仕組みについては変更はないが、細部については以下のように注目すべき改正を行っている。

　(1)　商法では「当然に」という文言が使用されていないが、これまでも保険者の権利取

得は法律上当然の効果と解されてきたので、保険法はその趣旨を明確にしたものと解される。

(2) 商法では、「保険者カ保険金額ノ全部ヲ支払ヒタル」ことが適用要件とされているが、保険法では単に「保険給付を行」うことが適用要件とされている。これは保険法では超過保険が無効とされていないこと（法9条）を考慮して、被保険者に利得を生じさせないようにしたためである（注5）。

(3) 商法では、ただし書が存在するが、保険法では、商法のただし書の規律を維持しつつ、その適用範囲を明確にしている。

(4) 商法のただし書は、一部保険の場合を念頭に置いて規定しているが、保険法では、一部保険の場合に限らず、保険の目的物について損害の全部が生じたが、保険者がその損害の一部しかてん補する責任を負わない場合（たとえば、保険契約において被保険者の自己負担部分が定められている場合）において、保険者がその損害をてん補したときにも同様な規律が必要とされるため、こうした一般的な規定の仕方が採用されている（注6）。なお、「滅失」という文言は、保険の目的物について全損が生じた場合を意味するのであって、保険の目的物が経済的効用を失った場合や、盗難保険において保険の目的物が盗取された場合もこれに該当する（注7）。

本規定は片面的強行規定であるから（法26条）、一部保険であるにもかかわらず、比例按分的処理によらず、残存物に対する権利をすべて保険者が取得できるというような約款規定は無効とされよう。

2　請求権代位

(1)　商法の趣旨

商法662条は次のように規定する。

「①　損害カ第三者ノ行為ニ因リテ生シタル場合ニ於テ保険者カ被保険者ニ対シ其負担額ヲ支払ヒタルトキハ其支払ヒタル金額ノ限度ニ於テ保険契約者又ハ被保険者カ第三者ニ対シテ有セル権利ヲ取得ス

②　保険者カ被保険者ニ対シ其負担額ノ一部ヲ支払ヒタルトキハ保険契約者又ハ被保険者ノ権利ヲ害セサル範囲内ニ於テノミ前項ニ定メタル権利ヲ行フコトヲ得」

1項は、第三者の行為によって生じた損害に対して保険者が支払うべき保険金を支払ったときは、保険者はその支払保険金額を限度として被保険者が第三者に対して有する権利を取得すると規定するが、これを請求権代位という。2項は、資力不足等を理由に、保険者が負担額の一部のみを支払った場合は、保険者は被保険者の権利を害さない範囲内でしか代位権を行使できないと定める。

このような規定の趣旨は、①利得禁止原則と②有責第三者の免責阻止と解されている（注8）。

(2)　一部保険と請求権代位の関係

以上の請求権代位に関しては、一部保険で、かつ被保険者である被害者が第三者に対して有する権利が過失相殺等により損害額を下回る場合の処理について深刻な論争がみられた。たとえば、保険価額（100万円）、保険金額（50万円）の車両保険契約を締結していたところ、衝突事故によって100万円の損害が発生したが、被害者である被保険者にも20％の過失が認められる場合（したがって損害賠償請求権は80万円）の処理をめぐっては以下の3説が対立する。

①　保険者が先に50万円支払った場合は、50万円全額につき代位権を取得する。加害者は30万円を被害者（被保険者）に支払えばよいから、被害者（被保険者）の総回収額は80万円となる（絶対説・限度主義（注9））。

②　保険者が先に50万円支払った場合は、被害者（被保険者）が加害者に対して有する80万円の50％（保険金額／保険価額）である40万円を保険者は代位取得する。その結果、加害者は40万円を被害者（被保険者）に支払えばよいから、被害者（被保険者）の総回収額は90万円となる（相対説・比例主義（注10）―伝統的通説）。

③　保険者が先に50万円支払った場合でも、被害者（被保険者）の権利が優先するため、被害者は加害者に対して50万円請求できる。加害者はなお30万円（80万円－50万円）の賠償義務を負担しているので、保険者はその部分につき代位することになる。したがって、被害者（被保険者）の総回収額は100万円となる（差額説・損害額超過主義（注11）－近時の有力説）。

判例（最判昭和62・5・29民集41巻4号723頁（注12））は次のように判示して相対説を採用した。「損害保険において、保険事故による損害が生じたことにより、被保険者が第三者に対して権利を取得した場合において、保険者が被保険者に損害を填補したときは、保険者は、その填補した金額を限度として被保険者が第三者に対して有する権利を代位取得する（商法662条1項）ものであるが、保険金額が保険価額（損害額）に達しない一部保険の場合において、被保険者が第三者に対して有する権利が損害額より少ないときは、一部保険の保険者は、填補した金額の全額について被保険者が第三者に対して有する権利を代位取得することはできず、一部保険の比例分担の原則に従い、填補した金額の損害額に対する割合に応じて、被保険者が第三者に対して有する権利を代位取得することができるにとどまるものと解するのが相当である」（注13）。

さて、利得禁止原則は被保険者が被った損害額を基準として適用すべきであると解すると、絶対説は被保険者の損害額全額の回復を阻止するという機能を有することになるので不当であるということになる。他方、被保険者の保護という点では、確かに差額説が優れているが、多額の保険料を払って全部保険にした被保険者と一部保険を付けたにすぎない被保険者との間の公平を考慮すると、両者の扱いに合理的な差を設けるべきであるとも考えられる。そうした発想から、判例および伝統的な通説は相対説を採用してきたものと思われる。相対説的な処理方法はそれなりに公平で合理的とはいえるが、一般保険契約者にとって、理解が必ずしも容易とはいえないし、また、満足が得られない可能性もある。消費者保護という保険法の現代化の目的に鑑みて、以下に述べるとおり、保険法が差額説を採用したのは当然の流れともいえよう。

(3)　保険法による解決

法25条は次のように規定する。

「①　保険者は、保険給付を行ったときは、次に掲げる額のうちいずれか少ない額を限度として、保険事故による損害が生じたことにより被保険者が取得する債権（債務の不履行その他の理由により債権について生ずることのある損害をてん補する損害保険契約においては、当該債権を含む。以下この条において「被保険者債権」という）について当然に被保険者に代位する。
一　当該保険者が行った保険給付の額
二　被保険者債権の額（前号に掲げる額がてん補損害額に不足するときは、被保険者債権の額から当該不足額を控除した残額）

②　前項の場合において、同項第一号に掲げる額がてん補損害額に不足するときは、被保険者は、被保険者債権のうち保険者が同項の規定により代位した部分を除いた部分について、当該代位に係る保険者の債権に先立って弁済を受ける権利を有する。」

まず、1項では、商法622条1項の内容を維持しつつも、第三者に対する権利については保険契約者をその対象から外している。これは、利得禁止原則は被保険者の権利を代位の対象とすれば十分だからである（注14）。

次に、一部保険の場合の法的処理に関して、保険給付の額がてん補損害額（法18条1項）に不足するときは、被保険者債権の額から当該不足額を控除した残額についてしか代位できないと規定されているように、保険法は伝統的通説・判例の立場を改め、差額説を採用することを明らかにした。このように、保険法はこれまでの議論を立法的に解決したものと評価される。被保険者の利得防止という観点からすれば、被保険者に利得が生じない範囲では、保険者による代位取得を認める必要

はないとする処理が素直で、かつ、被害者である被保険者の保護にも資するというのが改正の趣旨である（注15）。

2項は、理由の如何を問わず、第三者との関係で保険者と被保険者の請求が競合した場合に、被保険者の権利を優先させるという趣旨である（注16）。商法662条2項の適用は、保険者がその負担額の一部を支払った場合の処理（保険者の資力不足等により保険者が負担額の一部のみ支払った場合に、保険者は被保険者の権利を害さない範囲においてのみ代位権を行使できる）に限定されるが、保険法は保険者がてん補すべき損害の全部をてん補した結果、保険者と被保険者の権利が競合した場合にも適用されることになる。なお、中間試案の段階では、「被保険者の権利を害さない範囲」という文言が維持されていたが、その具体的な法的効果が必ずしも明確ではないことから、保険法は「被保険者債権額から第1項の規定により保険者が代位した額を控除した額について被保険者が優先弁済権を有する」と定めることによって、内容をより明確なものにしている。

本規定は残存物代位の場合と同様、片面的強行規定であるから（法26条）、絶対説や相対説を採用する約款規定は無効とされよう。

III 実務に与える影響

保険法においては残存物代位、請求権代位のいずれに関する規定も片面的強行規定とされている。ただし、事業活動に伴って生ずる可能性のある損害をてん補する損害保険契約は片面的強行規定の適用除外の対象とされていることに注意を要する（法36条4号）。

火災保険実務では、残存物の片付け費用を保険金として支払いつつ、残存物自体の所有権はなお被保険者に存続する（保険者は代位しない）という特約が設けられていることも踏まえて、中間試案の段階で、この規定は任意規定とする方向で検討されていたようであるが、要綱ならびに保険法では、片面的強行規定とされた（法26条）。もっとも、以上の特約は、片面的強行規定のもとでも被保険者に不利益とはいえないので有効と解されよう（注17）。しかし、高価品の盗難保険のように代位が生じないとすると被保険者に利得が生じかねない場合には、一般原則である利得禁止原則が適用されて、その効力が否定されることもあろう（注18）。

請求権代位について差額説が採用され、これが片面的強行規定とされた以上、相対説を前提とした保険約款は改定する必要が生じる。もっとも、保険実務上は、差額説による処理を採用する約款が多いようであるから、さほど大きな混乱は生じないであろう。なお、事業活動に伴う損害をてん補する契約については片面的強行規定性の適用除外とされるので（法36条4号）、相対説に基づく約款規定が有効なことはもちろんである。

ところで、近時、人身傷害補償保険における請求権代位の効果が裁判上で問題となっている。すなわち、人身傷害補償保険の被保険者である被害者が、同保険の給付を受けた後で、損害賠償請求訴訟を提起した結果、人身傷害補償保険の損害額算定基準を上回る損害認定がなされた場合に、保険者の代位はいかなる範囲で認められるかということが争点とされている（注19）。裁判例では、差額説を基礎とする処理方法（注20）が採用されている（注21）。これは、典型的な一部保険と請求権代位の問題とは異なるが、人身傷害補償保険という損害てん補方式の傷害保険において、契約者保護の見地から差額説的処理方法が採用されたことは注目に値する（注22）。

保険法が差額説を採用した以上、人身傷害補償保険を含む総合型自動車保険約款においても、一般条項等において、差額説的処理の採用を明確に示す必要がある。ただ、差額説的処理といっても、人身傷害補償保険において具体的にいかなる代位方法を採用すべきか、という困難な問題が残されている。この点、損害保険各社は、これまでの裁判例を参考にしつつ、消費者保護も十分に考慮した明確かつ平明な約款規定を工夫すべきである。

Ⅳ　今後の展望

　残存物代位と請求権代位に関する今回の法改正は、いわゆる最狭義の利得禁止原則という基本的枠組みを維持しつつも、これを片面的強行規定とすることで消費者保護を指向するものであって、とりわけ大胆な立法政策が打ち出されたものではない（注23）。しかし、請求権代位について差額説による処理を採用したように保険契約者・被保険者の保護が重視されていることは明らかであり、その限りで、適切な立法と評価できる。したがって、当面は、前述したように、保険実務の側で法の趣旨に合わせた約款改定作業を進めることが肝要となろう。もっとも、仮に、それまで相対説による処理が行われていた分野においては、差額説的処理への変更により、相応の料率アップが予想されるとことである。

　ちなみに、請求権代位に関する規定は技術的であるが、法25条1項と2項の趣旨を法文から理解することは保険消費者にとって容易ではなかろう。この点については、今後なお規定の仕方について工夫・改善の余地が残されているように思われる。

（注1）利得禁止原則といっても、その理解には幅がある。たとえば、近時の有力説は、広義の利得禁止原則（公益の観点から許されないほどの著しい利得が禁止されるという原則）と、狭義の利得禁止原則（商法が考えている利得禁止原則）とに分け、前者は生損保問わず適用される絶対的な強行規定であり、後者は任意規定であると考える（洲崎博史「保険代位と利得禁止原則(1)(2・完)」論叢129巻1号1頁・3号1頁（1991年）、中出哲「損害てん補と定額給付は対立概念か」保険学雑誌555号81頁（1996年）、山本哲生「保険代位に関する一考察(1)」北大法学論集47巻2号475頁（1996年））。なお、後者を狭義の利得禁止原則（商法が考えている利得禁止原則よりは広いが、なお損害と保険給付との間の関連性は必要とする）と最狭義の利得禁止原則（商法が考えている利得禁止原則）に分ける見解も有力に主張されている（山下友信『保険法』392頁（有斐閣・2005年））。

（注2）請求権代位については、被保険者の利得を防止するという目的に加えて、加害第三者の免責を回避するという目的もある。

（注3）①説、②説のいずれが妥当であるかについて議論があったが（①説に立つものとして、大森忠夫『保険法［補訂版］』179頁以下（有斐閣・1985年）等、②説を支持するものとして、西嶋梅治『保険法［第3版］』176頁（悠々社・1998年）、田辺康平「保険者の残存物代位」創立40周年記念・損害保険論集223頁（損害保険事業研究所・1974年）等参照）、説明の視点の差異にすぎないものであるから、両者は相容れないと考えるべきではなかろう（山下・前掲（注1）419頁）。

（注4）中間試案では「保険の目的物の全部が滅失した場合において、保険者が被保険者に対してん補すべき損害の全部をてん補したときは、保険者は、当該目的物について被保険者が有する権利を当然に取得するものとする。ただし、保険者がてん補すべき損害の額が保険価額に満たない場合には、保険者が取得すべき権利は、保険者がてん補すべき損害の額の保険価額に対する割合によるものとする。」と規定され、任意規定とする方向で検討が予定されていた。次いで、要綱では、「保険者は、保険の目的物の全部が滅失した場合において、これによって生じた損害をてん補したときは、当該保険者が行った保険給付の額の保険価額（約定保険価額があるときは、当該約定保険価額）に対する割合に応じて、当該保険の目的物に関して被保険者が有する所有権その他の物権について当然に被保険者に代位するものとする。」と改められ、片面的強行規定とされた。

（注5）補足説明48頁。

（注6）補足説明48頁。

（注7）補足説明48頁。

（注8）江頭憲治郎『商取引法［第4版］』440頁（弘文堂・2005年）。なお、岡田豊基『請求権代位の法理』（日本評論社・2007年）参照。

（注9）加藤由作「保険代位について」保険学雑誌440号25頁（1968年）。

（注10）田辺康平『現代保険法（新版）』145頁（文眞堂・1995年）、西島・前掲（注3）194頁、石田満『商法Ⅳ（保険法）』209頁（青林書院・1997年）、江頭・前掲（注8）443頁。

（注11）鈴木辰紀『火災保険契約論（再訂版）』93頁（成文堂・1983年）、山下・前掲注(1)556頁、野

村修也「判批」新報95巻5＝6号263頁（1988年）。
(注12) 田辺康平「判批」金法1190号6頁、山下丈「判批」『損害保険判例百選（第2版）』68頁（有斐閣・1996年）、野村・前掲（注11）243頁。
(注13) 本件では、車両損害額390万円、支払保険金300万円、過失割合5割の事例につき、過失相殺後の195万円の損害賠償請求権に（保険金額）／（車両損害額）を乗じた額である150万円の限度で代位取得が認められている。
(注14) 補足説明49頁。甲の所有物を保管する乙が、甲を被保険者として損害保険契約を締結し、第三者である丙が、その者を滅失した場合に、甲に対して債務不履行責任を負った乙が丙に対して有する不法行為債権を保険者に取得させることに意味があるとされているが、その場合でも保険者が甲の丙に対する損害賠償請求権を取得すれば足りるということから、保険契約者を対象外としたものである（保険法部会第4回議事録15頁）。
(注15) 保険法部会第4回議事録16頁。
(注16) たとえば、保険者と被保険者がそれぞれ40万円について第三者に対する損害賠償権を有する場合において、当該第三者に50万円しか賠償資力がない場合には、被保険者の権利が優先するので被保険者は40万円全額を回収できるが、他方、保険者の権利は被保険者の権利に劣後するため、保険者は10万円しか回収できないことになる。
(注17) 保険法部会第23回議事録16頁。
(注18) 補足説明48頁。
(注19) 山下友信「人身傷害補償保険の保険給付と請求権代位」保険学雑誌121頁（2008年）、村田敏一「判批」リマークス36号106頁（2008年）、肥塚肇雄「人身傷害補償保険と過失割合」財団法人日弁連交通事故相談センター編『交通事故賠償の新次元』322頁（判例タイムズ社・2007年）、桃崎剛「人身傷害補償保険をめぐる諸問題」（財）日弁連交通事故相談センター東京支部編『民事交通事故訴訟・損害賠償額算定基準 平成19年度版（下）』131頁（2007年）、同「人身傷害補償保険をめぐる諸問題―東京地判平成19年2月22日（判タ1232号128頁）を契機として」判タ1236号70頁（2007年）、植田智彦「人身傷害補償保険による損害填補及び代位の範囲についての考察」判タ1243号4頁（2007年）。
(注20) これには、人身傷害補償保険の損害額算定基準（人傷基準）をベースとする差額説と裁判基準をベースとする差額説がみられる。このような対立は、人傷基準と裁判基準というダブルスタンダードが存在し、両者の積算額に少なからぬ差異があることから生じている。被保険者保護という見地からすれば、裁判基準差額説が優れているが、人身傷害補償保険金の支払が先行する場合と、損害賠償賠償金の支払が先行する場合とで結果が異なるという問題が生じる（そのような問題は人傷基準差額説では生じないが、損害額の回収という点からみると、人傷基準差額説では人傷基準による損害に制限されるという問題が生じる）。この問題点を、「人傷基準による損害額」を「裁判基準による損害額」と読み替えるという修正解釈によって解決するという注目すべき見解が提唱されている（山下・前掲（注19）133頁）。しかし、約款解釈としては相当に無理があることは否定できまい。ちなみに、東京高判平成20・3・13（後掲注（21））は訴訟基準差額説を採用しつつ、傍論として、人身傷害補償保険約款の計算規定においても、保険金の計算にあたって控除することができる金額を保険金請求権者の権利を害しない限度に限定して解釈するのが相当であるとの解釈を示している。
(注21) 大阪地判平成18・6・21判タ1228号292頁［人傷基準］、東京地判平成19・2・22判タ1232号128頁［裁判基準］、名古屋地判平成19・10・16保険毎日新聞平成20年4月21日号［裁判基準］、東京高判平成20・3・13判時2004号143頁［裁判基準］。
(注22) 前掲大阪地判平成18・6・21および名古屋地判平成19・10・16では、「人身傷害補償保険金はまず損害額のうち被保険者の過失割合に対応する額に充当される」という表現が用いられているが、妥当とは思われない（山野嘉朗「人身傷害補償保険と過失相殺部分の填補機能について」愛学48巻3号83頁（2007年））。なお、上記拙稿では差額説的処理に否定的な考え方が示されているが（84頁）、改説したい。
(注23) 野村修也「損害保険契約に特有な規律」商事1808号43頁（2007年）。

V 保険契約の終了

21 重大事由による解除

弁護士・中央大学法科大学院客員教授 勝野 義孝

I はじめに

（1）保険法は、これまで実務において解釈により、さらには約款に定めて、保険金等の支払を拒絶し得るとする特別解約権、あるいは重大事由解除権につき、初めて法制化し、「重大事由による解除」規定を設けた。

保険法では、保険者が当該保険契約を解除し得るのは、従前から法定されていた「告知義務違反による解除」（注1）と、これまでは法的効果を失効としていた「危険増加による解除」（注2）と、本稿で取り上げる「重大事由による解除」の3つのみである。

特に生命保険契約において、保険者が、いわゆるモラルリスク対策（モラルハザード対策ともいわれるが、以下この用語を用いる）（注3）として用いてきた抗弁事由は、①公序良俗違反による無効（注4）、②詐欺無効、③危険著増による失効（注5）、④他保険契約の告知義務、および、通知義務による解除（注6）などとともに、⑤解釈による特別解約権ないし約款による重大事由解除権等によってきた。

これらのうち、保険法で法定されたのは、「重大事由による解除」のみとなる。

① 公序良俗違反による無効はあえて保険法に規定するまでもなく、私法の大原則として捉えればよいとされ、民法の解釈の問題とされた。

② 詐欺無効は保険実務の負荷を軽減することから、合法であると判例（注7）でも認められているところから改正法に入れる必要はないものといえ、これも民法の解釈によるとされた。

③ 危険著増による失効は、その効果の点に問題があり、かつ「保険危険」の他に「道徳危険」が含まれるかも問題とされ、保険法では前記のとおり、「解除事由」とされるとともに、特に生命保険会社側から、これまでもその機能を期待する場面は乏しくその法制化を望まないということもあり、モラルリスクに対する抗弁としての規定という性格は変容したことになる。

④ 他保険契約の告知義務、あるいは通知義務の各違反にかかる解除については、損害保険会社側からの導入の意見に対し、生命保険会社側のその必要性はなしとの意見を保険法はとることとなった。

以上からすれば、保険者側がモラルリスク対策上の抗弁として保険法で法制化されたものは、従前からの「告知義務違反による解除」の他には、唯一「重大事由による解除」が新設されたといえることから、重大事由解除権が今後より重要な役割を担ったことになるともいえる。

（2）保険者の重大事由解除権（これまで特別解約権と理論上いわれていたが、約款規定に定めたことからこのようにいわれ、今後は法制されたことから、この用語を用いる）の理論的根拠は、継続的契約における信頼関係破壊による即時解除に求められる（注8、注9、注10、注11、注12）。

特に保険契約は射倖契約であり、かつ最大善意の契約であるから、一般的契約に比して、保険契約者側の保険事故の故意による招致や、保険金詐取目的による請求を招きやすいことも認められ、これらモラルリスクに対する抗弁としてドイツの判例等において認められて

きたものが導入された。

当初は、解釈論として認められた保険者の特別解約権（注13）であったところ、生命保険の約款では、昭和62年4月から医療保障保険に、昭和63年4月から主契約に導入された。

損害保険の約款では、古くから保険契約者、被保険者に保険金の請求に関して詐欺行為があったことを保険者の将来に向かっての解除権発生事由としてきた。

それだけに、重大事由解除の規定が保険法にて法制化され、各保険分野における約款の根拠および有効性を担保するものとなったとともに、これとの関係で約款改正の必要があるかを検討する必要が出てきた。

II 保険法の概要

1 解除要件

（1） 損害保険においては、解除要件を法30条で定め、解除の効果を法31条1項と2項3号で定めている。

生命保険においては、解除要件を法57条で、解除の効果を法59条1項と2項3号で定めている。

傷害疾病定額保険においては、解除要件を法86条で、解除の効果を法88条1項と2項3号で定めている。

解除要件つまり重大事由については、生命保険契約を中心としてみる。

法57条1号は、「保険契約者又は保険金受取人が保険者に保険給付を行わせることを目的として故意に被保険者を死亡させ、又は死亡させようとしたこと。」、これは本文にて「生命保険契約（第1号の場合にあっては、死亡保険契約に限る。）……」としている（損害保険では「保険金受取人」ではなく「被保険者」とし、「故意に」は削除されている。傷害疾病定額保険では、「被保険者」を上記関係人に加えたうえで、「故意に」は削除されている）（以下、「法1号要件」という）。

同条2号は、「保険金受取人が、当該生命保険契約に基づく保険給付の請求について詐欺を行い、又は行おうとしたこと。」（損害保険では「保険金受取人」ではなく「被保険者」とする）（以下、「法2号要件」という）。

同条3号は、「前2号に掲げるもののほか、保険者の保険契約者、被保険者又は保険金受取人に対する信頼を損ない、当該生命保険契約の存続を困難とする重大な事由」（損害保険では性格上「保険金受取人」が削除されている）（以下、「法3号要件」という）。

（2） 法1号要件について……生命保険契約においては、関係人としての「被保険者」が含まれていない。このことは被保険者の自殺および自殺未遂は含まれないことを意味するとともに、本文にて「死亡保険に限る」とあることに注意を要する。

法2号要件について……本号は詐欺行為を理由としているものであるところ、片面的（半面的）強行法規規定であることから、後述のように実務に与える影響は大きい。

法3号要件について……保険者との信頼関係を破壊する事由を包括的に対象とするバスケット条項である。

特に今回の法制化に際しては、実務においてすでに約款において重大事由による解除を規定していることとの関係から、現行約款の根拠として、また、その有効性を担保するため定められるに至った経緯がある（注14）。

しかしながら、法3号の規定の仕方は、当該保険契約（損害、生命、傷害疾病定額の各保険契約ごと）の存続を困難とするだけの信頼関係を破壊する重大な事由の存することとしていることから、この信頼関係の破壊が当該保険契約に対して向けられたものであることを要し、その内容が一般人としても契約継続をもはや許容し得ないと判断されるだけのものが必要であり、その両面から妥当性、合理性が認められなければ、約款自体の有効性を担保できないこととなろう（注15）。

その点で、本号要件の適用については、信頼関係破壊行為とは、当該保険者が引き受けたリスクを人為的に高める事情に関係してい

なければならず、被保険者側の意図行為により当該保険契約における不正請求ないし人為的事故の発生リスクが不当に高まったことを要すると解すべきである（注16）が、これにのみとどまらず、従来の判例においても認められている保険者が保険契約を継続し得ない事由については、なお、本号要件の適用が認められるべきといえる。

2 解除の効果

（1）継続的契約の1つとして保険契約が捉えられることから、重大事由による解除の効力は、「将来に向かってのみその効力を生ずる。」（法31条1項（損害保険）・59条1項（生命保険）・88条1項（傷害疾病定額保険））これは、告知義務違反による解除、危険増加による解除とともに規定されており、保険契約の継続的契約についての解除の効果を規定するものである。

（2）ところで、重大事由による解除によって、将来に向かって当該保険契約が解除されるだけでは、被保険者側の不正請求そのものを拒絶し得ない。

これまで、解釈上の特別解約権により、信頼関係を破壊させるに至った保険事故あるいは不正請求の事実による保険給付の請求そのものについてもこれを拒絶できるものと解すべきという立場があったが、その論拠については必ずしも一致しているものではなく解釈理由が区々であった（注17）。

つまり、「信頼関係破壊の事実の発生の時に遡って契約を解消させるのでなければ特別解除権を認める趣旨が達せられない場合については特別の考慮をする余地があり、この場合には保険者はそのような形の解約をなしうるものと解して差支えない。」（注18）とするもの、「一部遡及効をもつ解約告知」ではなく、「一部解除をともなう「解約告知」」（注19）とするもの、「遡及効は、原状回復よりも債権債務の消滅の可否が先決問題と云うべきであり、遡及効の要否に関する信義公平は、遡及的に債権債務を消滅させることが信義公平にかなうか否かに求められるべきではなかろうか。」（注20）とするもの、「信頼関係を破壊しない付随義務を保険契約者らは負うことから、この義務違反つまり信義則違反の直接の効果として、将来への解除とともに、保険契約者側の信義則違反となった事由そのものへのペナルティとして当該請求自体の拒絶をなしうる」（注21）とするものなどがある。

これに対して、約款による重大事由解除については、後述のとおり実質的に一部遡及することとする規定を定めて対応してきた。

この約款規定については、「効力を遡らせること自体はきわめて合理的な特約であり、一般にはその有効性が認められていると思われる」とされている（注22、注23）。

しかし、これとあわせて、「特別解約権や重大事由に基づく解除権は、端的に道徳的危険が増加したことに基づく保険法特有の解除権として位置づけるべきである」とし、「立法的に措置されることが望ましいと言うべきである。」（注24）との有力な見解があり、保険法に法定されたもので、最も立法的に解決したものの1つである。

保険法では「……同条各号に掲げる事由が生じた時から解除がされた時までに発生した保険事故」につき、「保険給付を行う責任を負わない」とした（法31条2項3号（損害保険）・59条2項3号（生命保険）・88条2項3号（傷害疾病定額保険等））。

（3）保険法は、片面的強行法規として重大事由による解除規定を挙げ、約款等の特約で保険契約者、被保険者、保険金受取人に不利なものについては無効とする（法33条1項（損害保険）・65条2項（生命保険）・94条2号（傷害疾病定額保険等））（注25）。

（4）重大事由解除権については、告知義務違反による解除が除斥期間を設けているが、これを採用しなかった。

告知義務違反による解除権は、保険者が解除原因を知った時から1か月間行使しなかったとき、保険契約の締結時から5年経過したときには、いずれも消滅する（法28条4項・55条4項・84条4項）。前者の1か月の期間は、

法律関係の早期確定の理念に基づくものであり、後者の5年間の期間は契約締結後5年間も経過すれば、不告知の事実が事故発生率に影響を及ぼさないであろうと考えられることに基づくものである（注26）。

重大事由による解除は、告知義務違反による解除が契約締結時を基準とされるのに対し、契約締結後の保険契約者らによる当該保険契約の存続を困難とする信頼関係破壊行為が行われたことを理由とする。その信頼関係破壊は犯罪性が認められる程のものであり、保険金を不正取得することにあるから、告知義務が保険者の質問表に対し、不実の告知、不告知をすることが禁じられること以上に、保険契約者らへの非難度と帰責事由の大きさがより必要であるといえる。

また、重大事由としては、被保険者に対する殺害行為とこれに基づく保険金詐取と保険事故の原因や損害の程度について保険金詐取目的で虚偽の説明をしたという犯罪性を帯びることから、刑事事案にもなるため、重大事由に違反した者が、この点を強く争うことが予想され、保険者は、かかる違反行為につき個別具体的に立証していくこととなるが、そこには立証の困難性が存することが認められている。

以上から、重大事由による解除においては、契約締結後に発生した保険契約者側の積極的な保険金を不正取得する目的で、犯罪性の強い行為を行うことに対し、保険契約者らの帰責性が大であり、かつ、非難性が大であること、これに伴う保険者側での立証の困難性が大であることが充分考えられることから、告知義務による違反の場合に除斥期間を設けた上記理由を見い出すことはできないものとして、除斥期間の導入をしなかったものといえ、これは消費者保護の観点とは必ずしも直結しないと考えられ、導入しなかったことは妥当性を有するといえる。

III 理論と実務に与える影響

1 保険会社の約款

(1) 解除要件

生命保険会社がおおむね採用している主契約約款では、法57条1号・2号・3号の事由とは異なっている点がある。

法1号要件に当たるといえる約款1号要件では、保険給付につき高度障害保険金および保険料の払込免除を含める他に、他の保険契約の保険金を含み、保険種類および保険金の名称の如何を問わないとしており、約款2号他も同じとしている。

法2号要件に当たるといえる約款2号要件では、「詐欺行為のあったとき」としている。

法3号要件に当たるといえる約款4号要件では、「その他この保険契約を継続することを期待し得ない1号から前号までに掲げる理由と同等の理由があるとき」としている。

そのうえ保険法にはないものとして主契約の約款3号要件として、「この保険契約に付加されている特約が重大事由によって解除されたとき」を付け加えている。

また、特約約款3号要件として、「他の保険契約との重複によって、この特約の被保険者にかかる給付金額等の合計額が著しく過大であって、保険制度の目的に反する状態がもたらされるおそれがあるとき」を付け加えている。

(2) 解除の効果

生命保険会社の主契約約款では、おおむね次のような規定がなされている。

「保険金支払事由または保険料の払込免責の理由が生じた後でも、前項（解除要件と解除の将来効の規定）により保険契約を解除できます。この場合には、保険金の支払いまたは保険料の払込免除は行いません。また、す

でに保険料を支払っていたときは、保険金の返還を請求し、すでに保険料の払込みを免除していたときは、保険料の払込みを免除しなかったものとして取扱います。」

この規定の仕方は、保険法でいう免責の遡及をやや詳しく、未払については免責、既払については返還請求権の発生、保険料免除については免除の否認というように規定している。

2　約款に及ぼす影響

(1)　法1号要件との関係

保険金を詐取する主体に被保険者が入っていないことから、これを削除する必要があるか。保険給付をして死亡保険金に限るとして、高度障害保険金、保険料の払込免除、他の保険契約の保険金等について削除する必要があるか。つまり、法1号要件が限定されていることから、規定以外を認められないとして削除すべきといえるかである。

まず、被保険者が削除されているのは、被保険者の自殺については、法51条1号により免責事由となっていることと、被保険者の自殺未遂は保険事故でないため、これを保障する必要がないことによる。

約款では自殺免責につき、保険法（商法も同じ）と異なり、2年間（ないし3年間）の免責事由を規定していることから、免責期間経過後の自殺が保険金を不正に請求する目的で行われた場合について、重大事由解除の対象として規定する必要性はなお存するといえるのではないか。

この点、最判平成16・3・25民集58巻3号753頁は、当該特約は免責期間経過後の自殺については、犯罪行為が介在するなど保険金の支払いが公序良俗に反するおそれがある場合を除き、自殺の動機が保険金取得にあると認められるときでも免責対象としない旨の約定と解すべきであるとした。

その判断を前提として、犯罪行為として自殺関与罪（幇助、教唆）が認められる場合に限り、法57条3号のバスケット条項により、「被保険者の自殺」についても約款で規定することはできるといえよう。

この点、東京地判平成6・9・6（注27）は、被保険者が1年の自殺免責期間経過後に船からの飛び込みにより行方不明となっていたが、これが自殺であると推認される場合に、上記最高裁判例の「当該自殺に関し犯罪行為等が介在し、当該自殺による死亡保険金の支払いを認めることがある特段の事情がある場合」として、保険金請求を否定するとともに、被保険者が仮に生存するとしても、保険金受取人に生命保険金を取得させる目的をもってその所在を明らかにしていないものと認められるとして、失跡宣告によって法律上死亡したことにつき、保険金詐欺目的で事故招致したものとして、重大事由による解除を認めた。

本判決は必ずしも上記最判の「特段の事情」を重大事由解除における要件としているわけではないが、被保険者および保険金請求者側の公序良俗に反する犯罪行為に類する違法性の高い態様の行為を、予め重大事由解除の要件にも該当することを認めることは片面的強行規定に抵触するものとは考えられないからである。

また、重度障害保険金、保険料の払込免除については主体を契約者、死亡保険金受取人による場合に限り、法57条3号のバスケット条項にて有効性を担保し得るといえよう。

しかしながら、「他の保険契約の保険金」については、その保険契約の種類および保険金の名称の如何を問わないとしている（約款2号要件も同じ）点については、より厳格な適用がなされるものと考える。つまり、重大事由による解除の中核となる「信頼関係の破壊」の捉え方にもつながる問題が存するからである。

生命保険契約については、「被保険者を死亡させ、又は死亡させようとした」ことが法1号要件であるから、被保険者の生命の危険を担保する保険契約の内容が同じでなければならないといえる。

それ故、生命保険ではない損害保険は他の

保険契約に含まれないことになると解される。その点で、これに抵触することとなる判例（東京地判平成14・6・2）（注28）は、法1号では認められないことになろうか。

なお、法2号要件は「当該生命保険契約……について詐欺行為……」とあるからこれは根拠とならない。

これにつき、バスケット条項である法57条3号の適用によることができるかについては、「当該生命保険契約の存続を困難とする重大な事由」との関係で肯定できるであろうか。

従来の約款4号の保険契約を継続することを期待し得ない事由とは、保険者と保険契約者との信頼関係の破壊であるから、信頼関係が破壊されたというためには、保険者が引き受けている危険について保険契約者等が不正行為を行った場合に限定されるからである（注29）と考えられ、また、法3号要件が前記のとおりの規定の仕方であるからである。

さらには、保険法が各保険契約ごとに、損害保険においての法30条1号乃至3号、傷害疾病保険においての法86条1号乃至3号の各規定の仕方からすれば、それぞれの保険形態（種類）との関連性について、各規定の前提となる「信頼関係の破壊」の内容、質、程度がそれぞれ異なるものといえるからである。

以上からいえることは、他保険契約については生命保険にあっては、生命保険契約および人的保険としての傷害保険までを指すものとして、約款1号からは削除して、約款4号条項とは別号にて相当な理由を付して掲げるべきではなかろうか（なお、生命保険特約に付加した傷害保険は別に手当てがしてあるから問題はない）。

なお、法1号要件・2号要件は、それぞれ保険契約者らの反社会性が容易に認められ、また、保険を悪用してこれにより、不正な利得を得ようとする意図が明らかに認められ、これとの関係で法3号要件が規定されている。

これとの関係から、「他保険契約」の範囲を拡大できるというためには、当該保険契約においても相当な理由として「不正請求の対象となる蓋然性が極めて増大すると認められる場合（つまり主観的のみならず客観的にも信頼関係を破壊していることが認められることを要するとする）」等の文言が必要ではなかろうか。

(2) 法2号要件との関係

保険金受取人（または被保険者）の詐欺行為（未遂も含まれる）があったことが要件となるが、これは「保険事故の原因や損害の程度」について虚偽の説明をしたことをいう。

現行の約款2号においては、「詐欺行為のあったとき」として、未遂の場合が必ずしも、読みとれないともいえ、この点をより明確化しておくことが必要といえる。

なお、「虚偽の説明」をしたことにつき、その内容、程度が軽微と認められる場合にまで、解除事由に含めて解除することはできないのは当然である。

しかしながら、重大な事由というには、必ずしも事故招致を要するとしたり、事故招致を容疑事実として逮捕状が発せられた場合として、保険会社を錯誤に陥れる可能性のある行為であることが必要であると解される必要はなく、保険会社が錯誤によって保険金を支払ったことまでは必要ない。

このことは、意思表示の詐欺を問題としているものでないことから、相手方が錯誤に陥ってこれにより瑕疵ある意思表示なり行為を要求する場面でないことと、これまでの判例でも、保険会社が錯誤に陥ることまで必要としていない（注30）。

さらには、拙劣で明らかに虚偽と判断できる説明であり、保険会社が錯誤に陥ることが考えられない場合には解除できないということは、常識的にも適正といえないからである。つまり、詐欺行為については解釈で足り、より約款で詳細に規定することは必要ないと考える。

ところで、詐欺行為を理由として、保険契約時における保険契約者側の詐欺の場合に対する詐欺無効と同様に、請求行為に詐欺つまり虚偽の説明をしたことに対して、解除しなくとも無効として免責とすることは、保険法

の重大事由による解除規定が片面的強行法規であることから認められず、かかる約款を規定したとしても、無効と解されることになる（注31）。

(3) 法3号要件との関係

① 生命保険契約について

保険法に規定のない「過度の重複加入」にかかる約款は、主契約の約款と連動しており、特約約款に抵触して特約が解除されれば、主契約も重大事由として解除できるとされている。

もともと重大事由による解除は、医療保険に関するモラルリスク対応として、約款に規定された経緯がある（注32）。これは、生命保険において、他保険契約告知（開示）が、重大事由解除権導入かが論議された結果、他保険契約告知は導入しないとし、契約内容登録制度を前提とした契約引受時点における重複保険のシステムを開発した。その際に、損害保険が傷害保険普通保険約款の任意解除権を規定しており、医療保障保険にも導入していること等を検討して、本約款にて重大事由による解除を規定したものである。さらに、生命保険主契約との整合性等から、主契約に導入した経緯がある（注33）。

これまで本約款については、下級審判例（注34）は、①短期集中加入、②保険料と収入のアンバランス、③入院の必要性の有無、④保険加入直後の入院、⑤不自然な入院等の要素につき詳細な検討をしたうえで判断をしてきている。

これを単に「給付金額等の合計額が著しく過大であれば不正取得の目的があることが推認される。」とする見解（注35）がある。

だが、生命保険（傷害保険との関係も含む）が定額給付型であり、これまでも保険会社はこれを理由の1つとして、ほぼ同種類の保険商品を提供して、保険加入をさせてきたことと、一部モラルリスク排斥のために契約内容登録制度を利用するという関係では、保険金の「不正取得目的」の存否が決定的なメルクマールとなるといわなければならない。

この点で、約款規定の重複契約を理由に重大事由解除とするためには、1つの方法として、「不正取得目的」を明示するか、あるいは、他保険契約の加入状況を契約締結時に質問する等の相当の措置をとることが必要と解する（注36）。

このことは、先述(1)の「他の保険契約」との関係でみたように、保険法の規定の仕方と、現行約款が必ずしも同じとはいえず、後者ではなお保険契約者らの反社会性と保険の悪用が明確とはいいがたいからである。

なお、本号要件は前記のとおり保険者の信頼関係を破壊する事由を対象とするバスケット条項であり、法1号・2号要件には該当しないが、保険者が契約を継続し得ない事由として、これまで判例に争われて認められた事由を再確認しておくことが必要であり、これらに該当するものは妥当性、合理性を有する事由といえる。

重複入院に関するものとして、約款3号を肯定したものについては、前記判例（注34）がその要件を論じている。

その他として、従来の約款4号の「保険契約を継続し得ない事由」に関する判例から、これをみてみる。

約款4号の趣旨は、直接に約款1号から3号まで該当しないが、これらと同程度に強度の背信行為を行った場合、たとえば、保険契約に特約が付けられている場合に保険契約者が故意に事故招致を行った場合（未遂を含む）、または特約の保険金請求に関して詐欺を行った場合には解除権を認めるものである。

これに該当するものとしては、①保険契約者が覚醒剤の常習者であり、保険契約締結後、覚醒剤を使用し、本件保険契約によって、自己の収入に比べて過大な入院給付金を受け取ることが可能であり、診断内容に不合理な点が認められる場合（注37）、②保険契約者が多数の保険契約に加入し、その保険料も多額であり、本件保険契約締結後も度重なる入院（本件では6回）をしており、それ自体モラルリスクを疑われても致しかたないものであり、詐欺を構成するものとは認められないにして

も、不自然というほかなく、保険契約者による何らかの作為があったのではないかとの疑いを払拭しえない場合（注38）、③保険契約者が入院、病歴について告知義務違反をしており、それらを原因とする入院給付金請求について、保険契約者がした行為は、保険者が保険契約者との間の保険契約（特約を含む）を締結し、あるいは継続するか否かおよび保険契約者に対し保険金を支払うか否かを判断するに際し、保険者の判断を誤らせ、不正に保険給付金を受領しようとしたことが認められる場合（注39）、④法2号要件にも関係するが、必ずしも同要件で認められるとはいい切れない場合として、普通死亡を災害死亡として偽装して保険金を多く支払わせることが認められる場合等があろう。

②　損害保険契約について

他面、損害保険会社としては、他保険契約の告知義務、通知義務の保険法への導入に積極的であったが、これは閉ざされた結果となった。

そこで、新たに以下の点が問題となると考えられる。

1つは、損害保険契約において、重大事由による解除の方法をとるしかないのか。2つには、従来どおり約款の他保険契約の告知義務、通知義務規定を生かしていく方法をとることができるのか。

損害保険契約は損害てん補型であり、利得禁止原則の適用を受けるとされる点で、生命保険契約と異なるといわれる（ただし、この原則を保険法には規定しなかった）。

ところで、今日の有力な見解（注40）によれば、利得禁止原則につき、広義の利得禁止原則（公益の観点から容認されないほど著しく利得をもたらす保険契約の禁止）、狭義の利得禁止原則（損害と無関係な利得の禁止）、最狭義の利得禁止原則（厳格な実損てん補の要請）と区分し、必ずしも重複契約であることだけを理由として、契約の無効を主張し得ない場合または無効を問題としないでよい場合のあることを指摘する。この区分からすれば、損害保険会社がこれまで、傷害保険約款、自動車保険約款、火災保険約款で規定してきた「他保険契約の告知義務」、「他保険契約の通知義務」については、保険契約者らの保険金等の不正取得目的を排斥する場合に適用されるものであり、広義の利得禁止原則に抵触するものとして考察されるものである。

また、これら損害保険における各種約款にかかる判例（注41）においては、これら約款の適法性を認めながら、それぞれに解釈上「保険金請求者側で保険金を不法に取得する目的があった事実（公正かつ妥当な事由）」を要するとしてきた。さらに、学説においても、前者のみならず後者についても積極的に評価する見解も有力である（注42）。

ところで、これらの義務のうち前者は商法644条の告知義務にかかる規定を根拠として論じられ、後者は、商法656条・657条の危険増加の適用との関係で論じられるべきとされてきた（注43）。

なお、前者と同様後者についても、その立法化の必要性から、損害保険改正試案、傷害保険新設試案にて検討がなされてきたが、今回の保険法では法制化されなかった点をどう評価するかにかかってくる。

保険法では、他保険契約の告知の行為規範面を告知義務の一般規定に読み込み、効果については重大事由解除権の規律に委ねるという立場がとられたものと解すれば（注44）、他保険契約の告知義務を約款に規定しておくことは必ずしも否定されないといえる。

これに対して、他保険契約の通知義務については、問題があるといえる。法制化に至らなかった理由の1つとして、保険契約者または被保険者が自発的に通知しなければならないことから、義務履行の期待可能性の点で他保険契約の告知義務以上に問題がある（注45）。

なお、他保険契約の告知義務以上に他保険契約の通知義務違反の成立要件としては、これまでも一般的には、①保険契約者側が、他保険契約を締結する前に、既存の保険契約の保険者にこれを通知し承認を得なかったこと、または、他保険契約の存在を知ったときにこ

V 保険契約の終了

れを適時に保険者に通知し承認を得なかったこと、②その他保険契約が締結時にあれば保険者が契約を締結しなかったであろうこと、つまり、告知義務の対象と同様に、その他保険契約が通知すべき重要事実であること、③通知をしなかったことについて保険契約者側に故意または重大な過失があること、④保険者が保険契約者側の不法利得の疑いを立証すること、以上の要件が他保険契約の通知義務違反による契約の解除には必要と解されている（注46）。

しかし、かかる事態は引受段階で厳しく契約累積を排除する業界慣行が確立できれば、危険の増加は防止できるとして、法制化に反対する考えからすれば約款に規定することも認められないことにもなると考えられる。

これについては、法制化された保険者の解除権が限定されてきた過程と結果からして、効果面については重大事由解除権の規律に委ねるという立場がとられたと考えられることから、約款に他保険契約の通知義務をうたうことまで否定されないと考える。

そこで、「他保険契約の告知義務」、「他保険契約の通知義務」にかかる約款はなお有効であり、その義務違反を理由として解除できるのは、重大事由解除権によるものとして、手当てをすべきものと考える。

(4) 約款1号乃至4号と裁判所の認定

保険者が保険金請求に対し、約款各号のうち、3号要件（給付金額等の合計額が著しく過大）と4号要件（その他同等の事由）をもって、重大事由による解除を主張している場合に、重大事由解除権を認めるにつき、裁判所が他号である1号要件（保険金詐取目的）をもって認定していると解される判決がある。

広島地判平成8・4・10（注47）がそれである。判決を素直にみれば、「保険制度の目的に反する状態」という文言があり、3号要件によると解される（注48）ところ、これを1号要件によったものと解する見解（注49）がある。

この見解によれば、本件事案は「事故発生の仮装行為」であり、1号要件規定の「事故招致……をした場合」と違いがあるが、「事故の仮装行為は、保険者の給付金支払義務を発生させる事実を故意に作出する行為である点で事故招致と同じである。」と解する。

ここで問題とするのは、かかる解釈が妥当かどうかという点（注50）はさておき、裁判所は保険者の主張する約款上の各号要件に拘束されるのかの点である。

仮に、前記見解では、拘束されることはないということになるが、一般的には判決は保険者の主張する解除事由に沿って判断をしていること（注51）からすれば、事案により、できる限り解除事由を複数主張することが必要といえる。少なくとも、約款4号要件（その他同等の事由）を付け加えて主張することがよいといえる。

事実、約款2号（詐欺行為）、3号（重複保険）、4号（その他同等の事由）を主張した事案（注52）、約款1号（保険金詐取目的）、2号（詐欺行為）、4号（その他同等の事由）を主張した事案（注53）等がある。

そのうえ、法3号要件（バスケット条項）との関係からみれば、法1号要件・2号要件のみでは不足として制定されたものであることと、これによって整合性が認められると解される約款各号の要件との関係からすると、約款解釈がまず先行する裁判にあっては、各号の要件を重複的に主張することが安全といえよう。

Ⅳ むすびにかえて

今回の保険法により、保険会社がこれまで約款にて規定してきた重大事由による解除の規定の根拠を与え、その有効性を担保したことにより、現行約款の見直しの必要性がでてきたとともに、これまで重大事由解除権の行使には慎重を期してきたところ、今後はより多くの場面でその行使をすることが予想される。

その役割は、生命保険、傷害疾病定額保険

の関係で多くなると思われる。

　これに対し、損害保険においては、他保険契約の告知義務、他保険契約の通知義務の約款規定の手直しを通じて、効果としての重大事由解除権を主張していくことになろうと考えられる。

　しかしながら、その効果は将来に向かって当該保険契約を解約消滅させるとともに、その原因となった保険事故についての保険給付を免責させることになるため、重大事由解除権については、保険者側のいわば最後の切り札として主張、適用すべきものといえ、被保険者ら側のモラルリスクについての証明責任が軽減されたわけでもないことから、従来どおり、精査な証拠収集に基づいた主張、立証が必要であることに変わりはない。

　なお、新たに導入された被保険者による解除請求（法58条・87条）は、重大事由解除の解除事由を準用していることも付記しておく。

（注１）法28条（損害保険）・55条（生命保険）・84条（傷害疾病定額保険）に各規定される。
（注２）法29条（損害保険）・56条（生命保険）・85条（傷害疾病定額保険）。
（注３）モラルリスク対策として、本文中の各抗弁につき横断的に考察した文献として、①山下友信『現代の生命・傷害保険法』245頁、②西嶋梅治『生命保険契約法の変容とその考察』281頁、③長谷川宅司『保険法の現代的課題』182頁、④長谷川仁彦『保険学雑誌554号』59頁、⑤織田貴昭『文研論集　119』165頁、⑥岡田智司『文研論集　120』167頁、⑦州崎博史・法学論叢140（5・6）巻224頁、⑧遠山優治・生命保険経営66巻1号122頁、⑨竹濱修・商事1330号10頁、⑩大澤康孝・エコノミア51巻4号25頁、⑪甘利公人・本誌1135号152頁、⑫勝野義孝「生命保険契約における信義誠実の原則―消費者契約法の観点をとおして―」343頁他　多数存する。
（注４）理由は本文中の他に、判例の積み重ねにより保険領域の判断要素（要件）も充分対応し得るということにあろう。なお、生命保険の約款に規定を置くことまで、排斥するものではないのは当然である。さらに、公序良俗違反については、契約締結時に限るものではなく、締結後も主張し得ると考える（同旨、山下（注３）①266頁、森本滋・商事1222号53頁、潘阿憲・生命保険論集137号49頁）。重大事由による解除条項の他に、他のモラルリスクに対する免責規定を置くことは、保険契約者らに不利なものでないことが明確であれば、これは当然認められる。特に、保険金不法取得目的にて締結された保険契約および締結後でも不法取得目的が明らかとなった保険契約については、これを無効とする約款規定の意義は大きいといえる。約款規定で明示することによって、保険契約者らが保険金を不法不正に取得する目的で加入することを予め排斥することが、他のこのような目的を有さない善意の保険契約者らの加入、継続にあたっても必要であり、有用と考えられ、さらには、後日、かかる動機、目的により当該保険契約者らが保険事故を招致または未遂に終わった場合を予め排斥することで、健全な保険制度を保つ予防として重要な意味をもつからである。
（注５）生命保険協会からは、約款の重大事由解除規定について契約法上の根拠が与えられるなどその有効性が確認されれば、道徳的危険の著増減の対象とする必要はないと提言している。それだけに重大事由解除規定が重要な位置を占めることとなる。
（注６）損害保険協会は、他保険契約の存在および内容等についての不告知等による解除につき、モラルリスク対策として、損害保険契約および傷害疾病保険契約に規律を設けることを要望していた。これに対し、生命保険協会は、本文中で後述するように、契約内容登録制度の存在等および、本来定額給付型であり複数加入することが可能であるという立前をとっていること等からこれに反対していた。なお、従前の他保険契約の告知義務、通知義務に関する考察については、山下（注３）①219頁、勝野（注３）⑫282頁　他参照。
（注７）札幌地判昭和58・9・30（文研3巻397頁）。
（注８）中西正明『傷害保険契約の法理』261頁・359頁（有斐閣・1992年）、中村敏夫『生命保険契約法の理論と実務』369頁（保険毎日新聞社・1997年）。
（注９）甘利公人『生命保険契約法の基礎理論』179頁（有斐閣・2007年）。なお、本論文は最近の判例を詳細に分析したものとして極めて有用な価値ある論文である。
（注10）小塚荘一郎・高橋美加編『商事法への提言』741頁〔榊素寛〕（商事法務・2004年）、重大事由解除権につき、英国法の検討を通して、「信頼関係破壊」を理由とするのではなく、「危険の著増」を理由とされる。

Ⅴ　保険契約の終了

(注11) 山下友信『保険法』640頁　等参照。
(注12) 中西正明・大阪学院大学法学研究34巻1号80頁。なお、本論文は、重大事由解除権の第一人者としての最近の論文で最新判例の詳細な分析をされる。
(注13) 東京地判昭和63・5・23判時1297号129頁、岐阜地判平成12・3・23モラル・リスク判例集232頁。
(注14) 保険法研究会議事録10～26他、木下孝治・商事1808号24頁。
(注15) 保険法について、衆参法務委員会にて附帯決議として、消費者保護の見地から十分であるかとの意見もあり、特に、重大事由解除権については、解除事由に関するバスケット条項の妥当性と告知義務違反とは異なり除斥期間を設けないことの妥当性が問題とされた。前者についてはバスケット条項の適用の点でみていくものとし、後者については告知義務解除権との関係でみていく。
(注16) 同旨木下・前掲（注14）24頁。
(注17) 反対説として、山下（注3）258頁、判例として特別解約権による解除に遡及効を認めなかったものとして（注13）の各判決。
(注18) 中西（注8）374頁。
(注19) 吉川吉衞「批判」『商法（保険・海商）判例百選（第二版）』117頁。
(注20) 後藤徳司・判タ779号30頁。
(注21) 勝野・前掲（注3）458頁。
(注22) 山下・前掲（注11）645頁、広島地判平成8・4・10判タ931号273頁他。
(注23) なお、中西（注12）127頁では、従来、「解除の効力が遡るのは信頼関係破壊事由の発生の時までであって、それ以上は遡らないという趣旨」であったところ、「解除の効力は原則として契約締結時まで遡るが、解約事由が生ずるよりも前に生じている、信頼関係破壊の要素をふくまない保険金・給付金の支払事由については、保険者は解除したときでも保険金・給付金を支払う義務を負う」と解釈され、これは約款規定による重大事由解除の場合も同様と考えてよいとされる。「将来に向かって」の文言については、保険契約者の保険料支払義務との関係では解除は将来効をもつことを定めた規定であるとされる。
(注24) 山下・前掲（注11）645・646頁。
(注25) 片面的（半面的）強行規定として、生命保険法改正試案でも、保険契約者、被保険者、保険金受取人の不利益に変更できないとして、保険契約者が保険契約の存続について有する利益を保護しており、保険法にも取り入れられており、これに抵触する規定は無効となる。
(注26) 山下・前掲（注11）308頁参照。
(注27) 甘利公人・ジュリ1330号155頁。
(注28) 甘利・前掲（注9）189頁参照、山下（注11）643頁参照。
(注29) 甘利・前掲（注9）225頁参照。
(注30) 長崎地判平成14・10・31、甘利（注9）199頁参照、反対、福田弥夫「保険事例研究レポート189頁」1・5頁参照。
(注31) 木下・前掲（注14）24頁参照。
(注32) 甘利・前掲（注9）183頁参照。
(注33) 保険法研究会議事録13-33参照。
(注34) 広島地判平成8・4・10（注22）、その他、札幌高判平成13・1・30、福岡地判平成15・12・26、いずれも甘利（注9）203・207頁参照。
(注35) 甘利・前掲（注9）231頁参照。
(注36) 木下・前掲（注14）24頁ほぼ同旨。
(注37) 徳島地判平成8・7・17文研判例8巻532頁。
(注38) 大阪地判平成12・2・22判時1728号124頁。
(注39) 大分地判平成14・11・29、甘利（注9）216頁参照。
(注40) 山下・前掲（注11）392頁参照。
(注41) 火災保険関係：東京高判平成4・12・25判時1450号139頁、仙台高秋田支判平成4・8・31判時1449号142頁、傷害保険関係：東京地判平成3・7・25判時1403号108頁、東京高判平成3・11・27判タ783号235頁、東京高判平成5・9・28判時1479号140頁、近時では大阪高判平成14・12・18判時1826号143頁、名古屋地判平成15・4・16判タ1148号265頁他。なお、竹濵修・本誌933号42頁参照。
(注42) 中西・前掲（注8）256頁参照。
(注43) 山下・前掲（注11）前者については325頁、後者については586頁各参照。
(注44) 木下・前掲（注14）20頁参照。
(注45) 木下・前掲（注14）22頁参照。
(注46) 竹濵・前掲（注41）40頁他参照。
(注47) （注22）判例。
(注48) 甘利・前掲（注9）201頁参照。
(注49) 中西・前掲（注12）91頁参照。
(注50) 法86条1号では「保険契約者、被保険者又は保険金受取人が、保険者に当該傷害疾病定額保険契約に基づく保険給付を行わせることを目的として給付事実を発生させ、又は発生させようとしたこと。」と規定する。これは約款1号要件との関係から規定されたものといえ、法1号要件では、入院給付金等の支払の原因となる事実の発生又はその未遂ということであって、「事故発生の仮装行為」は含まれないと解され、これは法2号要件（詐欺目

的）となるので解釈としても妥当とはいえな
いと解する。
(注51) 甘利・前掲（注9）187頁以下判例参照、中
西・前掲（注12）86頁以下判例参照。
(注52) 東京地判平成7・9・18判タ907号264頁。
(注53) 福岡地判平成15・12・26（注34）。

V 保険契約の終了

22 責任保険における被害者の特別先取特権

弁護士 古笛 恵子

I 保険法における責任保険

1 商法

商法は、667条において、「賃借人其他他人ノ物ヲ保管スル者カ其支払フコトアルヘキ損害賠償ノ為メ其物ヲ保険ニ付シタルトキハ所有者ハ保険者ニ対して直接ニ其損害賠償ノ填補ヲ請求スルコトヲ得」と、他人の物の保管者を被保険者とする責任保険について所有者の直接請求権を規定していた。しかし、責任保険に関する一般的規定はなく、責任保険における被害者を広く保護する方途について問題となっていた。

2 改正保険法

かつてより立法的解決が待ち望まれていたが、平成20年5月30日成立、6月6日公布された保険法は、責任保険に関し、次のとおり新たな規定を設けた。

(1) 定 義

保険法は、2条において主たる用語の定義を規定しているが、各章で規定する「損害保険契約」、「生命保険契約」、「傷害疾病定額保険契約」については同条4号で定義を明らかにしている。

責任保険契約は、法2条の用語定義としては規定されていない。しかし、法17条（保険者の免責）2項において、「責任保険契約（損害保険契約のうち、被保険者が損害賠償の責任を負うことによって生ずることのある損害をてん補するものをいう。以下同じ。）」と定義している。

(2) 免責事由

この法17条は、保険者の免責に関する規定であるが、1項において、他の免責事由とともに、「保険者は、保険契約者又は被保険者の故意又は重大なる過失によって生じた損害をてん補する責任を負わない。」と、故意・重過失免責を規定している。

しかし、同条2項において、責任保険については、「故意又は重大な過失」とあるのは、「故意」とする、と読み替えている。被害者保護の観点より、責任保険については重過失免責を設けていない実務の通例に従い、故意免責に限定し、重過失免責を除いたものである。

(3) 被害者の特別先取特権

法22条1項は、「責任保険契約の被保険者に対して当該責任保険契約の保険事故に係る損害賠償請求権を有する者は、保険給付を請求する権利について先取特権を有する。」と規定し、責任保険における被害者に特別先取特権を認めた。

2項は、「被保険者は、前項の損害賠償請求権に係る債務について弁済をした金額又は当該損害賠償請求権を有する者の承諾があった金額の限度においてのみ、保険者に対して保険給付を請求する権利を行使することができる。」と規定し、被害者への損害賠償の先履行または被害者の承諾の限度で被保険者の保険給付請求権の行使を認め、被保険者による費消や流用を防止した。

3項は、「責任保険契約に基づき保険給付を請求する権利は、譲り渡し、質権の目的とし、又は差し押さえることができない。」と、保険給付請求権の譲渡、担保設定、差押えを禁止して、保険給付請求権が第三者に移転することを防止した。

もっとも、被害者保護のための禁止であるから、同項ただし書により、「一　第一項の損害賠償請求権を有する者に譲り渡し、又は当該損害賠償請求権に関して差し押さえる場合」、「二　前項の規定により被保険者が保険給付を請求する権利を行使することができる場合」は除いている。

Ⅱ　責任保険の本質

1　保険給付

本稿では、新たに規定された被害者の特別先取特権の実務に与える影響について検討するが、その前提として、責任保険の本質について確認する（注1）。

責任保険とは、損害賠償責任を負うことによる損害をてん補する保険であるが、その保険事故には、
① 損害事故説……被害者に対する損害責任を生じさせる事故とする
② 責任負担説……被害者に対し損害賠償責任を負ったときとする
③ 発見説……損害賠償責任を負ったことが発見されたときとする
④ 請求事故説……被害者から損害賠償請求を受けたときとする

などがある。かつては、責任保険の保険事故が何であるのか、理論上は大きな問題となっていた。しかし、近時は、いずれの方式を採用することも可能であるから、各保険契約の内容、約款によるものと解されている。

また、保険給付の方法については、
① 先履行型……被保険者が現実に被害者に損害賠償金を支払った場合に、支払った限度で、被保険者の保険金請求を認める
② 責任負担型……被保険者の損害賠償額が確定した時点で、被保険者の保険金請求を認める
③ 免脱型……被保険者の責任が確定した場合、保険者が被害者に保険給付を行うことによって被保険者の責任を免脱させる

などあるが、実務上、多くの約款は責任負担型を採用している。

2　免脱請求権

被害者保護を徹底するのは免脱型である。責任保険における保険給付を責任免脱とすると、被保険者の保険者に対する権利は「免脱請求権」となる。金銭債権ではないことから、被保険者が自らの財産として処分することはできないし、被保険者の債権者による差押えも不可能となるからである。

もっとも、免脱請求権も、一義的内容をもつものではなく、
① 被保険者は被害者保険金を支払うべきことを請求する権利であるが、被害者の直接請求権は、法の規定か当事者の約定を必要とする
② 責任保険は、加害者が自己のためにする保険であるとともに、被害者のためにする保険でもあることから、被害者加害者の責任免脱利益とともに、被害者の損害賠償利益が競合しており、当然に、被害者の直接請求権が認められるとする

立場に分かれている（注2）。

Ⅲ　被害者保護の必要性

1　責任保険における被害者

責任保険は、加害者が損害賠償責任を負ったことによる損害をてん補する、加害者のための保険であるが、徹底した免脱請求権説を採用しなくとも、社会的には、加害者の賠償

資力を高めることによって被害者保護の機能を果たしていることはいうまでもない。

よって、これを被保険者の一般財産から分離して、被害者の保護をどのように図るのかは、かつてより問題となってきたところである。ことに、被保険者が破産した場合、被害者が損害を被ることによって生じた破産者の保険給付請求権であるにもかかわらず、それが被保険者の責任財産として破産財団を構成すると、被害者は一般債権者と同様の配当しか受け取れなくなり、極めて不合理であると指摘されてきた。

2　自動車損害賠償保障法

この点、自動車損害賠償保障法16条1項は、「第3条の規定による保有者の損害賠償の責任が発生したときは、被害者は、政令で定めるところにより、保険会社に対し、保険金額の限度において、損害賠償額の支払をなすべきことを請求することができる」として、被害者の保険者に対する直接請求権を規定している。また、18条は、「第16条第1項……の規定による請求権は、差し押さえることができない。」と規定し、被害者の債権者による差押えも禁じ、確実に被害者が受領できるようにしている。

交通事故により人身損害を被った被害者を保護するため、罰則をもって契約締結を強制される自動車損害賠償責任保険（共済）であるからこそ（同法5条・86条の3）、被害者の直接請求権が規定されたものである。義務的強制保険については直接請求権を認める国は多い。

3　原子力損害の賠償に関する法律

これに対し、原子力損害の賠償に関する法律は、9条1項において、「被害者は、損害賠償請求権に関し、責任保険契約の保険金について、他の債権者に優先して弁済を受ける権利を有する。」と特別先取特権を規定するとともに、2項で、「被保険者は、被害者に対する損害賠償額について、自己が支払った限度又は被害者の承諾があった限度においてのみ、保険者に対して保険金の支払を請求することができる。」と被害者への支払を先行させ、3項で、「責任保険契約の保険金請求権は、これを譲り渡し、担保に供し、又は差し押さえることができない。ただし、被害者が損害賠償請求権に関し差し押さえる場合は、この限りでない。」と、被害者の差押えを除いて、責任保険金請求権の譲渡、担保設定、差押えを禁止している。

原子炉の運転等による原子力損害が生じた場合、甚大な損害が生じることが予測され、被害者の保護が強く求められることから、原子力事業者は、罰則をもって原子量損害賠償責任保険の締結を強制される（同法6条・24条）。このような保険の性質により、被害者に特別先取特権が認められたものである。

4　自動車責任保険

任意の自動車保険は、約款の賠償責任条項（対人賠償・対物賠償）において、被害者の直接請求権を規定しているのが通例である。約款による直接請求権の法的性格については、併存的債務引受説、履行引受説など分かれているが、いずれの立場によっても、保険者による被保険者の損害賠償債務の引受けである。

Ⅳ　商法下での被害者保護

1　理論的帰結

自賠法や原賠法の適用がなく、約款上も直接請求権が規定されていなければ、商法に規定が存在しない以上、被害者は、被保険者の保険金請求権について何らの優先権を有するものではないと解するのが理論的ではあるといわざるを得ない。

2 裁判例

この点に関するリーディングケース「乾燥いか菓子事件」の判決は、東京地裁平成14年3月13日判決（判時1792号78頁）、東京高裁平成14年7月31日判決（判例集未登載）、最高裁平成14年12月20日決定（上告不受理・上告棄却）とも、理論的に導かれる結論によった。

本事件は、2歳女児が、乾燥いか菓子を食べサルモネラ菌による食中毒に感染、左化膿性股関節炎に罹患し、左大腿骨骨頭壊死の傷害を負ったという極めて悲惨な事案である。製造会社が破産したので、製造会社の破産管財人に対し債権確定訴訟を提起した結果、女児が2,089万余円の損害賠償請求権を有することが確定した。女児は、製造会社を被保険者とする製造物賠償責任保険の保険者に、債権者代位権に基づき保険金を請求したが、「破産宣告前の原因に基づき生じた財産上の請求権」（旧破産法155条）であるから、破産手続によってのみ行使すべきであって（旧破産法16条）、破産手続を離れて行使することはできないと、女児の請求を認めなかった。

東京地裁は、「生産物賠償責任保険とは、企業が、製造あるいは販売した製品や仕事の結果に起因して保険期間中に生じた偶然の事故による、他人の生命もしくは身体を害し、又は、その財物を滅失・き損もしくは汚損した場合に、法律上の賠償責任を負担することによって被る損害をてん補する保険であり、不測の損害賠償義務を負担することによる企業の経営上のリスクを回避する目的で締結されるものであるから、被害者の救済はその反射的な利益に止まるといわなければならず……」と判示している。

東京高裁も、「製造業者等が不測の損害賠償責任を負担することによって生じる経営上のリスクを事前に回避することを目的として締結されるものである。もっとも、生産物賠償責任保険においても、保険に付保していない場合と比較すれば明らかなように、経済的には事実上の担保と見得る余地があるから、これを広義に考えれば、事実上被害者救済の機能があるといえないことはないが、それはあくまでも反射的・潜在的利益にすぎないものである」と判示している。

この結論が、社会に到底受け容れられるものでなかったことは、マスコミや国会で問題提起されたことからも明らかである。

3 商法667条類推適用説（注3）

そこで、甘利公人教授は、商法667条の類推適用に解決策を求められた。その理由としては、破産法は、破産者以外の財産から満足を受ける場合などは破産手続外における個別的権利行使の例外を認めておりPL保険金は、被害者救済基金として破産者の資産から離脱して保険者が管理していると考えられること、PL法の直接目的、本質的目標は被害者救済にあるから、PL保険の究極の目的も被害者救済にあると原審の根拠を排斥したうえ、商法667条は、被保険者と保険者の意思に基づく効果であるとして、その類推適用により被害者の保険者に対する直接請求権を導かれた。

4 取戻権構成

取戻権とは、破産者に属しない財産を破産財団から取り戻す権利（破産法62条）である。これは実体法上当然のことであり、破産法が特に認めたわけではない。この意味において、破産法が特に認めた「特別の取戻権」（同法63条・64条）と区別して、「一般の取戻権」といわれる。

取戻権については、最高裁昭和43年7月11日判決（民集22巻7号1462頁）が、買入委託を受けた問屋が、買い入れた委託品を委託者に移転する前に破産したとき、破産債権者である委託者の委託品に対する取戻権を認めた。本判決は、形式的には権利者は問屋であるとしても、実質的利益を有するのは委託者であるとしたうえ、「問屋の債権者は問屋が委託の実行としてした売買により取得した権利についてまでも自己の債権の一般的担保として

期待すべきではない」との実質的理由から、委託者の取戻権を認めている（注4）。

この取戻権をめぐる解釈より、山下友信教授（注5）は、責任保険金請求権も形式的には被保険者に帰属するが、もともと被保険者が第三者に対して有責行為を行い責任を負ったことから発生するものであること、保険金請求権は基本的には被害者にパスツールするだけの目的であれば問屋と同様の状況があること、保険金請求権は他の一般財産からの特定性も確保されていること、代金を支払った委託者と同様に、被害者も損害を被るという消極的な出捐をしていること、保険契約当事者の意思にも反しない等の理由から、被害者の保険金請求権に対する取戻権を認められた。

5　別除権構成

別除権とは、破産手続開始の時において破産財団に属する財産につき、破産手続によらないで優先的に弁済を受ける権利である。典型担保である特別の先取特権、質権または抵当権（破産法2条7号）、商事留置権（同法66条）、非典型担保である仮登記担保権（仮登記担保契約に関する法律19条1項）、判例法上認められている譲渡担保権、所有権留保などである。

物権法定主義が適用され物権としての成熟性、明確性が求められるこれらの担保物権と比較すると、被害者に保険金請求権に対する担保的機能が事実上認められるとしても、そこから直ちに別除権を導くのは困難である。

6　免脱請求権構成

前記のとおり責任保険における保険給付を免脱請求と解する立場は一義的に内容が確立しているわけではなく、そこから直ちに被害者の優先権が導かれるわけではないが、免脱請求であることより被害者の優先権を導く見解もある（注6）。

7　解釈の限界

実務家としても、被害者に保険金請求権に対する何らかの優先権を認める必要があることから、取戻権構成の採用、免脱請求権説の再検討などを模索した（注7）。

しかし、いずれの見解も「立法または約款の改善がなされるまでの緊急避難的な被害者の優先権を認めるための解釈論」（注8）であって、解釈としての限界は否定できないところであった。

V　先取特権構成に至る過程

1　中間試案

このような社会的要請に応じて被害者の先取特権が法定されるに至った。

もっとも、保険法部会の中間試案においては、「保険金からの優先的な被害の回復」の法的枠組みとして、
(ⅰ) 被害者は、保険金額の限度において、被保険者が支払うべき損害賠償額の支払を保険者に対しても請求することができるものとする考え方
(ⅱ) 被害者は、被保険者に対する損害賠償請求権に関し、保険金について、他の債権者に優先して弁済を受ける権利を有するものとする考え方

すなわち、直接請求権構成(ⅰ)と先取特権構成(ⅱ)が併記されていた（中間試案注4）。

2　検討された事項

被害者の保険金に対する優先権を認めるため、法的枠組みとともに、次のような点が問題となり検討された。
① 被害者に優先権を認めるための要件（中間試案・注1）
② 法的倒産手続前であっても被害者の優先

権を認めるべきか（中間試案・注2）
③　被害者が複数で、損害賠償額が保険金額を超える場合の処理（中間試案・注3）
④　実効性を確保する規律、保険者の二重弁済の危険を防止する規律、保険者が被保険者に対する抗弁を対抗するための規律など（中間試案・注5）

6　責任保険契約に固有の事項

(1)　保険金からの優先的な被害の回復

責任保険契約（被保険者が損害賠償の責任を負うことによって生じた損害をてん補する損害保険契約をいう。）の被保険者について破産手続開始、再生手続開始又は更生手続開始の決定があった場合において、被害者（被保険者が損害賠償の責任を負う相手方をいう。）は、〔一定の要件〕の下で、保険金から優先的に被害の回復を受けることができるものとする。

（注1）「一定の要件」の具体的内容については、判決、裁判上の和解等により被保険者の損害賠償責任が確定したことやその確定が保険者の関与の下で行われたことを要件とすること等が考えられるほか、そもそもこの規律を認める場面を、強制保険（法令により被保険者が責任保険契約の締結を義務付けられているもの）に限定すべきとの考え方、被害者が個人の場合やその生命又は身体に損害が生じた場合に限定すべきとの考え方等があることを踏まえて、なお検討する。

（注2）被保険者について法的倒産手続が開始する前であっても、この規律を認めるべき場面があるかについては、なお検討する。

（注3）被保険者が複数の被害者に対して損害賠償責任を負い、その損害賠償額の合計額が保険金額を超える場合に関する規律については、なお検討する。

（注4）被害者が保険金から優先的な被害回復を受けるための法的な枠組みとしては、大別して、次のような2つの考え方があるが、どのような枠組みを採用するかについては、（注1）から（注3）までとも関連して、なお検討する。
（ⅰ）被害者は、保険金額の限度において、被保険者が支払うべき損害賠償額の支払を保険者に対しても請求することができるものとする考え方
（ⅱ）被害者は、被保険者に対する損害賠償請求権に関し、保険金について、他の債権者に優先して弁済を受ける権利を有するものとする考え方

（注5）被害者による保険金からの被害回復の実効性を確保するための規律、保険者の二重弁済の危険を防止するための規律、保険者が被保険者に対する抗弁（免責事由や支払限度等）を被害者にも対抗することができるようにするための規律その他の必要な規律を設けることについては、（注4）に関しどのような枠組みを採用するかとともに、なお検討する。

（注6）規律の性質については、なお検討する。

現行商法の参考条文　第667条

3　先取特権構成の採用

「直接請求権構成と先取特権構成は、その仕組み方によって、相当に近接した内容とすることができる」と指摘されていた（注9）。むしろ、審議においては、企業ユーザーの最大公約数のコンサーンは直接請求権であるとの意見も出されたが、最終的には先取特権構成が採用された。それは、先取特権構成の方が、倒産法、民事執行法等現在の法制度を前提として合理的な結論を導きやすいところにある。

被害者に直接請求権を認める規定を設ける直接請求権構成の理念型によると、被害者は、訴訟外でも、保険者がまったく関与しないところで生じるすべての事故について、保険者に対し直接請求権が認められる。そうなると、保険者は、被保険者と被害者の責任関係につ

いてはまったくの第三者であるにもかかわらず、被保険者の責任の有無、損害賠償額などの判断リスクを負うことになる。任意自動車保険の場合、自賠責保険による損害調査システムも構築され、ある程度大量かつ定型的な処理が可能であるが、すべての責任事故について保険者に解決を求めることは、示談代行サービスとも関連し、保険者に過大な負担を強いることになりかねず、ひいては消費者の不利益ともなりかねない。

また、被害者が複数で、損害賠償額が保険金額を超える場合、保険者は保険金額を超える支払をする必要はないとしても、複数の被害者間の調整をどのように行うべきであるのか。これは、現行の直接請求権においても解決されているとはいえない問題でもある。各被害者の直接請求権は損害賠償額と同じ範囲で成立し、保険金額を限度とした行使しかできないのか、もしくは、そもそも保険金額の範囲でしか成立しないものであるのか、ましてや、複数の被害者がいた場合は、各被害者の直接請求権の成立する範囲、行使できる範囲をどのように考えればいいのか、一義的に答えがでるものではない。損害賠償額と同じ範囲で直接請求権が成立するとなると、保険者に早く請求した早い者勝ちとなってしまう一方、被害者間で按分した範囲でしか成立しないとなると、すべての被害者が確定するまで、各被害者の権利は確定しないことになるうえ、保険者にその確定作業を強いることは極めて困難である。

さらに、理念型だと、直接請求権は保険金請求権は発生原因を異にする被害者固有の権利であるから、必ずしも被保険者に対する抗弁を被害者に対抗できるものではない。

こうして、直接請求権構成によると、直接請求権を規定するだけでは足りず、合理的な結論を導くための対応策を多々設ける必要があるので、採用には至らなかった（注10）。

なお、保険法部会では、取戻権構成については検討されていない。理論的には、信託を基礎とする取戻権構成は十分に考え得るところである。しかし、その内容を確立するには、直接請求権構成以上に対応策が必要となりそうである。また、解釈論としてはともかく、立法的解決をするのであれば、被保険者の権利である保険金請求権を、被保険者に属さない権利と構成するよりも、被保険者の権利であることを前提とする処理が保険法上は整合的で自然であるから、検討されなかったものと思われる。

VI　今後の実務のあり方

1　特別先取特権の成立

法22条1項により、責任保険の被害者は、保険金に対する特別先取特権が認められるが、その範囲は、強制保険の場合、個人の場合、人身損害の被害者の場合などの限定はない。法制審議会においては、D＆O保険（会社役員賠償責任保険）など被害者が企業の場合にまで直接請求権を認める必要はないのではないかとの議論もあった。

しかし、被害者の保険金に対する優先の問題は、被害者保護の社会的要請から導かれたものであるが、そもそも責任保険金は被害者の損害を前提に初めて成立するもので、被保険者の責任財産として一般債権者が期待すべきものではないという責任保険の性質を基礎とするものである。そうであるならば、政策的には保護の必要性がそれほど高いと思われない被害者であっても、ことさら優先権を否定し、保険金を一般債権者のための責任財産に組み込む必要はない。また、取引信用保険などは、まさに企業がビジネスリスクに備えた保険であるが、そこでの被保険者は中小企業、個人事業主なども多く、決して保護の必要性が低い場合ばかりでもない。

さらに、特別先取特権の成立は、破産等の法的手続が開始した場合に限定されない。法的倒産手続が開始すると、倒産手続外での権利行使が制約されることから、被害者の優先権の必要性が顕在化することは確かである。

しかし、実務上は、倒産手続が開始すると破産管財人、裁判所等が関与するうえ、多くの事案では破産者代理人弁護士が選任されているので、かえって被害者は自己の権利を実現しやすいといえることもある。むしろ、事実上の倒産状態の場合や加害者である被保険者の対応が不誠実な場合などは、権利を確保することがより困難なこともある。

こうして、被保険者に対して損害賠償請求権を有する被害者に広く特別先取特権が認められる。

2 特別先取特権の行使

(1) 民事執行法193条

被害者が特別先取特権を行使するには、民事執行法193条（債権およびその他の財産についての担保権の実行の要件等）による。「担保権の存在を証する文書」を裁判所に提出し、被保険者の保険金請求権に対する差押命令を申し立て、差押命令に基づいて保険金請求権の取立て等をすることになる（同法193条2項・155条等）。

ここでの「担保権の存在を証する文書」については、担保権の存在を直接かつ高度の蓋然性をもって証明する債務名義に準ずる文書に限定する見解（準名義説）と、文書の数、種類、内容等を問わず、具体的事案において裁判官の自由な心証で担保権の存在が証明されるものであれば足りるとする見解（書証説）の対立がある。実務上は、担保権の存在証明文書として、複数の文書を総合して担保権存在の心証を得られれば足りるとする書証説での運用が確立している（注11）。もっとも、書証説によっても、証明の程度は疎明ではなく、高度の蓋然性の立証であるし、通常の民事訴訟と同様に成立の真正の証明は必要である。

先取特権構成は、通常の不法行為を念頭に置いた場合、被害者が損害賠償責任の存在を文書によって証明することは困難であると、その実効性への疑問も指摘されている。

この点は、実務上確立している書証説を前提に、今後の執行実務の運用によって解決しなければならない。

民事執行法193条により実行される先取特権は、債務者の反証を待つことなく差押命令が発令されるが、しかも、公示に欠けるにもかかわらず一般債権者の関与なく執行が完了するのが通常で、その不服申立の機会もない。このような性質上、高度の証明を要求されている。これに対し、被害者の特別先取特権の場合、少なくとも、被保険者の一般債権者の利益に配慮する必要性は乏しい。執行手続における債務者である被保険者は自己の責任問題であるから重大な利益を有するが、保険金額の範囲内での保険金請求権の差押えである以上、より配慮が必要なのは保険者の利益である。被保険者、保険者の利益に配慮しつつ、特別先取特権の趣旨である被害者保護が有名無実とならないような運用が必要であろう。

(2) 破産管財人の関与

破産管財人が保険金を受領したうえで、破産法214条（中間配当額の寄託）・70条（停止条件付債権等を有する者による寄託）等を参考に、寄託や信託的保管を要求すべきとの指摘もある（注13）。

確かに、保険者にとっては、被害者、ことに複数存在する被害者と交渉するよりも、破産管財人と交渉するほうが望ましいし、被害者にとっても公平で速やかな解決が可能となることは否定できない。

しかし、速やかに解決できる事案であればともかく、関係者が真に破産管財人による解決を希望する、複数の被害者の損害賠償額が保険金額を超えているような場合であればあるほど、破産管財実務上行われている不動産の任意売却、別除権の受戻し（破産法78条2項1号・14号）のように（注14）、相当価額の財団組入れを前提としなければ、破産管財人の負担増となるだけで破産財団の増殖に資するものでなく、後述する不足額主義による処理如何によっては他の債権者の配当額の減少にもなりかねない。破産事件も長期化し、破

産債権者の納得を得られないのではないかと危惧される。

別除権付きの破産財団に属する保険金請求権である以上、具体的事案においては、別除権の受戻し方法等の工夫により、被害者の便宜を図ることが破産管財人に求められるであろうが、あくまでも破産事件に支障を来さないという制約があることは否定できず、常に関与を求めることは破産管財実務上は相当厳しいと思われる。

3 　被害者が複数の場合

先取特権構成によると、被害者が複数の場合、ある被害者が被保険者の保険金請求権を差し押さえた場合には、他の被害者は、第三債務者である保険者による執行供託（民事執行法165条1号）、保険者に対する取立訴訟の訴状送達（同条2号）前に、保険金請求権の差押え、仮差押えの執行または配当要求をした場合に限り、配当に参加できる（民事執行法193条2項・165条）。

配当要求の時期的制限があり、必ずしもすべての被害者が同様に保護されるものではないが、このような事態は、責任財産を引き当てとする一般債権者間にも解決不可能な問題として存在する以上、実務的にはやむを得ず、現実的には最善の解決方法であると考えられる。

4 　被保険者に対する抗弁

先取特権構成によると、保険者は被保険者に対する抗弁（免責や支払限度額の抗弁など）を被害者にも当然に対抗できることになる。

5 　直接請求権構成との差異

(1) 　不足額主義

別除権構成によると、破産手続においては、不足額責任主義（破産法108条1項）が適用となる。不足額責任主義（残額責任主義）とは、別除権によって担保される債権については、別除権の行使によって弁済を受けることができない債権の額についてのみ、破産債権者として権利行使できるとするものである（注15）。

直接請求権構成によると、手続開始時現存額主義（破産法104条2項）によって、被害者は損害賠償額全額を破産債権として行使できることになる。責任保険で被害者の損害賠償額全額がてん補されない場合、先取特権構成の方が受け取る配当金額は少なくなる。

(2) 　会社更生法

特別先取特権は、破産手続および再生手続においては別除権として扱われるが（破産法2条9項・民事再生法53条1項）、会社更生手続においては更生担保権として扱われ（会社更生法2条10項・168条1項1号）、更生担保権者は平等に、更生計画の定めによって弁済されることになる（同法47条1項）。この点も、直接請求権構成と別除権構成によって差異が生じる。

6 　損保実務の変更

特別先取特権の行使は、裁判上の手続となるが、今回の改正は、損害保険会社の実務対応にも大きな変更を迫ることになる。

これまで、保険給付の方法としても責任負担型が採用されていることにより、被害者への損害賠償の先履行が保険金支払の条件とはされていなかった。多くの事案は、保険金を直接被害者の預金口座へ送金したり、被害者への損害賠償の支払を先行している。しかし、賠償当事者が保険会社からの直接の支払を拒否し、かつ被保険者が賠償金の支払を先行できない場合、被保険者から被害者との問題は被保険者が対応する旨の念書を徴求したうえで、保険者に対し、保険金を支払っている。

法2条によって、このような実務運用は変更を余儀なくされる。

Ⅶ　施行までの対応

　こうして、被害者の特別先取特権が法定され、今後の問題は、その行使において、執行裁判所が、被害者、被保険者、保険者の利益をバランスよく図る運用を実現していくことが中心となるといえよう。

　もっとも、施行までの間、ことに破産手続においては、これまでも破産管財人と破産裁判所が工夫して被害者保護を図ってきたように、裁判所の許可のもと、被害者と破産管財人が和解することによって、被害者が保険金から優先弁済を受けられる処理を行う必要がある。

（注１）山下友信『保険法』422頁（有斐閣・2005年）、山本哲生「保険法」山下友信ほか174頁（有斐閣・第2版・2004年）、梅津昭彦「現代保険法」石山卓磨202頁（成文堂・2005年）
（注２）西島梅治『責任保険法の研究』」（同文舘・1968年）、中西正明「責任保険における第三者の地位」香川大学経済論　29巻4号336頁（1956年）、倉沢康一郎「責任保険における被害者の直接請求権」、「商法667条と自賠法16条」『保険契約法の現代的課題』1・117頁（成文堂・1978年）、金澤理「被害者の保険金直接請求権」『保険と民事責任の法理』120頁（成文堂・1966年）
（注３）甘利公人「ＰＬ保険における被保険者の破産と保険金請求権の帰属」損害保険研究64巻4号245頁（2003年）
（注４）野村秀敏「大コンメンタール破産法」竹下守夫258頁（青林書院・2007年）
（注５）山下友信「責任保険被保険者の支払不能と保険給付による被害者救済」『落合誠一先生還暦記念　商事法への提言』781頁（商事法務・2004年）
（注６）廣瀬裕樹「責任保険における被保険者の破産」愛知学院大学法学部法経論集165号83頁（2004年）
（注７）拙稿「責任保険の被保険者の破産と被害者の保護」ひろば2005年2月号52頁
（注８）山下・前掲（注1）443頁
（注９）沖野眞巳「保険関係者の破産、保険金給付の履行」商事1808号24頁（2007年）
（注10）沖野眞巳ほか「保険法改正」私法70号86頁（沖野発言）
（注11）浦野雄幸『基本法コンメンタール民事執行法』499頁〔町田顕〕（日本評論社・第5版・2005年）
（注12）東京地方裁判所民事執行センター実務研究会編『民事執行の実務（上）〔第2版〕』201頁〔小川理佳〕（きんざい・2007年）
（注13）沖野・前掲（注9）28頁
（注14）東京弁護士会法友会前期会破産実務研究会「新破産実務マニュアル」225頁（ぎょうせい・2007年）
（注15）菅谷忠行「大コンメンタール破産法」竹下守夫455頁（青林書院・2007年）

V 保険契約の終了

23 保険契約者の破産と介入権

弁護士 岡野谷 知広

I はじめに

　商法は、他人のためにする保険契約において保険契約者に破産手続が開始された場合につき、保険者は、損害保険にあっては被保険者に対して、生命保険にあっては保険金受取人に対して、保険料の請求をすることができるが、被保険者または保険金受取人は、それぞれの権利を放棄することにより、保険料の支払義務を免れるものと定めている（商法652条・683条1項）。しかしながら、この規定が実際に適用されることはない。なぜなら、保険料払込みの継続中に保険契約者が破産した場合には、双方未履行の保険契約として、破産管財人は解除と履行の選択権を有するが（破産法53条1項）、生命保険契約のように保険契約者が解約返戻金請求権を有する保険契約にあっては、解約返戻金を破産財団に組み入れるため解除が選択されるからである。また、保険料払込済みの保険契約にあっても、解約返戻金請求権は破産財団を構成することから（破産法34条2項）、破産管財人はその管理処分権（破産法87条）に基づき解除権（遡及効がないため約款では一般に解約と称しているが、本稿では法54条の文言に従い解除の語を用いる）を行使して解約返戻金を破産財団に組み入れる。

　しかし、他方において、生命保険契約なかんずく死亡保険契約にあっては、破産管財人がこれを解除すると、その後に被保険者が死亡しても保険金受取人は保険金を取得できず、保険金受取人（その多くは被保険者の被養者である）の生活保障という契約の目的を達せられない事態となる。さらに、その被保険者について再度生命保険契約を締結することも、被保険者が高齢になっていると不可能なことがあり、あるいは、保険料が高額となって事実上困難になることが多い。そのため、保険契約者が破産した場合のように保険契約者以外の者が生命保険契約を解除し得る場合において、保険金受取人が保険金を取得できなくなる事態を防ぐための立法措置を導入する必要性が、従来から有力に唱えられていた。

　具体的な方策としては、解約返戻金請求権を差押禁止債権とすること（差押禁止財産は破産財団を構成しない—破産法34条3項2号）や、ドイツ保険契約法177条にならった介入権（保険金受取人が解約返戻金相当額を差押債権者や破産管財人に支払うことにより自ら保険契約者の地位に立つことができる権利）を法定することが考えられる。もとより、立法措置を講ずるにあたっては、保険金受取人の利益のみならず、保険契約者の債権者の立場にも適切に配慮する必要があるところ、ドイツ法が採用した介入権制度は、「理論的にはもっとも調和的に双方の利益の保護をはかっているもの」（注1）として、従来から有力にその導入が唱えられてきた（注2）。

　同様の問題は、保険契約者が破産した場合のほかにも、保険契約者の債権者が解約返戻金請求権を差し押さえたうえで取立権（民事執行法155条1項）に基づいて解除した場合等にも生じるが、後述のとおり保険法はかような場合をも包括した立法的解決を図った。

　本稿は保険法が創設したいわゆる介入権制度について、概観するものである。

Ⅱ　介入権制度の概要

保険法では「契約当事者以外の者による解除の効力等」との見出しが付され、法文にも「介入権」という文言は直接には用いられていないが、法60条2項・89条2項には「介入権者」という用語が用いられていることから、本稿では介入権ないし介入権制度という用語を用いて保険法が創設した制度を紹介する。同制度の創設にあたってはドイツ保険契約法における介入権制度を参考にしたと思われるが、その様相はドイツ法とは相当に異なるものになっている。なお、保険法には商法652条（683条1項により生命保険に準用）に当たる規定は置かれていない。

1　介入権の要件

(1)　対象となる保険契約

介入権制度が適用されるのは、保険料積立金がある死亡保険契約および障害疾病定額保険契約である（法60条1項・89条1項）。保険料積立金があるのは保険料の計算方法として平準保険料方式を採用した保険契約であるところ、かかる保険契約にあっては、保険期間が長期にわたるため一旦解除されると再加入が困難である場合が多く、被養者の生活保障への配慮の必要性が高いと考えられるから、とされる。

(2)　当事者以外の者による保険契約の解除

介入権は、保険契約の当事者以外の者が保険契約を解除した場合に認められる。具体的には、以下の場合等が想定される（本稿では、契約当事者以外で保険契約を解除し得るこれらの者を、法60条1項にならって「解除権者」と総称する）。

① 解約返戻金請求権を差し押えた債権者が、取立権（民事執行法155条1項本文）に基づいて解除した場合（最判平成11・9・9民集53巻7号1173頁）

② 解約返戻金請求権に質権を有する者が、取立権（民法366条1項）に基づいて契約を解除した場合（実務上は、質権の設定には保険会社が用意した質権設定契約書モデルが用いられているが、そこでは質権者は質権設定者から解除（約）権の行使について委任を受ける旨の約定がある）

③ 保険契約者の債権者が、債権者代位権（民法423条）に基づいて解除権を行使した場合

④ 保険契約者について破産手続等が開始された場合で、破産管財人等が任意解除権（法54条・83条）を行使し、あるいは破産法53条1項等に基づく解除権を行使した場合

2　介入権の行使

(1)　介入権者

介入権を行使し得るのは、保険金受取人であって保険契約者もしくは被保険者の親族または被保険者である者に限られる。ただし、その者が保険契約者である場合は除かれる（法60条2項・89条2項）。介入権制度の目的から考えるときは、保険契約が解除されずに存続した場合に保険金を取得し得た者であり、かつその生活保障に特に配慮する必要がある者に限って、介入権を認めれば足りるからである、とされる。

もっとも、保険法は介入権行使の効果を解除の効力の不発生すなわち保険契約の存続にとどめ、介入者が保険契約者としての地位を承継することまでは定めなかったことからすれば、介入権者を限定することの実質的意味は必ずしも明らかでない。解除権者にとってみれば、解約返戻金相当額等を回収できさえすれば、その支払者が誰であろうと格別の影響はないからである。むしろ、介入権者を限定することにより、法定の介入権者による介入か否かを確認する必要が保険者や解除権者に生じ、この点をめぐる無用の争いを誘発し

かねないようにも思われる。少なくとも、法定の介入権者が解約返戻金相当額等を支払った場合には、その実質的出捐者が誰かは問うべきではなかろう。

(2) 保険契約者の同意

介入権の行使にあたっては保険契約者の同意を必要とする（法60条2項・89条2項）。介入権は、保険契約者が契約を継続させ保険金受取人に保険金を取得させる意思を有しているにもかかわらず、その意思に反して解除されることを阻止し得る権利である以上、その行使にあたっては保険契約者の意思を尊重する必要があるから、とされる。保険法は介入権行使の効果として、介入者が保険契約者の地位を承継することまでは認めなかったことからすれば、保険契約者の同意を介入権行使の不可欠の要件とすることには疑問の余地もあるが、もともと保険契約をいつまで継続するかは保険契約者の意思にかかっており（法54条・83条）かつ保険契約者による保険金受取人の変更も可能であって（法43条・72条）、保険金受取人といえどもこれらの点には容喙できないのであるから、保険契約者の同意を要求することの合理性は認められよう。実際上も、介入権の行使が認められたとしても、その後の保険契約者の協力なしには介入権の実を上げることは困難であるから（後述Ⅲ2(2)）、保険契約者の同意を要件とすることは実際上も妥当というべきであろう。

(3) 解除権者に対する解約返戻金相当額等の支払

介入権者は解除権者に対し、「（解除権者による解除）通知の日に当該死亡（障害疾病定額）保険契約の解除の効力が生じたとすれば保険者が解除権者に対して支払うべき金額」を支払わなければならない（法60条2項・89条2項）。解除権者の正当な利益に配慮したものであることはいうまでもない。

具体的には、責任開始前に解除された場合は保険料積立金（法63条2号・92条2号）相当額を、責任開始後に解除された場合は解約返戻金相当額を支払わなければならない。保険者が保険契約者に対して財務貸付その他の原因により債権を有していた場合は、保険者は相殺が可能であるから（注3）、保険者が有する債権額を差し引いた後の残額相当額を支払えば足りる。もともと解除権者が保険契約を解除することによって取得できた金額は相殺後の残額に限られているところ、介入権が行使されなかった場合を超える利益を解除権者に付与する必要はないからである。

なお、商法と同様に保険法においても、その法制技術上の困難性のゆえに解約返戻金についての規定は設けられなかったため、その算定方法等は従前どおり専ら約款によって定められる。したがって、保険者が保険契約者に対して債権を有する場合を含め、介入権者自身が介入にあたって支払うべき金額を正確に算出することは不可能であり、この金額を確定するには保険者の協力が不可欠である。保険者は介入権者からの申出があれば、保険契約者の同意を得て当該金額を開示すべきであろう（注4）。

介入権者が複数存在する場合はその1人または複数の者があわせて当該金額の総額を支払えばよい、と解される。

なお、保険法は、解約返戻金請求権を差し押さえた債権者が解除の通知をした場合につき、民事執行法156条と同旨の、介入権者による供託の規定を設けて（法61条・90条）、解約返戻金請求権に対する差押えが競合した場合に対処している。

(4) 保険者に対する通知

介入権者は介入権を行使することを保険者に通知しなければならない（法60条2項・89条2項）。通知をしない限り介入の効果は発生しない。この通知は、保険者が介入の事実を知らずに、解除権者に解約返戻金等を支払ってしまう事態を防止するための要件である。

(5) 行使期間

介入権の行使は、保険者が解除権者から解

除の通知を受けた時から1か月を経過するまでの間に行わなければならない（法60条2項・89条2項）。前記の(2)から(4)のすべてをこの期間内に行う必要があると解される。ドイツ保険契約法のもとでは、介入権者の介入権と差押債権者・破産管財人の解除権の優劣について学説上争いがあるが（注5）、保険法は解除権者による解除の効力発生を保険者に対する通知から1か月を経過した日と定める（法60条1項・89条1項）ことにより、それまでの間に介入権が行使される限り介入権が優先する（解除の効力が発生しない）ことを明確にした。

この期間は介入権者が解除権者による契約解除を知らなくても進行する（ドイツ保険契約法では、介入権者が差押えを知ったとき（破産の場合は破産開始のとき）から進行するものとされるが、債権者の地位が不安定になる）。そのため、介入権制度の実効性を確保するためには、解除権者が解除の通知をしたことを介入権者が知るための方策を用意することが望ましいが、保険法では格別の措置は講じられていない。これは、一方において、解除権者や保険者に、解除の通知をしたこと（受けたこと）を介入権者に対して通知すべき義務を課すことは相当ではなく、他方において、保険契約者が破産しあるいは差押えを受けた場合にはその事実は保険契約者に通知される（破産法32条3項1号、民事執行法145条3項）ことから、保険契約者が介入権者に当該事実を伝達することが期待できるからである。また、質権や債権者代位権に基づく解除についても、保険契約者は自己の債務の弁済期や財産状況から解除される可能性があることは認識し得る（もっとも、これらの場合に債務者には知らされないまま解除されてしまうという法制自体の是非は別問題であるが、この点は介入権制度に固有の問題ではない）。

3　介入権行使の効果

(1)　解除の効果の不発生——保険契約の存続

介入権者が介入権を行使したときは、解除権者がした保険契約の解除の効力は発生しない（法60条2項・89条2項）。すなわち、保険契約は存続する。これが介入権の本来的効果である。

なお、解除権者が解除の通知をした後、その効力が生じまたは介入権が行使されるまでの間に保険事故が発生し、その結果解約返戻金請求権が消滅した場合であっても、それにより解除権者が不利益を被らないようにするための規定が設けられている（法62条・91条）。

(2)　差押手続・破産手続等との関係

介入権者が介入権を行使したときは、差押手続・破産手続等との関係では保険者が解約返戻金等を支払ったものとみなされる（法60条3項・89条3項）。すなわち、差押手続であれば、第三債務者である保険者が差し押さえられた債務を差押債権者に支払ったもの（民事執行法155条2項）とみなして差押手続を終了させ、破産手続であれば、保険者が解約返戻金等を支払ったものとみなして破産財団に組み入れることになる。

あくまで、当該差押手続・破産手続等との関係での規整であり、保険契約者と保険者との間においては、解約返戻金請求権は消滅しない。したがって、保険契約者の解約返戻金請求権は再度の差押えや第二破産の対象になり得る。

(3)　保険契約者の地位は当然には移転しない

介入権を行使した者が保険契約者の地位を承継するという効果（ドイツ保険契約法）は定められなかった。したがって、保険契約は従来どおりの保険契約者のもとで従来どおり存続する。生存保険金や高度障害保険金、障害給付金、入院・手術給付金が支払われる場合の受取人も当然には変更されない。

III　今後の展望
―介入権制度の機能と限界―

1　介入権制度の機能

　破産実務では、被保険者が高齢であったり病気療養中であったりして破産者あるいは保険金受取人が保険契約の存続を希望する場合には、解約返戻金相当額を破産財団に組み入れさせたうえで、保険契約者たる地位を破産財団から放棄し（破産法78条2項12号）あるいはこれを親族等に譲渡して、保険契約の解約を回避する取扱いが従来から行われてきた（注6）。また、保険契約者の債権者が解約返戻金請求権を差し押さえた場合には、保険契約の存続を希望する債務者は、解約返戻金相当額を差押債権者に提供したうえで差押命令申立ての取下げを求めることが実務上は可能である。かかる実務上の取扱いは今後とも引続き行われるものと思われるが、そうであるとすれば、介入権を法制度として採用したことの実際上の機能はいかなる点に見い出されるのであろうか。

(1)　保険契約の存続を介入権者の権利として認めたこと

　破産管財人や差押債権者による保険契約の解除を回避して保険契約の存続を図るために従来から実務上行われてきた方法は、いずれも破産管財人ないし差押債権者の同意を前提とするものであった。もとより、破産財団にとって保険契約を解約した場合と同等の財産的価値が実現された場合には、破産管財人が財団からの放棄等に異を唱えることは想定されにくい。しかし、差押債権者の中には、保険契約者や保険金受取人の窮状に乗じて解除権の行使を背景にして取下げと引換えに解約返戻金相当額を超える金銭の提供を要求する者も、皆無ではないと思われる。さらに、差押えが競合する場合や配当要求がある場合には、それぞれの債権者との個別の交渉を余儀

なくされ、しかも、解約返戻金相当額の支払によりすべての債権者の同意を得て差押えの取下げを実現することは、相当に困難であると思われる。この点を考えると、介入権を法定したことにより、破産管財人や差押債権者の意思いかんにかかわらず、一定の要件・手続のもとに確実に保険契約を存続させる法的手段が介入権者に認められたことの意義は看過されるべきではない。

　また、前掲最判平成11・9・9は解約返戻金請求権の差押えが民事執行法153条により取り消され、あるいは差押債権者による解約権の行使が権利濫用となる場合があり得ることにも言及するが、いずれも、個別事案におけるケースバイケースの判断であるとともに、保険金受取人がこの点を主張する方法も極めて限定されており、保険金受取人の利益を適切に保護する法理としての実効性にはいずれにも限界がある。やはり、明確な要件を定めた法定の介入権制度の有用性は否定されない。

(2)　介入権者に1か月の猶予期間が与えられたこと

　従来の実務では、解約返戻金請求権が差し押さえられた場合は、事実上の交渉期限として、差押債権者の解除権行使が可能になるまでの間、すなわち差押命令が債務者＝保険契約者に送達された日から1週間以内（民事執行法155条1項）に解約返戻金相当額を調達することが保険契約者側に求められていた。また破産の場合も、破産管財人はその職責上破産財団を確保するために速やかなる保険契約の解除が求められていることから、保険契約者側の資金の調達をいつまでも待ってくれる保証はなかった。この点、保険法によれば、介入権者は、保険者が解除通知を受けた時から1か月という資金調達のための猶予期間を付与されたこととなる。もとより、この期間が介入権者にとって十分なものであるか否かは、解除権者による解除が行われた事実を介入権者が知る機会をいかにして保障するかという前述の問題とも関連して議論はあり得ようが、債権者の立場を長く不安定な状態に置

き債権回収が長期にわたり遷延する事態も回避する必要があり、このあたりが限界というべきであろう。

2　介入権制度の限界

介入権制度の実効性については、1939年にこれを導入したドイツにおいても従来から疑問視されてきたところであるが、加えて保険法は介入権行使の効果をドイツ保険契約法より限定したことから、さらに独自の限界をも背負うことになったように思われる。

(1)　介入権者の資金調整の困難性

介入権制度の実効性については、ドイツ法においても従来から疑問が呈されていたところである（注7）が、この点はわが国にも同様に当てはまる。すなわち、介入権者である、保険契約者または被保険者の親族たる保険金受取人には、本来的に被保険者により扶養されている者が指定されているのが通常であるが、そのような者が介入のためのまとまった資金を調達することは、介入権の行使が問題になる局面では容易なことではない。とすれば、現実的に介入が可能なのは解約返戻金が少額の場合ということになる（注8）が、その場合は将来的に長期にわたる保険料支払義務が残存しているのであり、その後の保険契約の維持継続が容易でない。結局、介入権は、被保険者の死期が目前に迫っているなどの限定的な場合にその実際的な意義を有する制度、ということになろう。いずれにせよ、遺族の生活保障のための制度としての実効性には内在的な限界がある。

(2)　保険契約者の地位の移転を介入権の効果としなかったこと

保険法は、介入権行使の効果を、解除の効果の不発生＝従来どおりの保険契約の存続にとどめ、ドイツ保険契約法のように介入者が保険契約者の地位を承継することまでは定めなかった。中間試案の段階では「この手続をとった者は保険契約者としての権利義務を承継する」（第三2(5)（注1））ことを原則としていたが、最終的にはかかる効果は採用されなかった（要綱第三2(5)）。介入権制度を保険契約者の変更を伴うものとするときは、保険契約者の変更のために必要な保険者の同意をどのように制度に組み込むか等の問題が生じ、制度が徒らに複雑化することから、これを避けたものと推察されるが、その結果、介入権制度の機能は一層限定的なものになったように思われる。

すなわち、介入権行使後も破産者がそのまま保険契約者の地位にとどまるときは、破産開始後の債権（破産債権とはされず、破産手続外での行使が可能）に基づく新たな差押えがなされたり、第二破産という事態になったときには、再度の介入が必要になる。同様に、差押債権者による解除の場合も、当該差押債権者による解除の効力の発生を介入権の行使によって一旦は阻止し得たとしても、その後さらに別の差押えがなされた場合には再度の介入が必要となる。さらには、保険金受取人が介入しても、その後に保険契約者が保険契約を解除したり保険金受取人を変更したりする可能性もまったく想定されないことではない。

もとより、かかる事態を回避するため、介入権を行使して保険契約の存続を確保した保険金受取人は、すみやかに保険者の同意を得て、保険契約者との間で保険契約者を自らに変更することになろうが、この点はあくまで介入権制度の枠外で処理されることになる。実際には、介入権行使にあたって同意を与えた（法60条2項・89条2項）保険契約者が、介入権行使後に保険契約者の変更を拒むことは考えにくいとはいうものの、保険契約者の変更についての保険者の同意のあり方いかんによっては（保険者は同意するか否かを自由に決し得るということになれば、介入権者は事後の予測が立たないまま介入権を行使せざるを得ない―制度の実効性を確保するうえでは、保険者の実務上の配慮が期待される）、介入権者にとってみれば、中途半端な制度に映るのではなかろうか。

Ⅳ おわりに

「生命保険契約における受取人その他契約者の被養者の利益と契約者の債権者の利益との衝突を、いかにして調和的に解決するかは、実に生命保険契約法上の Schicksalsfrage（宿命的課題）と称されて来たところの困難な問題である」（注9）。保険法はかかる難問に対して、関係者の利害を巧みに調整しつつ、1つの明快な解決方法をわが国の立法措置としてはじめて提示した。そのこと自体高く評価されるべきである。もとより、保険法が創設した介入権制度には前記の如き限界も内在しており、今後どの程度利用されていくのかは不透明ではある。しかしながら、実務上従来から行われてきた、そして今後も行われるであろう、破産管財人あるいは差押債権者等との合意に基づく解決にあたっては、今後は保険法の介入権規定の趣旨に沿った運用がなされ保険法の規定がその実質的な指針として機能していくことが、予想され、かつ期待される。この点にこそ今般の立法の少なからぬ意義が認められる、といえるのかもしれない。

(注1) 大森忠夫「保険契約者の破産と受取人の介入権」大森忠夫＝三宅一夫『生命保険契約法の諸問題』160頁（有斐閣・1958年）。

(注2) 大森・前掲（注1）のほか、山下友信「保険契約の解約返戻金請求権と民事執行・債権者代位請求」金法1157号11頁（1987年）、中野貞一郎『民事執行法［増補新訂5版］』632頁（青林書院・2006年）など。これに対しドイツでの介入権制度の評価を踏まえ導入に否定的な見解として、藤田友敬「保険金受取人の法的地位（7・完）」法協110巻8号1203頁（1993年）。

(注3) 解約返戻金請求権は解除権の行使を停止条件として効力を発生する債権であるところ、破産手続開始後に解除権が行使された場合は破産手続開始後に負担した債務として破産法71条1項1号により相殺が禁止されるようにも解されるが、他方で停止条件付債務を受働債権とする相殺が認められている以上（破産法67条2項後段）、停止条件が破産手続開始後に成就したときでも破産法71条1項1号は適用されず、相殺は許されると解するのが通説である（伊藤眞『破産法・民事再生法』359頁（有斐閣・2007年）、山下友信『保険法』663頁（有斐閣・2005年）など）。かかる場合にはたとえ停止条件付とはいえ債務の発生原因が破産手続開始前に存在する以上、合理的な相殺期待が認められるからである。同旨の裁判例として福岡地判平成8・5・17判タ920号251頁。

(注4) 大森・前掲（注1）154頁。

(注5) 大森・前掲（注1）157頁、藤田・前掲（注2）論文(6)法協110巻7号1044頁。

(注6) 西謙二＝中山孝雄編『破産・民事再生の実務［新版］《上》破産編Ⅰ』281頁〔影浦直人〕（金融財政事情研究会・2008年）。

(注7) 大森・前掲（注1）160頁、藤田・前掲（注5）1051頁。

(注8) もっとも、東京地方裁判所破産再生部では、自然人である破産者が締結している保険契約の解約返戻金の総額が20万円未満の場合は破産財団を構成しないものとして取り扱っている（西＝中山前掲（注6）《中》破産編Ⅱ56頁〔杉田薫〕）ため、その範囲に納まる場合は介入の必要はない。

(注9) 大森・前掲（注1）159頁。

V 保険契約の終了

24 保険契約終了時の保険料積立金の支払と解約返戻金

住友生命保険相互会社主計部数理室 井上 享

I はじめに

　商法は、生命保険に特有の概念として、契約が終了した場合であって、保険者の免責事由に該当する等により保険者が保険金を支払うことを要しないときは、「被保険者ノ為メニ積立テタル金額」を保険契約者に支払うことを要するとする。保険法においても、商法とほぼ同様の規律が設けられたが、このとき保険契約者には当該保険契約終了の時における「保険料積立金」を支払うものとされた（法63条）。商法が「被保険者ノ為メニ積立テタル金額」の内容について特段の規定をしていないのに対して、保険法においては、「保険料積立金」の内容について、「受領した保険料の総額のうち、当該生命保険契約に係る保険給付に充てるべきものとして、保険料又は保険給付の額を定めるための予定死亡率、予定利率その他の計算の基礎を用いて算出される金額に相当する部分をいう」旨、規定された。一般的に、両者の支払金額の概念は異なるものではないと考えられるが、保険法においてはその趣旨がより明確にされたといえる（以下、両者を共通の概念として「積立金」という）。なお、保険法においては、傷害疾病定額保険についても同様の規律が設けられた。

　もっとも、生命保険契約および傷害疾病定額保険契約の終了事由のうち、保険者が保険金を支払うことを要しないのは、なにも上記の場合に限られたものではなく、告知義務違反による解除（法55条・84条）もしくは重大事由による解除（法57条・86条）等の保険者による解除、または保険者の責任開始後における保険契約者による任意解除（法54条・83条。以下、実務上の呼称にあわせてこれを「解約」という）等のケースが存する。保険法においては、これらの場合に保険契約者に支払うべき金額について、結果としては規律を設けないこととされたが、その検討過程においては、法制化に向けた議論が活発になされたものの、立法技術的理由から法制化は困難であるとの判断に至ったという経緯がある。今後、この問題は、継続して金融審議会が設置する検討組織等で議論されていくことが見込まれている。

　ここで、保険者の実務に目を向けてみると、多くの生命保険会社の約款において、上記の積立金については「責任準備金」といい、また、積立金を支払わない契約終了類型のときに保険契約者に支払われる金額については一般に「解約返戻金」という（生命保険会社によっては、「解約払戻金」、「解約返還金」等ということもある）。積立金と解約返戻金とは密接な関係を有し、いずれも保険契約に基づく保険契約者の財産権にかかる金額である。生命保険契約の締結時には、解約返戻金額について具体的な金額が表示され、保険契約の内容として約定することが通例である。実際のところ、保険契約者は、解約することにより失われる将来の保障と解約返戻金の財産価値とを比較して契約を継続するか解約するかを検討しがちであろうから、払い込んだ保険料に対して解約返戻金額があまりにも少ないと感じた場合には、経済的なデメリットが大きいと判断して解約を控える傾向が生ずる。つまり、保険者が解約返戻金の水準を如何に設定するかということが、保険契約者の解約の

動機に実質的な影響を及ぼすこととなり、このことは消費者契約としてみた場合の保険契約の財産的価値利用の観点からも重要な課題である。

いずれにせよ、通常、長期継続契約である生命保険は、保険者が保険契約上の責任、すなわち将来発生する可能性のある保険金債務を完遂することができるように、保険契約の群団全体で準備金を積み立てており、それが保険契約者全体の共同備蓄財産であって、しかも巨額の経済的価値を有する（生命保険会社の総資産の大部分を占める）ことは周知のとおりである。問題となるのは、上記のとおり、保険金債権が現実化することなく群団を離脱する契約に対して、どれだけの経済的価値を分与し、また、その離脱の理由によって分与する経済的価値に差を設けるのかという点、さらには、そもそも個々の契約単位でみた場合に持分的経済的価値がどこまで認められるのかという点である。これらは、ゴーイング・コンサーンを前提とした保険会社の商品開発における重要な要素となっていることについて配慮する必要性も認められるところであり、未だ十分な整理がなされているとはいいがたい状況である。

本稿では、まず積立金等に関する現行法令と約款における用語と概念の整理を述べたうえで（→Ⅱ）、保険法の規律および規律に至らなかった事項について概要を説明し（→Ⅲ）、最後に今後の展望について述べる（→Ⅳ）こととしたい。

Ⅱ 現行の用語と概念の整理

1 積立金の意義

積立金は、将来の保険給付を確保するために必要とされる準備金、すなわち、保険契約者の払い込む保険料に対して保険者の支払う保険金が収支相等するために必要とされる準備金を想定して、個々の保険契約単位に計算した金額である。

(1) 基本的な保険の類型における積立金

① 定期保険

たとえば、死亡保険契約である定期保険を例にとると、保険期間が1年の場合には、1年間の死亡率に応じて、保険者が支払う保険金の合計額と、保険契約者が払い込む保険料の合計額とが相等しくなるように保険料を定め、これを自然保険料という。ところが、保険期間を5年、10年と長くした場合は、自然保険料では、年齢が上がるにつれ死亡率が上昇するために、毎年保険料が上がっていくことになる。これに対し、各年でみたときには保険金の合計額と保険料の合計額とが相等しくならなくても、保険期間全体を通して収支がつりあうように、毎年の保険料を同一に定めたものを平準保険料という。平準保険料では、各年の保険金に対する保険料の収支をみると、保険期間の前半においては保険料が余り、後半においては保険料が不足するため、前半で余る部分を積み立てておき、後半でそれを取り崩しながら不足分を補う仕組みになっている。この累積収支の差額に利率等の調整を加えたものが積立金である（資料1はイメージ図）（注1）。

【資料1】定期保険における積立金のイメージ図

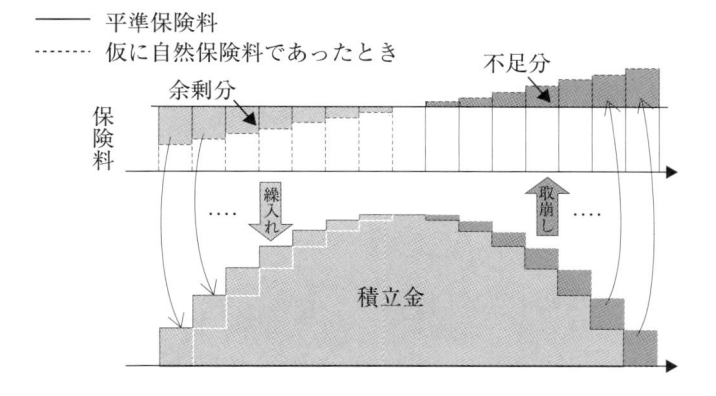

―― 平準保険料
……… 仮に自然保険料であったとき

② 養老保険・終身保険

　死亡保険契約と生存保険契約の生死混合保険である養老保険の場合には、死亡保険部分については上記の定期保険と同様であり、同時に生存保険部分について被保険者が満期生存の場合に保険給付をするための資金を積み立てる必要があり、保険期間中の死亡と保険期間満了時の生存の両方に備えるために積立金が計算されている。

　終身保険は死亡保険契約であるが、定期保険とは異なり、保険事故が必ず発生するので、保険数理的には養老保険と類似した計算構造となっている。満期が120歳となる養老保険であると考えるとわかりやすい（満期を迎える者がほとんど皆無で満期までに全員に死亡保険金が支払われることになる養老保険）(注2)。

　養老保険は満期が近づくに従って満期まで生存する蓋然性が高まり、また、終身保険は高齢になるほど死亡する蓋然性が高まって、両者とも最終的にはすべての契約について必ず保険給付をするため、定期保険と異なり、積立金が保険金額に向かって右肩上がりに上昇していく構造となっている。

(2) 積立金の積立方式（注3）

　積立金を積み立てるにあたっては、保険者の事業費を考慮する必要がある。実際の保険料の内訳としては、保険者の支払う保険金と収支相等すべき対価として定められた純保険料の他に、保険者の事業費（新契約締結費用および保険契約の群団を維持、管理していくのに必要な費用等）の対価に充てられる付加保険料があり、この付加保険料部分を考慮した二種類の積立金の積立方式がある。

① 平準純保険料式

　保険期間全体を通じて均等に配分（平準化）された付加保険料から新契約締結費用および毎年の事業費を支出するという前提で積み立てる方式をいう。

② チルメル式

　現実には、契約初年度においては付加保険料よりも多額の経費支出となることが一般的である（保険証券等の書類作成費、保険募集人への報酬、診査医への診査手数料等）ため、契約初期に純保険料の一部を事業費に転用し、その転用部分（借用部分）を一定の期間の付加保険料で償却（返済）するやり方で積み立てる方式をいう。償却期間を保険料払込期間の全期間とするものを全期チルメル式、それよりも短い当初一定の期間とするものを短期チルメル式（5年チルメル式、10年チルメル式等）という。

2　積立金と責任準備金

　上記Ⅰで、多くの生命保険会社の約款において、積立金については「責任準備金」というと述べたが、現在わが国では、責任準備金という概念は2つの意味で用いられている。一方は本稿で積立金と呼称する、約款において個々の契約のキャッシュヴァリューを表すもの（英語ではmathematical reserveまたはpolicy reserveといわれている金額）であり、他方は、保険業法（以下「業法」という）116

【資料2】責任準備金の積立方式（養老保険の場合のイメージ図）

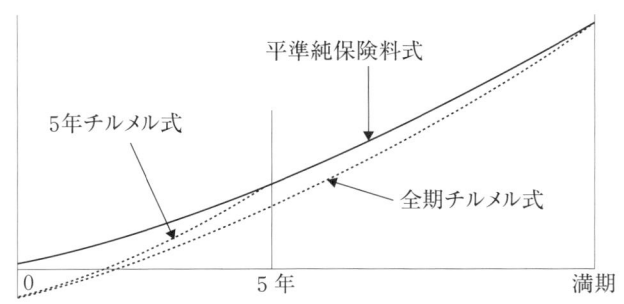

（出典）吉野智市『生命保険会計2004』101頁（生命保険文化センター・2004年）

条で規定する、保険会社の将来の保険金等支払に備えるための負債性の引当金である（注4）。いわば前者は「保険契約上の責任準備金」であって、後者は「企業会計上の責任準備金」であるといえる。

(1) 保険契約上の責任準備金（＝積立金）

個々の保険契約ごとに、保険契約者の権利にかかる金額が存在し、これを契約者価額といい、保険業法施行規則（以下「規則」という）10条3号においては「返戻金の額その他の被保険者のために積み立てるべき額を基礎として計算した金額」と定義されている。保険契約上の責任準備金（＝積立金）は契約者価額の一種である。

(2) 企業会計上の責任準備金

生命保険会社は、毎決算期において、保険契約に基づく将来における債務の履行に備えるため、責任準備金を積み立てなければならない（業法116条、規則69条）。この責任準備金は、貸借対照表に計上される負債性の引当金であり、保険料積立金を中心として、未経過保険料、払戻積立金、危険準備金で構成されている（規則69条1項各号。なお、保険法において新たに定められた「保険料積立金」は規則69条1項1号の定義とは異なる意味で用いられている）。

(3) 責任準備金の概念が分離した経緯

平成7年の業法改正以前は、上記(1)の保険契約上の責任準備金と、上記(2)の企業会計上の責任準備金とで一般的には同一の基礎率を用いてきた。しかし、生命保険は長期の契約であるため、個々の契約の基礎率に合わせて企業会計上の責任準備金まで同一の基礎率としてしまうことは、変化の生じない静的な世界を前提とすることになる。金融の自由化・国際化が進む中、保険会社の直面するリスクは多様化し、また時代とともに変化するが、静的な世界を前提とすることは、こうした変化に対応できず、十分な財務健全性が確保できない危険を生じさせ得る。そこで、平成7年の業法改正は、上記(1)と(2)の概念を分離し、個々の契約と会計上とで異なる計算基礎を用いることを可能としたことにより、保険料の計算基礎の水準に依存せずに、十分な財務健全性の確保を可能とする枠組みを構築したといえる。標準責任準備金制度（業法116条）やソルベンシー・マージン基準の制度（同130条）等、保険会社の健全性を確保するための諸制度も整備された（注5）。このような制度の下では、上記(2)はすぐれて企業会計上の積立金としての性格を強めたものであり、保険料計算と一体として算出される上記(1)とは合致しないものとなっている(注6)。

もっとも、平成7年以前の状況においても、上記(1)と(2)が計算上一体のものであったからといって、概念上も同一視すべきものであったかどうかについては否定的な見解もあり、保険契約者の上記(1)の権利が具体化した場合には、積立金の請求ができるが、それは理論上計算される責任準備金であって、貸借対照表上の責任準備金についての割当分ではない（この責任準備金は各個の保険契約者に対する保険債務履行のために積み立てられるものではなく、保険契約者全体のために積み立てられるものである）という指摘がある（注7）。また、保険会社の実務家サイドの見解として、昭和14年の業法改正時から、会社の責任の総和は必ずしも個々の価格の算術的合計とは一致せず、算術合計よりも多額のこともあり、保険者が（企業会計上の）責任準備金を計算するのには生命保険では個々の保険契約の経済保険年度における価格を基礎として計算するけれども観念上二者は同一のものではないとする解説がされており、個々の契約のキャッシュヴァリューとしての責任準備金は、事業年度末の保険会社の債務評価である責任準備金とは、変額保険等の例外を除き基本的に異なる概念であることはいうまでもない、という指摘がある（注8）。

(4) 生命保険会社の実務（注9）

業法に則り、生命保険会社は「保険料及び責任準備金の算出方法書」の中で、①保険料

の計算の方法に関する事項、②責任準備金の計算の方法に関する事項、③契約者価額の計算の方法およびその基礎に関する事項を定めることとなっており、②の中で上記(2)の企業会計上の責任準備金を、③の中で上記(1)の保険契約上の責任準備金を定めている。実際のところ、一般的な定期保険、養老保険等を例にとると、上記(1)と(2)とは同じ算式を用いて計算されることが多いものの、上記(1)は①で定める保険料計算用の計算基礎率（予定発生率、予定利率、予定事業費率等）を使用し、上記(2)は②で定める責任準備金計算用の計算基礎率を使用するため、両者は異なる金額となっている。

また、上記(2)の企業会計上の責任準備金については、将来の債務の履行に支障を来すおそれがあると認められる場合には、「保険料及び責任準備金の算出方法書」を変更することにより、追加して企業会計上の責任準備金を積み立てなければならない（規則69条5項）とされ、実際にそのような取扱いがなされている。この追加部分の原資は必ずしも保険契約者の支払った保険料から充当されるものではなく、保険会社全体の収益・留保等から賄われているので、いっそう、保険契約者の持分的な概念からは乖離していることが窺える。

(5) アセットシェア

積立金、責任準備金と近接する概念として、アセットシェアについて紹介しておく。一般的には、「保有契約を保険数理上同質と認められる群団に区分し、これから生じるキャッシュフローを実績に基づく運用利回り、死亡率、事業費、解約失効率等を用いて計算して得られる正味資産をある時点（将来の時点でもよい）において各契約に割り当てた個々契約の持分もしくは貢献度」として定義される。アセットシェアには「過去法」および「将来法」の2つの概念があり、「過去法」とは、過去の経験に基づき、継続中の保険契約に対して持分（貢献度）計算を行うものであり、「将来法」とは、将来想定される経験に基づき、将来のある時点での持分（貢献度）計算を行うものである（注10）。

アセットシェアはいわば「道具」であり、何らかの経営上の判断を行うにあたり、契約ごとの持分または貢献度に関して客観的な根拠を提供することが主な目的であり（注11）、決算期においては、責任準備金が健全に積み立てられているかどうかについて保険計理人の確認業務の一部として行われる将来収支分析（業法121条1項1号）等にアセットシェアの手法が用いられている。

3　解約返戻金

(1) 解約権

契約は一旦成立した以上、任意に解約することはできないのが原則であり、仮に当事者間の合意がない場合の解約は、一般法の規律、つまり民法における法定解除によるところとなる。しかし、法定解除は債務不履行および債務者の帰責事由等を要件としており、契約当事者間の信頼関係が失われた場合の処理を想定した規律であって、生命保険における解約の要請とは根本的に性質が異なっている。すなわち、生命保険は通常、長期継続契約であるために、締結後の諸事情の変化により、保険契約者がその後の契約の継続を希望しなくなることがある。このような場合にも保険契約者が契約に拘束されるとすることは妥当でないことが多いため、生命保険契約の約款においては、保険契約者の一方的意思表示により解約の効力が生ずる旨の約定が置かれ、形成権としての解約権を認めることが通例である。もっとも、前記Ⅰで述べたとおり、解約の際に保険契約者に支払われる解約返戻金の水準が解約権に実質的な影響を及ぼすこととなる（注12）。

(2) 解約返戻金

① 伝統的商品の解約返戻金

業法においては、解約返戻金もまた契約者価額の一種である（規則10条3号）。伝統的か

つ一般的な定額の生命保険（以下「伝統的商品」という）の解約返戻金額は、積立金額から一定の控除をした金額となっている。積立金には、前記1－(2)で述べたとおり積立方式に違いがあるが、一般的には平準純保険料式による積立金から新契約費を基準とした一定率の額を控除する、資料3の算式で計算されている（注13）。

【資料3】伝統的商品の解約返戻金の算出方法

$$解約返戻金 = \begin{matrix}平準純保険料式\\による積立金\end{matrix} - \alpha \times \frac{Max（0, 10－経過年数）}{10}$$

（注）αは新契約費をいう。Max（A, B）はAまたはBのうちいずれか最大値をとることをいう。

資料3の算式による解約返戻金額は、10年チルメル式の積立金と近似した結果となる（前記資料2をみるとイメージできよう）。また、算式の右辺で控除している部分が、いわゆる「解約控除」である。解約控除を行う根拠としては、一般的に、(i)新契約費用の未償却分を回収する、(ii)危険の低い（被保険者が健康な）保険契約者が解約しやすいという逆選択による損失に備えて留保する、(iii)保険会社の資産運用上の不利益を補償する、(iv)解約手数料を徴収する（ペナルティ）ということが挙げられるが、主な理由は(i)によるものであり、その他は、考え方自体は否定されないものの、付随的な目的、効果にとどまるとされている（注14）。

もっとも、解約返戻金の水準は、他の視点（保険料・積立金・配当等の価格、保険会社の事業費体系、保険会社の資産運用方針および商品性等）との相互関係、保険事業を営むうえでの社会環境の下で決まるものであり、加えてどのような視点を重視するかで、姿が異なってくる。すなわち、保険群団の健全性、保険契約者間の公平性、保険会社の効率性、保険契約者の期待といった視点は、押し並べて重視されるべきポイントではあろうが、互いに相反するものが多く、すべての視点を完全に満足させる正解はない。結局は、各種視点をどのような比重でバランスさせるかという問題となる（注15）。

② 新たな保険商品の出現（注16）

バブル崩壊後の低金利による運用環境の悪化は、予定利率の引下げに伴う保険料の上昇や、配当水準の極端な低下を招いた。そのため、新たな考え方を用いた保険商品や配当方法の開発が進み、伝統的な保険商品とは一線を画する商品が登場している。具体例を挙げ

商品のタイプ	特徴	解約返戻金
低（無）解約返戻金型商品	解約は保険事故の一種であり、解約返戻金は給付であると位置付けて、予定解約率（脱退残存率ともいう）を織り込んで保険料を計算し、通常の商品よりも低廉な保険料としたもの。	解約返戻金が、低解約返戻金期間中は通常の商品よりも少ない（70％等）もの、一定期間または全期間まったくないものがある。
変額年金商品	一般の商品の資産とは区別された特別勘定において管理された資産を、株式や債券を中心に運用し、その運用実績に応じて年金受取額が増減するもの。	解約返戻金も運用実績に応じて増減し、年金額同様、投資リスクは保険契約者に帰属する。
市場金利連動型商品（いわゆるMVA型商品）	市場金利連動型の商品であり、解約時、保険料積立金に市場金利に応じた運用資産の価格変動を反映（控除または加算）した解約返戻金額を支払うもの。	たとえば、金利上昇時には、債権のキャピタル・ロスが解約時に顕在化することを防ぐ（残存契約者の負担としない）ため、解約返戻金が減少する。

ると、前頁表のように、解約返戻金の保証レベルを引き下げる代わりに保険料水準も引き下げて契約継続の魅力を高めたものや、銀行、証券等の販売する金融商品と類似の機能を有するものが出現している。

⑶　生命保険会社の実務

解約返戻金は、積立金とは異なり、保険契約者に対して、保険契約者価額の１つとして約定された金額である（注17）。具体的には、約款（注18）において「解約返戻金は保険料払込中の保険契約についてはその払込年月数により、その他の保険契約についてはその経過年月数により計算」する旨を定める場合が多い。また、同じく約款に「解約返戻金額は、保険証券を発行する際に、会社の定める経過年月数に応じて計算した金額を保険契約者に通知」する等の、具体的な金額を開示する方法を定める場合もある。もっとも、この証券と併せて通知する例では、金額の開示が契約締結後となってしまうため、これとは別に、募集時に「契約概要」または「注意喚起情報」等の書面に具体的な金額を記載することが一般的となっている。

また、監督庁は、解約返戻金額について、保険証券等に表示する、計算方法等を約款等に掲載するなど、保険契約者等に明瞭に開示することを求めている（規則11条３号、保険会社向けの総合的な監督指針Ⅳ-１-10）。

4　概念の相関関係

上記のとおり、積立金と企業会計上の責任準備金、解約返戻金はそれぞれ密接な関係にある別個の概念であるが、用語の使い方については必ずしも明確に整理されているわけではない。相関関係を整理したものが資料４である。とりわけ、約款において、平成７年の業法改正以前から引き続き「責任準備金」を払い戻すと規定しているのが通例となっていることについては、責任準備金という誤解を招く表現はもはや適切でないというべきであるという批判がある（注19）。

【資料４】積立金・責任準備金・解約返戻金の相関関係

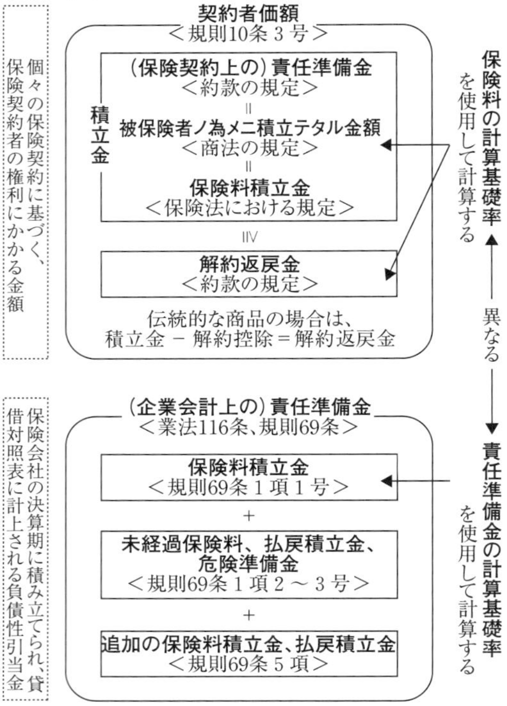
個々の保険契約に基づく、保険契約者の権利にかかる金額
契約者価額
＜規則10条３号＞
積立金
（保険契約上の）責任準備金
＜約款の規定＞
＝
被保険者ノ為メニ積立テタル金額
＜商法の規定＞
＝
保険料積立金
＜保険法における規定＞
≧
解約返戻金
＜約款の規定＞
伝統的な商品の場合は、
積立金 − 解約控除＝解約返戻金
保険料の計算基礎率を使用して計算する
異なる
保険会社の決算期に積み立てられ、貸借対照表に計上される負債性引当金
（企業会計上の）責任準備金
＜業法116条、規則69条＞
保険料積立金
＜規則69条１項１号＞
＋
未経過保険料、払戻積立金、危険準備金
＜規則69条１項２～３号＞
＋
追加の保険料積立金、払戻積立金
＜規則69条５項＞
責任準備金の計算基礎率を使用して計算する

Ⅲ　保険法における規律

1　保険料積立金

商法は、生命保険契約について次表の事由によって保険者が保険金を支払うことを要しないときは「被保険者ノ為メニ積立テタル金額」を保険契約者に払い戻すことを要するとしている（商法680条２項・683条２項）。保険法においては、生命保険契約または傷害疾病定額保険が次表の事由により終了した場合であって、保険者が保険給付を行う責任を負わないときは、保険契約者に対し、当該終了の時における「保険料積立金」を払い戻さなければならないとされた（法63条・92条）。前記Ⅰで述べたとおり、払い戻す金額についての概念は変わるものではないと考えられるが、次表からわかるとおり、払い戻すこととなる事由については若干の異同がある。

（新）保険法		（旧）商法	支払事由の概要	
生命保険	傷害疾病定額保険	生命保険		
51条1号事由 →63条1号	—	680条1項1号 事由 →同2項	被保険者の自殺	左記事由による保険者の免責
—	80条1号事由 →92条1号	—	被保険者の故意または重過失による給付事由の発生	
—	—	680条1項1号 事由 →同2項	被保険者の決闘その他の犯罪または死刑の執行による死亡	
51条3号事由 →63条1号	—	680条1項2号 事由 →同2項	保険金受取人の故殺	
—	80条3号事由 →92条1号	—	保険金受取人の故意または重大な過失による給付事由の発生	
51条4号事由 →63条1号	80条4号事由 →92条1号	640条事由 →683条2項	戦争その他の変乱による被保険者の死亡または給付事由の発生	
54条事由 →63条2号	83条事由 →92条2号	653条事由 →683条2項	責任開始前における	保険契約者の任意解除
58条2項事由 →63条2号	87条2項事由 →92条2号	—		被保険者の解除請求による保険契約者の解除
56条1項事由 →63条3号	85条1項事由 →92条3号		危険増加による保険者の解除	
—	—	565条事由 →683条2項	危険の著しい変更または増加による	契約の失効
—	—	657条事由 →683条2項		保険契約者の解除または契約の失効
96条事由 →63条4号	96条事由 →92条4号	651条事由 →683条2項	保険者の破産による保険契約者の解除または契約の失効	
（積立金の払い戻しを要しない例外事由）（注20）				
51条2号事由 →不支払	—	680条1項3号 事由 →不支払	保険契約者の故殺	左記事由による保険者の免責
—	80条2号事由 →不支払	—	保険契約者の故意または重大な過失による給付事由の発生	

2 解約返戻金の規律についての議論の経緯

(1) 法制審議会保険法部会以前の検討
（2005年以前）

わが国の生命保険契約法の近代化・現代化のための研究を目的として1987年に設立された生命保険法制研究会が取りまとめた「生命保険契約法改正試案（2005年確定版）」、「疾病保険契約法改正試案（2005年確定版）」においては、解約返戻金について、特に内容を特定せず「この場合について保険契約で定める金額」と規定し、保険契約上の約定に委ねるにとどめていた（注21）。

その後、法務省は、法制審議会における保険法の審議に先立ち、保険法の見直しの論点整理を保険法研究会にて行った。2006年に取りまとめられた報告によると、解約返戻金については、実務における規律との関係に留意し、検討する必要がある旨の問題提起がなされている（注22）。

(2) 保険法部会における検討 (注23)

保険法部会においては、事務局から、解約返戻金に関する具体的な規定を設ける案から特段の規定を設けない案まで、順次、様々な案が提示されて検討が行われた。部会の委員および幹事からは、抽象的な案に対する批判や、逆に抽象的であっても監督行政との相乗効果が期待できるとの意見、さらには、保険会社の商品開発の自由度および消費者の選択の幅を確保すべきであるとか、保険会社に情報提供義務を課すことを検討すべきであるという意見等もあって、活発な議論が行われた。その後、検討が進むにつれ、保険法に解約返戻金の規定を設けることの難しさが改めて認識されるようになったが、それでもなお、契約法レベルで規律することに意義を認める意見は多く、保険法部会に対する期待はより一層高まっていった。

しかし、保険法部会第22回会議において事務局から提示された、解約返戻金を規定する次の案が、保険法部会において検討された最後の案となった。

（保険料積立金）
① 当該保険契約者から受領した保険料の総額のうち、予定死亡率、予定利率その他の生命保険契約において保険料の金額を算出する際に用いた計算の基礎により、当該生命保険契約の終了の時において当該生命保険契約に基づく将来における保険者の債務の履行に備えるために積み立てていた金額に相当する金額

（解約返戻金）
② ①により支払うべき金額のうち、当該生命保険契約と同一の計算の基礎を用いて保険料の金額を算出している他の生命保険契約に基づく将来における保険者の債務の履行に備えるために必要な金額として当該計算の基礎により算出される金額を超える部分に相当する金額

上記の案は、伝統的な保険商品だけでなく、低（無）解約返戻金型商品のような多様な商品をすべて規律しようとするものであり、保険法部会においても前向きな評価が得られた。一方で、事務局からは、次の3点から法文化は困難であるとの方向性が示された。

---
① 解約返戻金について、例えば、変額年金、市場金利変動型商品等、「保険料の金額を算出する際に用いた計算の基礎」以外の基礎をも用いて算出されるものがあること
② 解約返戻金は商品設計と密接不可分であり、実務上は複数の仕組みをもとに算出されることとされており、これを一つの規律で書き尽くすことは非常に困難であること
③ 裁判規範として一義的な金額が導かれる規律である必要があるところ、そのためには、その内容が具体的なものであり、そこで用いる概念も明確なものである必要があること

その後も事務局において検討が進められたものの、保険法部会第23回会議において、上記の立法技術的理由から、保険法への解約返戻金についての規律の導入を断念せざるを得ないという結論に達した。

保険法部会の審議と並行して、金融審議会金融分科会第二部会の作業部会である「保険の基本問題に関するワーキング・グループ」では、解約返戻金について保険法において法制化がなされた場合の保険監督のあり方が審議されていた。当ワーキング・グループは、上記保険法部会の結論を受けて、解約控除の対象は保険料計算基礎に基づいたものに限る（いわゆるペナルティは含まれない）という趣旨の規定を商品審査基準に明確化する方向で検討を行うべきであること、技術的要素を含む論点について、今後専門的・実務的視点も含めたさらなる検討が行われるべきであることを上記第二部会へ報告した。

Ⅳ　今後の展望

1　諸外国との比較

　ここまで、わが国における生命保険の積立金等についての現況を述べたが、今後の展望を考察するにあたり、まずは主要な諸外国との違いを概観したい。

　ドイツにおいては解約返戻金の計算についての保険監督による事前監督が廃止され（注24）、価格に関する各種の内容が行政による実態的監督下にあるのは、現在、わが国特有の制度となっている。

　事後的な規制として、最低水準を定める国の例を次表に挙げたが、その規制方法は異なっている。

法規制 \ 実務、約款	解約返戻金額を契約時に約定する（積立金の算出基礎率を固定）	解約返戻金額を約定しない
行政による監督（事前認可制）	日本	—
最低水準を定める法規制	アメリカ、ドイツ、フランス	—
その他	—	イギリス、カナダ

アメリカではいわゆる「標準不没収価格法」と呼ばれる解約返戻金の最低水準を定める法規制が多くの州で採用されている。ドイツでは改正保険法が2008年に施行され、①解約返戻金は、少なくとも契約締結から5年間において計算された新契約費を均等に分割した場合に積み立てられる責任準備金とされ、②解約控除は、金額を数字で示して合意し、かつ適切である場合に限り可能であるが、未償却の新契約費を控除する合意は無効であるとされた（注25）。フランスでは、解約が認められる場合（解約が認められない類型も存在する）は、解約返戻金は、責任準備金が利害関係人によって支払われるべき保険料に含まれる新契約費を考慮することなしに計算される価額を5％以上下回ることはできないとされている（注26）。

　保険料および積立金、解約返戻金を計算する場合と、企業会計上の責任準備金の計算をする場合とで、同一の基礎率を使用するのがドイツであり、両者を切り離して考えるのがアメリカであるが、わが国においては、前記Ⅱ－2－(3)で述べたとおり、平成7年の業法改正前はドイツ型であったものが、業法改正後は、実際の商品開発においてもアメリカ型へと遷移していきつつある。

2　積立金・解約返戻金のあり方

　上記の各国の状況をみると、積立金や解約返戻金のあり方は一様ではなく、前記Ⅱ－3－(2)①の後段でも述べたとおり、これらは、様々な視点のバランスや社会環境の上に成り立ってきたものであることがわかる。

　解約控除については、その名称から、いきおい控除の正当性と控除金額の水準が問題視されがちではあるが、そもそも控除するもととなる積立金について、はたして個々の保険契約者の持分として定義し得るものであるかどうかを検討する必要があろう。すなわち、貯蓄性の保険商品である養老保険や終身保険の場合は、将来保険金を支払うことが確実であり、積立金を個々の契約のために処分することについて比較的問題は少ないといえるが、保障性の保険商品である定期保険の場合の積立金は、保険群団全体のために存するのであって、積立金の処分が保険群団の運営に及ぼす影響を無視することはできない（注27）。よって、積立金の持分性をいうには、契約の性質、商品性についても考慮すべきであると考えられる。

　ここで、解約控除の目的について、前記Ⅱ

−3−(2)①で述べた4つの理由を再整理すると、①過去の（すでに発生している）費用（主として新契約費）、②解約時に発生する費用（主として投資上の不利益）、③将来の（発生が見込まれる）費用（主として残存する契約が逆選択により被る不利益）に置き換えることができる。これらの費用の正当性と金額の妥当性を検証するためには、結局のところ、この費用をそもそも誰が（個々の保険契約者か、保険群団全体か）負担すべきであるのかを、上記の積立金の性質も考慮したうえで、契約の類型ごとに整理し、判断していくしかないのではなかろうか。

3　消費者契約法と解約返戻金

　解約返戻金の法的性質をどう捉えるかについては、大きく分けて2つの見解がある。一方は、「解約する保険契約者の持分を精算する付随的給付」であり、解約返戻金の約定については、保険契約者の持分として計算された金額から保険者の損害賠償の予定または違約金の合意としての解約控除を行った金額と解する立場であり、他方は、「解約を原因とする約定給付」であるとする立場である。この問題は、消費者契約法が施行されたことにより、その不当条項規制との関係で、解釈の帰結によって実際の生命保険契約の内容に影響を及ぼす可能性が生じている。

　すなわち、前者の立場では、消費者契約法9条1項の適用の余地があり、損害賠償額予定額と違約金を合計した額が、当該条項において設定された解除の事由、時期等の区分に応じ、当該消費者契約と同種の消費者契約の解除に伴い当該事業者に生ずべき平均的な損害の額を超える部分は無効となる（注28）。これに対して、後者の立場では、同法9条1項の適用の余地はなく、一般的な消費者契約として同法10条の不当条項規制の対象となって無効となる可能性が残されるにとどまる。

　山下友信教授は、現在の業法の下では、解約返戻金も保険契約者価額の1つとされたため、後者のような考え方になじむ面が強まっている、としつつも、私見としては、保険契約の基本給付は保険給付であり、解約返戻金は解約時の精算に係る付随的給付であり、同法9条1項の射程が及ぶものと考える、と前者の立場を支持しており（注29）、これは学説の多数説であると考えられる。これに対して、わが国ではそもそも任意解約の場合の払戻しが約款によって認められているにすぎないから、払戻金額の決定も約款に任されているというべきであり、特に控除の法的根拠を問題とすることなく、単に約款所定の金額が払い戻されるといえば足りる（注30）とか、積立金は保険料計算と一体をなし収支相等の観点から将来必要とされる準備金を想定して計算した理論上の金額であり、解約返戻金額についても同様に実体はなく約定価額が存在するのみであると説明し、後者の立場を支持するものもある。

　確かに、実体として積み立てられている金額は、企業会計上の責任準備金であり、その中に保険契約者の持分を認めるためにはアセットシェアの手法によるしか方法はないことになるが、これはわが国の解約返戻金の計算方法とは別物であるので、後者の立場を支持することにも合理性はあろう。しかし、一般的な消費者の視点でみると、生命保険商品の団体性や価格計算過程を意識する必要性はないわけであり、解約返戻金が約定されているのであれば、その前提として個々の契約者の持分としての積立金が存在しているのではないかと期待することにも合理性があるように思われ、一概にどちらが正しいと断ずることは難しい問題である。

4　展　望

　本稿における積立金と解約返戻金等の考察は、ここまで主としてわが国の伝統的商品を前提として行ってきたが、前記Ⅱ−3−(2)②で述べた、近年出現した新たな保険商品の場合には、それらの固有の類型に応じた検証が必要である。

　一例を挙げると、低（無）解約返戻金型商

品の場合に予定解約率を織り込んでいるのは、商品設計上、保険群団の中から、一定程度の解約が発生するという前提を置いており、解約した契約の積立金の一部または全部を残存契約の積立金に繰り入れるという手法により保険料の軽減を図ったものである。伝統的商品が予定解約率を用いていないのは、解約する契約に支払った解約返戻金が残存契約の収支に影響を及ぼさないという前提を置いたものであり、この場合には必然的に解約控除という概念が生ずる。低（無）解約返戻金型商品の場合には、解約控除の問題とはまったく別の次元で、予定解約率の水準設定の適切性等が課題となることが理解できよう。

　また、前記の新たな保険商品の中ではあえて例示しなかったが、近年、「アカウント型」と呼ばれる保険商品が出現していることは周知のとおりである。これは、保障部分と貯蓄部分とを切り離し、保障部分は伝統的商品と同じ類型の平準純保険料式の生命保険であるが、貯蓄部分については、投入された保険料に銀行預金のごとく利息が付与され、保険契約者が所定の範囲内で任意に取り崩すことができ、この貯蓄部分の積立金を保障部分の保険料に充当する等の機能をもたせたものである。この貯蓄部分については、もはや契約群団への影響等を考慮する必要がないことは明らかである。

　実のところ、このアカウント型商品は、1970年台にアメリカで発売された「ユニバーサル保険」を参考に開発されたものであるといわれている。ユニバーサル保険は、完全に保障部分と貯蓄部分が分離されている。保障部分は自然保険料による保険期間1年の生命保険であり、この部分は毎年の更新で保険料が上昇するために、契約全体として保険料を平準化することを可能とすべく、従来の積立金の事前積立機能を貯蓄部分に持たせた仕組みの保険商品である。いうなれば、自己完結型の積立金を持った保険商品であり、今後わが国において普及していく可能性もないではない。

　このとおり、従来からある伝統的商品におけ る積立金と解約返戻金等の問題は、本格的な商品開発競争時代に入ったわが国の生命保険市場の中において、次々と登場する新しい概念との関係を整理しつつ検討を進めていかねばならず、ますます鳥瞰的視野をもってその法的性質を捉えていかなければならないであろう。

Ⅴ　おわりに

　最後に私見を述べる。生命保険商品の開発に係わる実務家としての筆者の視点からみると、伝統的商品における積立金と解約返戻金はいずれも実体を伴わず、約定された解約返戻金が存在するのみであり、この法的性質は約定給付であると考えられる。けだし、長期継続を前提とする生命保険契約において、解約返戻金額を契約締結後の経済環境、社会環境の変動から切り離して契約時に約定するためには、その計算過程で生ずる積立金とともに、それらの計算基礎率について保守的な水準に設定せざるを得ない性質を有しており、よって、仮に実体として個々の保険契約者が持つ正味の保険資産が観念できるとしても、それと整合し得る概念とはなり得ないからである。

　前記Ⅳの最後に述べたとおり、今後の生命保険商品の開発競争のスピードはますます加速すると考えられる。保険法においては残念ながら解約返戻金についての規律は見送られたが、今後は、実体的監督規制の観点から改めて解約返戻金のあり方についての議論がなされようとしている。保険会社が商品開発において目指す消費者の利便性向上と、真の消費者保護とが乖離することなく、国際社会にも通用するバランスのとれたわが国独自の運営が行われていくことに期待したい。

（注1）竹濱修監修・髙山崇彦編著『速報Q&A新保険法の要点解説』276・277頁［拙稿］（金融財政事情研究会・2008年）。
（注2）山下友信『保険法』649頁（有斐閣・2005年）。

(注3) 田口城「被保険者のために積み立てた金額と解約返戻金」生命保険論集162号273頁（2008年）参照。
(注4) 田中淳三「責任準備金と不没収価格」生命保険経営67巻2号3頁（1999年）。
(注5) 田口・前掲（注3）277頁。
(注6) 山下・前掲（注2）279頁。
(注7) 大澤康孝「積立金に対する保険契約者の権利」ジュリ753号100頁（1981年）参照。続いて、立法論としては、会社解散の場合と会社存続中に保険契約者が解約等により脱退する場合とを区別して規定すべきであると指摘する。会社解散の場合は、保険契約者全体と会社債権者との利害の調整が問題となるが、会社存続中の脱退の場合は、脱退する保険契約者と残存保険契約者の利害調整が問題となり、したがって当該保険契約者の持分として引き出せるものに制限されざるを得ないであろう、という。
(注8) 野口泰宏・岡本量太ほかの発言「座談会・今保険計理を考える―責任準備金を巡る諸問題について―」アクチュアリージャーナル2号30・31頁（日本アクチュアリー会・1990年）参照。
(注9) 拙稿・前掲（注1）281頁参照。
(注10) 日本アクチュアリー会『保険1（生命保険）第3章・アセットシェア』3-1・2頁（2007年）。
(注11) 日本アクチュアリー会・前掲（注10）3-2頁。
(注12) この点について、保険契約者に解約権を認めるためには、学納金返還訴訟において学生の任意解除権は憲法上保障されると解されたように、保険契約においても、憲法上の基本権として保険契約者に保障されている経済活動の自由（憲法13条1項）および財産権保護（憲法29条1項）の観点から検討することが必要になるとの見解がある（金岡京子「解約返戻金の規律に関する一考察」生命保険論集160号32頁（2008年））。解約権と解約返戻金請求権は理論的には区別できるものの、多くの場合は解約返戻金の取得を主要な目的の1つとして解約権が行使される実態に鑑みると、両者は一体のものとして検討する方が合理的であると考えられる。
(注13) 日本アクチュアリー会『保険1（生命保険）第2章・解約返戻金』2-4頁（2007年）参照。資料3も同様。
(注14) 大澤・前掲（注7）108頁、日本アクチュアリー会・前掲（注13）2-5頁以下参照。解約控除を行うこの4つの理由に対する批判は、田中周二＝河内宗和＝鈴田雅也「基本問題研究会講究録1　解約返戻金について」日本アクチュアリー会会報別冊180号4頁以下（日本アクチュアリー会生保計理に関する基本問題研究会・1998年）参照。
(注15) 日本アクチュアリー会・前掲（注13）2-7～11頁参照。
(注16) 田口・前掲（注3）288頁以下参照。
(注17) 山下・前掲（注2）654頁。
(注18) 住友生命保険相互会社「5年ごと利差配当付終身保険」普通保険約款41条（2008年）。
(注19) 山下・前掲（注2）653頁参照。
(注20) この場合には、制裁の趣旨で、保険者は積立金の返還義務を負わないものとされている。しかし、保険者が利得する理由もないとして解約返戻金の払戻しを約定することは有効としてよいとされている（山下・前掲（注2）478頁）。
(注21) 金岡・前掲（注12）48頁参照。
(注22) 保険法研究会「保険法の現代化について―保険法研究会とりまとめ12―」9頁（2006年）参照。
(注23) 田口・前掲（注3）310～315頁参照。
(注24) 金岡・前掲（注12）57頁。
(注25) 金岡・前掲（注12）64・65頁。
(注26) 日本損害保険協会・生命保険協会『ドイツ、フランス、イタリア、スイス保険契約法集』Ⅱ-47頁（2006年）。
(注27) 大澤・前掲（注7）105頁参照。
(注28) 金岡・前掲（注12）34頁では、同法9条1項にいう「平均的な損害の額」について、事実上の推定が働く余地があるとしても、基本的には消費者側がこの金額を主張立証する責任を負うため、個別契約における解約返戻金の算出根拠に関する情報が保険契約者に理解できる形で開示されていない限り、保険契約者が同法9条1項により解約返戻金の妥当性を争うことは事実上極めて困難である旨、指摘する。
(注29) 山下・前掲（注2）656頁。
(注30) 大澤・前掲（注7）108頁。

新しい保険法の理論と実務〔別冊 金融・商事判例〕

2008年10月10日	初版第1刷発行
2011年2月15日	初版第2刷発行

編 者　落 合　誠 一
　　　　山 下　典 孝
発 行 者　下 平 晋 一 郎
発 行 所　㈱経済法令研究会
　　　　〒162-8421 東京都新宿区市谷本村町3-21
　　　　電話代表 03(3267)4811 制作03(3267)4823

<検印省略>

営業所／東京03(3267)4812　大阪06(6261)2911　名古屋052(332)3511　福岡092(411)0805

制作／地切 修　印刷／富士リプロ株式会社

ⒸSeiichi Ochiai, Noritaka Yamashita 2008　　　ISBN978-4-7668-2149-9

"経済法令グループメールマガジン" 配信ご登録のお勧め
当社グループが取り扱う書籍、通信講座、セミナー、検定試験情報等、皆様にお役立ていただける情報をお届け致します。下記ホームページのトップ画面からご登録いただけます。
☆　経済法令研究会　http://www.khk.co.jp/　☆

定価は表紙に表示してあります。無断複製・転用等を禁じます。落丁・乱丁本はお取替えします。

別冊 金融・商事判例

電子記録債権法の理論と実務

池田真朗（慶應義塾大学教授）
小野　傑（弁護士）
中村廉平（商工中金）編集

◆電子記録債権法の全容を条文順に解説しつつ、実務対応まで網羅した珠玉の論文集！

◆末尾には、電子記録債権法の全条文を掲載！

◆金融機関役職員、弁護士、企業法務担当者等、必読必携の1冊！

| ●B5判 | ●168頁 | ●定価　3,360円（税込） |

〈目次〉

Ⅰ　総　論
1　電子記録債権法の展望と課題……………慶應義塾大学大学院法務研究科教授　池田　真朗
2　電子記録債権法の法的性格―その多面性について……西村あさひ法律事務所・弁護士　小野　傑
3　電子記録債権の可能性～中小企業金融の視点から
　　　　　　　　　　商工中金組織金融部・審査第一部担当部長兼法務室長　中村　廉平

Ⅱ　各　論
4　通　則（電子記録、電子記録債権に係る意思表示等）……東京大学大学院法学政治学研究科教授　中田　裕康
5　発　生……………………………………長島・大野・常松法律事務所・弁護士　井上　聡
6　譲　渡……………………ビンガム・マカッチェン・ムラセ外国法事務弁護士事務所
　　　　　　　　　　　　　　坂井・三村・相澤法律事務所（外国法共同事業）・弁護士　栗田口太郎
7　消　滅………………………………………………上智大学法科大学院教授　森下　哲朗
8　記録事項の変更……………………………………西村あさひ法律事務所・弁護士　有吉　尚哉
9　電子記録保証………………………………慶應義塾大学大学院法務研究科教授　平野　裕之
10　質　権………………………………………………早稲田大学法学部准教授　青木　則幸
11　分　割……………………立命館大学教授、同金融・法・税務研究センター長　大垣　尚司
12　電子債権記録機関……………前金融庁総務企画局企画課調査室専門官・弁護士　古田　雄久

Ⅲ　実務対応編
13　電子記録債権の特長と代表的活用方法………経済産業省経済産業政策局産業資金課　俣木　泰治
14　売掛債権を活用した資金調達への活用………経済産業省経済産業政策局産業資金課　俣木　泰治
15　電子記録債権の様々な活用方法………………経済産業省経済産業政策局産業資金課　俣木　泰治

Ⅳ　資料編
　　電子記録債権法（平成19年法律第102号）

経済法令研究会　http://www.khk.co.jp/
〒162-8421 東京都新宿区市谷本村町3-21　TEL:03(3267)4811　FAX:03(3267)4803